THE STRUGGLE FOR THE SOUL OF IRAN

伊朗的靈魂

CHILDREN OF PARADISE

革命、反美、神權政府，
1979年後伊朗知識分子的掙扎與奮鬥

LAURA SECOR
勞拉・席科爾 著
黃煜文 譯

好評推薦

一部細膩、踏實、深入伊朗社會變革脈動的精彩作品。透過對人物與事件的描寫，作者帶領我們認識那些一個又一個不放棄希望的伊朗人，所積極爭取的改變以及遭逢的命運。作者筆下的人物可能有不同的價值觀與立場，但都期盼一個更好的伊朗。革命後的伊朗比我們過去所知的要更豐富，但也經歷更多苦難，而讀者有幸可以讀到這些罕見的故事。

——張育軒／說說伊朗創辦人

二十一世紀通訊媒體的普及與蓬勃發展，自媒體現象讓更多以往底層不可聽聞的聲音都逐漸浮上檯面，議論紛紛已成常態。本書敘事觀點主要是以異議分子的視角入手，記錄著主流敘事外的聲音，讀者閱讀這本書一邊對照官方敘事，將可看到伊朗在一九七九年革命同一場域的兩種觀點。《莊子．齊物論》提到：「是亦彼也，彼亦是也。彼亦一是非，此亦一是非。果且有彼是乎哉？果且無彼是乎哉？彼是莫得其偶，謂之道樞。樞始得其環中，以應無窮。是亦一無窮，非亦一無窮也。故曰莫若以明。」兩種觀點都是在同一情境下產生，也各有其理據，甚至對照地閱讀，發現兩者有著相生相成的互動關係，故若要理解清楚事件的脈絡，本書將給予了接近全景式的閱讀體驗。

——莊德仁／臺北市立建國中學歷史教師，臺灣師範大學歷史所博士

作者以充滿人性溫度的筆調結合精準細膩的剖析，述說伊朗自一九七九年什葉派革命建立伊斯蘭共和國之後三十年波瀾壯闊的政教衝突史，徹底顛覆了當今伊朗是被一群守舊的什葉派教士以嚴苛教法治理而毫無言論思想自由的刻板印象，揭示伊朗人民正進行一場史無前例的政治實驗，嘗試調和傳統神權至上與現代自由人權理念，建構獨特的伊斯蘭式民主政權。研讀本書如同進行一場思想與文化啟蒙之旅，翻轉吾人對伊朗與伊斯蘭世界的慣性思維。

——蔡源林／國立政治大學宗教研究所專任副教授

凡是把伊朗想成鐵板一塊的人，都應該閱讀這本書，本書將帶領讀者深入到令人恐懼的諷刺漫畫背後的世界。原書名《天堂的孩子》（*Children of Paradise*）所說的孩子，指的是一群傑出的夢想家，他們抱持的轉變的意識形態造就了今日的伊朗。這是一部審慎報導的思想史，但全書不只是如此而已。席科爾無懼於描述革命共和國的殘暴，而最重要的是，整本書透露出知識分子的熱情與承諾所散發的光芒。

——芭芭拉．德米，《我們最幸福：北韓人民的真實生活》作者

這本書出現得正是時候……具有極高價值，能夠幫助我們了解伊朗複雜的幕後故事。

——角谷美智子，《紐約時報》傳奇書評人

難以釋手的作品。

——《歐普拉雜誌》（*The Oprah Magazine*）

伊朗的思想生活可能愈來愈受限制，政治進展可能愈來愈侷促，故事中複雜難懂的主人翁想守住街壘，卻往往以失敗收場，而他們也漸漸走投無路。儘管如此，促使他們挺身而出與激勵他們採取行動的理念與論戰，將繼續存在於地下，躲藏在封閉的門後，直到有一天將再度綻放新的花朵。席科爾描述的伊朗故事令人精神為之一振，但對我們來說，這當中也蘊含著警告：不要踐踏這片土地，等待來春降臨之時，你將無力阻擋新生的力量。

——《新共和》（*The New Republic*）

席科爾窺視這個維持了數十年的複雜神權政治體制「黑箱」，她的作品必將引起各界的熱烈討論。

——紐約文化網站「風味線」（*Flavorwire*）

一部介紹伊朗文化與伊朗知識分子的作品，伊朗知識分子敢於對伊斯蘭共和國統治者做出意識形態挑戰，整個過程令人毛骨悚然。

——上架提示出版社書評（*Self Awareness*）

深刻而詳細的描述，並非只是對伊朗近期動盪歷史的記錄，而是成功展現其獨特的精神與意義。

——《國土報》（*Haaretz*）

揭露事實，而這些事實往往令人感到震驚……作者記錄了當局血腥鎮壓與民眾奮勇抵抗的真相，發人深省。

——《科克斯書評》（*Kirkus Review*）

這部令人身歷其境的思想史……提供了理解過去四十年伊朗政治思想的堅實基礎，正是這些政治思想在伊朗這個複雜而迷人的國度激起了各式各樣的政治行動。

——《出版者週刊》（*Publishers Weekly*）

這是首度有作品將焦點放在統治者以外的個人身上，這些焦慮而充滿決心的知識分子試圖推動政治變革，甚至連他們自己也被改變，他們最渴望的是恢復與保存伊朗的尊嚴，還有他們自己的尊嚴。

——阿札爾．納菲西，《在德黑蘭讀羅莉塔》與《想像的共和國》作者

導讀

持續實驗與奮鬥的伊朗政府及其異議分子

陳立樵／輔仁大學歷史系副教授

一九七九年二月，伊朗的巴勒維（Pahlavi）政府遭革命勢力推翻，沒多久後伊斯蘭共和國（Islamic Republic）成立。迄今這四十多年來，伊朗在國際輿論之間多是負面的形象，例如保守封閉、宗教狂熱、恐怖主義的溫床、違反核子協議規範等等。然而，一國改朝換代在歷史中並不是什麼特別的事情，而新政權建立後所呈現的肅殺氣氛也不是伊朗獨有，*但何以伊朗在革命後的情況特別受到國際間的關注？原因在於伊朗革命之後這四十多年來，都是持反對美國的立場，所以成為以美國為主的國際社會批判與譴責的對象。不過，我們不應只從美國掌握的主流價值觀來看待伊朗。

* 可參考 Shireen T. Hunter, *Iran and the World: Continuity in a Revolution Decade* (Bloomington & Indianapolis: Indiana University Press, 1990), p. 4。

本書《伊朗的靈魂》（*Children of Paradise*）呈現了伊朗這四十年來國內政治的情況，特別是異議分子在伊朗遭到政府打壓的故事。本書作者席科爾在序言提到的一段，筆者看了相當有感觸。她說：

> 伊朗不是個快樂的地方，卻值得我們致上最高的尊重——這個國家為了掌握自己的命運與列強爭鬥，進行了一場史無前例的政府形式實驗，而且為了讓這場實驗持續下去而不斷提出質疑，最後對異議分子的生活構成了威脅。

確實這國家經歷過很長一段不快樂的階段，即使現在也不算快樂，長久以來與外國強權對抗之下，也影響國內的政治氛圍，在眾人對於時局有不同立場的討論中，免不了有些人就成了所謂異議分子，在對抗政府的過程中犧牲了。

回溯伊朗近代歷史，自十九世紀以來，歐洲帝國主義國家在西亞地區的勢力競爭，對當時伊朗的卡加王朝（Qajar Dynasty）造成相當大的影響。若對近代中國外交史有所瞭解的話，應也能夠理解伊朗所面臨的命運，要致力周旋在列強之間，尋求讓彼此利益平衡的解決方案。

進入二十世紀，歐美強權在石油利益、冷戰（Cold War）優勢之爭奪，仍然沒有減少對伊朗的壓力。一九五〇年代初期伊朗試圖取得石油利益主導權，首相穆沙迪克（Mohammad Mosaddeq）推動石油國有化政策時，遭到想要控制伊朗石油的英國與美國推翻，隨後美國在伊朗握有最多的政治與石油利益。*在這麼長時段的過程之中，有些伊朗人選擇與強權為伍，以便獲取政治、經濟、外交等各方面的利益，也有人走上誓死與強權對抗之路，當然也有人如牆頭草，也有人覺得無所謂。

一九七七年底之後，伊朗的反政府勢力興起，到了一九七九年一月巴勒維國王突然離開伊朗。宗教人士何梅尼（Ayatollah Khomeini）雖不是革命領袖，而且他因一九六〇年代曾反抗過巴勒維的政策而遭到驅逐出境，但已透過在國際媒體發言而成為反政府的指標人物。二月臨時政府成立，革命人士巴札爾甘（Mehdi Bazargan）擔任首相，可是似乎何梅尼已經運用了自己的號召力，形成了「平行政府」（Parallel government），†不斷自行發起行動打擊任何與巴勒維政府有關係的人物與團體。

何梅尼正好是那類想要誓死與強權對抗的人，他並非排斥外來思想與文化，而是著重在反對外來的壓迫。在他與巴勒維對抗的年代，正是美國在經濟與軍事方面對伊朗最有影響力的時刻，反巴勒維也就與反美劃上等號。何梅尼個人的反美情緒，在一九七九年之後煽動了部分伊朗人的

---

*可參考 Ervand Abrahamian, *The Coup: 1953, The CIA, and the Roots of Modern U.S.-Iranian Relations* (New York: The New Press, 2013)。

†可參考 Ervand Abrahamian, *The Coup: 1953, The CIA, and the Roots of Modern U.S.-Iranian Relations* (New York: The New Press, 2013)。

反美行動。革命本身與反美並無直接關係，但革命之後卻因為何梅尼的領導，而讓伊朗伊斯蘭共和國走上反美之路，也釀出了美國大使館被包圍、突破，外籍外交人員遭到挾持的事件。巴札爾甘的臨時政府當下解散，代表已無法控制何梅尼所造成的局勢了。

何梅尼及其支持陣營往後便把持著「反美」的話語權，只要任何人有可能對外接觸，就會受到政府的「關愛」。雖然在這時代有很多伊朗人覺得，伊朗的氣氛已經比較沒有三十年前那麼肅殺了，但仍然會有些人如本書中提到的，被政府監視、盤查、拷問，甚至羅織通敵罪名，有人寧死不屈，有人想辦法逃離，也有人不得不認罪，也有很多人「被消失」。

當然上述伊朗人的不堪遭遇，都是相當痛苦的，也都該獲得同情。但筆者的想法是，這不盡然是一九七九年革命以來伊朗政府的問題，而是伊朗政府仍在與強權對抗的產物。控制國家輿論一事，本來就是每個政府都會做的事情，無論是所謂專制或者民主國家，政府總是扮演著「老大哥」（Big Brother）監控著一切。＊多數人可能認為美國是最注重輿論自由的國家，但一九五〇年代在封鎖蘇俄的時候，國內的「麥卡錫主義」（McCarthyism）也是監控著是否有人與共產勢力來往。到了我們這時代，情況並沒有太大差異，要不然就不會有史諾登（Edward Snowden）揭露美國政府監視工程的事件了。在美國，肯定也有不少人被政府監視、盤查、拷問，甚至羅織通敵罪名。

一九七九年以來的伊朗政府，因反美立場而遭到美國的封鎖、制裁、譴責，伊朗政府對此肯定需要有所回應，也有必要防範美國及其陣營可能的滲透，以期能夠穩定自己。每個國家總是會有所謂異議分子，不認為要跟政府持一樣的立場，這樣其實沒有錯。只是當伊朗政府仍在思索如何穩定自己的時候，自然有需要壓制不同的聲音，進一步視他們為企圖結合外來邪惡強權的鼠輩。於是，一九八九年何梅尼去世，但伊朗對抗外來壓迫的奮鬥尚未結束，接任領導人位置的哈梅內意（Ali Khamene'i）仍維持既定的路線，即使經歷過拉夫桑賈尼（Ali Akbar Hashemi Rafsanjani）、哈塔米（Mohammad Khatami）、艾哈邁迪內賈德（Mahmoud Ahmadinejad）三任總統，有些輿論在伊朗仍是很敏感的。

以美國為主的國際社會，最支持伊朗的異議分子，因為可藉由宣傳他們的意見、聲援他們的行動，來打擊伊朗政府的形象。像是伊朗導演帕納希（Jafar Panahi），他拍的電影遭到伊朗政府禁播，可能就是他影射國家的問題，獲得了政府的「關愛」。但在歐洲獲獎也不代表帕納希拍得多好，而是頒獎單位可藉此讓國際知道伊朗是如何邪惡。如本書提到的，「當前的不安乃是西方陰謀長期計畫下的結果」，這可能都是部分伊朗人的心聲。換位思考，若我們是政府領導人，在一切情勢都不穩定的情況下，台下有一票人對施政提出不同的看法就算了，他們竟到外面告洋狀，儘管我們知道這只是意見表達而已，但真能高尚地容忍他們的聲音存在？

其實大家都是為了讓國家更好，在既有的基礎上共同努力。如本書〈後記〉所說，這些異議分子「當中沒有任何一個人試圖推翻伊斯蘭共和國」。但問題在於，伊朗至今還受到外來勢力的

＊可見喬治歐威爾著、楊煉譯，《1984》（台北：時報文化，二〇二〇）。

影響，主要來自於美國，無論是長久以來的制裁或是今日的核子協議（Iran Deal），都可看到伊朗政府還有很多事情要努力。伊朗政府確實有很多「實驗」尚未有結果，當然很難「快樂」。

過去台灣曾出版過《在德黑蘭讀羅莉塔》、《德黑蘭的囚徒》這類有關一九七九年伊朗革命之後的小說，但比較偏向於女性議題，也屬於自傳類型的作品。而本書作者為記者，故事內容非個人經驗，主要取材於一九七九年迄今四十年來眾多所謂的伊朗異議分子，儘管筆者認為不能單純靠這些所謂異議分子的遭遇來說明一切，但本書格局更大，也可「更新」台灣讀者對於伊朗既有的訊息，感謝貓頭鷹出版社的引介。當然除了本書所說的故事之外，伊朗還有更多的面向值得讀者去探索。

導言

伊朗政治制度與美伊關係發展回顧

崔進揆／中興大學國際政治研究所副教授、當代南亞與中東研究中心主任

一九七九年伊斯蘭革命是影響伊朗國內政治、對外關係和國際政治發展的重要事件。革命前的伊朗在巴勒維（Mohammad Reza Pahlavi）國王主政下，政策態度親西方，與美國維持友好緊密的關係；革命後的伊朗在何梅尼（Ruhollah Khomeini）掌控下，拒絕西方勢力干涉伊朗政治，反美、反以色列立場鮮明。另，發生於同年十一月的美國使館人質危機亦值得特別關注，該事件重挫美、伊兩國關係，雙方至今仍無正式的外交關係，彼此敵意甚深。事實上，伊朗的對外關係發展受到該國獨特的政治體制和文化影響，「最高領袖」和「總統」是實際具有決策影響力的人物，尤以不受任期限制的「最高領袖」地位最為崇高。何梅尼是伊朗革命後首任「最高領袖」，現任則是一九八九年繼位的哈梅內意（Ali Khamenei）。伊朗的大政方針都須得到「最高領袖」的認可。

西方國家在判斷中東情勢和伊朗對外關係時，除了考量「最高領袖」因素外，主要依據的

是民選「總統」的意識形態和其對於特定議題的想法與立場，並以保守派、改革派和中間派來概略區分伊朗的政治菁英。一般來說，保守派人士多有宗教神職人員的背景，傾向較為嚴格的社會規範，並願意賦予「最高領袖」更多的權威，現任總統萊西（Ebrahim Raisi）是著名的代表人物；改革派人士重視社會正義、公平選舉、政治多元主義等議題，前總統艾哈邁迪內賈德（Mahmoud Ahmadinejad）是代表；中間派又被西方媒體稱為溫和派，在各項社會議題上多持包容的立場，哈塔米（Mohammad Khatami）和羅哈尼（Hassan Rouhani）兩位前總統被視為中間派政治領袖的代表。在哈塔米和羅哈尼主政期間，美、伊兩國關係曾短暫獲得改善，攸關伊朗核計畫發展的「聯合全面行動計畫」（又稱「伊核協議」），就在羅哈尼任內簽署完成。

伊朗近二十年的對外關係同時受到國內領導菁英和國際政治的影響，特別是美、伊兩國關係進展，以及歐巴馬（Barack Obama）、川普（Donald Trump）、拜登（Joseph Biden Jr.）三任美國總統的中東政策。歐巴馬外交政策的特色是多邊主義外交，重視國際組織和國際制度的功能，而國際社會關注的伊朗核問題主要就是透過多邊主義外交途徑來解決。在歐巴馬政府積極主導下，美國、英國、法國、俄羅斯、中國、德國與伊朗在二〇一五年簽訂了所謂的「伊核協議」。根據協議內容，美國、歐盟、聯合國安理會同意解除對於伊朗的經濟制裁，伊朗則同意將其核計畫發展交由國際社會和聯合國國際原子能總署（ＩＡＥＡ）監管。由於國際社會放寬對伊朗的限制，並解除經濟制裁，西方國家的政府和民間企業得以與伊朗正常往來，而伊朗也可以將石油和各種商品的出口收益用來改善民生經濟。歐巴馬執政期間，美伊關係相對和緩，歐盟國家與伊朗關係也同步得到改善。

川普在二〇一七年當選美國總統後，「美國優先」、「讓美國再次偉大」的理念影響了中東地區的政治發展，美伊關係再陷谷底。川普不認同歐巴馬多邊主義外交路線，在競選期間就大力抨擊歐巴馬政府的「伊核協議」，認為協議非但未能讓伊朗放棄核武的研發，還使得伊朗在經濟制裁解除後，能以更充裕的資金和能力發展軍備、金援特定恐怖主義團體，嚴重威脅美國和以色列的利益與安全。是故，川普政府在二〇一八年五月單方面退出「伊核協議」，重啟對伊朗的經濟制裁，並以「極限施壓」的方式來逼迫伊朗進行新的核子談判。川普政府還要求歐盟國家必須配合美國政策，否則將連帶受到美國的制裁。歐盟國家並不認同川普政府的政策，但迫於政治現實和制裁風險，雖不願意完全放棄「伊核協議」，但也只能順從美國，被動修正對伊朗的政策，美伊關係、美歐關係、歐伊關係皆受到影響。

川普任內還將伊朗定義為中東地區最主要的亂源，顛覆一般認為「以巴問題」才是影響中東地區和平、穩定的觀點。川普政府認定伊朗「什葉新月」勢力已在二〇〇三年的伊拉克戰爭後大幅擴張，因為伊拉克、敘利亞、葉門的內戰中皆可以看到伊朗發動的代理人戰爭，不僅以色列的安全受到挑戰，阿拉伯半島上的順尼阿拉伯國家也同樣受到威脅。在川普政府主導下，美國一方面利用沙烏地阿拉伯等順尼阿拉伯國家來制衡伊朗的「什葉新月」勢力，一方面推動阿以關係正常化發展，將伊朗形塑為阿、以兩方共同的敵人。此外，川普政府也將伊朗革命衛隊列入國務院的外國恐怖組織名單，任內還以無人機擊殺革命衛隊聖城旅最高指揮官蘇雷曼尼（Qassim

Soleimani），原因是其涉嫌策劃多起針對美國公民的攻擊行動。蘇雷曼尼之死讓伊朗群情激憤，宣布不再遵守「伊核協議」，亦攻擊美國在伊拉克的軍事設施。川普主政下，美伊關係高度緊張，兩國將開戰的臆測亦時有所聞。

拜登二〇二一年就任總統後，持續關注伊朗的核進程問題，但修正川普爭議性的外交政策。在反核擴散議題上，拜登政府與歐巴馬政府極為相似，皆重視多邊主義外交的重要性，以及美國在國際組織與制度中的領導角色。拜登政府主動釋出重返「伊核協議」的意願，並協同締約各方在奧地利維也納與伊朗展開多個回合的談判。二〇二二年八月，各方代表初步達成共識，美國政府和歐盟目前皆針對恢復核協議的草案進行最終文本的修正。在二〇一五年「伊核協議」的基礎上，國際社會同意放寬對伊朗的限制，以換取伊朗重新遵守「伊核協議」的意願。惟重返「伊核協議」，以及未來協議能否順利執行，美國尚須獲得區域關鍵國家的支持。拜登二〇二二年七月中東行的重點之一就是與區域國家商談伊朗的問題，而為取得以色列的信任與對「伊核協議」的支持，拜登與以色列總理拉皮德（Yair Lapid）簽署「耶路撒冷宣言」協議，防止伊朗取得核武是重點。拜登政府亦與以色列和阿拉伯國家商討建構共同防空系統的可能性，目的在於防範伊朗日增的軍事威脅。

回顧過去二十年中東區域情勢發展，以及美伊關係進展，核問題和伊朗影響力擴張是美國為首西方國家關切的重點。在核問題上，伊朗始終堅持和平使用、發展核能的權利，但其過去反美、反以色列的歷史，令西方國家無法信任其會徹底放棄擁有核武的企圖。事實上，核議題和經濟制裁讓伊朗長期遭受國際社會孤立，國際形象不佳。此外，伊朗藉由伊拉克戰爭海珊（Saddam Hussein）政權被推翻之機，將其影響力延伸至阿拉伯半島，又深度介入伊拉克、敘利亞、葉門和黎巴嫩的政治，讓域內國家和國際社會高度關注伊朗的角色和動向。目前伊朗已是影響區域秩序和地緣政治發展的關鍵國家，而所謂的「伊朗威脅」更讓順尼阿拉伯國家和以色列願意放下世紀仇恨，共同對抗伊朗代表的「什葉新月」勢力。預計二〇二二年烏俄戰爭和未來美中兩國對抗的趨勢，將使得中東地區未來出現國際政治中的極化現象，成為美國、以色列、順尼阿拉伯國家與俄羅斯、中國、伊朗「什葉新月」兩大集團對抗的態勢。

獻給喬治、查理與茱莉亞

伊朗的靈魂

目次

好評推薦……3
導讀　持續實驗與奮鬥的伊朗政府及其異議分子／陳立樵……7
導言　伊朗政治制度與美伊關係發展回顧／崔進揆……13
伊朗地圖……23
序言……25

第一部　革命

第一章　小黑魚……32
第二章　伊斯蘭共和國……55
第三章　持續沉思的時期……88

第四章　血的洗禮……122

第二部　重生

第五章　擴大與限縮……146
第六章　熱月……167
第七章　伊朗曆三月二日……193

第三部　改革

第八章　連環謀殺案……208
第九章　伊朗曆四月十八日……231
第十章　總體計畫……260
第十一章　奇蹟室……284
第十二章　蜘蛛的房屋……316

第十三章　蓋棺論定……374

第四部　反抗

第十四章　普通人……400
第十五章　阿希耶赫……424
第十六章　汙泥與塵垢的史詩……476
第十七章　知識分子骯髒戰爭的結束……511

後記……539
致謝……546
注釋……551
參考書目……578
索引……587

伊朗伊斯蘭共和國

俄羅斯
哈薩克
烏茲別克
喬治亞
裏海
亞美尼亞
亞塞拜然
土耳其
土庫曼
阿爾達比勒
塔不里士
拉什特
通內卡邦
（夏赫薩瓦爾）
夏夫特
阿莫爾
加茲溫
阿勒布爾茲山脈
馬什哈德
卡拉季
德黑蘭
賽姆南
哈馬丹
沙赫勒雷伊
卡維爾沙漠
克爾曼沙赫
庫姆
伊拉克
伊朗
巴格達
霍拉姆阿巴德
札格羅斯山脈
比爾詹德
阿富汗
卡爾巴拉
伊斯法罕
阿爾達坎
亞茲德
納賈夫
阿瓦士
霍拉姆沙赫爾
阿巴丹
阿拉伯河
設拉子
克爾曼
布希赫爾
科威特
巴基斯坦
阿巴斯港
波斯灣
巴林
卡達
阿曼灣
沙烏地阿拉伯
阿拉伯聯合大公國
阿曼
阿拉伯海
0 英里 500
0 公里 500
© 2016 Jeffrey L. Ward

和她的鄰居

序言

當伊朗學生衝進德黑蘭（Tehran）的美國大使館，把大使館職員當成人質扣押了四百四十四天時，我還是個孩子。那是我有意識以來首次注意到的國際新聞事件。在電視上，德黑蘭成了一座交通堵塞的城市，憤怒的年輕暴民到處焚燒美國國旗。我有很多詞彙看不懂。什麼是大使館？什麼是人質？但影像與感情我卻能夠體會。在世界的另一邊，有個外人難以進入的國家，這個國家與我的國家有著深刻而難解的糾葛，而雙方產生的敵意也讓新聞頻道的主播感到震驚。

在我這個世代的美國人眼中，伊朗是諷刺漫畫中令人畏懼的對象，它是世界上第一個伊斯蘭神權政治國家，由神態陰沉的阿亞圖拉＊擔任領導人。伊朗是個難解的外交政策問題，也是個難以窺知內容的黑箱。一九七九年後，很少有美國人到伊朗旅行，與當地有關的深度新聞報導自然少之又少。當我成為一名新聞工作者之後，伊朗便成為我深感興趣且非去不可的國家。畢竟身為一名通訊記者的特權，就是能夠前往自己完全生疏的地方。伊朗簽證是出了名的難辦；一九九九

＊伊朗的高階宗教人士，意指「真主的象徵」。

年，新聞工作者蘿賓・萊特在《紐約客》刊載的一篇故事，把伊朗描繪成一個令人矚目的國家，我明白自己有一天一定要取得簽證。

我知道伊朗最近選出的總統穆罕默德・哈塔米*誓言改革伊朗的專制政權。但我想像不到在一九七九年凍結的景象背後，存在著一個充滿活力與自我反省的國家。學生活動分子依然在使用從美國大使館搶來的專用信箋，並且把這些信箋當成影印紙，他們捍衛報紙反對審查制度，而哲學家則努力思索新的理論，使自由權利與他們協助建立的伊斯蘭國度能和諧共存。有一個人是一九七九年率先進入使館綁架人質的成員之一，他已經成為民主改革的擁護者，如今在德黑蘭市議會裡致力解決交通問題。這樣的翻轉不僅引人側目，也不可思議。這名市議員解釋說，革命的意識形態有其局限，無法解決世俗的都市問題。我相信，在這個簡單說法的背後，存在著一整個脈絡：國家與個人這二十年的發展經驗，還有思想氣候的轉折，使他能夠談論民主變遷以及把市議會當成推動民主改革的卑微手段。

我從未去過中東。我在《通用語》這本報導思想生活與學院政治的雜誌擔任作家與編輯，而當時我正處理一篇我自己撰寫的關於前南斯拉夫的故事。我在文章裡提到，前南斯拉夫異議知識分子遵循的路線似乎與伊朗的軌跡相反，他們從共產主義內部的改革批判路線，轉變成凶殘而排他的民族主義，從而讓自己的國家四分五裂。我逐漸發現，這裡還有一個國家與我的志趣相符——在這個國家裡，觀念具有很大的影響力，而這個國家的歷史是如此壓縮，以致於國家的歷史與創立這個國家的人的生平合而為一，變得難以區分。我很確定我在《通用語》雜誌的編輯也讀過《紐約客》的報導，當他在編輯我的故事時，他抬起頭不假思索地說，他期待有一天我們兩人能在他的辦公室再次開會一起寫一篇關於伊朗的報導。

我開始把投遞到雜誌社的伊朗學術書籍收集起來。我還要經過一段時間與處理其他主題之後才會翻開這些書籍，但對於像我有這種愛好的作家來說，伊朗是個夢寐以求的報導。

二〇〇四年，我啟程造訪伊朗。當地的氣氛比我想像的來得壓迫。對於改革的興奮之情使人忽略了促成政治鬆綁的必要條件。我看到的狀況或許對於曾經造訪前蘇聯集團的人來說相當熟悉，而這裡與許多鄰近國家相比無疑較不嚴厲。不過，伊朗依然是個封閉國家，凡是忠實描述伊朗政治現狀的報導絕不會否認這個事實。

即使是一般的伊朗民眾也能做出實際的假定，認為自己的電話遭到監聽、電子郵件遭到監看。敏感的會面最好透過精心安排的一連串接觸來進行。我的一些受訪者固定遭受跟監，其他人則接到騷擾電話或被迫持續向曾經在獄中訊問他們的人報告。我在市集遇見一個商人，他塞給我一張紙條，要求私下見面，我答應了，在繁忙的街角，他壓低音量向我解釋他的工作場所中層層的政治控制。

＊哈塔米的任期在一九九七年到二〇〇五年，但本書出版時已是二〇一六年，此處所指的時間可能是作者造訪伊朗的二〇〇四年。

在伊朗，焦慮是一種生活方式，你不可能只是報導伊朗的狀況而不受這種焦慮影響。在伊朗這樣一個地方，沒有人進行任何形式的反對，就連忠誠而輕微的反對也不存在。但是，讓我感到吃驚的是，伊朗也是一個公民精神拒絕消亡的國家。伊朗民眾排除萬難，面對無孔不入的監視與經常發生的暴力壓迫，依然努力投入，這對我們沾沾自喜的民主制度來說有著借鑑作用。

我動身前往伊朗的時候，這場改革實驗顯然已經落幕。我遇到的許多伊朗人在提到已經轉變成改革者的人質綁架者以及即將離職的哈塔米總統時，總是帶著苦澀的沮喪，彷彿他們成了希望破滅的象徵。接下來的十年間，我五次造訪伊朗，試圖拼湊這個故事，顯示改革如何串連、如何崩解，以及如何在二〇〇九年綠色運動時風起雲湧——改革代表的意義是什麼、改革在什麼地方與伊朗的意識流相符，以及這場改革為伊朗留下什麼。這是一則講述革命本身與往後三十年動盪歲月的故事。這段時間伊朗民眾過的生活，他們透過思想沙龍與獄中書信、夢境與童年回憶傳達的訊息，讓我覺得像是一部史詩級小說，不僅充滿災難與翻轉，而且高潮迭起、令人目不暇給，而這部小說的核心也反映出整個歷史發展。

二〇〇五年六月，我在德黑蘭與一名年輕部落客見面，當時他才剛從悲慘的監獄中被釋放出來。同年秋天，我在《紐約客》撰文報導魯茲貝赫．米雷布拉希米遭受伊朗司法系統迫害的事。一年後，魯茲貝赫抵達美國，當時他一句英語都不會說，他跟我以及我的丈夫同住，直到他安頓下來，他同為記者的妻子索爾瑪茲．夏里夫也來到美國與他團聚。

我們共度了一段不可思議的時光，某天早上，我們坐在廚房櫃台長桌旁，指著各種物品，比較它們的波斯語與英語名稱：大蒜、香蕉、胡椒。多麼簡單，但卻不怎麼靈光，當你指的是「廚房」（kitchen）時，嘴巴卻有可能說出「雞」（chicken）這個字，反之亦然。我們晚上一起翻查字典直到深夜，我們談論伊朗的政治，這個主題讓欲言又止的魯茲貝赫改變想法，使他決心好好傳達自己的觀點。隨著他的英語日漸流利，我開始渴望在另一方面獲得進展——伊朗革命的歷史以及革命造成的影響——使我能真正探索他的人生歷程。

幾乎跟我在伊朗國內外認識的每個伊朗人一樣，魯茲貝赫有著最原初的創傷。他提到家鄉有一處禁止進入的墓園，他小時候一直想像那個墓園是怎麼來的，因為沒有任何一個大人能夠解釋。革命的十年是充滿暴力的十年：街頭械鬥，炸彈爆炸，政治處決，與伊拉克進行的殘酷戰爭，最後則是國家毫無道理地屠殺政治犯。國家表面上照常運作。但對伊朗人來說——不管是孩子，還是年紀大到足以害怕自己會失去性命，或者質疑自己是否成了幫凶的人——一九八〇年代是一段被壓抑的記憶，國家因此永無寧日。本書的寫成有一部分也是為了解釋墓地的由來以及魯茲貝赫身處墓地邊緣時的不安。

在美國，我們傾向於把伊朗選舉政治的搖擺視為伊朗國家性格的明確彰顯，並且任由我們的外交政策辯論將這個伊斯蘭共和國渲染成可怕或和善。我們很可能忽略了真正的核心，因此未能注意到那些深受政治結果影響的人歷經的政治經驗。伊朗不是個快樂的地方，卻值得我們致上最高的尊重——這個國家為了掌握自己的命運與列強爭鬥，進行了一場史無前例的政府形式實驗，而且為了讓這場實驗持續下去而不斷提出質疑，最後對異議分子的生活構成了威脅。無論伊朗要走向何處，它都會率先抵達，而且完全仰賴自己的力量。

本書要闡述的不是伊朗伊斯蘭共和國的歷史。對於一名外國記者來說，要撰寫這樣的歷史未免過於放肆。這是一本關於真實人物的書，其中一些人也許比較有名或獲得較多的讚揚，但無論是誰，他們複雜而不完美的人生都照亮了他們一路走來的歷程。書裡沒有美國主人翁，也沒有美國政策處方。書裡談的是伊朗人與「一段」歷史——這段隱藏的歷史絕大部分反映了伊朗政治與思想生活中巨大而多變的潮流。這個潮流引領多少伊朗人立定志向，我們無從得知。十年前，改革派總愛說全國八成的民眾贊同他們的做法，只有兩成支持政府。二〇一二年，我上次造訪伊朗的時候，我聽到強硬派引用了完全相反的比例。恐懼的狀況下，無法反映真正的輿論。但可以確定的是，這種深刻的分裂就像撕裂伊朗政治階級一樣，也撕裂了伊朗的社會。我愈了解伊朗，就愈相信這個內在衝突不僅定義了伊朗，也成為伊朗命運的引擎。

第一部

革命

第一章 小黑魚

在一個寒冷的冬夜裡，海底有一條睿智的老魚召集她的子女與孫子女，一共一萬二千條魚，然後講了一則故事給他們聽。

老魚開始說道：很久很久以前，一條小黑魚與母親生活在山中的小溪裡。從黎明到黃昏，母親與孩子不斷繞著圈游著，在裂縫裡進進出出，直到夜幕低垂，她們才返回家中，在長滿苔蘚的岩石底下安睡。

某天早晨，天還沒亮，小魚叫醒母親，宣布她要離家。一個簡單的念頭盤踞在她的心中：小黑魚想知道，這條小溪通往何處？

母親笑了。「親愛的，」她說道，「小溪沒有起點，也沒有終點。小溪就是這樣，它不斷地流動，哪兒也不去。」

小黑魚確定這不可能是真的。儘管有長輩的威脅，以及同輩的敬畏，小黑魚還是出發了，她順著瀑布而下，來到一片池塘，那裡可以看到的生物只有蝌蚪。

蝌蚪告訴小黑魚，他們出身貴族，是世界上最美麗的生物。他們充滿自信地說，他們所在的這片池塘，就是整個世界。蝌蚪的母親是一隻青蛙，她責怪小黑魚，說她是「沒有價值的生物」，會帶壞她的孩子。

小黑魚並不畏懼，她繼續向前游，在前往大海的路上，她憑藉機智躲過了掠食者，並且克服許多險阻。

在海中，小黑魚發現一群跟她一樣勇敢不服輸的魚兒。魚群的力量是如此強大，他們把漁網拖到海底，讓漁夫乖乖認輸。

最後，小黑魚找到了這個世界上真正屬於她的地方。還沒加入其他魚群之前，小黑魚就先游到水面，享受陽光照耀背部的感覺。小黑魚知道，在水面很容易遭到掠食者的攻擊，但旅行至今已讓她了解到，自己的生命不過是滄海一粟。「真正重要的是，」小黑魚對自己說道，「我的生或死對別人的生命能有什麼影響。」

就在此時，一隻蒼鷺突然俯衝而下，一口吃掉了小黑魚。在蒼鷺的肚子裡，小黑魚聽見哭聲。那是另一條魚，既嬌小又年幼，正想念著自己的母親。小黑魚靈機一動。她可以四處游動，給蒼鷺的胃搔癢，小黑魚於是將自己的想法告訴她的小同伴。當蒼鷺笑的時候，小魚可以從他的胃裡跳出來。小黑魚則繼續待在胃裡，她可以用草葉子做成匕首，殺死蒼鷺。

於是小黑魚給蒼鷺搔癢，小魚跳了出來。從水中的安全處，小魚看著蒼鷺扭曲著身子高聲鳴叫，並且不斷拍打翅膀，最後倒地不起。但小黑魚再也沒有出現。

祖母魚講完故事。她與一萬一千九百九十九個子孫一起進入了夢鄉。有一條小紅魚還醒著。

她禁不住想著關於大海的事。

以上描述的這篇兒童故事的大概內容，啟迪了一個世代的伊朗革命分子。《小黑魚》的作者是薩瑪德．貝赫朗吉，出版的時間是一九六八年[1]。在這一年的八月底，二十九歲的貝赫朗吉頂著炎熱的天氣，花了一個星期的時間在伊朗北部阿拉斯河附近的幾個村子巡迴遊歷。他與一個朋友在當地收集民間故事，先前他在家鄉的偏遠村落也常從事這樣的工作。有一天，他在河邊涉水而行以消暑，他的朋友則在河裡游泳。阿拉斯河在當地是出了名的暗潮洶湧，但這名年輕作家渾然不覺，湍急的河水一下子就將他沖離原先所站的位置。貝赫朗吉不會游泳。他大聲呼救，等到他的朋友游過來救他時，他已經消失在河水的深處。《小黑魚》的作者溺死，他的遺體被沖到下游五公里處，三天後才被找到。

十年來，貝赫朗吉旅行於窮鄉僻壤，將自己購買的書籍分送給有需要的孩子。貝赫朗吉不是篤信宗教的人，他傾向於左派，農村的赤貧令他心有所感。在旅行中，他注意到一件事：伊朗不僅是個不平等的國家，也是個與自身疏離的國家。伊朗的菁英沉溺於歐美的觀念、文化與習慣，但伊朗的國情與歐美卻是天差地別。

貝赫朗吉在早期一篇文章裡提到，伊朗的師範教育內容幾乎完全來自於美國，教材關切的重點，包括孩童的肥胖問題與學校的營養午餐計畫，與伊朗的鄉村生活完全脫節，讓人覺得十分可笑[2]。當伊朗的孩子學習英語時（這是貝赫朗吉也學過的語言），課本上提到熱狗與棒球，這些文化標誌對伊朗鄉村的孩子來說根本毫無意義。伊朗教師必須把重點放在伊朗兒童的急迫需要與文化現實上，必須想出自己的一套教學方法以符合實際的環境需求。

為了規避檢查，貝赫朗吉把短篇小說寫成民間故事的形式，卻在小說中挾帶革命的訴求，甚至主張以暴力推翻一味仿效美國的統治階級。如果《小黑魚》讓今日的西方讀者覺得，就童書的標準來看，這本書對孩子實在太黑暗，那麼這並非貝赫朗吉在意的事。「我不希望能理解世事的孩子讀我的小說只是為了好玩，」他寫道，「我們不能讓我們的孩子把希望建立在虛假與空洞的願景上，而應該引領他們把希望建立在對社會嚴酷現實的理解與詮釋上，並且讓他們懂得對抗這個嚴酷的現實。」[3]

貝赫朗吉去世十一年後，當他的同胞把漁夫的漁網拖到海底時，許多人提到他的小說是啟迪他們的來源。那是一則關於勇氣與自我犧牲的寓言，鼓勵大家不要盲目接受傳統或受命運所限制。在貝赫朗吉寫作的時候，也就是一九六八年時，對一些人來說，伊朗就像一條平民的山中小溪，只是不斷地兀自流動著，卻不流向任何地方；對另一些人來說，伊朗就像傲慢而自以為高貴的青蛙池塘，它甚至對餵養其自身的山中小溪一無所知。革命的種子就是拒絕受偶然的出身、對掠食者的恐懼或命運的河岸所束縛。

伊朗為什麼在一九七九年爆發革命，對此已經沒有人產生疑問。在此之前，西方強權掠奪伊朗的資源，使伊朗的領袖淪為傀儡。伊朗人遭受政治打壓與明顯不平等的待遇。伊朗的宗教領袖與商人階級看見自己珍視的文化與經濟逐漸消失，取而代之的是對外國人有利的制度安排。我們現在知道，一九七九年的伊斯蘭革命似乎有點矯枉過正。但我們忽略或低估或也許永遠不會知道的是，伊朗革命並不是單純的拒絕行為——拒絕現代性，拒絕西方，甚至最重要的，拒絕絕對統治。它是從熱情而矛盾的民眾進行的激昂且矛盾的對話中產生的，而革命產生的國家也是熱情而矛盾的。

在伊朗國外，我們把伊斯蘭革命與阿亞圖拉魯霍拉．何梅尼嚴峻而超然不凡的臉孔以及神權政治在二十世紀的回歸連繫在一起。在這則故事的背後與內部還有另一段歷史——革命的衝動就跟產生這股衝動的社會一樣複雜且現代，而這段歷史衍生的公民參與文化也和小紅魚的追求一樣難以止息。從革命後建立的國家試圖否認自身起源的多樣性與試圖鎮壓民眾的投入來看，這個國家同樣走上了一條悲劇的弧線。

伊朗伊斯蘭革命與共和國，不只是有關宗教的故事，而且可能連宗教都不是主要的部分。這個故事是關於政治和認同、關於社會分化和社會凝聚，以及關於在世界各地推動歷史前進的力量。這也是一則個人無止盡地追求大海，與克服看似難以跨越的藩籬的故事。

伊朗革命分子有時會把他們的革命形容成許多思想與行動主義溪流的匯聚，這種說法剛好應和了貝赫朗吉的小說。其中有些溪流是宗教的，有些則是世俗的。當溪流的流域變寬，宗教與世俗的觀念就算不是變得不可區別，至少也變得密不可分。這種狀況不是一下子就產生；然而一旦發生，歷史就隨之展開，此後的發展便勢不可擋。

薩瑪德．貝赫朗吉詭異地溺死，這個謎團在眾人心中揮之不去，藉此營造神話幾乎成了難以抗拒的事。從事這項工作的人是貝赫朗吉的朋友與德黑蘭思想界領袖賈拉勒．阿雷．艾哈邁德，他是積極反對伊朗專制君主穆罕默德．雷札．巴勒維的隨筆作家。阿雷．艾哈邁德在德黑蘭的沙龍以主人身分款待過貝赫朗吉，他曾寫了一篇充滿感情的文章，談論這名老師、說故事人與民俗學者，並且稱呼貝赫朗吉為他的年輕兄弟。正是阿雷．艾哈邁德傳播了貝赫朗吉被巴勒維祕密警察謀殺的傳說，他甚至說服貝赫朗吉溺死當天與貝赫朗吉在一起的朋友不要說出意外的詳細經過[4]。

那年秋天，阿雷．艾哈邁德在一篇文章中寫道：「現在我們必須痛苦地為這名年輕兄弟哀悼並且頌揚他嗎？不管怎麼說，我們能擁有幾個薩瑪德呢？……不，這麼做不對。現在，是否更好的做法是，我……既不為這名年輕兄弟哀悼，也不帶上手杖，而是開始散布傳言，說薩瑪德跟小黑魚一樣，順著阿拉斯河流向大海，有一天他將再次出現。」[5]

與貝赫朗吉一樣，賈拉勒．阿雷．艾哈邁德也是世俗溪流中最重要的一條魚。他最著名的作品是一篇延伸的文章，題為《西方毒害》，於一九六二年祕密出版。《西方毒害》痛責伊朗人做了阿雷．艾哈邁德眼中所謂崇拜西方且憎惡自己的行為。這種病症腐蝕了伊朗的產業、文化、權力與自尊。由西方發明且由西方控制的機器，摧毀了伊朗的田園生活。舊的經濟與文化制度遭到剷除，但新的制度是在別的地方設計，演進的過程也呼應外國的歷史與文化，對伊朗絕大多數農村民眾來說，新的制度根本不合理。要反轉現代性是不可能的；伊朗人唯一的希望是由自己來控制機器，使機器不會取代農村民眾的勞動力，而且可以做為改善農村民眾生活的工具。

《西方毒害》成了革命伊朗反美的基礎文件。但《西方毒害》的呼籲與其說是仇恨，不如說是苦惱。伊朗過於仰賴西方，採用了非根植於本地文化歷史的外國思想傳統——伊朗人因此認為自己不如西方人，而且從西方人輕視伊朗人的角度來看待自己——這些批判在當時幾乎是不可避免的。但西方對伊朗哲學思想的影響太深入，以至於無法完全拋棄，而西方的吸引力也過於深遠。伊朗彷彿陷入了一種恐怖情人關係，一方面自我憎惡，另一方面又遭人輕視。也就是說，伊朗一方面愛著虐待自己的人，另一方面也憎恨自己。

這個問題的解決方式不是那麼一目了然。西方的思想傳統從根源開始就與波斯的思想傳統交織在一起。納賈夫與庫姆的什葉派神學院教導同樣的古希臘哲學，而古希臘哲學是歐洲思想的基礎。幾個世代以來，伊朗的海外留學生深受歐洲觀念的影響，他們把這些觀念帶回國內。伊朗思想家以這些歐洲思想流派為基礎，然後又回過頭來反對這些歐洲思想流派。阿雷．艾哈邁德在他的反西方宣言的最後，居然引用了阿爾貝．卡繆、歐仁．尤內斯庫與英格瑪．柏格曼的作品。真的有可分離的西方傳統這樣的東西嗎？如果有，那是否是某種外來的，根據外國文化與不同環境改編或已經適應外國文化與不同環境的事物；又或者，那是否甚至是一種伊朗人可以聲稱是他們與生俱來的權利的事物，就像法國人或德國人或美國人也認為同樣的事物是他們出生就擁有的東西？一九六〇年代的伊朗思想家具體表現出這種進退兩難的局面。當他們致力創造伊朗本土的思想語言與政治意識形態時，他們援引了西方的思想來源，因為這些來源對他們來說就跟來自本土一樣自然——同樣俯拾皆是，同樣充滿意義，同樣有用。

賈拉勒．阿雷．艾哈邁德死於一九六九年。當他去世時，一名堪稱最具影響力的思想家已準備接下最後的棒子，往革命的終點線衝刺。阿里．沙里亞蒂將形塑出一個意識形態，由此支撐起一個世代的夢想：好戰的、超越的、非外來的、完全屬於伊朗人自己的夢想。

沙里亞蒂是伊朗東部聖城馬什哈德一名深具魅力的演說家與意識形態倡導者，他曾在一九六九年初與阿雷．艾哈邁德見面。沙里亞蒂更年輕、更狂熱也更富想像力，當時的他已經在課堂上擄獲學生的心，即使敲響了下課鐘，聽得入迷的學生仍端坐在椅子上不願離去——在某個程度上，沙里亞蒂肯定意識到，阿雷．艾哈邁德的火炬很快就要交到他的手中。當《西方毒害》的作者去世時，沙里亞蒂寫道：「我完全忘記我與親愛的賈拉勒之間所有的記憶、連結、友誼、親密關係與和諧。他的臉逐漸從我的記憶中淡出，取而代之的是另一張隱約出現的臉龐。那是我自己的臉！我彷彿聽見自己的死訊。」[6]

沙里亞蒂要求捨棄他認為的阿諛奉承、迷信、消極的教士伊斯蘭教，並且復興他認為的真伊斯蘭教——好戰而尋求正義，能解答幾乎所有的人類難題。他把伊朗世俗反對派的語言與關切，和伊朗什葉派群眾的認同結合起來。能做到這點，沙里亞蒂大概也能分裂原子了吧。

沙里亞蒂的魅力充滿傳奇。他上課時習慣遲到，邊講課邊抽菸，而且滔滔不絕連講六個小時。但他的演說是如此撼動人心，以至於他的一名學生對他的傳記作家說道：「他講課時，你整個人會被他帶著走，你甚至感覺不到自己正坐在椅子上。」[7]今日，一些反對他最力的批評家甚至也在提到他的名字時毫不保留地表現出感傷的情緒。他們說，事後證明，他確實是個危險人物。但是啊，你真該聽聽他的聲音。

沙里亞蒂於一九三三年在一個傳統下層中產階級家庭出生，他的家鄉是東北部的一座沙漠城鎮，離土庫曼疆界不遠。他的父親是當地一名宗教老師，曾在馬什哈德建立重要的伊斯蘭中心。沙里亞蒂的思想在許多方面清楚遵循他父親的路線。沙里亞蒂的父親主張擺脫迷信與消極，讓宗教成為伊朗人生活的積極力量。他告訴沙里亞蒂如何研究西方與伊斯蘭的觀念：在兩條溪流游泳的能力，一條是傳統的與宗教的，另一條是現代的與理性主義的，目的是為了與分裂的社會，或甚至是與分裂的自我對話。

根據傳記作家的說法，沙里亞蒂是一名叛逆而懶惰的學生。他翹課，作業總是趕在上學前一刻寫完，在課堂上搗亂與惡作劇。雖然他在學校的表現欠佳，但空閒時間他都在閱讀父親的兩千本藏書。沙里亞蒂早期的一名老師如此描述沙里亞蒂：「這個學生比所有老師都要學識淵博，卻也比所有的同學都要懶惰。」[8]

沙里亞蒂閱讀了列寧與杜斯妥也夫斯基，也閱讀了波斯詩人與蘇非主義托缽行者*。他日後對蘇非主義的其中一個宗派——自我責難派——產生特別的興趣，這個宗派故意公開做出不道德的行為，好讓自己受到眾人的嘲笑與羞辱。他們想藉由在公開場合受辱來堅定自己內在的決心；

對於一名虔誠的穆斯林來說，這種行為無疑是相當反常的自我犧牲。雖然沙里亞蒂只是短暫涉足這個宗派，但這個宗派卻意外地與他的感性極為搭配，沙里亞蒂終其一生都在對著鏡子玩遊戲，他創造了另一個自我而且沉迷於矛盾之中，他一方面在演講廳一群助手簇擁下擁有著公眾生活，另一方面卻又過著神祕、憂鬱、自我撕裂的孤獨日子。

一九五〇年代初是政治覺醒的時期，不僅對沙里亞蒂是如此，對整個伊朗也是如此。歷經數十年壓迫的專制統治，一九四一年，年輕而羞怯的新國王穆罕默德．雷札．巴勒維在二次世界大戰期間繼承王位。戰爭結束後，年輕的國王消極推動相對開放的政策，這段時期開始時沙里亞蒂十二歲，結束時他二十歲。期間，英國持續強硬主導伊朗政治，把新任的國王當成卑微的臣子。但此時勞工運動開始蠢蠢欲動，國會也呈現山雨欲來之勢。知識分子、新聞工作人員、教士與政治人物拋開前一任的國王加諸在他們身上的順從沉默，開始以熱烈的辯論與新政黨來填充公共空間。

在剛取得力量的國會中，竄起了一名自由派民族主義者，他的名字叫穆罕默德．穆沙迪克，穆沙迪克承諾伊朗人民實行法治與不受外國干涉。尤其穆沙迪克提議石油產業應該收歸國有，由國家控制。伊朗，一個盛產世界最珍貴資源的國家，不應該受到貧困的羞辱，而讓外國得利。穆沙迪克在一九五一年到一九五三年擔任首相，他有效地從英國手中奪回伊朗的石油產業，而且每

＊此處指的是蘇非主義中以苦行僧方式生活的修士（dervish）。

一次行動都比巴勒維國王棋高一著，使這名靠著外國撐腰之有名無實的領袖權力幾乎被架空。一九五三年，美國對於伊朗首相與主張共產主義的伊朗人民黨之間的關係有所疑慮，於是在中情局的協助下，由穆沙迪克的國內政敵發動政變推翻穆沙迪克。

在這場動盪中，巴勒維國王顯露出他冷酷而脆弱的一面。害怕宮廷陰謀而且在民眾面前缺乏安全感的他，變得愈來愈多疑與暴虐。他摧毀最有影響力的反對派——伊朗人民黨與民族主義人士，然後隨即對教士進行鎮壓。他把伊朗的石油產業移交給國際財團，雖然伊朗也能分得部分利潤，但伊朗人不能審計帳目，也不能加入董事會。

在穆沙迪克主政時期，伊朗似乎有可能走出自己的路，在或許源自於西方的左翼與自由派思想影響下，這一切都將由強大的民族自尊感、擁有自身資源的期盼以及決定自身命運的力量來界定。現在，來自西方的強風橫掃伊朗，這陣風既殘酷又難以抵抗。人們要不是像巴勒維國王那樣屈服，就是必須找到某個可堅守的目標——某個看似柔軟但卻堅固得足以讓人立定腳跟抵擋這場風暴的目標。

以上就是沙里亞蒂在青少年晚期身處的大環境。沙里亞蒂參加了支持穆沙迪克的宗教團體，他認為君主制與伊斯蘭教互不相容。就讀師範學校的時候，他成為支持穆沙迪克的活動分子，甚至在穆沙迪克遭政變下台後仍持續進行活動，這使他經常處於危險之中。沙里亞蒂畢業後開始在小學任教，他有時也代替父親在家族開設的伊斯蘭中心擔任主講。他的傳記作家提到，在這段期間，沙里亞蒂曾經於深夜在城牆塗鴉支持穆沙迪克的文字時被捕。他被迫舔掉所有的塗鴉文字，直到他的舌頭腫脹發黑為止。

在一九五〇年代不斷延伸的陰影下，民族主義運動紛紛休止或瓦解，沙里亞蒂因此隱退到諾斯底主義（Gnosticism）中。諾斯底主義相信神明居住在人的內心，主張透過神祕的方式尋求啟發，藉此讓人從墮落的物質世界中——沙里亞蒂稱之為「發臭的爛泥」[9]——解放自己的美善本質。沙里亞蒂在馬什哈德大學攻讀文學時開始寫詩，而且加入了詩文圈。在他加入的圈子裡還有一名年輕的馬什哈德教士，他的名字叫阿里·哈梅內意。

沙里亞蒂獲得前往巴黎留學的獎學金，一九五〇年代晚期與六〇年代初期，他在巴黎攻讀社會學並且加入積極參與政治的伊朗留學生圈子。這段期間，他猛烈地公開抨擊伊朗與外國勢力之間令人惱火的關係。在一篇文章中，沙里亞蒂哀悼伊朗受過教育的現代菁英貶低自己而崇尚外國觀念。他寫道，這些伊朗人否定自己的歷史而想像一個以西方為模範的未來，但一般民眾卻與地方傳統緊密結合，他們擁抱過去，覺得未來不屬於自己所有。沙里亞蒂對這個問題做了精明的診斷：「沒有未來的過去，將會死氣沉沉陷入停滯，沒有過去的未來，將是怪異且空虛的。」[10]於是他決定著手創造一個有用的過去與一個烏托邦的未來。

為了建構嶄新而原創的神話，沙里亞蒂從西方哲學傳統中挖掘最好的與最具革命性的觀念，並且將這些觀念歸結於伊朗本有的廣泛教義中——亦即什葉派伊斯蘭教。但伊朗的什葉派通常對政治漠不關心，他們更熱衷於儀式與眼淚，而非發起英雄式的暴動。因此沙里亞蒂必須創造出新的什葉派。他眼中的什葉派是革命的與好戰的，必須能鼓吹推翻專制者，而且要在辯證法的推動下宣揚無階級的社會。沙里亞蒂的什葉派是人文主義的，因為它要求個人與真主之間不能有教士中介。事實上，教士被指責為讓伊朗民眾無法接觸真實什葉派的元凶。根據沙里亞蒂的說法，伊斯蘭教保障個人自由，包括宗教自由；伊斯蘭教也支持普世的經濟平等；伊斯蘭教甚至可以用來支持達爾文的演化論。

這不是說所有這些觀念都與伊斯蘭教相容；而應該說，根據沙里亞蒂的說法，這些觀念其實全源自於伊斯蘭教，而且源自於先知與十二伊瑪目（imams）的生活，十二伊瑪目從阿里開始，什葉派認為阿里是先知的繼承人。對沙里亞蒂來說，集體記憶具有可塑性。回憶並不是挖掘真實，而是現在式的自我創造。

沙里亞蒂的特殊天分在於，他能把現代的革命信條傳遞給篤信宗教的伊朗人，並且不是以西方教條的形式，而是將其詮釋成伊朗人最內心深處與生俱來的權利。然而，從他題為〈我的偶像〉的文章來看，沙里亞蒂的形成影響力其實來自於他在巴黎發現的幾個人物。其中有兩名是研究伊斯蘭教的法國學者，此外還有反殖民主義學者法蘭茲．法農與存在主義哲學家尚－保羅．沙特。沙里亞蒂遠離家鄉才找到他要的東西。他的根源是法國人，但在他的心中，法國人的觀念卻有助於鞏固伊朗轉向內省的需要。

沙里亞蒂要求回歸真實的伊斯蘭教，認為如此可以對現代問題做出回應。但沙里亞蒂定義的真實伊斯蘭教卻令所有研究《古蘭經》的學者感到陌生。我們應該這麼說，沙里亞蒂的主張其實是他反省現代經驗與歐洲影響力之後得出的結果——這段另類的歷史幾乎是沙里亞蒂自己創造的，然而他卻宣稱他將這段歷史從壓迫中解放出來。學者阿里・米爾塞帕西寫道：「沙里亞蒂的作品是一種復興主義；從他創造的什葉派與西方意識形態的對話中，他『復興』了或許從未存在過的伊斯蘭傾向，卻契合當時伊朗民眾的需要。」[11]耐人尋味的是，沙里亞蒂帶進對話的西方意識形態居然是當時兩個重要的無神論學說：馬克思主義與存在主義。

據說沙里亞蒂曾經坦承，如果他不是穆斯林，那麼他會是馬克思主義者。然而，儘管馬克思主義有許多吸引人的地方，其中仍有一些歐洲成見是沙里亞蒂無法忍受的。首先，馬克思主義不僅主張無神論，而且反宗教，沙里亞蒂認為這種傾向與伊朗民眾的精神渴望和信仰無法相容。沙里亞蒂也注意到，西方對宗教的批判導致思想自由與科學發展。但在伊斯蘭社會，宗教卻是抵禦帝國主義支配與文化侵蝕的最後一道防線[12]。其次，沙里亞蒂仍是一名民族主義者[13]。他不希望伊朗人把自身的鬥爭與國際無產階級鬥爭結合在一起，或者更糟的是，把自己的命運與蘇聯的命運結合在一起，他知道蘇聯這個帝國與西方資本主義國家一樣剝削與冷血。因此，沙里亞蒂並未參與國際馬克思主義的議程。他只是從馬克思主義借用他最喜歡的觀念，然後主張這些觀念乃是什葉派本有的東西，他稱之為阿里的什葉派。

存在主義是戰後法國的流行思潮，與馬克思主義相比，它或許是更奇怪與問題更多的夥伴。但存在主義呼應了十六與十七世紀伊朗偉大哲學家穆拉・薩德拉的作品，薩德拉反對亞里斯多德的說法，並且主張具體世界應先於範疇與屬性，範疇與屬性乃是人類判斷力加諸於具體世界的觀念。對戰後歐洲的存在主義者來說，這種形上學的洞察——用他們的話來說就是存在先於本質——也是一種道德上的洞察。人類的意志作用於這個被剝奪了內在意義的世界上：個人透過自身的選擇與行動來打造意義，這不僅是個人的自由，也是個人的責任。

這種解放個人的觀念令人神往。然而，沙里亞蒂看著世俗乃至於虛無主義的戰後歐洲，對於這樣的觀念會造成什麼結果深感憂心[14]。沙里亞蒂與其他前革命時代的伊朗思想家厭惡歐洲現代性的死氣沉沉，以及伴隨而來低落的公共道德、無情的經濟制度與遭到遺棄的傳統。伊朗有著不同的經驗與不同的渴望。與舊歐洲一樣，伊朗仍堅守自己的宗教，道德層面如此，社會層面也是如此；但與舊歐洲不同的是，伊朗已經目睹啟蒙運動之後歐洲的所有歷史，它與歐洲的觀念角力，又吸收歐洲的創新，它對歐洲啟蒙的一些成果感到欣羨，也對啟蒙的其他成果感到厭惡。

最終，沙里亞蒂想像伊朗取得有限的自由。雖然伊朗人在宗教上有責任拋棄專制主義，但根據沙里亞蒂的想像，他們的國家在解放後將可提供宗教上的指引，使伊朗人的意志順從於真主的意旨。沙里亞蒂把伊朗的政治臣民比擬成需要幼稚園照顧的孩童。他提出一種「指導式民主」，由完美而無可置疑的領導人領導，這樣的領導人將能體現與建立烏托邦的革命社會。這樣的領導人也不受制於未啟蒙的民眾一時興起的念頭。

這個觀點讓人想起柏拉圖《理想國》中的哲學家國王。更引人注目的是，這個觀點類似阿亞圖拉魯霍拉·何梅尼的「宗教學者的政治管理」（velayat-e faqih），一九七〇年代初，有幾年的時間，一群年長的教士曾在納賈夫施行這種制度。

一九六四年，沙里亞蒂從巴黎學成歸國，並且在馬什哈德大學任教。他有許多學生來自於上層與中上層階級，他們傾向於左派而且對宗教興趣缺缺。沙里亞蒂把喚起年輕人對伊斯蘭的熱情當成自己的責任，他讓學生知道伊斯蘭足以與左派思想匹敵，而且能協助學生實現他們最重視的理想：社會正義、理性、科學進步、反對專制主義。在此同時，對於那些被世俗菁英激怒的傳統階級年輕人，沙里亞蒂則給予他們具有力量的養料。他們不是過時信仰的落後參與者：他們是革命的先鋒。

沙里亞蒂的說法使他在教士階層樹敵。沙里亞蒂不認為人與真主之間真的需要有教士擔任中介。他堅持伊斯蘭必須接受多元與彼此競爭的詮釋。一九六九年，當賈拉勒·阿雷·艾哈邁德造訪馬什哈德時，他試圖說服沙里亞蒂，知識分子與教士必須合作才能打敗巴勒維國王。在此次造訪的一場會面中，阿雷·艾哈邁德向房間裡唯一的教士阿里·哈梅內意伸出手，做為合作的一種象徵[15]。

沙里亞蒂確實與一名教士建立短暫而命定的同盟。在德黑蘭這座充滿活力、不斷往外擴展的伊朗二十世紀首都，阿亞圖拉摩爾塔札·莫塔哈里協助建立了一個機構，讓現代主義的教士——他們相信充滿動力的伊斯蘭可以透過詮釋來滿足當代的需要——能在此聚會、演說與建立新的信眾社群。這個機構於一九六七年正式成立，稱為侯賽因宗教會所，這是一座位於德黑蘭北區，正面以大理石砌成的綜合性建築物，在優雅的藍色磁磚圓頂下，涵蓋了演講廳、圖書館與裝飾了華麗鑲嵌藝術的清真寺。創立者刻意將侯賽因宗教會所的地址選在德黑蘭北區，為的是與保守教士的設施相區隔，後者集中在德黑蘭的市集周圍以及傳統的南區。在侯賽因宗教會所演說的新思想家，他們的目的是接觸在德黑蘭北區生活的世俗菁英，並且讓他們遠離馬克思主義，轉而支持伊斯蘭現代主義。

直到一九六九年為止，阿亞圖拉莫塔哈里與他的核心圈子，包括一名年輕教士阿里．阿克巴爾．哈什米．拉夫桑賈尼，幾乎包辦了設施所有的演講活動，之後在莫塔哈里的邀請下，沙里亞蒂來到德黑蘭，開始定期在侯賽因宗教會所演說。沙里亞蒂很快就超越莫塔哈里與拉夫桑賈尼，成為侯賽因宗教會所的主軸。一名觀察者日後回憶說，當莫塔哈里演說時，演講廳通常是半滿；但沙里亞蒂演說時，群眾擠爆了大廳，外面的「樓梯、庭院，乃至於地下室」也都是人[16]。沙里亞蒂的演說是反教士的，而且通常是政治性的；他表示要培養一個「革命社會」[17]。不久，侯賽因宗教會所就成為專為聆聽沙里亞蒂而存在的地方——也成為革命伊斯蘭主義的溫床。

莫塔哈里對於這樣的發展感到不安[18]。他擔心沙里亞蒂為了政治目的而利用宗教，使侯賽因宗教會所陷入危險。最後，莫塔哈里與拉夫桑賈尼以及其他曾經以侯賽因宗教會所為家的教士離開了這個設施。更保守的教士開始把侯賽因宗教會所稱為異教徒的巢穴，並且質疑沙里亞蒂的虔誠。因為沙里亞蒂不只是一個在《古蘭經》中尋找答案的信徒；他也是一個探勘者，在經文中尋求符合他的目的的意義，而且任意解讀伊斯蘭歷史與神學。大家愈來愈能清楚地看出，沙里亞蒂的目的是動員——他要把伊斯蘭形塑成一個動員的意識形態。沙里亞蒂不止一次公開表示，馬克思無法激勵伊朗農民挺身而出，但伊斯蘭可以。

隨著反對巴勒維國王的聲浪日漸升高，沙里亞蒂的言詞也愈來愈激烈。一九六〇年代中期，沙里亞蒂差一點就要主張革命。一九六五年，沙里亞蒂表示：「我們的社會無論在思想上還是概念上都還沒有做好迎接巴勒維國王之後的社會的準備。倉促起事很可能造成一場災難。」[19]當沙里亞蒂不號召大家發起激烈而立即的暴動時，他經常會提出這樣的觀點。沙里亞蒂是否在掩飾，故意在公眾面前表示順從，以避免被薩瓦克（國家情報與安全組織），也就是被巴勒維國王殘酷的情報與安全單位盯上，但實際上他卻祕密地培養他的好戰傾向？或許這種兩極化的傾向都真實反映了沙里亞蒂的智性與性格。他的熱情使他無法採取溫和的做法，但他又太反覆無常，以致於無法堅持自己的熱情，所以他有時會在激烈的態度之後轉而採取相反的立場，有時則會兩者並行。

直到一九七一年，沙里亞蒂才出現決定性的劇烈轉折。那一年，武裝激進分子攻擊希亞赫卡爾這個村子的憲兵隊。武裝分子成了人民英雄。巴勒維國王意識到國家的難以駕馭，於是採取嚴厲的制裁措施。伊朗原本已經可以容納大量犯人的監獄設施，在一夜之間又做了大幅擴充。希亞赫卡爾事件的同年，一座陰森的新監獄出現在德黑蘭的西北郊區。在國家情報與安全組織的管理下，埃溫監獄的名聲很快超越了當時惡名昭彰的德黑蘭卡斯爾監獄，成為伊朗國王最殘酷的刑求地點與國家的新巴士底監獄[20]。

現在，沙里亞蒂轉而支持他原先協助釋放的力量，並且開始激勵民眾起而反抗國家。他把這些武裝分子稱為殉難者，並且表示「這些殉難者是歷史的脈動」[21]。到了一九七二年，侯賽因宗教會所成為伊斯蘭左翼游擊隊，又稱為伊朗人民聖戰者組織招募新血的地方。沙里亞蒂既非聖戰者組織的領袖，甚至也不是成員，該組織從一九六〇年代中期開始就主張武裝暴動；但這個地下團體的意識形態——左翼、伊斯蘭主義、反教士，以及強調暴力與殉難——與沙里亞蒂的主張大致相同，因此他的作品成為該組織最佳的宣傳，他的追隨者也很容易就成為聖戰者組織招募的對象。國家情報與安全組織對此深感不滿。

一九七二年十一月十日，沙里亞蒂發表關於存在主義的演說，這將是他在侯賽因宗教會所的最後一場演說。根據他的傳記作家的說法，沙里亞蒂知道下個星期警察將會襲擊設施，學生與警察將會發生衝突，他與他的夥伴很可能會被逮捕。於是這名曾經說過「發動吉哈德＊，如果你做得到，你就殺人，如果你做不到，你就殉難而死」的演說者，與自己的父親一起逃往伊朗北部[22]。十一月十七日，警方包圍侯賽因宗教會所，學生占據建築物進行抗爭。他們在未落成的清真寺裡禮拜，高唱口號直到深夜，他們一邊禱告，一邊哭泣。

沙里亞蒂躲藏了一年。國家情報與安全組織持續搜捕他，但一無所獲。然而，他們確實找到他的作品。他們在每個地方的伊斯蘭武裝分子家中、手中與心中發現了他的作品，他們僅憑持有他的作品這項罪名便逮捕民眾。終於，他們逮捕了沙里亞蒂年老病弱的父親，並且將他關押到牢裡充當人質。如果沙里亞蒂投案，那麼——也許——他的父親能夠獲釋。沙里亞蒂考慮了兩個半月。終於，他投降了，但他的父親仍被關了一年多才獲釋。

沙里亞蒂未經審判被關了十八個月。根據他的傳記引用的國家情報與安全組織資料，沙里亞蒂在獄方指示下寫了兩篇文章。其中一篇文章宣稱伊斯蘭與馬克思主義之間毫無類似之處——這兩種信條事實上是不相容的。這是伊朗官方對付左派，特別是對付聖戰者組織的一貫做法；一九七〇年代的政治犯被迫複述官方的說法，在公眾面前改變自己的論點[23]。沙里亞蒂另一篇在監獄寫的文章〈回歸自我〉，則是讚頌伊朗民族的偉大。

根據國家情報與安全組織的檔案紀錄，沙里亞蒂是在監獄裡親筆寫下這些文章，然後由情報單位打字，交由伊朗最大報《宇宙報》刊載。但國家情報與安全組織檔案的真實性有爭議，而沙里亞蒂的辯護者堅持主張，沙里亞蒂從頭到尾一直維持獨立的想法，他在出獄後寫下這些文章，說明他確實想法上有了改變。無論這兩篇文章是真是假，沙里亞蒂獲釋之後，他又寫了一篇〈回歸哪個自我？〉——主題似乎跟之前兩篇是一樣的，文中呼籲不能從革命行動中退卻。一九七七年五月，他離開伊朗前往英國。

阿卜杜勒卡里姆．索魯什在倫敦時，透過彼此熟識的人得知，沙里亞蒂即將被安排偷渡到英國。索魯什來自德黑蘭南部一個好勇鬥狠的社區，他是一名非神職的神學家，也是一名攻讀化學的學生。在倫敦，他參與了被流放海外的伊朗學生反對團體聚會。這些學生在聚會中討論沙里亞蒂的作品，把他的書當成教科書來學習。

＊吉哈德（jihad）的意思很廣，除了一般所見的聖戰，主要是有為了自己目標奮鬥的意涵。

索魯什讚揚沙里亞蒂，但也對他抱持懷疑。他認為沙里亞蒂的思想中，馬克思的成分稍嫌太多。在此同時，索魯什自己則比較傾向於何梅尼。但當他得知沙里亞蒂即將前往南安普敦時，他決定把握這次機會，親自與這位偉大人物面對面交換意見。一九七七年六月，他已約定好與這位知名的演講者見面。

六月二十日，索魯什抵達南安普敦，但在此之前沙里亞蒂已經因為心臟病發而被發現死在自己房間門口。他的女兒們在前一晚從伊朗抵達當地。數十年後，索魯什對訪談者表示，她們身穿喪服，「背靠著牆，像飽受驚嚇的小麻雀」[24]。

沙里亞蒂這一生拍的照片，每一張看起來鬍子都刮得乾乾淨淨，頭髮理得很短，髮線略高，黑色的眼珠子看起來既銳利又充滿憂慮。他有一張圓臉，目光中帶有一絲幽默，微笑時露出整齊潔白的牙齒。他幾乎總是穿著西裝外套與打著領帶。如果外套更合身一點，襯衫熨得更平整一點，沙里亞蒂看起來會像個銀行家而非充滿魅力的革命思想家與精神追求者。因此，索魯什對沙里亞蒂遺體的描述特別引人注目：「他長髮披肩，我從未看過如此莊嚴的沙里亞蒂。他看起來非常平靜。」[25]

沙里亞蒂在伊朗革命前夕死去，他的觀念對革命來說是不可或缺的。沙里亞蒂具體呈現伊朗在二十世紀關鍵時期的苦惱，他為兩個世代的思想家提供共同的思想來源。他們一開始完全奉行他的觀念，最終卻與他爭論。他們根據沙里亞蒂的設計建造自己的家園，到了一九九〇年代初，他們卻發現自己的家園成了牢籠。

學者對沙里亞蒂的評價不一，有人說他是江湖術士；有人說他是革命英雄，也有人說他是通敵者；有人說他是抒情詩人，也有人說他是造假者，甚至是剽竊者。但對許多伊朗人來說，沙里亞蒂是小黑魚，他描繪了通往自由的路線，殺死了天上的蒼鷺。他的作品有許多是以演講的形式由學生傳抄下來，但他也撰寫書籍，其中一些是神祕主義的作品，還有一些充斥著難解的虛構角色，卻以真人的方式呈現——他探索某個學者的作品，但這名學者卻是他虛構出來的人物；此外還有一個從未存在過的愛人。

沙里亞蒂去世時還不到四十四歲，但他是個老菸槍而且承受巨大的壓力。伊朗革命分子立刻而且永遠都會宣稱沙里亞蒂是被巴勒維國王的海外特務謀殺，但沒有證據能證實這一點。驗屍之後，沙里亞蒂的遺體被送往倫敦，他的夥伴為他舉行葬禮，之後他的遺體被送往大馬士革埋葬。

伊斯蘭葬禮儀式通常由與死者同性的四名近親進行，但沙里亞蒂在英國並無任何同性近親，所以由四名革命運動年輕人依據儀式洗淨沙里亞蒂的遺體，再以傳統的白色裹屍布包裹。這四個人是易卜拉欣．亞茲迪、薩迪格．戈特布札德赫、穆罕默德．穆智台希德．沙貝斯塔里與那天前去見他的化學系學生阿卜杜勒卡里姆．索魯什。

亞茲迪與戈特布札德赫將成為伊朗革命後初期政府的要員。沙里亞蒂去世時，沙貝斯塔里是一名年輕教士，在漢堡一間清真寺主持禮拜，一九九〇年代成為要求宗教改革的教士成員之一。

至於索魯什，他將成為具有廣泛影響力的非神職神學家。與沙里亞蒂一樣，他也主張具有活力的伊斯蘭，認為伊斯蘭就算不能成為承載的工具，也必須擁有足夠的彈性接納當代的觀念與關切。另一個與沙里亞蒂相同的地方是，索魯什也吸引了大批的年輕人，這些年輕人試圖去調和對伊朗國家的憤怒以及對伊斯蘭教的忠誠。到了一九九〇年代初，索魯什是伊朗領導伊斯蘭改革的世俗理論家——他是沙里亞蒂的繼承人，也是在他死後最具影響力的批評者。

第二章 伊斯蘭共和國

所以我們的城市將被擁有清醒心智的你我所統治，而非如今日絕大多數的城市那樣，居住著一群為了影子而彼此爭鬥與為了官職而彼此爭論的人，彷彿這些事物能帶來偉大的善，並且如同在夢裡一般受著這些人的黑暗統治。事實上，在城市裡，能夠掌權統治的人必須是最不渴望取得官職的人，如此所有的需求必能獲得最好的分配也最能避免意見的不合，一個國家若是受到完全相反類型的統治者統治，將會得到完全相反的結果。絕無例外，他說道。[1]

——柏拉圖，《理想國》

一九六三年，在設拉子這座城市，阿里雷札·哈吉吉生於兩個世界之間。他的母親出身貴族，卻嫁給了一名市集商人。這名商人榨乾了她所有的財產，然後另娶妻子，將他們母子留在設拉子南區貧民窟裡過著勉強餬口的生活。在那裡，鄰居是粗魯的、貧窮的與虔誠的。阿里雷札的母親因為自身的虔信而變得孤高寡合。從她身上，阿里雷札學會了閱讀阿拉伯文的《古蘭經》，這是他的同輩做不到的事。阿里雷札的母親無法容忍電視，也無法容忍任何裝模作樣的西方事物。阿里雷札是一個孤獨的孩子，他藉由書本來排遣寂寞，並從中尋求關於人性與世界的知識。

渴望求知的阿里雷札時常造訪當地的圖書館，令館員難以置信的是，他借了《基度山恩仇記》，然後一個晚上就讀完。每天放學後，阿里雷札會到社區的新清真寺禱告。這間清真寺也有圖書館，也就是在這裡，阿里雷札發現了薩瑪德·貝赫朗吉的作品。《小黑魚》告訴他貧窮的孤立與富有的隔閡。他覺得自己同時在山中的小溪與廣闊的大海中游著，他不可避免地注意到自己的生活與他那些富有、過著世俗生活且見過世面的親戚有著令人不解的差距，他們的家美麗奢華、應有盡有，自己住的地方則是家徒四壁。阿里雷札當時不知道，他正住在伊朗社會裂縫的正上方，這道裂縫將引發一場革命與持續不斷的餘震。阿里雷札決心要讓自己獲得充分的學識。他有一顆聰明的腦袋，對自己也有著強烈的期許，他沒有受父親的龐大身影籠罩著，逼迫他承襲家族事業，或主宰他該受什麼樣的教育。他可以憑藉自己心智的力量，與他的親戚一較長短。

對一個智性上得不到滿足的人來說，設拉子南區很難找到一個明顯的安身之處。但距離阿里雷札家只需要步行一小段路，有一個神龕，還有一座被樹木圍繞的清真寺。在新清真寺，阿里雷札可以逃離鄰里鄉親粗魯的行為與褻瀆的言語，進入到一個彬彬有禮的社會，一個重視謙恭、互助、同情苦難與伊斯蘭道德的社會。從這些教士的身上，可以想見他那些受過教育的親戚擁有的教養，但不同的是，這些教士恪守他母親所信仰的道德界線。對阿里雷札來說，清真寺是他的父親與老師，是政治聚會與精神的家。在巴勒維國王統治逐漸衰微的這十年間，清真寺總是熱烈討論著社會正義、暴政與不平等的結束，尤其是不平等，阿里雷札特別有資格感到深惡痛絕。

阿里雷札夢想成為一名教士。十五歲時，他放棄高中學業，轉而到離家最近的神學院就讀。當院長阿亞圖拉哈什米．達斯特蓋布跟學生談到《古蘭經》時，阿里雷札興奮地對這名老教士提出一連串問題。為什麼《古蘭經》這麼說？為什麼《古蘭經》不這麼說？某天夜裡，阿亞圖拉把阿里雷札拉到一旁。他解釋說，神學院不適合阿里雷札。所有的學生都來自農村，只有阿里雷札來自設拉子。阿里雷札最好還是回高中讀書，等拿到文憑之後，再回來攻讀宗教。從談話中，阿里雷札發現，自己的問題被人認為是莽撞無禮，他在無意間頂撞了這些長者的權威，因此被要求離開這所學校。

雖然他成為教士的企圖心因此減弱，但伊斯蘭教依然是阿里雷札的兩項最愛之一。他的另一個最愛則是電影，這是來自西方的禁果，隱匿在他無法接觸的電影院裡，除了因為他的母親不准他看電影，也因為他買不起電影票。他的鄰居曾經自製了一個旋轉畫筒，然後將好萊塢電影膠片的捲盤放進去，阿里雷札只用一隻眼睛朝著盒子裡被照亮的內部仔細觀看。就這樣，阿里雷札迷上了電影。他藉由擔任鄰居孩子的家教，教導他們功課，換取看幾回電視或看幾場美國電影。《新天堂樂園》是一九八八年的義大利電影，內容講述一名電影導演兒時對電影的癡迷；幾年後，當阿里雷札看到這部電影時，他覺得裡頭的故事講的就是他自己的人生。阿里雷札從小就認定電影是個鑰匙孔，透過電影，他可以看見在世界上遙遠的其他地方，那些人的心靈，以及生命與愛的本質。

如果阿里雷札住在德黑蘭，如果他再大個五歲，他很可能會在沙里亞蒂的吸引之下，在侯賽因宗教會所度過每個漫長的夜晚。但那是一九七七年，接近沙里亞蒂去世的時候，沙里亞蒂與阿亞圖拉魯霍拉．何梅尼的作品才剛要在阿里雷札居住的設拉子流通。沙里亞蒂去世時，阿里雷札十四歲。當他朋友的哥哥，當時在大學念書，找他一起去參加沙里亞蒂去世四十天的紀念儀式，並且到校園進行抗議時，他什麼也不懂，只是興致勃勃地答應了。

那一天的事件將烙印在阿里雷札的記憶裡，但不是因為沙里亞蒂的緣故。當他抵達校園時，朋友的哥哥幾乎立即消失在人群裡，一名警員攔住還是個瘦弱男孩的阿里雷札，要求他出示大學學生證。阿里雷札靈機一動，他告訴警察他要找他的高中老師要成績。但警察將他打倒在地。沒有人對他伸出援手。

警察揮手要他退到警車與消防車後方位於天堂花園附近與法學院旁的一處地點。在那個地點還有另一名惹了麻煩的年輕人。他的名字叫艾哈邁德．梅夫塔希。大約六個月後，梅夫塔希遭巴勒維國王的警察殺害。革命後，阿里雷札就讀的高中改以梅夫塔希的名字命名。但在那天下午，梅夫塔希與阿里雷札只是默默地看著學生湧入宿舍，準備在那裡舉行紀念儀式。此地此刻，空氣中充滿了緊繃氣息，眾人預期到可能出現暴力，但內心深處卻又因此感到興奮。就在此時，在阿里雷札身旁的馬路上，一名年輕人開著一輛雪鐵龍在路邊停下。

「梅赫里！」那名男子呼喚著。那是他女朋友的名字。「梅赫里！過來這裡。」

那名年輕人看到阿里雷札與大量湧出的學生，這些學生絕大多數都穿著莊重的宗教服裝。「這些人在這裡做什麼？」他問道。

「他們來參加沙里亞蒂的紀念儀式。」阿里雷札說道。

「沙里亞蒂？」年輕人說道，「沙里亞蒂是誰？」

梅赫里鑽出人群，來到雪鐵龍的車窗旁。年輕人親吻她，一個打招呼的長吻，阿里雷札從未在公眾場合看過有人這麼做。

十四歲的他，有很多事情尚未經歷過。除了有錢親戚的婚禮，他從未參加過任何宴會。他不知道年輕人有輕浮的一面，也不知道當時全世界流行的青少年文化充斥著腎上腺素、性欲與叛逆。處於貧困與清真寺之間，他的童年甚至全在嚴肅的討論、書籍與禮拜中度過。現在，在阿里雷札心中正播放著一部電影，在天堂花園出現了一個鮮明的場景，一名無拘無束的年輕人與他的女友坐在雪鐵龍裡，而一名男孩悶悶不樂地站在路邊，男孩覺得自己彷彿過著修道院的生活一般，他對政治的關注如同那已然失去的成為教士的渴望，都是相當克制且嚴肅以待。當下他突然領悟，有些人投身於政治，例如設拉子大學的學生，有些人則為了生活終日奔忙。對阿里雷札來說，政治「就是」生活，是他的意義來源，是他最好的沉醉之物。若非如此，一個人將會自暴自棄，將會沉湎於女孩、車子與午後陽光。這樣的人生實在太不值得。

當天晚上，設拉子爆發伊斯蘭革命。在新清真寺有一個紀念沙里亞蒂的典禮，當群眾離開清真寺時，有人開始反覆地高喊：「阿亞圖拉何梅尼萬歲！」這是首次有人在伊朗的示威抗爭中喊出這名流亡教士的名號——此後，開始有無數人在遊行中高喊他的名字。沒有人提到巴勒維國王，眾人只高喊著何梅尼。當警察攻擊群眾時，阿里雷札與梅夫塔希趁機溜走。抗議群眾衝向市內的卡普里電影院，用石頭砸碎了電影院的平板玻璃。

對許多抗議群眾來說，卡普里電影院象徵著不道德、西方毒害與腐敗。對阿里雷札來說，卡普里電影院是他計劃隔天要去參加七十毫米電影節的所在地。在此之前，卡普里已經放映了《雷恩的女兒》與《賓漢》；阿里雷札想看《萬夫莫敵》。第二天早上，當阿里雷札抵達電影院時，買票的人早已大排長龍，但長久以來一直裝飾著電影院窗戶的約翰．韋恩與芭芭拉．史翠珊的海報，現在卻在破碎的玻璃中閃爍著。看電影的人問劇院老闆發生了什麼事。

他其實可以說：「伊斯蘭革命爆發了。」往後一兩個月，示威抗爭將蔓延到德黑蘭，在往後數年的革命與後革命暴力中，伊朗五百二十五家電影院將有一百九十五家遭到破壞。但當天早上，在設拉子北區，這一切都是不可想像的。電影院老闆大膽猜測說：「大概是一些醉漢酒後鬧事吧。」

在伊朗的革命思想家中，阿亞圖拉魯霍拉．何梅尼是最堅定的一位。他的文字與思想極為清晰，邏輯直接而有條理。他有哲學家的紀律、教士的確信、神祕主義者的靈魂，而他的耐性與巨大的野心將震驚全世界。何梅尼深陷的眼眸與斧鑿的輪廓，使他有著威嚴的外貌。從他濃密粗黑的眉毛之下——他習慣只挑起其中一道眉毛——放射出冷酷、威嚴而充滿智性的目光，彷彿能掃視所有看不見的事物。

何梅尼生於二十世紀開始之際，父親是省區教士，何梅尼出生才五個月就失去父親，由母親與兄長將他撫養長大。第一次世界大戰期間，還是青少年的何梅尼協助建造地堡，而且學會使用步槍。十七歲時，他進入神學院就讀。三十四歲時，他已完成進階的教士研究，開始發表論文，他研究的課題從詩到政治，從法學到神祕主義，無所不包。與沙里亞蒂一樣，何梅尼對於伊朗的情勢感到憤怒，他將自己的宗教視為抵抗與力量的泉源。

什葉派興起於七世紀，是伊斯蘭教第二大宗派，什葉派信眾相信穆斯林的合法領導人是先知穆罕默德的堂弟阿里以及阿里的後代子孫。先知有十二名繼承者，什葉派稱這些繼承者為伊瑪目，每個伊瑪目絕不會犯錯而且被賦予了神聖的智慧。但人世的厄運與悲劇使伊瑪目偏離了他們的正道，而穆斯林社群也未能團結一致接受他們的神聖領導。第十二任伊瑪目隱遁起來，只有在真主指定的時刻，他才會再度在世間現身。

什葉派是伊斯蘭教中最重視階序的宗派，通常被比擬成天主教會。什葉派教士從剛由神學院畢業的穆智台希德*到大阿亞圖拉，完全根據威望來進行排序。大阿亞圖拉不僅擁有最高的學術地位，而且可以回應學生與追隨者的要求對廣泛的實際事務發布伊斯蘭教令†。一般的穆斯林可

---

* 穆智台希德（mojtahed）是伊斯蘭信仰的教法學者。

† 伊斯蘭教令（fatwas）是指穆斯林法學家對公眾或私人事務以宣告的方式表達意見。每當穆斯林社會中出現新議題時，就需要頒布教令。教令也可以作為法庭宣判的參考。

以從大阿亞圖拉中選出一名馬爾賈・塔克里德（又稱仿效的根源）＊，馬爾賈發布的宗教命令，所有穆斯林必須立誓遵守。魯霍拉・何梅尼於一九六三年成為馬爾賈，同年，他的政治地位急速竄升，成為君主制的反對者。

何梅尼在一九四四年的作品《揭露祕密》[2]中表示，唯一具正當性的政府是由教士指導的伊斯蘭政府。同年，他呼籲教士及其追隨者要挺身而出成為好戰分子。何梅尼相信，巴勒維國王已經將國家出賣給外國人，外國人不僅將掠奪伊朗的資源，也將敗壞伊朗的靈魂。與沙里亞蒂以及宗教現代主義者不同，何梅尼對於西方文化影響並不存在複雜的情愫：他徹頭徹尾地討厭西方。一九六三年，巴勒維國王提出一整套改革方案，包括女性參政權與允許非穆斯林擔任公職。何梅尼抗議說這兩項措施違反了伊斯蘭。事實上，這兩項措施是為了掩護巴哈伊信徒†（後伊斯蘭的宗教少數族群成員）滲透到政府之中，並且確保政府能忠於以色列[3]。巴勒維國王把這次改革稱為白色革命，但何梅尼卻認為這是美國式的改革。

雖然沒有證據顯示白色革命完全以美國馬首是瞻，但巴勒維國王迎合美國的態度卻一目了然。這位伊朗君主熱衷於建立軍隊，而軍隊的配備與建議完全來自於美國。愈來愈多的美國商人，特別是國防產業的相關人員，開始在伊朗定居。一九六四年，做為與華府協議的一環，伊朗國會通過法案，讓居住在伊朗的美國軍事人員及其家屬享有刑事豁免權。何梅尼嚴厲譴責道：

> 如果美國人的僕人、美國人的廚子，在市集殺害了馬爾賈，或開車撞死了馬爾賈，伊朗

警察沒有權利逮捕他！伊朗法院沒有權利審判他！卷宗必須送往美國，由我們的主子來決定該怎麼做！……讓美國總統知道，在伊朗人民眼中，他是最令人厭惡的人，因為他把不公義的事加諸在我們穆斯林身上。今日，《古蘭經》已經成為他的敵人，伊朗民眾已經成為他的敵人。讓美國政府知道，美國的名聲已經在伊朗破壞殆盡。[4]

巴勒維國王下令逮捕何梅尼，而且對隨後的示威遊行進行開槍鎮壓，造成多達四百人死亡，然後又將何梅尼流放到鄰國伊拉克。但這位阿亞圖拉的發言讓憤怒的民眾心有戚戚焉，巴勒維國王對他的嚴厲處分，使他的聲望更加提升。

在流亡期間，何梅尼進一步發展他在數十年前首次提出的政治願景。真主不可能在第十二任伊瑪目隱遁期間刻意讓穆斯林生活在黑暗之中。但何梅尼早在一九四一年就已指出，全世界的政權都是憑藉武力建立起來的；它們主張的並不是正當性或正義。唯有真主的政府才擁有這些美德。在不存在神聖統治的狀況下，舉目所及，「從道路清潔工到最高級的官員」，到處充斥著「混亂的思想……自私自利、好色淫蕩、不知檢點、犯罪、背叛與數千種諸如此類的惡行」[5]。

*十二伊瑪目派的最高階宗教人士。

†巴哈伊是十九世紀創立於伊朗的教派。他們信仰上帝，接納世界上主要宗教的概念，相信耶穌、穆罕默德、釋迦摩尼都是上帝派遣到人間的使者。教義簡單且具普遍性，目前是世界上分布最廣的新興宗教。

我們可能認為這就是人的境況。但何梅尼相信，人可以達到更高的境界。他起初以神祕主義者的角度切入，相信人必須投入於精神的道路才能臻於完美；之後，他轉而認為這屬於政治的領域。一個正義而神聖的政府，在教士的指導下，將可提升它的臣民，使他們不再沉淪於混亂與黑暗。

何梅尼在伊拉克納賈夫發表一系列演說，之後在一九七四年將這些演說集結成一部論著，書名為《伊斯蘭政府》。何梅尼在書中表示，一個國家的憲法與立法都不能超越已揭露的真主話語[6]。在第十二任伊瑪目缺席之下，指導國家的責任就落在最受尊敬的伊斯蘭學者（faqih）身上，只有他才有資格詮釋神聖經文。

何梅尼寫道：「宗教學者的政治管理是理性的與外在的；這是以任命的類型存在，就像為未成年人任命監護人一樣。從責任與地位的角度來說，國家的監護人與未成年人的監護人其實沒什麼區別。」[7]何梅尼認為人猶如嬰兒一樣沒有判斷力，這種說法與沙里亞蒂的「指導式民主」以及柏拉圖《理想國》的哲學家國王不謀而合，後者認為哲學家國王可以用他的智慧來統治宛如穴居人一般愚昧無知的民眾。何梅尼思想中帶有柏拉圖的元素，這並非出於偶然。世界上幾乎沒有任何地方像中東什葉派神學院那樣，如此尊崇地保存了古希臘哲學家的觀念。在什葉派神學院裡，亞里斯多德與柏拉圖對伊斯蘭學術有著深遠的影響。

在這段期間，何梅尼致力提出這項願景，許多伊朗年輕人雖然不認同他的想法，但還是願意追隨他。何梅尼之所以能打動年輕人，主要是因為他提出了自豪而目空一切的民族認同主張，以及他不屈不撓反抗暴政的意志。與《伊斯蘭政府》相比，何梅尼的書信與宣言是用比較接近方言的語言寫成，因此傳布更廣，而且裡面傳遞的都是這類訊息。這些書信讓人想起何梅尼在一九六四年挺身而出反抗巴勒維國王的事，而且書信中也嚴厲抨擊東方與西方兩個帝國，認為它們陰謀將以色列強加在穆斯林世界之上，使以色列成為穆斯林的壓迫者。〈世界人權宣言〉是個騙局——是「群眾的鴉片」，何梅尼尖銳地寫道——簽署的國家只關切超級強權的權利[8]。只有伊斯蘭才能保障穆斯林的權利。何梅尼比沙里亞蒂更為粗魯也更為直接，但他所認同的政治基調仍與沙里亞蒂相當契合。這絕非出於偶然。因為沙里亞蒂比教士更能號召伊朗年輕人遠離世俗左派而親近伊斯蘭。絕大多數教士抨擊沙里亞蒂的反教士主義，但何梅尼卻精明地不發一語，張開雙臂擁抱沙里亞蒂的追隨者。政治上的伊斯蘭開始集結，完美的風暴即將形成。

阿里雷札在設拉子目睹的示威抗爭開始在全國各地爆發。巴勒維國王的回應愈是嚴厲，示威者的決心愈是堅定，最後巴勒維國王終於在一九七八年秋天宣布戒嚴，而且派坦克上街。整個國家正逐漸脫離巴勒維國王的掌握。伊拉克無法再庇護鄰國這名身陷風暴中心的男子，只好催促何梅尼移居他國。由於科威特人也拒絕讓他入境，這位阿亞圖拉於是前往法國。

何梅尼耐心而無所顧忌地公然生活在諾夫勒堡一間塗著白色灰泥的屋子裡，在巴勒維國王統治的最後幾個月，何梅尼經常在一棵蘋果樹下發表對時事的看法。他當時表示沒有意願進行直接的教士統治。教士可以在幕後提供「指導」，但國家的行政事務最好還是交給技術官僚。曾經支持穆沙迪克的自由派民族主義分子，現在轉投何梅尼陣營。伊朗自由運動是一個已經成立一段時間的民族主義伊斯蘭自由派團體，這個團體的領導人是個工程師，名叫梅赫迪·巴札爾甘，伊朗自由運動實際上已成為何梅尼的親衛隊。這些民族主義者並不支持「宗教學者的政治管理」。民族主義者出現在何梅尼的核心圈裡，顯示何梅尼願意接納革命運動的各種複雜成分，而不支持教士統治的人也不介意讓何梅尼成為革命運動的中心。相應地，民族主義者也努力不懈地為何梅尼四處奔走，他們向巴勒維國王的西方盟友保證，如果他們能讓巴勒維國王離開，那麼伊朗將會順利過渡成為自由民主的國家。民族主義者甚至與美國駐德黑蘭大使館建立關係，擔任起何梅尼、美國人與巴勒維國王軍隊之間的中間人，並且說服軍方不要介入[9]。

革命分子攻擊阿里雷札的最愛——電影院，而他們攻擊的理由卻是他另一個最愛——宗教。這個場景在往後數十年一直在他心中徘徊不去，但這並未激怒他，或讓他改變立場，或讓他的內心分裂。阿里雷札的個性溫和，政治一直是他的核心關切。他心裡想的是，攻擊電影院是一種錯誤的戰術，只會讓民眾產生反感；但由於他並未參與其中，因此他也無力阻止。他每天與投擲石塊的人一起加入示威遊行，活生生的歷史脈動令他感動不已——從空氣中，他感受到歷史的氣息，源源不斷的群眾正推動歷史的巨輪前進。他成為他閱讀與喜愛的歐洲小說裡的角色：伊尼亞齊歐．西洛內的《麵包與葡萄酒》，裡面提到義大利農民以宗教與左派之名反抗法西斯主義。在設拉子，人行道、牆壁與柏樹都隨著這層含義而悸動著。

阿里雷札保持超然的態度。他心想，自己既是歷史的動物，也是歷史的行動者。如果他生在以色列，也許他會成為一名猶太教正統派。他懷疑，就像人會選擇觀念，觀念也會選擇人。阿里雷札認為，因為他能思索這種想法，所以他也能試著理解與他不同的伊朗人的觀點，並且從中選擇最能捕捉他的革命信條。他與六個共產主義團體見面。他那些富有的世俗親戚屬於這些團體：有些人是史達林主義者，有些人是托洛斯基主義者或毛澤東主義者。這是阿里雷札首次發現自己成為他的親戚爭取的對象，他們每個人都希望說服這個來自設拉子南區的窮親戚加入他們的左派陣營。

在大學裡，阿里雷札加入灌輸馬克思主義的研讀會。他一邊閱讀馬克思，一邊對照宗教文本，試圖找出兩者的不一致處。不久，被激怒的研讀會會長告訴他，課堂上沒有時間回應他的問題，他的問題必須留待以後再說。伊朗人民聖戰者組織的青年團體氣氛也大致相同，阿里雷札每天早上參加他們的討論，他努力想讓自己了解所有的革命思想。聖戰者組織是伊斯蘭左翼游擊隊團體，人員來自侯賽因宗教會所的沙里亞蒂追隨者，但到了革命時期，這個組織逐漸以一名充滿魅力的領導人為中心，這個領導人名叫馬肅德．拉賈維。他的作品是聖戰者組織唯一閱讀或討論的書籍。阿里雷札後來就不再參加他們的會議。

唯一能讓阿里雷札感到自在的討論會是沙里亞蒂另一批追隨者組成的小團體，團體裡都是一些以知識分子自任的人士，他們堅持沙里亞蒂的好戰什葉派觀點，以實現社會正義為目標。這個團體採取平等主義的激進立場，恪守沙里亞蒂的主張，認為真實的信仰者不需要教士中介，他們因此也不支持「宗教學者的政治管理」。這些人認為，所有受過教育的人都可以擁有神聖智慧。

阿里雷札認為，他在沙里亞蒂的阿里什葉派中，找到了他在左派分子與神學院遭遇專制主義與不寬容時的解答。阿里雷札參與沙里亞蒂追隨者的小團體雖然時間相當短暫，但長期而言，對他來說卻是個錯誤的賭注。當革命伊斯蘭主義的主流於一九七九年獲勝，並且在往後十年間在何梅尼手中透過一連串的血腥鎮壓鞏固權力時，阿里雷札在這段過程完全成了局外人。儘管阿里雷札並未如團體領導人與其絕大多數追隨者那樣，在動盪的一九八〇年代遭受監禁或處決的命運，但他曾參加團體的事實終究在他身上留下黑色的印記，即使日後在政府內部工作，他依然遭到孤立。這是個圍繞著非正式的成員資格與意識形態親緣性的網絡組織起來的政府、體系與國家。在這個處境下，沒有什麼比無所歸屬更加危險。

然而，在革命展開的時期，阿里雷札卻感到如魚得水。阿里雷札從小就冷靜穩重，這是智性首次在社會上成為最熱門的商品，其中尤以當時彼此競爭的兩種知識最為搶手：馬克思主義與伊斯蘭主義。阿里雷札的朋友巴赫拉姆是他認識的人當中最帥氣英挺的一個。在革命前，阿里雷札與巴赫拉姆走在街上，年輕女孩總會找藉口接近他的瀟灑朋友。但巴赫拉姆不屬於任何類型的知識分子或好戰分子，革命後，女孩們轉而受到活動分子、理論家、革命分子與學者的吸引。巴赫拉姆於是拜託阿里雷札幫他贏回那些離他而去的女孩們的心。於是他們故意進行一些對話吸引那些馬克思主義美女注意。由巴赫拉姆對馬克思主義發表意見，阿里雷札對知識的追求以及對政治的投入已眾所皆知，他佯裝對於巴赫拉姆的說法感到印象深刻。巴赫拉姆用這種方式交了兩三個女朋友。但往後幾年，阿里雷札在狹窄的生活圈中，會記得巴赫拉姆是最早批評革命的人之一。巴赫拉姆抱怨意識形態讓人與人之間彼此敵視，而且扭曲了最基本的人際關係。英俊的巴赫拉姆交不到女朋友，無論在哪裡眾人莫不為了意識形態而彼此仇恨，他們根本不知道自己為什麼仇恨對方。

革命醞釀了許久才發生，不過一旦發生便肆無忌憚地快速延燒。宣布戒嚴無法讓巴勒維國王獲得任何好處。大罷工讓整個國家癱瘓。暴動也隨之展開。巴勒維國王慌亂地進行各種補救措施。他任命一名首相負責安撫的工作，但之後又把他換下來，改任命一名將軍上台，之後眼見國家不可避免得做出改變，於是又把將軍換下來，轉而任命另一名首相來負責過渡工作。巴勒維國王於一月十六日離開伊朗。報紙標題在欣喜若狂之下史無前例地使用八十四點大型字體：「巴勒維國王離開了（Shah Raft）。」伊朗人在街上大肆慶祝。二月一日，毫無爭議的領袖與革命的象徵，阿亞圖拉何梅尼搭機抵達梅赫拉阿巴德機場。報紙報導：「伊瑪目已經來了（Imam Amad）＊。」

伊朗全國把何梅尼當成救世主，熱烈地歡迎他，而何梅尼為這個歡欣鼓舞的國家帶來的則是他的美德與明確的威嚇。伊朗是個矛盾的國家，不僅急於與他人鬥爭，也迫不及待地與自己鬥爭，整個國家因此滿目瘡痍。但何梅尼卻是個前後一貫的人。一九七九年二月二日，何梅尼向全國民眾表示：「我想任命的政府是一個根據神聖命令建立的政府，反對這個政府不僅是違反人民

＊有些伊朗人認為何梅尼就是那個回到人世間的第十二位伊瑪目。

的意志，也違反真主的意旨。」[10]他只承認自己的力量，而否認所有革命的力量。六月，何梅尼以吟詠的語調說道：「有些人以為用伊斯蘭以外的力量就能粉碎暴政的高牆，這些人錯了[11]。選擇伊斯蘭以外道路的人，對人類毫無助益[12]。」

何梅尼在法國時已經暗地裡任命一小批人組成革命會議，負責在政府建立前主持國家事務。會議成員包括一群頭腦冷靜而充滿野心的教士，他們忠於何梅尼，而且服膺「宗教人士的政治管理」觀念。這些人當中有阿亞圖拉穆罕默德·貝赫希提與中級教士阿里·哈梅內意以及阿里·阿克巴爾·哈什米·拉夫桑賈尼。革命爆發不到一個星期，他們與其他會議成員共同組成了伊斯蘭共和黨。這是個擁有巨大毀滅力量的組織。

伊斯蘭共和黨控制了清真寺、國家廣播機構與其他媒體。伊斯蘭共和黨除了仰賴何梅尼個人的魅力——何梅尼在一九七九年時的號召力確實無人能及，伊斯蘭共和黨本身也是個龐大的高壓統治機構。由於懷疑巴勒維國王軍隊的忠誠度，何梅尼先前已經下令創設一支準軍事部隊以保護他與革命會議的安全。這支部隊稱為革命衛隊。伊斯蘭共和黨底下還有一批打手，稱為真主黨*，專門對反對者進行騷擾。阿亞圖拉貝赫希提主掌新成立的司法部，他大權在握，指派與他關係密切的教士到全國各地召開革命法庭，對「反革命分子」進行速審速決，包括舊政權官員、庫德族分離主義分子、政治反對者以及其他不受歡迎的人物。伊斯蘭共和國成立後的二十八個月內，在沒有證據或法律辯論之下，革命法庭逕行處決了七百五十七人，理由是「在世間播下腐敗的種子」[13]。這個數字是過去八年來巴勒維國王政權處決政治犯人數的七倍以上——而這還只是開始[14]。

何梅尼與激進教士的行為彷彿這場革命完全是由他們主導，但他們當然知道自己的地位並非表面上看來那麼穩固。那些發動示威抗爭與罷工讓巴勒維國王政權垮台的伊朗人，主要是世俗的左翼分子、民族主義分子、自由派人士與伊斯蘭左翼分子，這些人並不贊同由教士來進行統治。巴黎時期圍繞在何梅尼周圍的民族主義伊斯蘭自由派或許是其中最弱小的群體，他們最不可能在權力鬥爭中認真挑戰教士。然而，這些人卻最能讓前西方盟友減輕焦慮。因此，何梅尼放心地在一九七九年初提名溫和派民族主義知識分子梅赫迪．巴札爾甘擔任臨時政府總理。許多激進派教士對於這個決定感到不安。他們擔心巴札爾甘將成為美國霸權與影響力再次進入革命伊朗的特洛伊木馬。

巴札爾甘是另一個時代的殘餘，這名溫和的七旬老人，他的時代要不是已經過去，就是尚未到來。他戴著粗框方形眼鏡，下巴看起來有點緊繃。他是一名工程師，與沙里亞蒂的父親同輩，他曾經在穆沙迪克政府任職，主掌曾經短暫國有化的石油產業。當時，他曾批評穆沙迪克的民族主義者不虔誠。巴札爾甘認為，要有效對抗巴勒維國王，必須有教士與傳統階級的參與，因此他成立了自由運動，這是一個結合民族主義、自由主義與伊斯蘭教的反對黨。

巴札爾甘是民主派人士。在巴黎生活七年使巴札爾甘得出一個結論——宗教可以在世俗統

* 這與一九八二年在黎巴嫩成立的真主黨是不同團體。

治、科學進步的社會裡發展茁壯，他相信人民主權而非高壓統治最終可以讓國家與伊斯蘭價值一致。儘管如此，巴札爾甘卻與教士維持一個現實的同盟關係。當何梅尼與其他教士在一九六〇年代初反對女性參政時，據說巴札爾甘曾私底下表示反對，但最後卻採取了政治態度而非道德立場：他的自由運動宣稱，在選票不具重要性的國家裡，參政權毫無意義，因為能投票的人與不能投票的人沒有什麼差別。

此外，不同於當時宗教與非宗教的激進分子，巴札爾甘捍衛言論自由、少數族群權利與私有財產；他不在乎第三世界革命運動的語言，他認為強調殖民主義與剝削只會造成分歧而且很容易向蘇聯的野心靠攏[15]。巴札爾甘是技術官僚。他在德黑蘭大學告訴群眾：「不要期望我跟何梅尼一樣……，何梅尼就像推土機，所到之處，岩石、草根與石塊全壓個粉碎。我是一輛精美的小客車，必須在鋪好的平整路面上行駛，你們必須為我鋪平道路。」[16]

在革命的伊朗，沒有平整的道路可以行駛。巴札爾甘既不能平息民眾烏托邦式的動亂，也無法破解革命會議的圖謀。這位伊斯蘭共和國首任總理直到三十多年後，也就是他去世一段時間之後，才真正找到支持他理念的人。在巴札爾甘擔任總理期間，他面臨的是一個民眾被武裝起來的國家，安全部隊已完全失去功能。革命會議控制了這些臨時起意的民兵，稱他們為委員會（komitehs），並且要求他們遵行伊斯蘭化的工作事項——巴札爾甘不同意這些事項，也從未諮詢過這些事項。委員會監督民眾是否穿著不適切的伊斯蘭服裝、聆聽西方音樂、持有婦女裸露照片，以及兩性之間是否有禁忌互動或其他道德偏差行為。何梅尼為委員會的行動辯護，認為伊斯蘭國家有責任為了提升民眾而干涉私人生活[17]。

伊朗有兩個政府：一個是巴札爾甘領導的合法政府，另一個是由草根革命委員會、民兵以及行刑隊支持的教士法庭組成的法外網絡，這個網絡完全忠誠於何梅尼與伊斯蘭共和黨。巴札爾甘的政府試圖掌握革命衛隊的指揮權，但未能成功；他也試圖讓革命法庭接受司法部的監督，但也失敗[18]。巴札爾甘曾對義大利記者奧里亞娜・法拉奇表示：「理論上，政府主導一切，但實際上，真正管事的是何梅尼。他與他的革命會議、革命委員會以及他和群眾的關係才是主宰者。」[19]

在柏拉圖的烏托邦理想國裡，哲學家將成為國王，不只是因為睿智，也因為他不願意成為國王。哲學家的智性之光乃是哲學家存在的理由；智性而非野心將驅使哲學家服務他的同胞，甚至使他違反自己遺世獨立鑽研學問的天性。然而，在何梅尼的伊斯蘭共和國，激進派教士「如同在夢裡一般進行黑暗統治，他們為了影子而彼此爭鬥，為了官職而彼此爭論」[20]。這些教士面臨的最重要以及在政治上最困難的任務，就是為自身的統治建立永續的基礎。為了制定革命國家的憲法，引發的鬥爭臻於白熱化，而巴札爾甘對此幾乎沒有準備。

一九七九年三月二十二日，巴勒維國王被推翻後不到兩個月，伊朗人便面臨一場公民投票。投票的選項是：伊朗是否將成為伊斯蘭共和國？沒有任何定義，也沒有其他選項。投票結果有百分之九十八投下「贊成」票。[21]但伊斯蘭共和國是什麼？由誰決定？六月，巴札爾甘與盟友根據法國第五共和憲法提出自由派與大致傾向於世俗的憲法草案。草案須經伊斯蘭教法專家會議審查與批准。專家會議的選舉過程充斥著違法亂紀，包括對反對「宗教學者的政治管理」的人士進行暴力攻擊[22]。在阿亞圖拉侯賽因・阿里・蒙塔澤里擔任主席而阿亞圖拉貝赫希提擔任副主席的狀況下，專家會議完全被伊斯蘭共和黨以及其他附隨政黨壟斷[23]。他們從總理手中奪取憲法，然後重新起草，添入何梅尼國家理論的元素。結果產生一份創新而充滿矛盾的文件，文件中呈現的緊張情勢將定義這個國家的未來。

絕大多數政府的正當性都來自於單一來源。但伊朗政府的正當性來源卻有兩個：人民主權與真主主權。就像絕大多數有過的妥協那樣，結果就是兩者都蒙受了損害。伊朗將成為共和國，但程度卻超出何梅尼原先的預期。伊朗將擁有一個民選的總統與能夠立法的國會。伊朗不再像過去那樣完全在君主的掌控之下，而是需要民眾的參與及同意。但在此同時，卻由教士出任最高領袖（Supreme Leader）與真主在人世的副攝政來指導國家。最高領袖將指揮武裝部隊、掌控國內治安機構與外交政策，以及任命司法總監與憲法監護委員會，而且這兩個職位與機構都由教士出任。法律由國會通過，但國會議員的候選人必須經由憲法監護委員會許可，憲法監護委員會猶如最高領袖的臂膀。

巴札爾甘向何梅尼提出抗議。他反對這部憲法，認為這部憲法將使國家完全落入教士統治階級的掌控，而且也將敗壞未來的世代，使其起而反對伊斯蘭教。但何梅尼對他的抗議置之不理。

「現在，憲法明文規定了宗教學者的統治原則，」三個月後，何梅尼對一名訪談者說道，「我認為，在這方面，憲法的規定仍有不足。在伊斯蘭教中，宗教學者擁有的特權比憲法明文規定的權利大得多，而教士們……卻未能堅持這個理想，因為他們不願意與知識分子敵對！」[24]

在世界的另一端，穆罕默德．雷札．巴勒維國王成了絕望的亡命之徒。他行經埃及、摩洛哥、巴哈馬與墨西哥，走到哪兒都擔心新政權會派人來暗殺他，而他的安全還有一個更迫近的威脅：五年前，巴勒維國王被診斷出罹患淋巴癌，不僅伊朗民眾不知情，連他的家人也被蒙在鼓裡。一九七九年九月，巴勒維國王的侍從武官與美國的中間人接觸，巴勒維國王的處境出現重要轉折。

一九七九年十月二十三日，美國允許巴勒維國王赴美接受醫療。美國政府不顧美國駐德黑蘭大使的反對，後者警告，除非巴勒維國王不再要求波斯的王位，否則承認巴勒維國王將對「美國的利益以及在伊朗的美國人安全造成嚴重損害」[25]。但與白宮關係密切的人士堅持，華府對於被罷黜的國王負有責任；這個人罹患重病，而且全世界幾乎沒有任何國家願意接受他。

有幾個理由可以支持美國大使的看法。何梅尼希望將巴勒維國王引渡回伊朗，審判他鎮壓伊朗人民的罪行。但與把巴勒維國王送上刑場的願望相比，許多伊朗革命分子其實更不想看到巴勒維國王待在美國。他們擔心一九五三年的政變會再次重演：或許巴勒維國王前去投靠北美盟友不是為了治病，而是為了與支持他的中情局會合，以奪回他的王位。

一九七九年十一月四日，大約四百名革命學生突破位於德黑蘭市中心占地寬廣的美國大使館的高牆。這些學生在一個稱為「追隨伊瑪目路線的學生」團體授意下衝進大使館，綁架了約五十一名美國人質，並且要求美國必須引渡巴勒維國王。

何梅尼並未下令占領大使館；從各方面來說，這起事件都讓他感到驚訝。儘管如此，何梅尼還是不顧巴札爾甘的反對，給予學生祝福。伊斯蘭共和黨將這些綁架人質的學生納入自己的組織中，確保這些人在往後數十年能在政治上一路扶搖直上。

占領美國大使館為伊斯蘭共和國的外交政策樹立方針，也為伊朗的內政政策邁出蠻橫的一步。激進派教士已經受夠了巴札爾甘。為了逼他離開，他們只好讓政治升溫到連他這種溫和的人也無法忍受的地步。綁架人質事件做到了這一點。而這起事件也讓伊斯蘭主義者從世俗左派手中奪取了反帝國主義的據點，成功從側翼包圍伊朗反對派長久占據的高地。

巴札爾甘一向支持與美國建立友好關係。他與他的政府成員一直與美國外交人員維持接觸，並且認為這是他們日常職責的一部分。現在，他們的外交政策落空，同時也失去了對內政局勢的掌握。巴札爾甘遞出辭呈。在最後的電視演說中，巴札爾甘向民眾表達他內心的恐懼，他擔心未來伊朗人民的主權很可能被教士的統治取代[26]。

一個月後，明定「宗教學者的政治管理」的新憲法獲得公投通過，但實際上參與投票的伊朗民眾不到一千六百萬人[27]。何梅尼公開表示，他不會輕易行使他的大權，除非是為了防止悖離伊斯蘭教的狀況發生[28]。然而實際上，往後十年伊朗將成為當代最不負責任與最專制的政權之一。

伊朗伊斯蘭共和國在一九八〇年首次舉行總統大選。阿亞圖拉何梅尼支持獨立候選人阿博爾哈桑・巴尼－薩德爾，此人以激進的伊斯蘭經濟學家自稱，而且留著格魯喬・馬克思的八字鬍。巴尼－薩德爾在法國時曾幫助過何梅尼，然後成為革命會議的一員。由於沒有真正的競選對手，巴尼－薩德爾在總統大選以壓倒性的多數獲勝。

新任總統與前總理巴札爾甘不同，他並不是一個高尚的自由派人士。他是他身處的極端時代下的人物，無論付出多大的代價，他都決心對抗他的政敵。巴尼－薩德爾毫不掩飾的自信使他一下子觸怒了伊斯蘭共和黨的教士。他宣稱，「總統應該主掌一切」，他也提到教士「終將失敗」，革命委員會將解散，而彼此競爭的權力中心將被去除[29]。

阿亞圖拉貝赫希提與伊斯蘭共和黨決心阻止巴尼－薩德爾，他們試圖說服何梅尼相信，這位民選總統是國家的敵人。對手抨擊巴尼－薩德爾濫用權力、「自我中心」而且是「教士的敵人」[30]。他們說新任總統是「換了一張臉的巴札爾甘」[31]，抱怨他開始轉向自由主義，而且警告他必須「與革命站在同一陣線」[32]。他們利用他們在國會的多數，讓巴尼－薩德爾在自己的內閣中遭到孤立，幾乎所有的閣員都來自伊斯蘭共和黨，他們還逼迫巴尼－薩德爾任命與他為敵之人擔任總理。

彷彿巴尼－薩德爾遭遇的難題還不夠似的，一九八〇年九月二十二日，伊拉克入侵伊朗。伊拉克與伊朗交惡已有一段時間，彼此持續進行挑釁，而且發生過幾次小規模衝突。但現在薩達姆．海珊＊決定利用伊朗遭受孤立與革命動盪之際控制阿拉伯河的水道。這已經不是小型的邊境衝突[33]。伊拉克獨裁者派出二十二個師進攻伊朗領土，這是第二次世界大戰以來最大的一場軍事

＊薩達姆．海珊（Saddam Hussein）的發音比較接近胡笙或侯賽因，此處採用台灣常見翻譯。

行動。

國際上並未出現抗議的聲音。美國官員日後回憶，兩伊戰爭爆發時，他們抱持著幸災樂禍的心態。伊拉克是蘇聯的附庸，而伊朗綁架了美國外交人員做為人質，幾乎等同於與美國開戰。占領大使館事件使伊斯蘭共和國受到國際的冷遇。但伊朗的革命分子對於世界各國的沉默有不同的理解。如果他們過去一直懷疑國際秩序對他們不懷好意，現在他們終於可以確認這一點。

戰爭非但未能讓伊朗的政治派系團結一致，反而造成更嚴重的分裂。巴尼－薩德爾認為學生應釋放美國人質，好讓伊朗能向西方購買備用的軍事零件。他要求停止對軍隊進行意識形態清洗，因為此時的軍方比以往都更需要指揮官。但令巴尼－薩德爾感到挫折的是，人質危機繼續拖延，而軍方的整肅也依舊持續。

結果，伊朗總統居然公然成為反對派的領袖，無論從哪一國的憲法來看，這都是一件奇怪的事。巴尼－薩德爾獲得自由派與一部分左派的支持，其中包括伊朗人民聖戰者組織，後者此時有大量的年輕人加入，許多甚至是青少年[34]。巴尼－薩德爾在他的報紙上譴責革命政權的暴力行徑——刑求、審查制度、暗殺陰謀等等諸如此類。他的結論是：「在這樣的共和國裡擔任總統，我無法感到驕傲。」[35]他甚至要求何梅尼向他保證，如果自己出事，他的妻兒將不會受到任何傷害[36]。何梅尼並未直接回應。但何梅尼最終還是警告總統，必須與聖戰者組織保持距離。

聖戰者組織是巴尼－薩德爾握有的最好籌碼，他不願意放棄他們。一九八一年二月，抗議民眾開始在街上與真主黨發生衝突，真主黨是支持政權的好戰分子的通稱，他們手持棍棒、刀子與手槍對抗聖戰者組織與總統的支持者[37]。何梅尼成立委員會來進行調解，但委員會卻專門針對總統，而且剝奪了他剩餘的權威。教士關閉巴尼－薩德爾的報社，逮捕他的親信，禁止他接受外國媒體的採訪，最後在六月透過國會的不信任投票免除了他的總統職位。

「我很遺憾，」當巴尼－薩德爾的逮捕令發出時，何梅尼如此說道，「我試著避免……免職的結果。」但「外國勢力的介入以及夾雜在這些人當中的狼群，不讓我們避免我們想避免的事」[38]。

伊斯蘭共和國首任民選總統成了伊朗境內的亡命之徒，他的行蹤成謎。總理曾經是巴尼－薩德爾的對手，此時由他主掌政府。教士告訴民眾，革命的成功是為了建立伊斯蘭國家，而不是為了建立自由或民主。在此同時，巴尼－薩德爾則與聖戰者組織訂下盟約，誓言推翻政府，另建一個「民主的伊斯蘭共和國」[39]。

伊朗爆發的混亂局勢已經跡近於內戰。聖戰者組織與同盟的左翼分子利用焚燒的巴士、輪胎、樹木與桶子堆成街壘，持續八個小時對抗革命衛隊。這些人不同於巴札爾甘的那群有教養的自由派分子，他們是革命的街頭暴徒、炸彈客與暗殺者。

一九八一年六月二十七日，一台被安裝了炸彈的錄音機在德黑蘭南部一間擠滿群眾的清真寺裡引爆，阿里．哈梅內意當時正在演說，他的右臂永久受損，脖子與喉嚨受的傷也損害了他的聲音。「感謝真主，伊斯蘭的敵人全是一群笨蛋，」何梅尼安慰說，「他們的陰謀詭計反而讓民眾更團結。」[40]另一枚炸彈在德黑蘭的一個廣場爆炸，第三枚在街上被發現並且順利拆除。

但是，最嚴重的攻擊發生在第二天，也就是六月二十八日，當天伊斯蘭共和黨舉行每週一次的集會。有兩枚炸彈——反對團體從未宣稱是他們幹的——在伊斯蘭共和黨總部爆炸，一枚位於講台附近的垃圾桶裡，當時阿亞圖拉貝赫希提正在台上演講，另一枚則在觀眾席裡。這起爆炸讓兩層樓的建築物夷為平地，屋頂的鋼樑也扭曲變形，殺死至少七十名官員與公務員，包括貝赫希提本人。兩個月後，八月三十日，一枚炸彈炸掉了總理辦公室，當時總理正在主持國防會議，總理與四名官員被炸死。

教士最近才平息了一起武裝部隊的未遂政變，對他們來說，和平共存顯然已無可能。非得將巴尼－薩德爾與聖戰者組織從政壇上清除不可，為了做到這一點，伊斯蘭共和黨發起了恐怖行動。總理被炸死的數天後，司法部授權大規模逮捕與處決反對派人士。聖戰者組織與革命衛隊開始猛烈交火，其中尤以德黑蘭南區特別嚴重。巴尼－薩德爾與聖戰者組織領導成員逃往法國，但他們的追隨者——聖戰者組織成員、庫德族民族主義分子、左翼分子與民族主義者——總計有二千六百六十五人在一九八一年六月到十一月間被處決。檢察總長表示，這些死亡「不僅是可允許的，而且是必要的」[41]。

阿里雷札．哈吉吉是倖存者。在那段期間，阿里雷札認識的年輕人一個接一個地消失不見。有些人被處決，有些人死在戰場。他有個朋友，是個非常傑出的物理系學生。革命後，這個朋友加入革命衛隊；但他的單位卻是由一名前薩瓦克軍官來負責教導，他一氣之下離開革命衛隊，轉而加入聖戰者組織，希望能在那裡找到真正的激進主義。他在與巴尼－薩達爾有關的騷亂中被殺。阿里雷札覺得自己的朋友在被利用之後又被處理掉。沒有任何武裝派系在乎他受過的教育、天分與未來的前途。

革命爆發時阿里雷札才十六歲。他想到大學讀書，藉此離開設拉子南區，擺脫活動分子的環境，進入到新主流的中心。但在他高中畢業那一年，卻沒有任何大學可以就讀。在何梅尼的指示下，從一九八〇年開始，真主黨占據了大學校園，對各個學院科系與學生團體進行整肅，並且將課程全面伊斯蘭化。大學關閉了三年。阿里雷札與他的夥伴完全無事可做。他也許可以出國念書，但他的母親沒有錢讓他出國。他也許可以自願從軍，但他的父親卻搶先一步入伍，並且要求阿里雷札在他在前線的時候幫他照顧店鋪。

阿里雷札就這樣泯然消失在設拉子的市集中。阿里雷札不顧父親的反對，在店鋪裡擺了一張書桌，上面堆滿了書。他就坐在客人之中看書。戰爭把設拉子變成阿里雷札無法接受的樣貌。產油的邊境城市阿巴丹在一九八〇年遭到圍困，當地的年輕人湧入設拉子到處找女孩搭訕，似乎完全不在意他們的家鄉被伊拉克人攻占。阿里雷札覺得這些人一點也不在乎戰爭。他認為，一個人是不是真正的革命分子，可以從他的選擇看出。革命就像愛情：在愛情與自利之間，真正的愛人會選擇愛情。然而，跟阿里雷札一樣認真看待戰爭與革命的人主要是真主黨人，他們全是「宗教學者的政治管理」的馬前卒。而阿里雷札與這些人也格格不入。阿里雷札仍然屬於受沙里亞蒂啟發的知識分子群體的一員。這是個激進的團體，不僅是伊斯蘭主義者，也是平等主義者，但這些人主要專注於經營報紙，他們的人數不多，卻孜孜不倦地寫下大量的文字作品。

阿里雷札不想讓自己成為歷史，也不想讓自己的年輕時光虛耗在設拉子的市集裡。一九七九年，何梅尼下令組建一支龐大的志願民兵，稱為巴斯基，由超過與不到徵兵年齡的男性以及所有女性組成。阿里雷札在一九八〇年時只有十七歲，比正規軍的徵兵年齡少了一歲，於是他便到巴斯基的訓練營報到。訓練營的教導一部分是體能，一部分是意識形態。阿里雷札相信，與伊拉克的戰爭超越了派系政治，他與巴斯基的真主黨人之間不應該心存芥蒂。然而，管理訓練營的人可不是這麼想的。有人認出了阿里雷札，並且指控他為了刺探情報而滲透到巴斯基，於是他被趕出了訓練營。

阿里雷札加入了海軍。戰時入伍使他能堂而皇之地從另一場戰爭脫身——政治敵對勢力之間的戰爭，這些勢力把年輕的追隨者當成可以犧牲的砲灰。在海軍基地裡，政治似乎成了遙不可及的事物。阿里雷札與其他被徵召入伍的青年無法進入城市或與其他民眾來往，他們只能藉由閱讀官方報紙來得知外界消息。阿里雷札日後回想，如果一九八一年時他不在海軍基地，他很可能遭到逮捕或遭遇更糟糕的狀況。當時阿里雷札上船趕赴前線，及時目睹兩伊戰爭在霍拉姆沙赫爾決定性戰役的尾聲。

霍拉姆沙赫爾位於阿巴丹北方十五公里處，瀕臨阿拉伯河，伊拉克於一九八〇年九月首次圍攻該城。霍拉姆沙赫爾在伊拉克以重砲轟擊三十六小時後陷落。這場戰爭很快就成為革命傳奇，精疲力竭的巴斯基與革命衛隊以清真寺為據點，最終還是無法守住這座城市。在伊拉克占領期間，霍拉姆沙赫爾成了一座鬼城，一半的城區被夷為平地，到處都是塗鴉與彈孔。伊拉克士兵用何梅尼的照片來練習打靶。一九八一年秋，伊朗軍隊突破被圍困一年的阿巴丹，一九八二年五月，在長達一個月的戰役結束後，伊朗終於收復霍拉姆沙赫爾。

阿里雷札在戰役的最後一天抵達霍拉姆沙赫爾。他在這座滿目瘡痍的城市待了一個月。隨著霍拉姆沙赫爾的收復，伊朗在開戰後才一年半的時間就成功擊退入侵的伊拉克軍隊。此時的伊拉克很可能因為併吞伊朗領土的希望破滅而撤兵返回巴格達，何梅尼因此有機會與伊拉克締結有利的和約，然後轉而處理伊朗自身的內部問題：政治暴力、社會不安、自由落體的經濟。然而何梅尼並未這麼做。相反地，伊斯蘭共和國還是持續著這場戰事，決心一舉推翻薩達姆．海珊的復興黨政權。接下來持續六年的戰爭將使這兩個國家陷入困境。

阿里雷札返回海軍基地，然後離開軍隊回歸平民生活。他還身負其他的義務。他的母親跌斷了骨盆。阿里雷札相信，在設拉子的醫院裡，一個無依無靠的貧窮婦女一定會遭到忽視。他必須坐在病榻旁，才能確保她獲得適當的照顧。但革命之後，醫院依照性別加以隔離分區，技術上來說他已不能待在婦女區裡。於是他與護士達成協議，他一方面幫父親顧店，另一方面到醫院照顧母親，而在醫院的時候，他可以坐在病床旁邊閱讀加布列．賈西亞．馬奎斯的作品，同時只要病房裡有病人按鈴，他就要負責上前照顧，讓護士們在一旁聊天說笑。

有一天，阿里雷札偶然碰見清真寺的圖書館員，這個館員曾在阿里雷札小時候介紹他閱讀《小黑魚》。館員得知當年那個嗜書如命的虔誠孩子現在居然在市集裡工作，心裡感到十分驚訝。革命過後，這名館員在大學監督委員會裡任職；他擁有阿里雷札想像不到的人脈。館員提議透過正確的政治管道為阿里雷札提出大學入學申請。阿里雷札申請電影學系與政治學系，他兩個科系都上了。

學習電影是一個夢，一個奢侈品，阿里雷札最終選擇進入聲望卓著的德黑蘭大學政治系。晚年時，阿里雷札有時會後悔自己做了這個影響命運的選擇。即使政治是每個家庭主婦、計程車司機與街角的雜貨店老闆都自認為是專家的一門行業，但在伊朗攻讀政治總是要受到意識形態檢查。儘管如此，政治是阿里雷札存在的核心。在面臨選擇時，他總是優先選擇政治。

阿里雷札是革命的真誠信仰者，他的激進一如他對宗教的虔誠，而他對政治也頗為精明。然而他在青少年時期押錯了寶——押在沙里亞蒂身上而非何梅尼——這決定了他的人生走向。在伊斯蘭共和國時期，沙里亞蒂的名字被用來為街道命名，沙里亞蒂把伊斯蘭當成意識形態，這種做法開創了時代，而他號召的社會正義，就連何梅尼也必須追隨。沙里亞蒂的名字既不可提起，又不可批評。教士很清楚沙里亞蒂能釋放的力量。他們把沙里亞蒂當成野馬來駕馭，但最終又不得不予以壓制。

像阿里雷札這樣的人會為國家的官僚工作，卻無法得到他們的信任。他會圍繞在政治派系的外圍，卻無法被他們吸收。遇到麻煩的時候，沒有人會為他說話或為他擔保。阿里雷札十分精明，因此能保全自己。他在中年時流亡到加拿大，依然忠於革命的他，儘管仍滿腔熱忱，卻從未擁有過革命，因此也從未失去革命。

經過一段時間之後，大家發現巴尼－薩德爾與導致他去職的暴動對伊朗權力核心的衝擊其實遠不如巴札爾甘來得長久。伊斯蘭共和國的首任總理雖然在政治上被擊倒，但他所象徵的理念卻從未消褪，反而隨著時間而日漸彰顯。巴札爾甘認為，在新伊斯蘭國家裡，像他這樣的人會有或應該要有生存的空間，而法治與伊朗人民發起的革命並非不能相容。

在巴尼－薩德爾執政的末期，三月，革命法庭在埃溫監獄審判巴札爾甘的前副總理阿拔斯．埃米爾恩特札姆。這場審判將使巴札爾甘重回國家舞台，而這回他將為反對派發出憤怒而絕不妥協的聲音。

根據在大使館找到的文件，綁架人質者指控風度翩翩且英語流利的外交官埃米爾恩特札姆與美國外交人員接觸，而且對革命的路線抱持懷疑的態度。這場審判完全是急就章，隨便找個房間倉促改成法庭，巴札爾甘擔任辯方證人，全場只有他一個人打領帶。身穿棕色T恤的監獄官員為了維持法庭秩序，竟要求全場人員齊聲讚美真主。埃米爾恩特札姆與旁聽的八十名民眾起身讚頌：「真主至大，何梅尼是我們的領袖。處死異教徒薩達姆。」穿著藍色牛仔褲的法庭官員宣讀《古蘭經》。

法官是一名教士，名叫穆罕默德．穆罕默迪．吉拉尼，他轉頭看著埃米爾恩特札姆問道：「你找辯護律師了嗎？」[42]埃米爾恩特札姆說有，法官隨即打斷他的話：「有巴札爾甘先生為你做證，幫你說話，你不需要辯護律師。」

巴札爾甘直到最後都忠於他的副手，他在政府裡的經驗，加上之後巴尼－薩德爾的戲劇性事件，讓他往後幾個星期在法庭上持續賣力表現，這一切顯然都讓他感到痛苦。這名前總理表示，指控埃米爾恩特札姆與美國中情局勾結，企圖對何梅尼不利，這些全是空穴來風。埃米爾恩特札姆與美國大使館接觸確實是事實，但那完全是他的職責，而且也經過總理的授權。

巴札爾甘向法庭表示：「如果有任何人必須接受審判，那個人應該是我。」

在後革命時代的騷動中，伊朗的反情報機構陷入癱瘓，巴札爾甘於是派人前往美國與蘇聯大使館，希望這兩個超級強權能各自提供對方的情報。巴札爾甘表示：「美國人給了我們很多情報」，主要是關於伊拉克軍隊在伊朗邊境的調動以及阿富汗的國內狀況[43]。「蘇聯人完全不透露任何情報。」（之後才知道，蘇聯人透露情報的對象不是巴札爾甘政府，而是教士。）

埃米爾恩特札姆的審判成了報紙間的戰爭，一方是當局龐大的宣傳機器，持續攻擊這名前任官員是帝國主義者的間諜，是一名叛國者，應該處以死刑，另一方是巴札爾甘的小報《天平報》，則詳細報導埃米爾恩特札姆在法庭上提出的辯詞。被告無法檢視用來指控他的文件，而這些文件也未翻譯成波斯文讓民眾知道裡面的內容。國家媒體完整公布對埃米爾恩特札姆的起訴書，但巴札爾甘與埃米爾恩特札姆在法庭上的陳述卻完全從公開紀錄中被刪除。《天平報》報導埃米爾恩特札姆充滿挫折地向法庭表示：「這些指控把我醜化成魔鬼……。你看到了，在這裡，我被說成是真主、先知、伊瑪目與伊朗的敵人……。這些指控全是謊言，沒有文件可以支持這些指控。讓我為自己辯護。」[44]

巴札爾甘的言詞更是激烈。他說激進派教士是「機會主義者與罪犯」，說他們「沒有良心」，他宣稱：「時候已經到了，我們每個人都必須公開說明自己的決定，我們將如何在阿拉的幫助下，盡我們一切的努力來挽救國家免於這場浩劫。」[45]

六月七日，就在埃米爾恩特札姆因從事間諜工作而被判處無期徒刑的前幾天，《天平報》編輯遭到逮捕，報社也被永久停業。埃米爾恩特札姆將在監獄裡待上二十七年——超越所有的伊朗政治犯，與納爾遜．曼德拉一樣久。他被偷渡出來的信件與回憶錄生動見證了往後三十年伊朗監獄的狀況，他的故事將啟發在他首次進入埃溫監獄之後出生的世代中的某些人。

伊朗自由派改革運動的發起人原本應該是巴札爾甘，然而實際上卻不是如此。改革運動的主要人物、意識形態倡導者乃至於幕後的官僚，全都是反對巴札爾甘的人物。他們對溫和的、技術官僚的、自由派的革命思想毫無興趣。相反地，他們是沙里亞蒂的子嗣，走的是烏托邦式的、狂熱而極端的路線。他們信奉阿里什葉派、相信普世的社會正義以及透過伊斯蘭教獲得解放。他們絕大多數支持激進派教士、何梅尼與伊斯蘭共和國，即使當這些勢力鞏固一黨專政時，他們仍未改變立場。這些人絕對想不到，有一天，他們與他們的朋友也將看起來如同巴札爾甘那樣可疑，而他們的子女將不尋求他們的指引，反而從埃米爾恩特札姆這種人身上獲得啟發。

第三章　持續沉思的時期

在記憶中，穆斯塔法．洛赫瑟法特總是回想起某個讓他難以理解的場景。他在德黑蘭大學前面的書店裡，革命的時刻已經接近。他是大學生，積極參與反對巴勒維國王的活動，而且加入了好戰的伊斯蘭主義左翼團體。他在書店看到另一個年輕人，那個人也是活動分子，屬於武裝反對派成員。在那個時期，好戰分子想要存活，就要小心翼翼地保持沉默。薩瓦克往往混在他們當中。反對派成員彼此甚至不會互通姓名或地址。但那天下午，穆斯塔法向那名特別的年輕人自我介紹，他違反了運動的所有規則與本能，與哈桑交換了地址。兩人從此成為文學的同好與好友，直到哈桑年紀輕輕就在一場意外中死亡為止。

穆斯塔法在革命運動中屬於沙里亞蒂這一派。侯賽因宗教會所是唯一能讓他滿足所有複雜渴望的地方——他對解答、尊嚴與自尊的渴求。穆斯塔法的父親是市集的地毯與木材商人，生了七個兒子，穆斯塔法排行第五。他的家庭過著舒適的中產階級生活，但在習慣、價值與對伊斯蘭教的信仰上非常傳統。他們住在德黑蘭最虔誠的社區，名叫呼羅珊廣場，離城中之城，也就是市集不遠。

洛赫瑟法特家的兒子們，只有穆斯塔法對心靈生活感興趣。但當時在知識分子之間流行的世俗左派無法激起他的熱情，穆斯塔法是個情感強烈的年輕人，容易生氣但也容易親近，他毫不掩飾自己過人的才智與熾熱的情感。

當時——一九七〇年代晚期，穆斯塔法正值青少年的時候，追求的是激進主義。穆斯塔法由於社區的關係而與梅赫迪・巴札爾甘有過接觸，但自由運動太老派而且太溫和，不合穆斯塔法的胃口。他比較喜歡沙里亞蒂強烈的抒情主張以及何梅尼強調的公正。接受他們的說法，意味著拒絕成為臣民，無論是巴勒維國王的臣民還是其他反宗教意識形態的追隨者，都不會是他的選項。幾十年後，穆斯塔法重新審視沙里亞蒂與何梅尼的說法，他不了解自己當初為什麼沒有注意到他們的暴政傾向，甚至還支持他們。

伊斯蘭主義運動雖然極為新穎，卻缺乏文學內涵，而正是這方面的欠缺使穆斯塔法在那天下午出乎意料地在書店與哈桑接觸與討論。伊朗的知名小說家與詩人絕大多數是左翼分子。這些人藐視宗教，認為宗教不過是農民的迷信，他們也瞧不起阿拉伯與穆斯林世界的文學，因為這些文學都帶有宗教內涵。這些人向俄羅斯尋求靈感。俄羅斯小說在巴勒維國王的禁止下，開始在德黑蘭的地下出版社大為流通，封面清一色是白色，大家人手一冊。

穆斯塔法與他的新朋友夢想成立一個組織，為自己所屬的伊斯蘭激進分子運動培養真正現代乃至於前衛的文學之聲。他們把自己的想法告訴一名他們認識的詩人。詩人告訴他們已經有這樣的文學組織，那是一個以馬什哈德中級教士阿里・哈梅內意為中心的文學圈子。這個圈子已經有十三名優秀的成員。穆斯塔法與哈桑於是放棄自組團體的想法，轉而接觸哈梅內意的組織。

當時，他們與一名充滿魅力而古怪的教士穆罕默德．雷札．哈基米見面。哈基米並未穿著教士長袍，頭上也沒有纏頭巾（turban），而是頂著一顆亮晶晶的禿頂，腦袋邊緣長著蓬亂的白髮，與臉頰粗硬的鬍子連成一片，身上則穿著長而寬鬆、宛如睡衣的襯衫。熾熱的熱情穿透他的全身，在他教導的人身上生根，就像電流尋找通往地面的最短距離一樣；他經常萌生詩意般的狂想與神祕的想像以及樂音般的語言與急迫的說服力。哈基米幾乎與當時所有的重要教士都有來往，包括何梅尼與哈梅內意。他是門徒、導師、繆斯。大阿亞圖拉只有在哈基米在房間裡記錄他們的話語時，才願意發表演說。沙里亞蒂委託哈基米擔任他的遺作管理人，只有哈基米才能在沙里亞蒂死後編輯他的著作。

哈基米注意到穆斯塔法，他覺得穆斯塔法有探索宗教知識的潛力。哈基米催促穆斯塔法來庫姆學習伊斯蘭知識。唯有加入教士，穆斯塔法才能有所成就。這不是選擇，而是必須要走的路，是天職。獲得哈基米這種地位崇高的人青睞是莫大的榮譽，但穆斯塔法感到猶豫。他定期前往離德黑蘭不到兩小時車程的庫姆，當地思想生活的活力與抽象令他精神為之一振。但穆斯塔法不認為自己想成為一名教士，他愈是猶豫，哈基米愈是堅持。

跟哈基米在一起時，穆斯塔法成了一個時刻爭辯不休的人，他覺得受挫，而且經常會突然悲從中來。哈基米反射出穆斯塔法的狂熱與理想主義，但兩人的近似只會加劇穆斯塔法的焦慮與自我責難。這段時間不是只有哈基米想拉攏穆斯塔法。聖戰者組織此時遭遇嚴重的分裂，部分成員轉向馬列主義，而且也想說服穆斯塔法加入。儘管沙里亞蒂的伊斯蘭主義有希望凝聚眾人之力，但身為沙里亞蒂的追隨者仍將同時涉足於兩段急流之中，並且將經過一片充滿狂熱的地貌。穆斯塔法就站在上面。

對當時的穆斯塔法來說，被徵召入伍幾乎就像是被判緩刑。他在軍營裡讀了《辯證法的衝突》，這部反駁馬克思主義的作品出自尚未成名的年輕學者阿卜杜勒卡里姆·索魯什之手，而索魯什本人曾獲得阿亞圖拉何梅尼的讚賞。索魯什在書中批評辯證法的論證太僵化、難以修正且過於抽象，無法對於實際存在的社會做出洞察。索魯什承認人類的知識有其局限，因此應謙虛以對，同時也堅持理性應先於空想。

索魯什清晰的思想如夏日風暴般向穆斯塔法襲來。索魯什削弱了馬克思主義的誘惑，也讓沙里亞蒂攪動的熱潮降溫。索魯什以作者身分說出的話完全與沙里亞蒂或哈基米背道而馳——事實上，穆斯塔法並不希望自己擁有這樣的特質。索魯什的文字既不崇高也無法激起憤怒的情緒，它們是節制的、分析的與講究精確的。索魯什談論宗教與政治——歷史的靈魂部分，其語調卻不像精神導師，而像哲學家。這是第一次，穆斯塔法了解索魯什的影響力提升並非基於與人爭強鬥勝，而是憑藉不帶情感的邏輯。由於索魯什的緣故，穆斯塔法得以果斷地揮別沙里亞蒂與聖戰者組織，轉而投向何梅尼。

在何梅尼的勝利領導下，穆斯塔法走出基地，參與了最後幾天令人目眩的叛亂。他與數百萬伊朗人一起在梅赫拉阿巴德機場迎接何梅尼搭機返國。而他在革命初期也支持革命會議的激進派教士與「宗教學者的政治管理」。穆斯塔法的烏托邦正在形成。他不想與勝利的主流爭論來破壞這一切。但索魯什已經在他的智性播下種子，這些種子日後將以穆斯塔法乃至於索魯什無法預見的方式開花結果。

穆斯塔法在一九七〇年代晚期加入的詩人圈並未如他預期地成為新伊朗文學場景的核心。相反地，這個圈子分裂了，它成為革命運動的縮影，十三名優秀成員有人支持建制派，有人與建制派為敵。有些成員，包括哈梅內意，一夜之間變成當權者。其他成員是伊斯蘭激進分子，他們早期的影響力隨即消失，黨派甚至在一九八二年被宣布為非法。穆斯塔法原本是這個傑出詩人圈的年輕後輩，現在卻只能在這個同盟的殘骸中摸索前進。

這場革命仍是穆斯塔法眼中的革命，它的確定性仍屹立不搖且閃閃發亮。穆斯塔法的夢想是敲響革命的聲音，確立革命的色彩與象徵，使其宣示伊朗是現代宗教前衛的誕生地。為了培養這種思想環境，穆斯塔法認為，伊朗革命需要一個能媲美革命衛隊的藝術隊伍。

從詩人圈的瓦礫堆中，穆斯塔法挑選自己的盟友，引進好戰的畫家、詩人、小說家、平面設計師與電影製作人來建立網絡。這是一段令人陶醉且漫長的時期。穆斯塔法在德黑蘭四處收集相機、設備、書籍與補給品。他建立機構，命名為 Howzeh-ye Andisheh va Honar-e Islami（伊斯蘭思想與藝術中心）。Howzeh 這個字也有神學院的意思，這個雙關語讓穆斯塔法頗為得意。他的機構不僅將給予伊斯蘭伊朗藝術世界文化認同，也將賦予它一個有形的處所，一個具生產力的蜂巢。他從最高領袖辦公室獲得一些資金。但最終穆斯塔法只能仰賴自己的資源，賣掉自己的車子來支持其藝術團隊的工作。

藝術中心製作戲劇與電影，主持每週一次的詩人聚會，舉辦展覽與作家工作坊，動員年輕藝術家與平面設計師創作可以定義伊朗革命美學的海報。這些海報結合左派大膽的色彩與強烈的圖像以及什葉派流血、苦難與殉死的意象。伊拉克、以色列與美國以骷髏頭與大蛇的形貌如惡魔般隱隱浮現，但最終它們都像巨大面具一樣被正義之士打個粉碎。海報宣傳活動與讚揚遊行，哀悼戰死者與激勵年輕人上戰場；海報以血淚的形式頌揚伊斯蘭教將戰勝巴勒維國王的腐敗與帝國的背信棄義；海報也進行灌輸、教育、引誘與威脅，並且讚揚位於世界各地的伊朗領事館。

就在這個時候，曾在穆斯塔法當兵時期以清晰的思想對穆斯塔法產生影響的反馬克思主義宗教哲學家索魯什從倫敦回到德黑蘭。穆斯塔法忙於藝術中心的會議與活動之餘，也參加了索魯什的演說與研討會。他對這名年長的哲學家有一股強烈的親近感，因為索魯什出身穆斯塔法的社區，與他有著相同的鄉土習慣與心靈習性。索魯什甚至曾與穆斯塔法的兄長一起上過學。

穆斯塔法讚美索魯什作品的冷靜與清晰，而在見到本人之後，他更感到信服了。非常少見地，當穆斯塔法忍不住質疑索魯什的邏輯時，索魯什心平氣和地做出回應；他的解釋簡潔而具有說服力。隨著穆斯塔法愈來愈受到索魯什的吸引，他也愈來愈疏遠沙里亞蒂與哈基米的魅力與狂亂，這兩個人曾是他年輕時期與他的性格相近的人物。這樣的疏遠不可避免帶來衝突，除了與哈基米的關係出現問題，以及哈基米認為索魯什的思考方式對信仰的根基產生威脅，穆斯塔法也因為獨立思考而招致危險。他是運動的發起人，現在卻想退出運動。

藝術中心不斷擴大而且成果豐碩，到了一九八一年，伊斯蘭共和黨想將藝術中心交由政府管轄。哈梅內意不斷派人與穆斯塔法磋商，邀請他加入伊斯蘭共和黨，甚至願意讓他出任藝術與文化事務的職位。這項提議一點也不突兀。在街頭中，穆斯塔法與藝術中心成員始終站在真主黨這一邊。他們反對巴尼－薩德爾與聖戰者組織，有些藝術家甚至在騷亂中自願擔任治安人員保護各地建築物。穆斯塔法無疑是忠誠的，但一想到附屬於他人，赤裸裸地讓文化聽命於權力，讓思想獨立受到限制——無論是他還是他的同事，他便忍不住感到惱火。穆斯塔法拒絕伊斯蘭共和黨的要求。為了報復，伊斯蘭共和黨切斷資金，而且難以置信地指控他與他的藝術家支持巴尼－薩德爾與聖戰者組織。

穆斯塔法退出了。他成立的機構落入伊斯蘭共和黨之手，而且不再以原先他構思的樣貌存在，他自己則考慮離開伊朗移居海外。但穆斯塔法尚未絕望。革命伊朗依然是而且比過去更加是新文化的搖籃，在這裡，眾人依然可以將伊斯蘭教與二十世紀晚期的藝術與哲學、革命的政治以及伊朗的國家認同結合在一起。他在伊朗仍大有可為。

巴勒維國王執政時期，伊朗擁有中東最大的報社。現在，這間報社——《宇宙報》——屬於革命國家所有。《宇宙報》的高層管理人員中，有個名叫穆罕默德．哈塔米的中級教士，他剛好認識穆斯塔法的朋友哈桑的家人。在哈塔米的支持下，一九八四年，穆斯塔法與哈桑在《宇宙報》創設了《世界報文化副刊》，由穆斯塔法擔任編輯。《世界報文化副刊》除了名字，其餘部分都獨立於《宇宙報》。

終於，穆斯塔法開始實現他的夢想。在《世界報文化副刊》中，穆斯塔法與他的共同編輯刊載他們對傑出革命知識分子的訪談，讓這些人能以自己的話來說明自己的想法。副刊顯示出宗教傑出人物的活躍景象，而哈塔米也給予編輯充分的揮灑空間。《世界報文化副刊》連繫索魯什，邀請他提供照片刊登在副刊封面上，並且在內頁刊載對他的訪談。索魯什拒絕了，但同意為副刊撰寫文章。穆斯塔法向廣大民眾傳布他的作品，流通的程度遠超過索魯什的預期。

這個以阿卜杜勒卡里姆．索魯什之名為人所知的男子，他的成長過程與絕大多數伊朗人一樣，少不了鄉土的詩歌與民間文學，這些作品不僅跨越了社會疆界，甚至也不受伊斯蘭教局限。一九四五年，索魯什出生於德黑蘭傳統下層中產階級社區附近的一個商人家庭，穆斯塔法．洛赫瑟法特也住在這個地方，索魯什的親戚沒有人上過大學。但索魯什的父親喜愛十三世紀詩人薩迪，薩迪是設拉子人，曾經目睹與描寫蒙古入侵下流離失所的穆斯林遭受的苦難。每天早上，索魯什做過晨禱之後，他的父親會傾盡全力大聲朗誦薩迪的作品。索魯什在上學之前，一邊吃著早餐，一邊聆聽這些詩句。這是他第一次接觸到文學與思想生活，也是唯一直接來自他的家庭的思想經驗。

索魯什的父親也許沒受過教育，但也看得出兒子的思想潛力。他省吃儉用送索魯什到阿拉維高中讀書，這所學校在學術上頗負盛名，而且看重傳統的虔信。這個國家強調科學成就即是社會流動的關鍵，而阿拉維高中特別卓越的地方在於它擁有化學、物理與生物實驗室。校長擁有物理學與伊斯蘭哲學的背景，這兩門都是索魯什感興趣的學科。但索魯什認為學校努力結合這兩門學科——從宗教文本推演出科學原理——不僅吊人胃口而且無法令人信服。他不僅與校長爭論，也與自己爭論；伊斯蘭教、科學與哲學就像拼圖的零片，他知道這些零片終將拼湊在一起，只是對他來說，整體的形貌依然模糊不清。這些學科若能適當地結合起來，必然可以解釋宇宙，然而這些學科卻跟同極的磁鐵一樣相互排斥。它們在他的口袋裡摩擦作響，點燃他的野心，也讓他感到挫折，最終在歷經成年的思想生命旅程之後，他才能夠理解。

阿拉維高中與伊朗絕大多數學術或宗教機構一樣，在一九六〇年代早期，也就是索魯什念高中的時候，充斥著反對派的政治浪潮。索魯什最好的朋友是一名熱血的聖戰者組織早期成員，他邀請索魯什加入游擊隊，一起反抗君主制度。但如索魯什自己後來所言，他不願意踏入黑暗，他的朋友要他一頭栽進去，成為茫茫人海中的一員，他沒有勇氣這麼做。他告訴他的朋友，社會需要的不單是革命分子。社會也需要各種不同的人：醫師、詩人、木匠。難道索魯什不能成為這樣的人？

索魯什並不是對政治不感興趣。他會認真閱讀聖戰者組織、馬克思主義者與其他反對巴勒維國王統治的團體的書籍，但也對這些書籍有所批判。聖戰者組織是激進派：他們質疑教士的權威而且吸收歐洲左派的意識形態。相較之下，索魯什在兩方面更傾向於保守。從一九六二年阿亞圖拉何梅尼被捕的時候起，索魯什就非常欽佩這名資深教士，甚至在這位阿亞圖拉出獄時跑去見他。此外，索魯什帶有學者的氣質，他的心靈與嚴謹的抽象邏輯較為契合，而與意識形態和自我犧牲的狂喜以及陰謀詭計格格不入。到了高中快結束的時候，索魯什的朋友已經泯然隱身於聖戰者組織最隱祕的核心圈子裡。他將追隨游擊隊的腳步對抗巴勒維國王與何梅尼；之後，他將跟著聖戰者組織的領導階層前往法國，然後前往伊拉克，他與索魯什將漸行漸遠。

在此同時，索魯什進入德黑蘭大學就讀，他同時攻讀伊斯蘭哲學與科學。他閱讀莫塔哈里與巴札爾甘的作品，曾一度被他們的洞見所震撼；他在穆拉．薩德拉的思想中找到了對亞里斯多德本質論的批判，並且一直銘記在心；他鑽研蘇非派詩人魯米的詩歌；當沙里亞蒂開始在侯賽因宗教會所演說時，正好是索魯什服兵役的那兩年，他總是盡可能前往聆聽他的演說。也正是在這個時期，索魯什閱讀了何梅尼伊斯蘭政府的論著，並且開始以何梅尼的追隨者自居[1]。往後幾年，他嚴厲批評「宗教學者的政治管理」。但在學生時期，他仍認為這位老教士要比其他人更能融合哲學、神祕主義與法學，並且能提出關鍵的願景。

索魯什是個認真而謙遜的學生，但在他感興趣的領域之間存在著缺口，而伊斯蘭哲學對此毫無彌補的可能。索魯什認為，應該要有一門思想學科連結經驗與不可見之物，舉例來說，一門可以解釋過去與現在的科學對世界的理解為什麼存在著巨大落差的形上學。身為科學家，索魯什渴望回答什葉派伊斯蘭哲學無法提出的問題。他在伊朗南部城市布希赫爾擔任一年的實驗室督導，負責監督食品與藥物研究，之後他便帶著自己收藏的詩歌與穆拉．薩德拉的作品，於一九七三年前往英國讀研究所。

結實、滿臉絡腮鬍子、平和、幽默，索魯什既喜歡獨處又善於交際，他是個思想的旅人，幾乎所有的家當都存放在自己的心中，但也不介意旁邊有人陪伴。他受到強烈甚至好鬥的智性驅使，智性的鋒芒因為他對蘇非詩歌的隱喻與引證的喜好而略微軟化。沙里亞蒂由於內心的焦慮而隱退到諾斯底主義之中，索魯什則獨特地結合神祕主義與冷靜的理性主義，使他的內心產生一種平靜的超然態度。儘管如此，索魯什年輕時對掌握觀念的渴求卻十分強烈。他在倫敦的第一年都在學習分析化學。但索魯什也想為自己建立西方哲學傳統的基礎並且提升自己的英文，於是他買了約翰・帕斯莫爾的《百年哲學》。

索魯什發現，有一個思想宇宙是他尚未探尋的。伊朗哲學系吸收了一些歐陸哲學家的觀念，特別是法國人與德國人的觀念，認為這就是二十世紀思想的全貌。這些觀念是西方傳統的宏大願景，是在搖晃的歐洲底下移動的構造板塊，這些觀念對於熱衷政治的伊朗知識分子具有吸引力一點也不令人感到意外。但伊朗的大學幾乎都忽略了與歐陸哲學同時存在的英美分析哲學傳統，這個傳統強調邏輯、語言與知識論——探討人類知道什麼與人類如何知道的問題。

分析哲學家不探討「世界精神」、存有、虛無或時間，相反地，他們以數學的精確來鑽研與人類悟性有關的細微問題，他們不像歐陸哲學那樣使用華麗的詞藻或突如其來的洞察來表現時代的渴望與焦慮。與歐陸哲學相比，分析哲學似乎枯燥而瑣碎，伊朗人因此不認為有引進分析哲學的必要。所以索魯什才會在帕斯莫爾的書裡發現他從未聽聞過的思想流派，但這個思想流派到目前為止卻最能符合他的科學心智。從帕斯莫爾的書中，索魯什也首次得知卡爾・波普爾對科學哲學的貢獻。其他理論家苦思歸納的問題：科學家如何能從特定的觀察中確切得出通則性的結論？

波普爾甚至否認這類問題的存在。科學並非從觀察開始並且朝著建立通則的目標前進。相反地，人類心智已經傾向於通則化，而且經常出錯。科學的任務就是進行特定的觀察來檢驗這些通則。這正是為什麼科學家總是要以經驗來檢驗他們的假設。

根據波普爾的說法，如果一個理論可以被證偽，那麼這個理論就是科學的。「所有老虎都是肉食性的」，這段陳述可以被發現一頭老虎不是肉食性的來加以證偽。這段陳述因此是一個科學的——可驗證的——假說。另一方面，如果所有可能的觀察都只能用來支持理論，那麼這個理論就是不科學的：舉例來說，馬克思主義與精神分析可以很輕易地將所有結果都解釋成支持自己的論點。

這個觀點的核心帶有一種謙遜的態度，這點很合索魯什的胃口。人類的心智無法一眼就掌握真實——無法透過觀察，無法透過總括一切的理論，無論這個理論有多麼卓越，也無法透過歸納。或許人類心智根本無法知覺真實。更確切地說，科學家努力打掃井裡的蜘蛛網，希望能更清楚地看到井底，但始終無法如願。科學家獲得的不是真實，而是愈來愈少的虛假。波普爾批評的偽科學——從馬克思主義、精神分析到占星術——連這點都做不到。

索魯什透過帕斯莫爾七頁的摘要與可證偽性（falsifiability）這個簡單而持久的科學方法原理，建立起與波普爾的連結。索魯什與波普爾有著深刻的類似之處；不是偶然間對某件事或甚至某幾件事意見相同，也不是認為波普爾的觀念具有工具性的價值，儘管一開始索魯什可能真的這麼想。索魯什逐漸認同波普爾觀點背後的基本懷疑論，他對各種蒙昧主義或神祕思想的不耐，以及他對清晰散文與邏輯論證的熱愛。索魯什日後表示，他從波普爾身上學到，要從事哲學思索有多麼容易，要做到真正學術嚴謹的發言有多麼困難。

索魯什向他就讀大學的心理系提出申請，他解釋自己想學習科學的理論基礎。這是他第一次被告知自己想像的學科確實存在。這個學科叫科學哲學，索魯什應該帶著他的問題去倫敦大學的切爾西學院。索魯什去那裡繼續他的學業。一九七〇年代，索魯什直接閱讀康德與休謨的作品，不需要經過其他伊朗宗教思想家的中介，例如阿亞圖拉莫塔哈里，索魯什就是在他的作品中首次得知康德與休謨。他潛心鑽研語言哲學與實證主義，閱讀保羅．費耶阿本德、拉卡托什．伊姆雷與波普爾的作品，波普爾的好友海因茨．波斯特是索魯什的教授之一。在此同時，索魯什也研究化學。

哲學最令人陶醉與最抽象的形式——知識論、形上學——令索魯什全神貫注。哲學滲透到他吃的、看的與呼吸的一切事物之中，這股衝動驅動著他的四肢與舌頭；他在醫院候診時寫了一本書（儘管篇幅很短），在一天之內反轉了他先前所有的想法。私底下索魯什為他人生這段時期取了一個名稱：持續沉思的時期。令他悲傷的是，魯米的詩，過去一直深受他的喜愛，此時卻與他毫無共鳴；然而，日後當他重新找回對魯米的喜愛時，他為自己努力贏得的改變已然在他的心中生根。

索魯什在伊朗研究的伊斯蘭哲學包括了心智與靈魂理論，但伊斯蘭哲學未能觸及人類知識是否真能掌握事物本質的問題。他在英國的課程精確針對這個問題，對他的許多假定提出挑戰。索魯什日後解釋說，身為一名信仰者，他接受的教育是相信人浸泡在確定性的海洋中，從一個確定之物漂浮到下一個確定之物。但身為哲學的學習者，他發現人是從猜測漂向猜測，從懷疑漂向懷疑。

伴隨著確定性的消失，索魯什過去理解的伊朗伊斯蘭思想固有的決定論也在他手中瓦解。伊斯蘭學者相信，真主的意旨決定了世界與世界的事件。人類實現了神所規定的命運。自由意志的問題——人是獨立、理性的施為者嗎？抑或人只是真主意旨的承載者？——困擾著伊朗的哲學家、神學家與法學家。索魯什提到，就連何梅尼也曾經提過，如果有一天隱遁的伊瑪目出現在他面前，他必定會問他如何解決自由意志的問題。

有一天，在知識論課堂上，英國哲學家唐諾．吉里斯提出一個假設的場景。他說，我們都坐在這個房間裡，做我們自己的事。但假定有一塊非常強大的磁鐵圍繞著我們。我們不知道這塊磁鐵的存在，但由於磁鐵在那裡，房間裡一切事物的行為都將出現變化。我們以為這一切都是自然現象。但如果我們知道磁鐵的存在，我們就會發現這些行動實際上都不是自然現象，甚至是暴力造成的。

這個思想實驗改變了索魯什呼吸的空氣味道。整個宇宙是什麼樣子？他感到困惑。地球這個行星又是什麼樣子？如果我們被未知的能量場域圍繞，那麼我們的實驗呢？我們以為這些實驗可以向我們顯示自然的狀態。但也許自然本身也受到我們無法察覺的力量影響。也許，當我們談到因果的時候，我們孤立了錯誤的原因，或者對於產生結果的必要因素視而不見。這是索魯什轉向非決定論與遠離宗教教條的開始。索魯什了解到，擁抱非決定論等於開啟了整個全新的宇宙，道德是如此，知識論是如此，就連政治也是如此。

對於流亡的伊朗反對派社群來說，政治最直接聯想到的就是沙里亞蒂。索魯什讚揚沙里亞蒂的作品並且從中學習，但也對於自己看到沙里亞蒂對宗教敘事的操弄感到困擾。為了讓什葉派具有革命性，沙里亞蒂從伊斯蘭教的萬神殿中選擇了一些英雄——其中最重要的是伊瑪目侯賽因，他在卡爾巴拉抵抗壓迫者時戰死。但面對同樣的壓迫者，選擇和平這條路的伊瑪目哈桑，沙里亞蒂卻完全略而不提。索魯什對於這樣的選擇感到不安。在十二名什葉派伊瑪目中，唯有侯賽因特別好戰。但沙里亞蒂卻做出例外的選擇，認為侯賽因是革命伊斯蘭殉難靈魂的象徵。對索魯什來說，這表示沙里亞蒂更重視動員群眾，而不在意尋求真實，無論是歷史的還是神學的真實。沙里亞蒂對伊朗懷抱的理想以及他對不公不義的憎恨，這些都是高尚的想法。但沙里亞蒂貶低民主，這是很有問題的，而他為了教條而犧牲真實，這是不可原諒的。幾年後，索魯什在提到沙里亞蒂時對訪談者說：「我們總是有責任打破偶像。」[2]

回到一九七〇年代，索魯什代表何梅尼與沙里亞蒂對抗。他發起反左派觀念的戰爭，認為左派對宗教構成威脅。他覺得沙里亞蒂借用太多馬克思主義的東西。索魯什閱讀大量馬克思的作品，為何梅尼的伊斯蘭立場找出可以反駁這名德國社會主義者的證據。他很興奮地發現對抗馬克思與黑格爾——因此也包括沙里亞蒂——的強大武器其實一直存在著，但未被翻譯成波斯文。這件武器就是波普爾的《開放社會及其敵人》，索魯什於一九七四年讀了這本書。

波普爾年輕時曾是馬克思主義者，最終卻放棄佛洛伊德與馬克思而投入愛因斯坦的懷抱，後者的相對論令他讚嘆不已，不僅傑出，而且十分大膽：這個理論預測的事件似乎不大可能發生，而且這些事件還可以透過實驗明確地加以反駁。反觀佛洛伊德與馬克思的理論則包裹得密不透風、無懈可擊，波普爾對他們的敬意在比較之下馬上降到了低點。波普爾仍對馬克思抱持著真實的情感，尤其馬克思是出於人道主義的驅使而關懷經濟弱勢族群。儘管如此，《開放社會及其敵人》仍對馬克思主義及其先驅施以焦土式的攻擊。

波普爾這兩冊鉅著出版於一九四五年——八年前，波普爾因為父母都是猶太人而趕在德奧合併（Anschluss）前逃離奧地利——內容追溯他認為的極權主義政治思想譜系，從柏拉圖開始，經亞里斯多德，到黑格爾與馬克思。然後波普爾熱情而簡要地介紹自由主義國家，他認為在這種國家裡，個人可以自由而理性地爭論，機構設立的用意是為了制衡國家的權力。自由主義許諾了一個跟人類科學一樣不完美的國家，以及跟真實一樣閉塞的正義。但波普爾相信，開放社會擁有能自我改善的工具，因為開放社會允許理性的心智自由運作。相反地，做出烏托邦式許諾的意識形態，卻容易造成束縛與人間地獄。

索魯什對於波普觀點中肯定的部分不感興趣。當時他不是自由主義者。他把《開放社會》視為用來對付黑格爾與馬克思的棍棒，他打的旗號不是自由主義，而是烏托邦伊斯蘭。在這種情況下，波普爾對黑格爾的仇視特別令他滿意。波普爾相信，黑格爾「神諭式」的寫作風格——華而不實，充滿宣言而非論證，從而抗拒理性的挑戰——使歐洲哲學神祕化與空虛化。更糟的是，在黑格爾的作品中，波普爾看見了納粹主義的種子：相信力量就是正義，一種浪漫的部落主義，而且號召盲目地順從權威。

但波普爾最痛恨的還是辯證法。批評者認為波普爾過度簡化與誤解黑格爾的理論，黑格爾認為邏輯或歷史的行進是螺旋式的，在這個過程中，正題與反題將產生新的真實。對波普爾來說，這種說法完全是非理性的，是一種蒙騙年輕人的無用花招。科學家與邏輯學家發現矛盾的證據時，會拋棄原先的假說，另外提出新的假說。而根據波普爾粗略的理解，在黑格爾的辯證法中，矛盾無法證偽理論；更確切地說，兩個矛盾的理論會結合起來，涵蓋到一個綜合的真實裡。這是一個不可證偽的觀念——一個可以用來解釋一切事物及其反面的觀念，這種觀念什麼也沒解釋，什麼也沒研究。索魯什援用這個批判來反對伊朗馬克思主義者與沙里亞蒂的熱情追隨者的辯證思維。

更令索魯什感興趣的是波普爾為了反駁馬克思而提出的證據。波普爾反對歷史決定論，他認為這種歷史被鐵律決定、歷史結果是可預測的信仰，是一種壞科學與壞政治。波普爾表示，歷史決定論容易過度解讀一般趨勢，例如將科學總是傾向於進步或階級總是傾向於兩極化的現象，詮釋成法則或不可避免的向量。但趨勢不是法則，趨勢可能會無預警地停止或反轉。沒有任何科學可以支持科技會無限進步，或窮人會愈來愈窮、富人會愈來愈富的假設。更確切地說，這是一種基本的人類謬誤——歸納謬誤，波普試圖在科學哲學中去除這種謬誤——相信我們在某一天與第二天觀察到的事物也能在第三天觀察到。歷史取決於雜亂無章的變數，歷史的結果通常是意外的與不可預見的，歷史的施為者，包括個人在內，總是秉持著自由意志。認為個人都在自身的民族認同（黑格爾）或社會階級（馬克思）的預定下做出某種行為或抱持某種價值，這樣的想法是反動的，因為這是讓歷史與政治聽憑非理性力量的擺布，「否定冷靜與縝密判斷的力量與拋棄運用理性可以改變世界的信念」[3]。

波普爾的批評者認為，波普爾所說的馬克思的歷史「預言」並非馬克思主義的核心——波普爾只談馬克思的《資本論》，但馬克思在早期與晚期作品中卻完全不是決定論者。在歐洲，後馬克思主義思想的各個學派都是從馬克思主義者針對人類主動性與自由意志的角色進行的內部辯論中產生的。

儘管如此，波普爾與同時代馬克思主義者的爭論十分重要。許多馬克思主義者相信，當經濟不平等奴役人類時，政治自由如表達自由或結社自由不過是擺設。波普爾的看法剛好相反。在一切不透明且專制統治的國家裡，不存在任何正義，當然也不存在經濟正義。「經濟權力是所有邪惡的根源，這種教條式的說法應該予以拋棄，」波普爾寫道，「真正該了解的是，『任何』不受控制的權力形式都會帶來危險。」[4]

波普爾認為，民主是對抗不受控制的權力的利器。馬克思主義者則主張，只要底層的經濟結構維持不變，波普爾讚揚的民主的理性自由選擇將不過是幻覺。但波普爾相信，國家是由機構組成的，國家的合宜或殘酷完全受制於這些機構的職能。他寫道：「我們早該知道『誰掌握國家權力？』這個問題其實沒有『權力如何被掌握？』與『多大的權力被掌握？』這兩個問題來得重要。」[5]

這些話將在索魯什返回新生的伊斯蘭共和國之後以及往後數十年間一直在他的心中迴盪。但波普爾對於「誰」掌握權力與「如何」掌握權力所做的區別，相較於索魯什一九七四年閱讀《開放社會及其敵人》之時，在他回國之後卻沒有更進一步的發展，只是羅列出對馬克思主義的批判來替阿亞圖拉何梅尼辯護。

索魯什在持續沉思的時期發表了多篇文章，不過他在倫敦期間最重要的作品卻是他寫的書。首先是《什麼是科學？什麼是哲學？》，然後是《歷史哲學》。他對馬克思主義的攻擊對何梅尼主義者很有幫助，後者把世俗左派視為最大的敵人，而緊追世俗左派之後的則是同屬左派的聖戰者組織。在《辯證法的衝突》中，索魯什認為辯證法提出經驗性的主張，卻偽裝成抽象的理論，因此辯證法的成立與否必須以經驗事實加以驗證。他回顧科學史，找不到任何例證可以支持辯證法的進展。如果歷史的發展並未遵循辯證法的模式，那麼辯證法這個理論又有什麼用呢？為了呼應波普爾的說法，索魯什描述辯證法是一個像空氣一樣的理論，能夠填滿整個鑰匙孔，卻開不了鎖。

《辯證法的衝突》是穆斯塔法．洛赫瑟法特在軍中讀的作品，這部作品使他徹底從聖戰者組織轉向主流的革命建制派。像穆斯塔法這樣的人不在少數。就索魯什所知，革命後短短兩年間，這本書在伊朗賣出了十萬冊左右。

終於，索魯什在倫敦寫的一本書使他受到當代大神學家如莫塔哈里與何梅尼本人的注意。這本書研究的是穆拉・薩德拉的形上學，索魯什試圖透過閱讀哲學與科學史來充實穆拉・薩德拉的思想內容。該書很厚重，引用了愛因斯坦、維根斯坦與聖奧古斯丁的說法。雖然這本書在出版時為他贏得最高的讚譽，但索魯什日後提到《宇宙永不止息》時顯得有些不好意思，他說他無法調解不可調解的事物，他在寫作時，人生正值尷尬的階段，他已經離開車站，卻尚未抵達下一站。索魯什在二〇一〇年回憶說：「那本書的作者早已不在人世。」然而在一九七九年時，這本書卻讓這名年輕學者一躍成為伊朗的學界菁英。根據民間流傳的說法，阿亞圖拉莫塔哈里曾要阿亞圖拉何梅尼也讀讀這本書，何梅尼自己就是一名研究穆拉・薩德拉的學者。此後，何梅尼個人對索魯什產生了興趣。

一九七九年九月，索魯什還沒完成博士論文就回到革命中的伊朗，在德黑蘭師範學院伊斯蘭文化系擔任系主任。他很快就被勸說為新政權服務，從何梅尼以降，所有的人都認為這名傑出的世俗神學家將會是深具影響力的宣傳者。索魯什在國營電視台與傾向共產主義的伊朗人民黨重要發言人辯論，即使他這麼做是為極權的神權政體說話，卻還是援引了波普爾的說法來批判馬克思。當巴尼－薩德爾被解職時，索魯什為何梅尼的勝利歡呼，而且下了一個結論：「我們很高興終於可以不用忍受這樣一個不受歡迎的總統……，就像健康的身體排泄掉腐臭的部分，民眾終於將他排出了。」[6]他在巴尼－薩德爾被驅逐後的恐怖統治時期寫道：民眾享受久旱逢甘霖的喜樂。他們該服從並感謝伊斯蘭共和國的領導：「否則，但願不會如此，如果民眾對於真主的恩惠毫無感謝之意，他們將會遭到報應。」[7]

日後一名批評者說道，索魯什抨擊伊朗人民黨與聖戰者組織是「偽裝的教條主義」，但他自己服務的國家卻以更明目張膽的教條主義來回應伊朗人民黨與聖戰者組織的挑戰——派拿著棍棒的真主黨暴徒上街，放火焚燒書店與電影院，攻擊穿戴「不適切」頭巾（hijab）的婦女[8]。幾年後，索魯什的批評者，特別是被他攻擊左派的言論激怒的人，大聲斥責他是偽善或機會主義。但至少波普爾的觀念基於某種理由對索魯什是有共鳴的，但其中有個觀念對他來說卻是難以理解，而這個觀念將在歷史事件與個人信念的相互影響下冉冉升起。這一點在一九八一年時還很難想像，但往後不到五年的時間，索魯什確實成了一個開放社會的擁護者，他的許多同事，包括左派與聖戰者組織成員，如果他們確實發生轉折的話，卻要花上更長的時間才真正了解開放社會的可貴。

從一九八〇年到一九八三年，索魯什尤其與伊朗各大學的關閉有關連，這件事將讓波普爾大為震驚。索魯什日後抗議說，這個關連完全是誤解。他堅稱是革命大學生在一九八〇年四月關閉校園，當時校園就像街頭一樣，充斥著政治與零星戰鬥。伊朗各大學成為世俗左派的堡壘已有很長一段時間，最近更成為聖戰者組織的據點。何梅尼的支持者發現自己的人數遠遠比不上對方，這種處境令他們無法忍受。隨著伊斯蘭共和黨以暴力將對手逐出政府，與伊斯蘭共和黨結盟的學生不僅攻占美國大使館，而且以暴力控制伊朗的學術機構，數百名甚至數千名手持棍棒的民兵攻擊校園。當校園內的學生堅決抵抗時，革命委員會下令對他們開火。學生與機構人員逃離伊朗的血腥校園，結果校園就這樣關閉了三年。這些事件是伊朗文化大革命的開端，文化大革命這個不祥的名稱來自於毛澤東在中國發動的一場更具戲劇性的活動。

對伊朗人來說，文化大革命意味著三件事。首先，它代表往後三年伊朗完全沒有高等教育。其次，它是一個專門用語，用來表示對伊朗的教授乃至於學生進行整肅，整個一九八〇年代，他們全遭受嚴厲的政治正統思想審查。最後，它意味著國家教育課程必須完全符合國家的意識形態。在占領大學後過了兩個月，六月中，阿亞圖拉何梅尼讓文化大革命成為官方活動，他任命七個人組成文化大革命委員會，負責「根據伊斯蘭文化重新建構……高等教育」[9]。在重新組建的大學裡，將不會有「外國勢力的共謀者與其他間諜」容身之地，何梅尼口中的共謀者與間諜當然是指親蘇聯的左派與親西方的自由派[10]。

索魯什回憶時表示，委員會的成員包括總理，總理忙於政治活動，疲憊不堪的他經常在委員會開會時睡著；司法部長只對制定法規感興趣，參加會議的次數寥寥可數，最後乾脆退出；一名強硬派的阿亞圖拉，他是神學院教師，毫無大學生活的經驗，總是畏畏縮縮；一名傑出的作家，他經常生病，大部分時間都待在家裡；到最後，實際參與的只有三名成員。他們是留美的教育學者，強硬派的伊斯蘭共和黨成員賈拉勒·丁·法爾西與阿卜杜勒卡里姆·索魯什。他們的任務不是關閉大學，也不是整肅大學。他們真正的工作是重啟大學——當然這麼做是有條件的，何梅尼要求大學必須在合乎國家意識形態與清除外國勢力之後才能重啟。因此委員會主要關切的是修改大學課程。

顯然，索魯什不是這項任務的人選。他在一九八一年與一九八二年的演講中表示，理想的伊斯蘭社會是一個開放社會，能擁有自信尊重學術自由及吸收東方與西方的觀念。索魯什認為思想自由無論如何都會危害宗教真理的想法是錯的：「我們既不能為了真理而限制社會自由，也不能濫用自由，把神話與謬誤當成真理來傳布。」[11]此外，他衷心建議不要干涉理科，理科的理論應該由理科自己的方法來加以證明。索魯什提出著名的解釋，他說科學是難以駕馭的，科學沒有祖國。

但擁有影響力的阿亞圖拉貝赫希提認為，同樣的道理不能適用於人文學科，人文學科是由基礎哲學構成，因此只有伊斯蘭與非伊斯蘭之分。索魯什反對這種說法，他認為，如果人文學科的基礎哲學是西方，那只是因為這些學科是在西方由西方人產生。面對這種狀況，應該做的不是貶抑其他民族的人文學科，對穆斯林來說，應該在人文學科領域依照伊斯蘭哲學來創造出屬於自己的正典。阿亞圖拉何梅尼仔細聆聽兩方說法，然後派文化大革命委員會成員前往庫姆，由教士給予建言來改革人文學科。

委員會派了大學教授團隊前往庫姆，與教士合作編寫新教科書。教授們在路線最強硬的阿亞圖拉穆罕默德－塔基．梅斯巴赫－雅茲迪（一般都稱他為梅斯巴赫）主持的神學院與教士一起工作，而梅斯巴赫支持以暴力壓制異議人士。大學的主要仲裁者，同時也是梅斯巴赫二十年的朋友，曾向索魯什抱怨梅斯巴赫難以共事：「沒講幾句，就演變成鬥毆的場面。」[12]最後產生出來的教科書，冠上了諸如《伊斯蘭心理學》與《伊斯蘭社會學》這樣的名稱，花費甚鉅，但收效甚微，對於伊斯蘭伊朗的人文學科課程改變不大。

然而，其他的改變確實造成影響。就長期來說，審查制度與強制要求符合國家意識形態將使人文學科成為政治雷區，使伊朗絕大多數最好的學生規避人文學科而選擇硬科學與工程學科。在此同時，光是一九八二年到一九八三年這段時期，學院的整肅就讓大約七百名符合資格的學者喪失工作，而且在校園裡製造出一股偏執、思想僵化與人身不安全的氣氛。學生當中混入了間諜，人數多到教授必須小心翼翼地回答挑釁的問題，而且總是猜疑這些發問的學生究竟是來上課的還是來收集情報。

索魯什認為文化大革命委員會有三項成就，首先是緩和當時最糟糕的極端主義，其次是在大學封閉期間持續出版學術作品，最後是在一九八三年讓大學重新開放。索魯什親自負責將科學哲學課程引進到伊朗，甚至將科學哲學列為大學畢業的必修學分。根據索魯什的說法，整肅委員會不需要向文化大革命委員會報告，而且類似的組織遍布於全國所有政府機關之中。

此外，何梅尼主義學生狂熱、教條、極端而且十分暴力，他們在政府支持下，人數持續膨脹。許多教授被迫離開大學，不是因為受到官方整肅，而是遭學生趕走。根據索魯什的說法，文化大革命委員會也認為這些革命學生被授予過大的權力來從事這些騷擾行為，委員會也花很多時間試圖說服學生以更成熟的方式處理問題。索魯什提到，學生想讓大學無限期關閉，或至少關閉個二十年，但委員會卻希望重啟大學。

然而，激進派學生薩迪格．齊巴卡拉姆卻表示，索魯什在受到道德勸說時一副事不關己的樣子。齊巴卡拉姆後來成為一名知名的政治分析家，而且公開為自己在文化大革命扮演的角色道歉，他表示自己在整肅的過程中一直感到良心不安，於是他把自己的憂慮告訴索魯什，他認為索魯什是委員會中最明理也最包容的人。但是，齊巴卡拉姆表示，索魯什兩手一攤，「他對這件事毫不在意，看起來冷淡而漠不關心……，彷彿這些事發生在阿富汗，這些學生不是離鄉背井的伊朗子民」[13]。索魯什日後宣稱齊巴卡拉姆誇大了自己的重要性，也誇大了他的重要性，他認為齊巴卡拉姆完全忽視了委員會裡其他成員比他更有權力而且顯然比他更支持整肅。

但在另一個層面上，索魯什至少知道自己身邊的人就算不需要受到嚴重的譴責，但也確實乏善可陳。在大家眼中，委員會另一名成員法爾西是以殘酷聞名的埃溫監獄典獄長的好友。而就索魯什印象所及，法爾西結束一天的工作之後，總是直接前往監獄。他們見面時都談些什麼？法爾西是否帶著激進派學生去見典獄長，如果是，目的是什麼？他們在批判誰，那些人的下場如何？索魯什並未繼續思索這些事。但有些場面他無法避免或解釋，有些時刻當法爾西出現在他身旁也令他感到不安。有一次，在索魯什建議下，委員會與大學的教職員開會，一名教授發表他的關切與批評。最後，這名教授表示，委員會總是想刁難教授，但教授們不會屈服。「不，」索魯什記得法爾西冷淡地回答，「我們不會刁難任何人。如果有人找麻煩，我們會殺了他。」

然而，或許做為一種典型，在往後數十年間，索魯什在後革命時代初期的活動要比他那些一貫強硬的同事更受到詳細檢視。一部分是因為隨著名望的累積，他的道德性格的一貫性成了全國民眾注意的焦點，另一方面是因為索魯什一直拒絕道歉。最晚到了二〇一〇年，他仍堅持自己未曾傷害過任何人。他是否曾對暴力鎮壓賦予正當性？他是否曾利用自己與權力高層的關係來保護那些比他更容易受傷害的人？當與他意見不同的人遭到殘酷對待，而他自己有一天也將遭受同樣的遭遇時，他是否曾為這些人高聲疾呼？索魯什為自己與政府合作的時代築了一道高牆，他總是這樣回應批評者：**為什麼總是要問我啊？可惡的是我身邊那些人呀！**在難熬封閉的專制思想與統治時期，伊朗民眾從索魯什的作品中獲得解脫，但索魯什的說法無法讓他們認同他是個坦蕩蕩的道德英雄。眾人不僅對索魯什的看法如此，對伊斯蘭共和國的看法也是如此。

一九八三年，索魯什離開文化大革命委員會，同年，委員會成員擴增到將近二十人，其中有許多是高級教士。索魯什是唯一一位遞交辭呈的委員，而這個委員會至今還在運作。索魯什認為，委員會已無存在的必要；無論如何，他還是無法接受國家的政治逐漸轉向非民主的方向發展。

當穆斯塔法．洛赫瑟法特在《宇宙報文化副刊》刊載索魯什的作品時，這些文章引起了轟動。索魯什獲得何梅尼器重時，他也許未曾對遭受攻擊的大學伸出援手，但在思想領域，他仍是一名戰士。在不理性的年代，他積極捍衛理性，獨自一人對抗體制，只要何梅尼還活著，他就會持續批評。索魯什要求在浮誇的時期保持謙卑，在充滿願景的烏托邦主義時代主張漸進改革，在廣泛仇外的年代堅持對外開放。

一九八〇年代中期的伊朗，所有反對當局意識形態的勢力才剛被擊潰，索魯什就開始拐彎抹角地批評「宗教學者的政治管理」以及支持者強加的僵化的伊斯蘭道德規章。索魯什在一九八四年寫道：「先知並非被派到天使面前，先知不把人類當成不完美的天使，先知也不認為必須要把人類轉變成完美的天使。人類就是人類，人類無法被轉變成天使。」[14] 索魯什推論說，如果人類可以變得完美，而政治人物肩負著讓人類變得完美的責任，那麼這些政治人物就會把自己當成是真主在塵世的代理人，他們可能認為自己不會犯錯，而且妄自尊大地認為自己可以享有特權。幾乎每個人都認為這是對何梅尼的直接批判。

索魯什對教士提出質疑，當他撰文討論宗教時，彷彿宗教可以透過理性與觀察來加以探討。這些探討就像人類做的一切努力一樣，總是有瑕疵，總是需要改進。不僅如此，索魯什認為，雖然信仰的核心可能難以形容，但人類對於真主真理的理解與應用卻建立在人類研究的局限、方法與時限上，無論人類研究的主題是政治、藥理學還是宗教都是如此。因此，人類所有的知識學科必須相互連結才能產生有利的結果：如果思想家保持開放的態度，那麼數學的進展可以造成神學的進展。索魯什認為，不需要畏懼開放。世上不存在被分割出來的巨大西方傳統威脅著要侵犯伊斯蘭教。思想不屬於任何單一的文化，而屬於整個人類歷史。

刊載索魯什的文章之後，穆斯塔法讓原本支持他的體制大感震驚。《世界報文化副刊》是官方喉舌，但它刊載的文章卻讓官方思想論述逾越界線。穆斯塔法的頂頭上司穆罕默德．哈塔米感到緊張。穆斯塔法知道自己的做法會給哈塔米帶來麻煩。如果穆斯塔法想讓副刊繼續存在，他不能只刊載索魯什的文章，也應該讓批評索魯什的人有發表意見的機會。

穆斯塔法找到索魯什最難對付的對手，他是一名哲學家，名叫雷札．達瓦里．阿爾達卡尼。達瓦里與《西方毒害》的作者賈拉勒．阿雷．艾哈邁德同為艾哈邁德．法迪德的學生。法迪德是一名口述哲學家，他在一九五〇年代晚期將德國哲學家馬丁．海德格的觀念傳入伊朗。法迪德與他的學生接受海德格的觀點，認為科學不過是一種哲學。根據伊朗思想家的說法，科學是一種與伊斯蘭教競爭的西方宇宙論。這個世界要麼是由科學上可發現的事實構成，不然就是由伊斯蘭真理構成；兩者不可能同時存在，因此必須承認伊斯蘭真理居於首位，而且要保護伊斯蘭真理免於受到科學方法與科學主張的侵害。

達瓦里把他的科學觀點擴展到社會契約上。自由主義的政府觀把社會契約化約為凡人之間締結的契約，每個人都試圖最大化自己的權利。但在這個世界觀裡，更高層的真理存在於何處？——道德與社會價值並非仰賴法律或契約而存在，而是由於真主的命令。對達瓦里來說，自由主義只是文明誤入歧途，把個人自由置於神聖真理之上的另一種症狀。一個有德行的社會必須接受監護而且要符合天啟。其他的選擇，包括致力於民權與人權的民主政府，都是腐敗而空洞的。一九八二年，達瓦里談到〈世界人權宣言〉明訂的宗教自由時寫道：「現代人在真理的鏡子裡看到自己的形象，但他卻不與真理立約，反而與自己立約。」[15]

達瓦里認為，西方的政治問題源自於西方的形上學問題[16]。西方傳統的基礎，也就是西方的核心洞見，在於相信人類是宇宙的中心，而非真主是宇宙的中心。這種人文主義導致西方將宗教與哲學置於科學與科技之下——選擇人民主權而非監護——而且將這種病症輸出到全球各地。從他的觀點來看，西方的思想傳統是特異的與不可分割的。外人無法從西方的思想家或產物中進行揀選，任何思想家或產物最終都會導致人文主義而且接受人文主義的養料。就連伊斯蘭哲學也因為受到古希臘的影響，所以也是不純粹的。達瓦里轉而訴諸蘇非派神祕主義來廢除自我，摒棄世俗的依戀，以及順從真主。而順從真主最終成了順從由真主在塵世的代理人統治的國家。

一九八〇年代中期，索魯什與達瓦里的導師法迪德公開進行一場喧騰一時的論戰。由於這兩名哲學家都與統治當局有合作關係，因此這場論戰得以完整展現在民眾面前，而雙方的論述也都在可接受的思想範圍內。這是伊斯蘭共和國時期最後一場公開的政治哲學辯論。

伊朗的知識分子或許對這場辯論的氣氛感到興奮，他們通常將這場論戰形容成波普爾與海德格的代理人戰爭。索魯什向讀者介紹波普爾的思想，使波普爾的思想蔚為風潮，一九八五年左右，《開放社會》居然出現三種波斯文譯本。由於索魯什的緣故，波普爾在伊朗的名氣無疑超越他在英國或奧地利的知名度，波普爾在英國與奧地利主要以科學哲學家與維也納實證主義的批判者為人所知。在伊朗，波普爾成為家喻戶曉的名字。

至於海德格，他在伊朗的歷史耐人尋味，如同波普爾的歷史與索魯什密不可分，海德格也與法迪德個人的生平與心靈息息相關。法迪德人稱口述哲學家，因為他幾乎沒有留下文字作品。但是，早在海德格深奧難懂的哲學被翻譯成波斯文之前，法迪德已然將他的思想的某個版本傳布給學生，而這些學生日後將傾向於伊朗的強硬派伊斯蘭主義。至於這個版本是否忠於原作則不是重點。

法迪德於一九四〇年代在法國與德國學習歐陸哲學，他並非嚴守教規的穆斯林。但他認為西方幾近於十足的邪惡，他相信伊斯蘭教可以成功對抗西方的黑暗。從海德格的觀念中，法迪德了解到「真理」與「存有」曾經為人所理解，但柏拉圖之後的西方形上學卻讓「真理」與「存有」變得晦澀難解，至少讓西方失去了宗教性與精神主義，使西方傾向於科技，而科技不過是一種支配工具。法迪德宣示，保有原貌的東方即將興起，在東方，「真理」與「存有」尚未敗壞。法迪德在伊朗的伊斯蘭革命中，也看到黑格爾有過的著名觀察，在拿破崙身上看到的馬背上的歷史。

革命後，法迪德對西方的憎恨更加強烈，他的思想充滿陰謀論，他覺得到處潛伏著販售西方毒害思想的惡棍，他們正等待機會一舉推翻伊朗的革命成果。雖然海德格的傑作《存有與時間》直到二〇〇七年才完全翻譯成波斯文，但法迪德與他的追隨者卻認為海德格是對抗西方毒害力量的良方。無神論的法迪德宣稱，無神論的海德格是「唯一一位觀念與伊斯蘭共和國一致的思想家」[17]。

法迪德是個有魅力、有學識、情感奔放而且能言善道的人；他的學生回憶法迪德在家裡上課，他的追隨者一動也不動地聆聽直到黃昏，完全忘了時間或空間、飢餓或疲倦[18]。與沙里亞蒂一樣，法迪德喜歡煽動，喜歡自相矛盾，喜歡說自己不相信的事；但出於智性上的傲慢，目中無人的法迪德做得比沙里亞蒂更過火，他以睿智的愚人自居，經常惡作劇、嘲諷與佯裝直率。他以侮辱有影響力的人為樂，但對於無法為他帶來任何好處的大一學生卻慷慨伸出援手。雖然許多伊朗知識分子稱呼他為導師，但法迪德卻對這些人相當冷淡。有個年輕作者在報紙上發表文章獻給法迪德，宣稱他所知的一切全來自這位老先生的教導，法迪德說道：「每年春天，我從對街的商店買了草種，種在自家的草地上，但長出來的淨是些奇特古怪的雜草，跟我原先種的完全不同。

宣稱受到我的教誨或反對我的人也是如此。他們與我教導的一切毫無類似之處。」[19]

革命後不久，在兩人的共同朋友要求下，索魯什短暫與法迪德會面。會面的過程相當愉快，但之後，根據索魯什的說法，法迪德散布索魯什是社會民主人士的謠言，這在當時的伊朗等於是一種侮辱。在法迪德的餘生，這個稱號成為兩人互相辱罵中最惡毒的詞彙。索魯什宣揚西方的科學與分析哲學，這對法迪德的西方邪惡觀點構成直接挑戰。索魯什的立場也挑戰了革命精神，而這種革命精神某種程度上可以定義為排外主義。所以這兩位哲學家與各自的盟友都認為，自己是在爭論什麼才是革命國家的靈魂。

索魯什提到，法迪德支持以暴力對付在他眼中與國家、伊斯蘭、興起的東方為敵的人，而且絲毫不感到內疚。索魯什又說，法迪德告訴他的學生，在伊朗以外的地方提到正義、人權、民主、寬容與自由，那全都是謊言，而全世界的文化與政治組織都是陰謀者[20]。因此，伊朗人不應該理會這些場面話，而應該用暴力實現自己的目標。就連法迪德過去的學生也提到他在後革命時期的講課內容——後來被集結成書，書名為《末日的徵兆》——如同夢魘一般且漫無邊際。

在西方，海德格的哲學觀點是否不可避免地使他加入了納粹黨？——關於這一點，引發了長期的爭論。同樣地，在伊朗，法迪德在後革命時期支持極端伊斯蘭基本教義派也產生類似的爭議。索魯什從未認同海德格派——無論是東方還是西方——想把海德格與納粹做出區隔的做法，他認為法迪德的哲學骨子裡就是法西斯主義。他對法迪德與他的圈子的訪談者說道：「如果這些人攻擊自由主義，那麼他們是站在法西斯主義的立場，而不是站在伊斯蘭或社會主義或其他立場……。換言之，海德格哲學中負面及受人辱罵的部分構成了這群伊朗人。」[21]

法迪德與他的圈子也相應地對波普爾與索魯什抱持負面的看法。法迪德在一九八〇年代講課時表示，波普爾宣傳一種墮落而放縱的自由主義；他是伊斯蘭教的敵人與無知的提供者[22]。一九八四年，法迪德抨擊索魯什與波普爾，他寫道：「他們把這種無用的東西當成哲學，這簡直是對人類歷史的侮辱……。這些人被國際猶太人組織操縱，我會將他們的陰謀告訴伊瑪目何梅尼……。我，艾哈邁德．法迪德，有個簡短訊息給伊瑪目何梅尼：阿卜杜勒卡里姆．索魯什將毀了這場革命。」[23]

法迪德的支持者也開始投稿接續這場論戰，其中最著名的是雷札．達瓦里．阿爾達卡尼刊載在《宇宙報文化副刊》上的作品。達瓦里曾在德黑蘭學習哲學以及在戈姆學習神學，他也以海德格派自居，而且認為相較於歐陸的真正傳統，分析哲學是一種「反哲學」。一九八五年，在《宇宙報文化副刊》一篇對波普爾作品的翻譯評論中，達瓦里輕蔑地說：「誰是波普爾？我們海外的敵人利用他來反對革命，而在伊斯蘭共和國的隊伍中居然有人將他奉若神明，認為攻擊他的觀念就是褻瀆。」[24]事實上，波普爾的偽哲學助長了科學與科技的進展，壓抑了宗教、第三世界的解放與社會正義[25]。對波普爾的批判在保守的宗教圈裡廣泛流傳，在國營的報紙與主麻日＊禮拜上都有人熱烈抨擊這位維也納哲學家。

＊每個星期五的祈禱日。

或許沒有任何事要比直接與口頭的反對更能讓哲學的心靈專注；或許對索魯什而言，思想上至關重要的莫過於清楚明晰。因為就在這段時期，也就是一九八〇年代中期，索魯什才剛離開文化大革命委員會，他就完全不掩飾自己的自由派立場，開始批判「宗教學者的政治管理」。

巴札爾甘的臨時政府早已是過去式。「自由派」成了專門用來辱罵巴札爾甘政府的詞彙，在巴札爾甘下台的六年後，索魯什覺得有必要為「自由派」正名，或許還要為巴札爾甘翻案。雖然索魯什從未支持美國大使館的占領行動，但也從未在巴札爾甘擔任總理期間為他辯護。儘管如此，在一九八〇年代，索魯什逐漸發覺法迪德一夥人曾對這名自由派總理進行抹黑醜化，他認為必須改正這種狀況。

一九八六年，索魯什在德黑蘭大學發表三場演講，兩場談法西斯主義，一場談自由主義。他的自由主義演說，標題為〈敢於求知〉，這是取自康德論文《何謂啟蒙？》的一句話。索魯什藉著這句話來主張，不只是啟蒙運動，就連自由主義的核心也是檢視與批判，這當中不存在祕密，也不存在確定性。在不透明與壓迫的年代，索魯什建議伊朗人應該追求這樣的自由主義。在一九八六年的另一場演說中，索魯什認為，設計並且試圖執行一套社會藍圖，特別是天堂般的藍圖，終將導致法西斯主義。

索魯什並不期望每個人都同意他的論點，但有一個人的反對特別讓他失望。穆罕默德．哈塔米此時擔任文化部長，他找人將內心的不悅轉達給索魯什，而且說了很嚴厲的話。

索魯什認為哈塔米在某種程度上受到法迪德的影響。至少，他覺得哈塔米搖擺不定，有時支持索魯什的普遍理性主義，有時支持法迪德的反西方二元論。當哈塔米相信法迪德是對的之時——西方受到固有與具傳染性的邪惡感染，他便認定索魯什支持的西方理性必定是腐敗的。索魯什從哈塔米欠缺清楚的哲學忠誠看出他精神的猶豫不決，並且認為這損害了他的政治能力。對索魯什來說，這是一件令人難過的事，他認為法迪德是個扭曲而邪惡的人，不僅支持暴力也反對人權，他相信頭腦聰明、心地善良的哈塔米是被法迪德模稜兩可的言語所蒙蔽。

穆斯塔法．洛赫瑟法特不像索魯什那麼有同情心。穆斯塔法對於哈塔米為了刊登索魯什的文章提心吊膽感到不耐。他覺得哈塔米膽怯而守舊。哈塔米還在《宇宙報》的時候，曾經提到報紙的角色是為民眾發聲，而民眾的聲音「等同於何梅尼的聲音」[26]。

一九八〇年代末，哈塔米被要求提出一份擔任《宇宙報文化副刊》執照持有人、發行人與總編的推薦名單。穆斯塔法是明顯的人選，但哈塔米並未推薦他。穆斯塔法辭職，而且把他圈子裡的知識分子一起帶走。

《宇宙報文化副刊》急速衰退。此後，穆斯塔法短暫擔任政府的文化顧問。但他身為文化推廣者的工作尚未結束。他的《宇宙報文化副刊》引發的興奮情緒或持續論辯的需求也未因此終止。

於是，穆斯塔法創立自己的刊物與思想沙龍，刊物的名字叫《地平線》。《地平線》獨立於國家，與索魯什密切合作。諷刺的是，與穆斯塔法的原意相左，《地平線》日後成為政治運動的傳播媒介，而且將希望寄託在穆罕默德．哈塔米身上。

第四章　血的洗禮

一九八〇年代是個通往黑暗的螺旋。革命原本應該產生一個公正而獨立自主的伊朗，結果卻陷入戰爭、貧困與完全孤立。政治上的公開爭論由於巴尼－薩德爾遭到驅逐而終止，而伴隨著政治鬥爭、洩密與訴諸公眾輿論而來的宣傳戰也跟著結束。現在，伊朗的政治消失在不透明的帷幕之後。

伊朗在國際上遭到孤立，深受經濟封鎖之苦，而且在伊拉克前線流乾了年輕人的鮮血。幾年後，許多伊朗決策者宣稱他們在霍拉姆沙赫爾戰役收復失土後曾反對繼續與伊拉克作戰。但伊朗官方的政策卻是「戰爭，戰爭，直到勝利為止」，或直到薩達姆・海珊無條件投降為止。根據伊朗官方的統計，伊朗戰鬥部隊至少有百分之八十四來自於巴斯基民兵，而到了一九八〇年代末，戰死的十九萬人中也有百分之四十三來自於巴斯基民兵[1]。巴斯基民兵主要由青少年構成。這些陣亡者長眠於德黑蘭南部的貝赫什特・札赫拉公墓，墓地上的玻璃框放著還未長出鬍子的男孩照片，一排接著一排，宛如散發著鬼魅氣氛的畢業紀念冊。

從一九八四年開始，伊拉克的飛毛腿飛彈定期落在德黑蘭與其他伊朗城市。一名住在日托中心附近的伊朗年輕婦女永遠忘不了有一天她離家的時候發現家門前的人行道散落著小手。在斷斷續續進行了八年的戰爭裡，大約有一萬七千名平民死亡。但這個數字並未包括往後數十年因芥子毒氣的殘存影響而死亡的數萬條性命。伊拉克人使用這種武器打擊軍事目標與平民，但全世界卻無視這種行為，而美國還繼續提供伊拉克政權關鍵的軍事情報。

伊朗的經濟如自由落體般直線下墜，其狀況之慘烈既能說是空前，也可說是絕後。戰爭、通貨膨脹、政治不穩定與外國禁令共同造成經濟的嚴重破壞。此外，經濟計畫也成為競爭的政治派系爭論的焦點，導致政策缺乏連貫性；而非常仰賴石油收入的伊朗恰於此時遭逢世界石油供過於求造成的油價崩跌。到了一九八八年，伊朗的人均國內生產毛額只有一九七六年的一半[2]。貧困人口大幅攀升。這種規模的衰退不僅在伊朗是第一次見到，如伊朗主要經濟學者指出的，在現代史上也是罕見的[3]。

一九八一年十月二日，在緊張與暴力的籠罩下，總統大選使阿里・哈梅內意取得權力，也鞏固了一黨專政。在伊斯蘭共和黨幾個最知名的創黨元老中——貝赫希提、拉夫桑賈尼與哈梅內意，哈梅內意擔任總統，拉夫桑賈尼擔任國會議長，貝赫希提派他的愛將三十九歲的米爾・侯賽因・穆薩維擔任總理。這是伊朗這段時間最統一與最穩定的政府。現在，唯一重要的政治活動來自於伊斯蘭共和黨的內部派系，儘管這些派系之間只有些許程度上的差異。

一九八〇年代，以這三個主要政治人物為首，開始出現派系。總統阿里・哈梅內意與日後被稱為伊斯蘭右翼（Islamic Right）的派系合作。這個伊斯蘭共和黨內的傳統保守派系支持私有財產權與反對經濟中央集權。總理米爾．侯賽因．穆薩維的派系稱為伊斯蘭左翼（Islamic Left），這個派系與曾經占領美國大使館的學生以及擔任打手的伊朗真主黨結盟。這個激進派系支持國家控制經濟與將伊朗革命輸出海外的強硬外交政策[4]。阿里．阿克巴爾．哈什米．拉夫桑賈尼的派系走實用主義路線。他的派系傾向於左翼還是右翼全憑感覺決定，拉夫桑賈尼善於經營三角關係，他知道如何在對手之間進行挑撥，而且運用自己龐大的政治影響力游走於派系之間，他常無預警地採取行動，有時會祕密策動對手相爭來從中得利。這三個政治首腦以及他們之間的合縱連橫，在可預見的未來形塑了伊朗的政治戲碼。

阿里．哈梅內意，一個與詩文圈有往來的馬什哈德教士，同時也是喜愛約翰．史坦貝克與維克多．雨果的文人，他在革命前與世俗知識分子有著緊密連繫。哈梅內意也與阿亞圖拉何梅尼關係密切，一九六〇年代初，他曾在庫姆與何梅尼一起學習。哈梅內意吸收了左派的反帝國主義與埃及穆斯林兄弟會的伊斯蘭主義，他也將穆斯林兄弟會的意識形態倡導者賽義德．庫特布的作品翻譯成波斯文。

當時，侯尚．阿薩迪是共產主義伊朗人民黨的成員，他宣稱自己在巴勒維國王執政時代曾與哈梅內意一起關在同一間牢房裡。他的說法受到質疑，但如果他說的是真的，那麼從他的陳述中可以看出哈梅內意年輕時那人性化的一面[5]。阿薩迪回憶哈梅內意是個溫和而虔誠的人，對文學充滿熱情而且包容不同的政治立場。阿薩迪寫道，當他感到沮喪的時候，哈梅內意會邀他散步。

兩個人繞著牢房走動，假裝自己走在童年時期的風景中，並且交換彼此對文學與政治的看法。哈梅內意與阿薩迪曾想辦法讓牢房裡第三名獄友存活下來：一名十幾歲的馬克思主義游擊隊戰士，他被打成重傷，而且快要餓死，然而除非施加威脅，否則他不願意張開嘴巴。阿薩迪於是設法威脅這個年輕人，讓哈梅內意將細碎的肉片從他的齒縫塞進去。在經過幾個月奇怪的同志情誼之後，當阿薩迪被移往不同的牢房時，他看見哈梅內意在發抖，於是在離去時將自己的毛衣送給哈梅內意。兩人擁抱；據說哈梅內意流著淚對阿薩迪說：「在伊斯蘭政府統治下，無辜的人不會流下任何一滴眼淚。」

不到幾年的時間，一九七九年革命將哈梅內意的團體推上權力寶座，而阿薩迪的團體則被驅趕到滅亡邊緣。哈梅內意先後擔任國防部長、革命衛隊長官與德黑蘭市主麻日領袖。雖然哈梅內意屬於革命的核心圈子，其政治影響力卻無法與拉夫桑賈尼以及貝赫希提相比。

哈梅內意於一九八一年擔任的總統職位被削除了許多權力。巴尼－薩德爾擔任總統時，教士故意弱化這個職位，使權威朝總理傾斜。哈梅內意與總理相處不睦。經濟歧見是雙方爭論的主因，而令哈梅內意反感的是，穆薩維公開宣稱自己才是政府實際的領導人，總統不過是名義上的領袖。哈梅內意兩度向阿亞圖拉何梅尼要求找個比較圓滑的人來取代穆薩維，但兩度遭到最高領袖拒絕。基於某種理由，穆薩維被視為是阿亞圖拉何梅尼得寵的兒子以及哈梅內意的對手。

穆薩維是一名年輕的世俗知識分子，曾擔任過建築師與報社編輯。他的妻子札赫拉・拉赫納瓦爾德是著名藝術家，與沙里亞蒂關係密切。一九七〇年代，穆薩維也是侯賽因宗教會所的常客，但並不認同沙里亞蒂的反教士思想，因此他不像聖戰者組織以及其他追隨沙里亞蒂反教士思想的人那樣走向滅亡。相反地，穆薩維成為貝赫希提的盟友與副手。革命後，貝赫希提帶頭攻擊自由派人士並協助將「宗教學者的政治管理」寫入憲法。教士們多次逼迫巴尼－薩德爾任命穆薩維擔任外交部長，但巴尼－薩德爾以穆薩維是激進分子而且是敵對陣營的成員為由加以拒絕。巴尼－薩德爾流亡後，穆薩維短暫主掌外交部，他最著名的事蹟是引進教士的禁欲風格，移除了手工地毯與會議桌椅[6]。

穆薩維是民粹主義者，他要求更公平地分配商品與勞務，包括教育與醫療。他不顧市集商人的反對，支持將所有對外貿易國有化，而哈梅內意代表的正是市集商人的利益[7]。穆薩維擔任總理期間，與他共事的人回憶穆薩維雖然無趣，卻是個有效率的官員，他在一個雜亂的體制裡致力推動政策，這個體制有部分是國會，有部分是神權政治，而且還充斥著陰謀詭計。

穆薩維在公開場合的形象較為鮮明。他是阿亞圖拉何梅尼激進外交政策的門面，拒絕聯合國調停與伊拉克停火，而且威脅鄰近的阿拉伯國家，如果它們繼續對抗伊朗，「戰火將會延燒到它們身上」[8]。穆薩維還表示，以色列是個「惡性腫瘤」[9]。一九八五年，蘇萊曼．哈特，一名埃及邊境警官，他在西奈射殺了猶太觀光客一家人，四名孩子、兩名婦女與一名老人死亡。後來哈特在獄中上吊自殺，伊朗國家廣播電台引用穆薩維的話說：「為了表彰這個偉大人物的勇敢抵抗，我們將以他的名字為德黑蘭的街道命名。」[10]在學生攻占美國大使館四週年紀念日上，穆薩維站在大使館圍牆崗哨的屋頂上發表演說，讚揚學生公開文件揭露革命的「自由派」敵人，他指的肯定是阿拔斯・埃米爾恩特札姆[11]。

但是，穆薩維這一切的作為並未使他在政治同儕中勝出。他擔任的職位都很一般，有時他高喊的口號不過是重複阿亞圖拉何梅尼說過的話。不僅如此，在他擔任總理期間，沒有人想得到日後他會成為已經消逝的革命希望以及民主改革運動的象徵。他的轉變呈現的與其說是米爾・侯賽因・穆薩維本身，不如說是伊朗歷史快速轉換的潮流，這股潮流不止一次而是兩次，透過穆薩維呈現在世人面前。

在穆薩維、哈梅內意與攬局的拉夫桑賈尼之間，阿亞圖拉何梅尼扮演的角色非常類似前南斯拉夫的狄托元帥：他不是大公無私的仲裁者，而是巧妙的平衡者。何梅尼的視角就像奧林帕斯諸神，不是來自於人類的才智或政治的中立，而是來自於他對自己一手創立的政府形式的持續與穩定有著超乎一切的關心。即使何梅尼未將勝利交給對手，也沒有任何派系能取得勝利。在經濟上，何梅尼從左翼轉向右翼，又從右翼轉回左翼，他關注的與其說是最終的經濟結構，不如說是確保這三個權力掮客都能在政治上存活下來而且沒有任何一個人能取得勝利。

總之，不管對派系領導人還是對何梅尼來說，一九八〇年代都是逆轉與妥協的十年。革命分子沒有統治經驗。他們帶著意識形態熱忱擔負起任務，最終卻無法對急迫的實際問題提供解決辦法。政治勝過了意識形態；但政治人物努力用革命的色彩來包裝自己的實用主義，藉此消除已動員群眾的疑慮，並且防止群眾的矛頭轉向政權本身。

伊斯蘭共和國悄悄進行實用主義的最清楚明證或許是伊朗門事件，在這起事件中，缺乏美製武器零件及新機型的伊朗與美國和以色列祕密進行交易。美國人透過以色列人提供武器給伊朗，換取伊朗協助確保伊朗代理人在黎巴嫩劫持的美國人質獲釋。當祕密協議的內容曝光時，穆薩維與拉夫桑賈尼極力否認報導的細節，並且宣稱他們對於伊朗的兩個死敵有著難以平息的仇恨。

伊斯蘭共和國一直以來的趨勢在一九八八年形成政策，阿亞圖拉何梅尼發布伊斯蘭教令，明確將政治置於意識形態乃至於宗教之上。何梅尼宣稱，「宗教學者的政治管理」的存續是伊斯蘭共和國的首要之務。在統治者的裁斷下，政權的利益甚至凌駕於齋戒、禮拜與每年到麥加朝聖這些伊斯蘭教的指示之上。何梅尼的伊斯蘭教令是個赤裸裸的權力主張。

何梅尼肯定覺得自己即將面臨一個岌岌可危的時刻。伊朗的資源已經枯竭到了極限——穆薩維估計軍事預算將會歸零，而軍事領袖私底下告訴何梅尼，伊朗需要現役軍隊七倍的數量才能擊敗伊拉克擁有西方武器裝備的軍隊[12]。此外，波斯灣的一艘美國軍艦才剛擊落一架伊朗民航機，機上二百九十人全部罹難。美國宣稱這起事件純屬意外，但德黑蘭方面則不這麼認為——伊朗政治人物懷疑，這起事件很有可能是美國直接介入戰爭的前兆，這將使戰爭更加昂貴與更難以取勝。伊朗當局是否真的相信這一點，抑或只是利用這個說法來做內部宣傳，至今仍有爭議。因為此時的何梅尼不讓民眾討論這場被他神聖化的戰爭。為此，他不僅需要掌握所有的權力，還要能說服民眾相信國家利益要比神聖命令來得重要。

一九八八年七月二十日，何梅尼接受聯合國安理會的要求，與伊拉克停火。在向民眾解釋他的決定時，最高領袖吟詠說，我們本來是更能夠忍受死亡與殉難的，但政治與軍事專家卻認定這場戰爭已無法支持下去。「我知道這對你們來說難以接受，」他對他的「革命兒子們」懇求說，「但這對你們的老父親而言不也同樣難受？」[13]何梅尼強調，他不僅以伊朗的國家利益之名，也基於他的宗教責任同意停火：「做這個決定要比吞下毒藥更致命，」何梅尼說道，「我服從真主的意旨，並且喝下這帖毒劑以符合祂的心意。」[14]

阿亞圖拉何梅尼不知道的是，從一九八八年六月開始，他已邁向生命的最後一年。但八十五歲高齡的他，隨著癌症病情的惡化，肯定知道自己來日無多，而隨著他的逝去，所謂的後革命伊朗第一共和時代也將終結。

戰況的危急與人員戰死的稀鬆平常，已無法激起或喚起民眾為國犧牲。革命衛隊與巴斯基將返回後方，他們必須恢復正常生活。經濟需要大規模重建，甚至可能需要外國投資。面對這些狀況，激進主義完全幫不上忙。何梅尼需要社會與伊斯蘭左翼停止爭端。但他也必須安撫這些力量，因為伊斯蘭共和國仰賴這些力量與國家的統一。

因此，何梅尼生命的最後一年也是他採取兩個最顯眼而極端的行動的一年。其中一項行動是對外公開的，那就是一九八九年二月頒布的伊斯蘭教令，要求處死寫下褻瀆小說的小說家薩爾曼·魯西迪。這個教令在西方激起強烈的反對聲浪，也讓穆薩維派系士氣大振，他們在國會立法要求終止與率先出版該小說的英國的外交關係。但是，就伊朗國內政治的脈絡來說，魯西迪事件與其說是為了肯定革命的堅定態度，不如說是一場用來轉移注意力的餘興節目，好讓國家能順利過渡到由技術官僚主導的重建時代。

何梅尼另一個從結果來說影響更為深遠的極端行動發生在伊朗監獄鐵絲網高牆內。這個行動發生的時點與極端性將使歷史學家困惑不解，也在伊朗全民心中留下創傷。

在德黑蘭最西北部的地區，在一個住宅巷弄陡峭與道路蜿蜒的怡人中產階級社區裡，埃溫監獄宛如幻象。這座巨大監獄建築群所在的地點籠罩在一片褐色陰影之中，這塊外觀鄙陋的無人地帶，看似毫不引人注意，卻長滿植物，從外圍到監獄本身，甚至還要走上一大段路。從灌木叢的縫隙隱約可見柵欄與守望塔，但這些設施也可能被誤認成別的東西。走了一會兒，道路便開始爬升到山腰的一處公園，這座公園被小溪一分為二，溪邊搭起了一排排閃閃發亮的水果攤與鋪有地毯的露天茶館。

一九七一年，當巴勒維國王察覺自己的政權正處於危急存亡邊緣時，他在此地興建埃溫監獄，關押了三百二十名囚犯。一九七〇年代初，巴勒維國王在全國各地總共囚禁了多達七千五百名政治犯。在這些政治犯當中，許多人未來將成為伊斯蘭共和國的領袖人物。巴勒維國王的監獄嚴酷兇殘，而且還變本加厲，埃溫監獄尤其惡名昭彰。訊問者用打結的電纜抽打犯人的腳掌，這種刑罰稱為笞刑。神經電擊可以從腳底一路傳到大腦，永久性地損害腎臟與神經系統。遭受刑求的受害者無法想像世上還有比伊朗監獄更糟糕的地方。

到了一九八三年，在伊斯蘭共和國統治下，略微擴大的埃溫監獄監禁了一萬五千名犯人。原本只能容納十五人的牢房，現在卻關押了七十五人；就連走廊也擠滿蒙上眼睛的犯人。巴札爾甘的前副總理阿拔斯·埃米爾恩特札姆有兩年半的時間待在一間囚室裡，囚室擠滿了人，因此大家必須輪流在地板睡覺，每個人一天只能睡三個小時[15]。

這些不幸堡壘的住民有著新的入住理由。伊斯蘭共和國認定某些行為是犯罪行為，甚至針對這些行為制定了死刑，例如叛教、喝酒、「侮辱先知」與「違反貞潔的罪行」，包括婚外性行為與同性戀等等諸如此類。被指控「播下腐敗的種子」或「向真主宣戰」的犯人也要面臨處決的命運。其中後者被伊斯蘭律法定義為持有武器造成國內不安，但在伊朗刑法下，它的定義被擴張到包括任何武裝異議團體的成員，即使被告從未持有任何武器。巴哈伊教信徒是伊朗人數最多與受迫害最嚴重的宗教少數群體成員，他們被冠上捏造的罪名，被判處長期徒刑。許多人遭到處決[16]。

阿薩多拉·拉傑瓦爾迪是埃溫監獄典獄長兼德黑蘭檢察官，他過去是一名布匹商人，曾在巴勒維國王執政時代因試圖炸掉以色列航空（El Al）辦公室而被送到埃溫監獄服刑。拉傑瓦爾迪戴著超大的塑膠框眼鏡，眼鏡剛好遮住他那兩道拱形的黑色濃眉；他跟真主黨信眾一樣滿臉鬍渣，五官似乎朝著下巴的方向集中。他把自己的家人全帶到監獄裡居住，表面上是因為他對自己管理的機構感到自豪，但之後則是為了防備可能的行刺，因為拉傑瓦爾迪這個名字已經成為十年壓迫中最嚴酷的同義詞。

與舊體制不同，伊斯蘭共和國禁止刑求與強迫認罪——卻允許身體刑罰與「自願」認罪，最終還是導致相同的結果。埃溫監獄的管理人員由革命衛隊擔任，訊問者則是年輕教士與神學院學生。他們的任務是從每個政治犯口中得到自行認罪的「訪談內容」。訊問者會抽打犯人的腳掌、剝奪他們的睡眠、將他們泡在水裡以及假裝要處決他們，直到他們同意接受訪談為止。他們會扭轉並且打斷犯人的前臂與手掌，將銳器插進他們的指甲裡，並且威脅要對他們的家人不利[17]。埃米爾恩特札姆被單獨監禁了五百五十五天，曾經三度被蒙上眼睛帶到處決室。有一次，他還在處決室裡坐了兩天。一九九四年，他估計自己已經看到數百名犯人死亡或被逼瘋[18]。另一名曾經被關在埃溫監獄的犯人回憶自己的腳踝被綁起來倒吊在天花板，鼻子與嘴巴則被塞進自己的便盆裡[19]。接下來幾個星期，他什麼也聞不到，也嘗不出食物的味道；他不斷地嘔吐，幾乎差點餓死。從一九八一年到一九八五年，有超過七千九百名伊朗政治犯被處決——至少是一九七一年到一九七九年被殺人數的七十九倍[20]。

除了處決，至少在一九八〇年代初，認罪似乎成了重點所在。整個過程經過細心規劃，在埃溫監獄兩層樓的禮堂裡，在犯人的觀看下上台拍攝，然後在整個一九八三年秋天，利用兩小時的黃金時段進行播放。錯過電視或廣播的人可以閱讀文字稿，這些文字稿被匯集成小冊子，稱為黑色報告卡。絕大多數認罪者是聖戰者組織成員或左翼分子。他們甚至被迫抨擊他們最親近的人：丈夫、子女、父母、朋友。有些上台的人顯然已經瘋了，他們人格分裂、歇斯底里或狂笑不止，或懇求監獄人員殺了他們。

認罪過程不是為了用來說服，而是用來證明反對勢力的破產與當權者擁有不可抵抗的力量。

當知名的政治犯悔罪時，尤其會讓他們的追隨者頹唐喪志；有人說：「那就像看到真實的死亡一樣令人痛苦。」[21]另一個人寫道，聖戰者組織的馬克思主義派系領袖認罪的那天晚上，「大家的內心好像有什麼東西斷裂了。我們從來沒想到像他這樣有名望的人會在眾人面前跪下。有人評論說，那就像看到一個人吃自己的肉一樣令人作嘔」[22]。

對於一些悔罪者來說，公開認罪只是他們向過去反對的政權服務的開始。此後，他們完全在監獄人員的掌控之下，與其他人一起被關在過度擁擠的牢房裡，他們監視他們之前的夥伴，並且將其他的犯人送上絞刑台。這些悔罪者被稱為塔沃布，他們的道德形象在刑求與共謀下遭到損毀。塔沃布要比其他犯人享有較好與較多的食物、較輕的刑期，而且可以到監獄的工場工作；獄方設立了特殊的悔罪者團體與一份稱為《悔罪者訊息》的報紙[23]。但塔沃布為了這些小特權付出的代價卻是不可彌補的。這些人成了伊朗人想像的代表人物，一個人性淪喪的圖騰，大家固然對於獄方為了逼迫他們這麼做而對他們施以虐待感到不平，但他們的所做所為依然引發廣泛的怨恨。

在何梅尼的核心圈裡至少有兩名教士因為某種原因得以親眼目睹監獄的生活，他們對於自己看到的一切感到不安，於是向最高領袖表達不滿。其中一名是司法總監兼司法部長，他帶著被刑求的受害者去見阿亞圖拉何梅尼，並且描述他們的遭遇。另一個人則曾被指定為何梅尼的最高領袖繼任人選。

侯賽因・阿里・蒙塔澤里或許是在世的阿亞圖拉中，唯一一位地位與學識足以與何梅尼匹敵的人。蒙塔澤里也曾致力發展「宗教學者的政治管理」理論，而且遊說將這個理論規定在憲法之中。但蒙塔澤里的情感或性格卻與何梅尼迥然不同。蒙塔澤里成長於貧窮的農村，他一直維持著年輕時的說話腔調，因此一些受過教育的人有時會把他當成丑角。蒙塔澤里的塌鼻子上戴著看似聰明的眼鏡，他面無表情時臉上也隱隱泛著笑意。他在外交政策上是個激進派，主張伊朗必須干預黎巴嫩與阿富汗。但他也是個堅定的人權捍衛者，認為人權是最基本的原則。

一九八〇年代中的某個時期，何梅尼免除了拉傑瓦爾迪的埃溫監獄典獄長職位，改由蒙塔澤里主掌伊朗的監獄體系。蒙塔澤里任命的監獄人員對於拉傑瓦爾迪的手下留下的爛攤子深感厭惡。有人提到前任的監獄人員「簡直是瘋子」[24]。在蒙塔澤里的監督下，聯合國與伊朗國會的觀察員獲准進入監獄，犯人終於可以獲得家人探視，可以洗熱水澡與使用肥皂，有放風時間，可以抽菸，有語言課程，有文具可以書寫，可以討論政治，以及可以閱讀非宗教書籍。強制的公開悔罪與禮拜改成簡短的「悔過書」，為了解決過度擁擠的問題，蒙塔澤里的同事釋放許多塔沃布以及已服完刑期但還沒悔罪的囚犯。到了一九八六年年中，埃溫監獄的政治犯拒絕因恐怖而產生的疲憊，他們組織了絕食抗議，成功要求從他們的牢房裡移走更多的塔沃布與一般囚犯[25]。

聖戰者組織成員在監獄中占壓倒性多數，蒙塔澤里對這些人的責難並沒有任何模稜兩可之處。他的兒子在聖戰者組織策畫的爆炸案中身亡，當時被炸死的還有貝赫希提。但蒙塔澤里看待伊斯蘭共和國的方式與何梅尼、執政黨以及三大派系有明顯的差異，他認為：伊斯蘭共和國是公義的，也是脆弱的，它的內部紛擾不安，它參與了不可能獲勝的戰爭，而烏托邦的希望可能維持也可能摧毀他們建立的這個太過人性化的國家。包括何梅尼在內，首腦們逐漸顯露的務實主義，在外交政策上可能帶來穩健的影響，但在內政層面，這種務實主義卻違背了革命最深切的渴望，也就是維持伊斯蘭共和國的存在，而它最終既違反了伊斯蘭主義，也悖逆了共和主義。蒙塔澤里和其他人有著全然不同的想法。

一九八六年，何梅尼寫信給蒙塔澤里，對於他在監獄採取的寬大做法表示不滿，此時距離何梅尼指定蒙塔澤里為接班人才一年的時間[26]。最高領袖惋惜說，蒙塔澤里受到政權內部批評者太大的影響，而他喜歡公開談論這些人的負面觀點也不適當。此外，何梅尼暗示蒙塔澤里對於聖戰者組織的態度軟弱，他宣稱釋放聖戰者組織囚犯已經導致了「爆炸、恐怖與竊盜」。

一九八七年年底，何梅尼開始將監獄重新交給拉傑瓦爾迪。昔日的監獄人員懷抱著被辭退時醞釀的報復心態返回監獄。拉傑瓦爾迪宣稱，在蒙塔澤里管理期間，聖戰者組織成員——強硬派用 monafiqin 這個諧音字來稱呼他們，意思是「偽善者」——受到溫和的待遇，「違反了伊斯蘭的利益權衡」[27]。

事實上，這一次聖戰者組織幾乎完全從伊朗的國內場景消失。伊朗當局宣稱九成的聖戰者組織成員都被關進牢裡[28]。聖戰者組織領袖，包括馬肅德．拉賈維，已經於一九八一年與巴尼－薩德爾一起逃往巴黎。這樣的距離讓這些領導人無法產生影響力，而聖戰者組織的普通成員許多早已放棄運動，他們期盼在出獄後重拾寧靜而平凡的生活。

但在一九八六年，馬肅德．拉賈維做了一個重大決定。他前往伊拉克，為他所謂的伊朗民族解放軍建立行動基地，這支由流亡者組成的雜牌軍獲得薩達姆．海珊支持。一九八八年七月二十二日，何梅尼宣布停火的兩天後，伊拉克軍隊從北中南跨越伊朗國境，為推翻伊斯蘭共和國做最後一次努力。民族解放軍參與了這次行動，在伊拉克空軍掩護下，據說他們派出了七千名戰士，代號是「永恆之光」（Eternal Light）[29]。

聖戰者組織曾一度在伊朗人當中掀起消極的支持，民眾認為聖戰者組織是教士統治之外最有可能的選項。青少年尤其受到這個團體的吸引，他們覺得聖戰者組織是唯一能制衡革命激進烏托邦主義而且願意以武力對抗神權統治的反對力量。但是，反對革命採取的路線，乃至於躲在德黑蘭街壘後面對抗真主黨是一回事，與無情的外敵聯手推翻自己的政府又是另一回事。聖戰者組織在一場威脅伊朗將近十年的戰爭中與薩達姆．海珊結盟，使它徹底失去伊朗民眾的支持（隨著時光流逝，在沙漠烈日無情曝曬下，聖戰者組織逐漸淪為不祥而危險的狂熱崇拜）。

在切斷補給線以及以砲艦機進行攻擊下，伊朗人輕易擊退了入侵者。但何梅尼與聖戰者組織的衝突還沒結束。何梅尼要報復的不只是戰場的俘虜，還包括從過去到現在同情聖戰者組織的人：那些被關在擁擠監獄裡的犯人，以及那些最有可能在入侵後不久從監獄收音機聽到伊拉克入侵消息的人。一九八八年七月二十八日，病弱的阿亞圖拉發布伊斯蘭教令，批准了一項二十世紀的重大罪行，不過這個罪行在伊朗恐怖陰暗的孤立中幾乎未曾被提及。

在何梅尼的命令中，「全國各地監獄凡是仍堅定支持偽善者的人，都將視為向真主宣戰並且將予以處決」。「真主之敵」將交由受信任的國家官員快速審理然後判處死刑。何梅尼在德黑蘭任命了一個三人委員會進行這項工作，並且在各省選任類似的委員會。何梅尼在寫給委員會的信件上說道：「我希望你們以革命的憤怒與仇恨來對付伊斯蘭之敵，如此方能取悅全能的真主。負責做出決定的先生們不能有些許猶豫，不能顯露任何的懷疑或擔憂，必須試著以『最殘暴的手段打擊異教徒』。」在回應司法首長的問題時——伊斯蘭教令是否涵蓋尚未審判以及已經執行部分刑期的犯人，何梅尼解釋說：「在上述這些案例中，如果犯人在任何階段或任何時間仍維持支持偽善者的立場，他的刑罰就是死刑。立即殲滅伊斯蘭之敵。面對這些案件，要窮盡一切手段加速判決的執行。」[30]

一九八八年七月十九日早上，犯人的家屬蜂擁到監獄門前，他們每兩天就會來這裡一次，要求探視或打聽自己親人的消息。但監獄的大門緊閉，家屬沒有得到一句解釋就被迫離開。大門另一邊的犯人，沒有電話、信件、包裹、電視或收音機——甚至沒有藥品，病人也不許送往醫院。監獄的各個區塊都被隔離起來，公共空間也被封閉。所有的犯人彷彿都被大地吞沒了。

一個接一個，從聖戰者組織成員開始，犯人被帶到三人死刑委員會面前，詢問他們的立場。如果犯人說「聖戰者組織」，那麼他就會立刻被送上絞刑台。如果他說「偽善者」，那麼他們會追問他：是否願意在攝影機面前抨擊他的夥伴？是否願意將絞索套在聖戰者組織積極分子的脖子上？是否願意揭穿虛假悔罪者的真面目？是否願意為了伊斯蘭共和國穿越雷區？只要對一個問題提出否定的答案，受害者就會被迫寫下遺囑，喪失所有個人的財物，例如戒指、手錶與眼鏡等等。然後他將被蒙上眼睛，送往行刑場。

左翼分子的審問排在聖戰者組織之後，他們面對的問題主要是確認：他們是不是叛教者？犯人是不是穆斯林？他是否願意公開宣示放棄歷史唯物論？他是否會在齋戒月齋戒？他的父親是否禮拜、齋戒與閱讀《古蘭經》？無論如何，穆斯林只有在他的父親遵守伊斯蘭的教規時，才有可能是叛教者；這表示他從孩提時期就已經拒絕養育者的教導。成長過程並未受過這類教導的人大致上可以獲得饒恕，如果他們接受鞭刑與強制禮拜的話，就有贖罪的機會。女性左翼分子也是如此，因為女性不被視為是有自主權的成人，因此無須為自己的行為負責。幾年後，這些倖存者的目擊描述將像筆形小手電筒一樣被用來探索那年夏天那幾個星期被精心隱匿的事實。

在埃溫監獄，根據一名前監獄官員的說法，從早上七點半到下午五點，每半個小時就有堆高機將囚犯運到六輛起重機上絞死[31]。一九八八年整個七月與八月都在重複這樣的過程。行刑官埋怨工作過量，並且要求改以槍決方式執行，但沉默與祕密乃是這次行動的關鍵[32]。卡拉季位於德黑蘭附近，有些犯人曾經被關在這裡的戈哈達什特監獄，他們日後回憶，在準備行刑之前，監獄裡來了冷凍貨車，在監獄工作的阿富汗人不斷打手勢，警告他們即將遭到絞死[33]。根據埃溫監獄的倖存者薩伊德．埃米爾西茲的說法，行刑的慘絕人寰甚至讓獄中最狠心的刑求者也受到創傷：「哈吉．阿姆賈德是一名警衛……，以脾氣暴躁與殘酷聞名，在大屠殺之後，他變得沉默寡言而且不大愛理人……。另一個刑求者穆罕默德．阿拉巴赫希狀況也很類似。」[34]

沒有人知道一九八八年夏天有多少犯人被處死，但一般估計的數字集中在四千到五千人左右。唯有伊斯法罕是例外，阿亞圖拉蒙塔澤里仍掌控這裡的監獄體系，所以這裡的犯人才倖免於難。蒙塔澤里日後估計聖戰者組織成員在全國各地被殺的人數在二千八百到三千八百人之間，左翼分子大約是五百人[35]。加上從一九七九年以來已經處決的數千人，這個數字——以及對長期關押的人犯進行有效率而毫無道理的殺戮——已足以讓民眾感到顫慄與恐懼。

死者的家屬在十一月開始大批接到通知，但當局不讓他們進行傳統的四十天哀悼儀式。許多受害者被埋在連墓碑都沒有的墳墓裡，而且遺體也被放在專屬於被詛咒者的地方。在德黑蘭，當局挖掘巨大的壕溝，然後將屍體填進去，但掩埋的位置太接近地表，有目擊者回憶曾經看到地面棄置著人骨與個人物品。埋葬的地點有安全部隊嚴密巡邏，他們禁止家屬觸摸或坐在地上[36]。

為什麼，在他生命的末尾，在戰爭結束的那個星期，以及在他擊敗所有教士統治的大敵的七年後，阿亞圖拉何梅尼親自下令犯下永遠讓伊斯蘭共和國蒙羞的人道罪行？歷史學家埃爾凡德·亞伯拉罕米安猜測，監獄的大屠殺是一場「血的洗禮與自我實施的整肅」：這麼做可以清除意志不堅之人，留下的統治菁英將對何梅尼設計的體制立下血的誓言[37]。至今還沒有人想出比這更好的解釋。

何梅尼與他的手下盡可能地延長革命的時刻，首先是動員支持者對抗政權的內部敵人——自由派、左派與聖戰者組織，以及他們的意識形態敵人，也就是美國；之後則是動員伊朗人民發起對抗伊拉克的殉難與犧牲的戰爭。如果狂熱、恐懼與何梅尼的個人魅力結合起來讓國家氣氛充滿神聖目的，那麼這股氣氛的消散將使整個國家在除魅與揭露之後化為一片焦土。或許何梅尼害怕伊朗的復員，他覺得必須採取激烈措施才能支持伊斯蘭國的存續，並且排除一切疑慮，清楚表明「宗教學者的政治管理」的永久性與全面性。

藉由監獄大屠殺，何梅尼讓他的政權支持者都成了共犯。根據何梅尼預定的接班人阿亞圖拉蒙塔澤里的說法，這個決定來得很突然；總統與總理都不知情。但在事情發生後，政權的核心圈便為這次行動辯護。國會議長拉夫桑賈尼宣稱只有一千名政治犯被處決，這個數字既非真實，也不能為自己脫罪[38]。一九八八年十二月，總統哈梅內意表示，被處決的犯人與民族解放軍有「連結」：「你認為我們應該發甜點給獄中那些與在伊斯蘭共和國境內發動武裝攻擊的偽善者有接觸的人嗎？如果這些人與這類組織早有接觸，我們應該怎麼處置他們？這些人應該被判死刑，而我們將會處死他們。我們不會輕易看待這種事。」[39]總理穆薩維也認為，這些犯人被處決具有正當性，因為他們涉及了陰謀。

只有蒙塔澤里拒絕做出制式回應。他基於道德本能而對虐待犯人感到厭惡，而他也不做任何政治算計一貫地反對虐待的行為。一九八八年七月三十一日，蒙塔澤里寫信給阿亞圖拉何梅尼，信中提到處決在戰場上俘擄的聖戰者組織成員固然沒錯，但在監獄裡關押數年的囚犯顯然對入侵的事一無所知。他列了九個理由給何梅尼，希望他重新考慮這個決定，包括「處決已經被我們的法院判處死刑以外刑罰的人，沒有任何程序或新的審判，完全漠視所有的司法標準與裁決，將對政權產生不良的影響」[40]。

當這封信未能阻止處決時，蒙塔澤里又在八月四日寄了一封信。這位預定的接班人向何梅尼表示，一名在省監獄擔任死刑委員的省宗教官員前來見他。這名官員感到苦惱，因為一名犯人在委員會面前大力抨擊聖戰者組織，但當被問到是否願意走過雷區時，他回答說：「不是每個人都願意走過雷區！此外，你不能對我這樣的新穆斯林有這麼高的期待。」委員會的情報官員不顧這名宗教官員的反對，將這名犯人判處死刑。蒙塔澤里表示，這名情報部官員控制整個流程，完全凌駕於同事的宗教判斷之上。蒙塔澤里寫道：「閣下可以看到哪一種人正在執行您的重要指令，數千名犯人的性命因此深受影響。」[41]

終於，一九八八年八月十五日，蒙塔澤里直接向德黑蘭的死刑委員會陳情。

蒙塔澤里寫道：「我受到偽善者的打擊比你們都來得大，在監獄以及在監獄以外都是如此。我的兒子因為他們而殉難。如果是為了報復，我應該比你們更為積極。但我尋求權衡利益的做法以及革命、伊斯蘭、最高領袖與伊斯蘭國的利益。我擔心後世與歷史將如何評判我們。」

蒙塔澤里提到，許多犯人因為在獄中受到虐待，因而堅決反對政府。他們的信仰不是犯罪，他們的領導人叛教不代表他們也叛教。蒙塔澤里擔心他即將接掌的國家的法治狀態：「我們在伊斯蘭法學中學到的，在處理人民的鮮血與財產時必須小心謹慎，這些難道是錯的？」他質問：「你們是根據什麼標準處決一個在此之前並未被判處死刑的犯人？你們現在不准家人訪視與打電話，但明天你們要怎麼回覆他們的家人？」

在無可反駁的最後一個段落裡，這位激進的阿亞圖拉與「宗教學者的政治管理」的共同作者提出了支持言論自由的主張。蒙塔澤里寫道：「伊朗人民聖戰者組織不是個人，他們是意識形態，是世界觀，是邏輯形式。要回應錯誤的邏輯，必須使用正確的邏輯。殺戮無法解決問題，只會擴大問題。」[42]

雖然蒙塔澤里的陳情得不到回應，卻還是不放棄。十月，他寫信給總理穆薩維，提到逮捕與處決只會疏遠人民，而人民是革命的資產。蒙塔澤里要求總理為此事負責，因為人稱「可怕的阿亞圖拉」的情報部長穆罕默德・雷沙赫里技術上來說是穆薩維的下屬，蒙塔澤里寫道：「我們對許多人造成的不公義將難以恢復，因為主掌安全與情報部門的官員心地褊狹、嚴酷與不近人情。」[43]

但這些反對意見不僅未能拯救任何人的性命，甚至斷送蒙塔澤里自己的政治生涯。阿亞圖拉何梅尼指控蒙塔澤里同情巴札爾甘底下那些被擊敗的自由派分子，他表示，自己絕不會讓政府落入這些人手裡。何梅尼剝奪了蒙塔澤里接掌最高領袖的資格，他在信中表示：「你缺乏擔負最高領袖責任所需的堅忍。」[44]

這位一度可能成為未來最高領袖的人物退出政壇，但保留了何梅尼下令處決的伊斯蘭教令，上面留有領袖個人的印記，還有他自己提出的反對信件，以做為未來歷史學家研究的依據。往後數十年，雖然蒙塔澤里遭受的苦難並未停止，其行為卻成為深刻而不朽的楷模，他的信件也成為圍城下散發人性光輝的護身符。

阿亞圖拉何梅尼在去世前兩個月召開會議修改憲法。雖然激進派進行了猛烈的反抗，但保守派還是成功廢除總理一職，將行政權集中在總統手裡。修改後的憲法也規定，下一任最高領袖不需要像何梅尼與蒙塔澤里那樣具備大阿亞圖拉的身分，但必須是個伊斯蘭法學家，「擁有適當的政治與管理長才」[45]。拉夫桑賈尼贊同這項決定，他指出，要當上大阿亞圖拉需要花費將近一輩子的時間，這樣會讓潛在的領袖人選過於年老，缺乏必需的精力來領導國家[46]。於是「宗教學者的政治管理」這項制度從精神領袖的領域降格為政治管理層面，而這也引發另一個問題，在這種情況下，最高領袖具有龐大的權力卻又無須負責的現象是否仍具有正當性。但眼下這似乎不是最急迫的問題。

會議處理的下一個決定是最高領袖是由一人還是由三人會議擔任。這兩個選項都是憲法允許的，但過去曾有一名教士對此做出解釋：「我們需要一個凝聚人民感情的焦點……，人民如何能喊出『喔，領袖會議，我們是你們的士兵』這樣的口號？」[47]當決定由一個人來接任何梅尼最高領袖的位子時，穆薩維派系的激進分子開始遊說由何梅尼的兒子艾哈邁德繼承他父親的衣缽。但他們還是輸了這場戰爭，總統哈梅內意成為同情兩派的教士妥協下的候選人。由於哈梅內意不是擁有許多隨從的大馬爾賈——他只是稱號為霍賈托爾－埃斯蘭的中級教士，各方政治人物都誤以為哈梅內意是個容易操弄的對象。

哈梅內意需要做出極大的努力才能追上何梅尼的威望。一九八九年六月三日，數十萬名伊朗人湧入德黑蘭街頭，他們有些人還搥胸、劃傷自己的臉頰來哀悼何梅尼的死亡。有八個人為了觸摸他的遺體而被擁擠的人群踩死，更多人因此受傷。「我們成了孤兒！」群眾吟詠道。群眾甚至一度在推擠中讓最高領袖的遺體摔出棺材，他們爭搶裹屍布做為紀念品，裹屍布因此被撕成碎片。眾人還跳進尚未封土的墓穴裡。艾哈邁德．何梅尼被打趴在地上。最後，阿亞圖拉何梅尼的遺體終於得以安息，他安眠的地方蓋起了巨大的陵墓，幽暗的現代神龕將成為穿越德黑蘭市郊通往機場的高速公路旁一座閃閃發亮豎立著尖塔的地標。

哈梅內意以謙卑的身段繼承何梅尼的位子，這種態度不僅是文化，也是環境使然。「我是個有著許多缺點與瑕疵的人，事實上，我只是個卑微的神學院學生，」哈梅內意在就職演說上說道，「然而，責任落在我的肩上，我將盡我所能與對全能真主的信仰來履行這個重責大任。」[48]

在這個沉重壓力下，即使是比哈梅內意更顯赫的人都會被壓得喘不過氣來，而哈梅內意日後的發展將比許多人想像的來得更加卑微。哈梅內意也將成為一個脆弱而頑固的人——許多分析家推測，最高領袖這個角色是造成他缺乏安全感的原因。

何梅尼去世才兩個月，拉夫桑賈尼就被選為總統。穆薩維已無任何行政職可以擔任，哈梅內意與拉夫桑賈尼也不讓國會裡剩餘的激進派人士擔任公職。往後八年，伊斯蘭左翼支持者只能在刊物、大學與報紙的政治荒野漂泊流浪。這些人在這些地方的遭遇將成為往後故事的重點。

第二部

重生

第五章　擴大與限縮

阿克巴爾．甘吉回憶這場革命就像愛情，讓他對一切感到盲目，在他的內心視野只看到樂園，一個四海之內皆兄弟的伊斯蘭共和國。在革命動盪期間，也就是在他十八九歲的時候，甘吉相信自己獲得了唯一真理。往後幾年，他認為基本教義派就是代表唯一真理的信仰。到了一九八九年，伊朗伊斯蘭共和國已不是樂園，而甘吉也不再是基本教義派。與許多前伊斯蘭左翼成員一樣，甘吉成為流浪者。

被趕出權力核心後，伊斯蘭左翼好戰分子轉而從哲學、社會學與政治理論尋求新的答案，來解決他們原本仰賴沙里亞蒂與何梅尼解答的問題。他們組織智庫與創辦期刊，開始忙亂而勤勉地努力，幾乎是從零開始。國家是什麼？國家為什麼存在？他們如何區別真主的作為與真主的作為反射在他們眼中的影像？對於像阿克巴爾．甘吉這樣的人來說，革命是持續發展的過程，會不斷修正，甚至出現根本性的變化。甘吉不知道，這樣的觀點將使他從忠誠的伊斯蘭共和黨馬前卒轉變成全國反抗勢力的偶像。

個子矮小而動作矯健，散發著歡樂氣息的深色眼睛與生動的嘴巴，甘吉於一九六〇年出生於一個傳統的宗教家庭，並且在德黑蘭南部的貧困社區長大。他的母親帶著他到清真寺，也帶他參與宗教慶典。伊斯蘭信仰是甘吉家族共通的聯繫。德黑蘭南部破敗而擁擠；在城市的北部，富裕的階級居住在山丘上，居高臨下，俯瞰著被令人窒息的煙霧籠罩的市區。一九六〇年代，德黑蘭是一座人口剛超過兩百萬的城市，還不到二十世紀末德黑蘭人口的三分之一，而且城市裡處處可見嚴重的社會裂痕。甘吉由於憎恨自己遭遇的不平等而萌生政治意識，他受到沙里亞蒂的觀念吸引，沙里亞蒂認為真正公義、平等的伊斯蘭社會曾經存在，而且可以恢復。在一個稱為兒童與青少年智性發展機構的地方，與同世代許多人一樣，甘吉在這裡的圖書館發現薩瑪德．貝赫朗吉與《小黑魚》以及賈拉勒．阿雷．艾哈邁德的作品。甘吉與他的夥伴離開父母的傳統清真寺，前往他們自己的政治清真寺，這裡充滿沙里亞蒂阿里伊斯蘭教的演說以及從遙遠的阿爾巴尼亞與拉丁美洲傳來伊朗的左翼思潮。

一九七〇年代晚期，甘吉成為鄰里的青年領袖，他組織罷課與示威抗爭，散發沙里亞蒂的書籍以及何梅尼演說的錄音帶與小冊子。甘吉與其他年輕好戰分子在市集組織罷工，如果商人不願關閉店鋪，他們就採取威脅手段。當革命分子成功推翻雷札沙，而信仰者委員會攻入兵營奪取武器，建立忠於何梅尼的革命衛隊時，十九歲的甘吉是第一批加入者。

甘吉是在伊斯蘭思想與藝術中心——穆斯塔法．洛赫瑟法特的藝術據點——向革命衛隊提供文化研討課程時遇見了穆斯塔法。這兩個人建立了友誼，甘吉因此與革命的思想尖兵接軌。從一開始，甘吉的機敏與淘氣就使他與革命運動有所區別，但他仍擁護運動的正統性。在身為作家與活動分子的傳奇生涯中，甘吉對任何人從未有過模糊的態度，同樣地，也沒有任何人對他有著模稜兩可的評價。對他的支持者來說，甘吉是個無所畏懼的自由思想家；他的批評者則認為他魯莽而極端。但無論甘吉一生中如何轉換立場，他與穆斯塔法的友誼一直維持不變。

即使在革命衛隊內部也存在著派系，而且在意見上有著潛在的致命差異。甘吉隸屬的團體認為自己是左翼分子與伊斯蘭主義者，而這個團體與革命衛隊指揮官以及教士不和。甘吉日後提到，當時他已經遠離革命主流，因為他讀了漢娜・鄂蘭的《論革命》，這本書在巴勒維國王被推翻後翻譯成波斯文。從鄂蘭對法國與俄羅斯歷史的描述，甘吉看到當前伊朗的陰暗面，他開始對革命伊朗的未來感到擔憂。

《論革命》寫於一九六三年，鄂蘭在書中提到法國大革命與隨後受法國大革命啟發的幾場革命，她認為這幾場革命是失敗的，因為這些革命釋放出階級狂熱的力量，使社會正義的追求取代了自由的追求。窮人的急迫需要激勵了革命分子，而舊體制赤裸裸的腐敗則刺激了窮人，兩者於是訴諸恐怖。對比之下，美國獨立革命從未表示要解決「社會問題」或動員下層階級，美國獨立革命的領導人也沒有忘記對人類自由的追求。最終，在革命研究中經常遭到低估的美國獨立革命，才是真正依據至今仍存續的憲法建立新政府形式的革命。鄂蘭寫道：「整個過去革命的紀錄清楚顯示，凡是以政治手段解決社會問題的嘗試，必將導致恐怖，而正是恐怖讓革命走上絕路。」[1] 然而，動員窮人對抗富人，總是比煽動政治被壓迫者對抗壓迫者來得急迫而有效。

即使身為革命衛隊成員的甘吉在一九八〇年代初期接受了鄂蘭的論點，他當時也還未公然偏離伊朗革命與伊斯蘭共和黨在恐怖、民粹主義與一黨專政時期採取的路線。但他確實挑起了政治爭端，主要是針對革命衛隊指揮官穆赫辛・雷札伊。根據甘吉日後的解釋，對於霍拉姆沙赫爾之役勝利後的戰爭政策，他與盟友提出跟雷札伊不同的看法，而他們認為逐漸介入政治的革命衛隊不應該干預政治。他們也擔心雷札伊正運用自己的影響力支持保守派對抗伊斯蘭左翼。當他們向何梅尼請願，希望罷黜雷札伊時，卻遭到最高領袖的嚴厲斥責。

此後，甘吉從軍旅生涯轉而從事思想事業，而後者顯然更適合他。甘吉為穆斯塔法的《宇宙報文化副刊》撰稿，他抨擊伊朗的海德格派支持的觀點與歐洲法西斯主義並無不同。甘吉深信，伊朗哲學家並不真的了解海德格；他們從海德格身上學到的是如何仇恨西方。

甘吉透過《宇宙報文化副刊》認識了穆罕默德・哈塔米，哈塔米分別在一九八二年與一九八九年出任文化與伊斯蘭指導部部長。哈塔米的部門通常被稱為Ershad，也就是指導部，這是個耐人尋味的部門。在一個高壓統治的國家負責監督媒體與文化，指導部其實就是個審查、監視與管控的部門。但同樣地，指導部也是讓言論自由的狹窄窗口維持開放的部門。如果在伊朗政府內部有任何人了解與捍衛記者、詩人、製片與劇作家的正當職能，那就是指導部，一個為了包圍與防堵這些人而設立的部門。尤其在哈塔米擔任部長期間，指導部的官員本身就是文化人士。

哈塔米聘請甘吉到指導部底下的國際新聞處工作。雖然甘吉屬於統治體制的一員，卻總是想像自己是當中的自由人，一個擁有革命精神的搗蛋鬼，既忠於革命又挑釁革命。甘吉最終被派駐到土耳其安卡拉的伊朗文化中心。他在當地推廣他心目中的伊朗革命文化。在那個充滿好戰精神與派系主義的時期，甘吉的想法與官方的說法相距不遠，卻曾兩度邀請阿卜杜勒卡里姆．索魯什到安卡拉，而且將索魯什的作品翻譯成土耳其文。

當何梅尼剝奪蒙塔澤里的接班人資格時，甘吉毫不掩飾他的不滿，他認為這會讓「宗教學者的政治管理」學說蒙上陰影。甘吉日後回憶說，在此之前，他其實已經對這個學說存有疑慮。但在一九八八年，他把自己的反對公諸於世，而伊朗在土耳其的情報人員也把他的象徵行為當真：他們向德黑蘭總部回報甘吉撕毀了阿亞圖拉何梅尼的肖像。指導部將甘吉召回德黑蘭，一九八九年，他在德黑蘭接受調查而且禁止返回安卡拉。

當時，指導部的氣氛變得較為緊繃。新任最高領袖阿里．哈梅內意對於自己的權力缺乏安全感，於是在各個部門安插自己的人馬，這些人通常是教士：他們的忠誠度無可置疑，目的是充當哈梅內意的耳目。這些代表人互通聲氣而且直屬於最高領袖辦公室，他們因此握有與他們法律上的地位不成比例的權力。即使在指導部，甘吉也覺得自己與同事受到監視。他愈來愈不想投入於政府工作，反而希望將心力放在思想探討上，而這樣的思想探討對於愈來愈多想進行探索的人來說，也有著全新的急迫性。

在拉夫桑賈尼執政期間，甘吉潛心研讀社會學。他閱讀馬克思、韋伯、托克維爾、哈伯瑪斯與涂爾幹；透過這些學者與散亂地閱讀人類學作品，甘吉逐漸對各式各樣的觀念、哲學、文化產生興趣。在這段期間，索魯什對宗教多元主義的強調引起甘吉的共鳴。甘吉想像真理是一座他試圖攻頂的山：這座山被小徑環繞著，每一條小徑都能通往山頂。

面對這個時期的關鍵問題——清真寺與國家的關係，甘吉與索魯什的意見相同。甘吉認為，在宗教國家裡，宗教很容易受政治影響。批評國家就等於批評伊斯蘭。如果批評國家的人是對的，那麼宗教本身就有缺失，甚至可能出現危險；如果宗教不可能有錯，那麼批評者勢必成了叛教者，而叛教者是不可容忍的。伊朗伊斯蘭共和國採取後者的觀點，將自身定義成唯一真實宗教的保護者。所以，甘吉身為最初的國家批評者，逐漸認為政治不是真主的成果，而是人類的產物。如果伊朗政府是憑藉人類雙手創造的世俗之物，那麼「宗教學者的政治管理」根本毫無道理可言。國家的領導人應該由人民選出並且由人民罷免。教士不應該擁有特殊的政治角色。

在總統拉夫桑賈尼主政期間，穆斯塔法．洛赫瑟法特發行的新刊物《地平線》大受歡迎。此時的穆斯塔法已沒有義務同時刊登索魯什的文章以及艾哈邁德．法迪德與雷札．達瓦里對索魯什的回應。雖然稍遲了一些，但《地平線》還是實現了前革命時代的夢想——也就是《地平線》作家們所說的「宗教智性主義」的誕生地，一個既徹底現代又徹底伊朗的觀念實驗室。

愈來愈多的思想家——幾乎全是前革命分子或原本效忠政權之人——會在每個星期三前往《地平線》辦公室，一起集思廣益為宗教自由主義建立新的願景。阿克巴爾．甘吉是當中具影響力的人物。他們的討論聚焦在波普爾與索魯什身上，在許多問題上，參與者——人數達到三四十人——希望由索魯什擔任最後的仲裁者。眾所皆知，每次開會，《地平線》圈子裡的不同成員都要負責報告，闡述索魯什哲學的特定面向。透過開會討論，《地平線》圈子共同理解這些觀念並且將這些觀念轉譯成更淺顯易懂的政治願景，例如多元主義、公民身分與市民社會在伊斯蘭共和國裡扮演的角色。

《地平線》圈子是刊物發行時期的一個神話，對革命路線感到不安的虔誠年輕人往往懷抱著興奮之情遙望圈子裡的人物。《地平線》的文章十分吸引人，它的關切是抽象的，指導方針往往旁徵博引；然而，沒有人認為《地平線》的文章晦澀難解或只有學界人士才感興趣。更確切地說，一般認為《地平線》體現了宗教政治思想的新潮流，匡正了一九八〇年代的專制與暴力，而且為民主與寬容的問題提供解決之道。更重要的是，撰文的思想家都曾經是與何梅尼政權密切往來的人物。

《地平線》對讀者的調查顯示，刊物的讀者絕大多數是年輕人，平均年齡是三十歲。超過三分之一沒有大學學歷，幾乎有一半住在德黑蘭以外地區。將近八成說自己是信仰者，從略微虔誠到非常虔誠者都有[2]。這個分布與上一個十年的激進派革命學生背景大致相同：年輕人，包括大學生與公務員，來自社會的傳統區塊。有些人指出，正因為《地平線》尋求革命分子的支持，才使得政府認定《地平線》對於政府本身的正當性構成特定威脅。

一九九一年，索魯什將自己的文章集結成冊，書名為《宗教知識的限縮與拓展》。在世界其他地方，這種以知識論與形上學為主題的書很可能擺在學院的圖書館裡任其腐朽。在伊朗，抽象的語言，無論是詩意的還是哲學的，都是這個國家固有的語言。索魯什的作品有可能引起民眾興趣。透過這本書，民眾終於可以不明言世俗主義而能辯論世俗主義的優點。民眾也能質疑教士的權力，而不至於讓自己消失在絞刑台上。因此，這本書與其作者對伊斯蘭共和國反動勢力構成嚴峻的挑戰。

索魯什的核心洞見既簡明又具啟發性，其中蘊含的懷疑主義有部分來自於波普爾，有部分則帶有神祕色彩。宗教閃閃發亮的內在核心——也就是事物本身——無法為我們所有，我們的雙手也無法觸及。就像科學真實那樣，宗教真實只能透過我們心靈的沉思與我們的知識體系才能為我們所知。所以，我們真正知道的是我們的心靈與知識體系，而我們的心靈與知識體系既不神聖也非毫無謬誤。真正神聖與毫無謬誤的——也就是宗教本身——是落在井底的璀璨寶石，為了找到寶石，我們要窮盡一生的時間去清除井底的淤泥。

宗教無法說話，只能由人類代表宗教說話，但人類說的話依然只是人類創造的事物。宗教知識與所有的人類知識一樣，是主觀、可質疑的，而且受到歷史脈絡的形塑。宗教知識是努力的過程，而非終點。此外，索魯什從美國邏輯學家與哲學家威拉德·范奧曼·奎因那裡得到洞見，認為所有領域的人類知識都是彼此連結的；索魯什推斷宗教知識也會隨著歷史環境以及科學與其他理解領域的發展而更改與變遷——拓展與限縮，宗教知識也容易受到其他領域的技術與洞見的影響。所以，虔誠的人不應該害怕人類努力的進展，包括科學在內，甚至應該將這種進展當成具有生命脈動的有機體的一部分而予以支持，事實上，神學也是這個有機體的一部分。

波普爾把這種思維稱為「批判理性主義」：這種信念認為人類知識有其極限且不可靠，因此任何對真實的尋求都需要以開放的心態與集體的努力持續不斷地運用理性。索魯什提到，與上述說法相反的論點——亦即，相信存在著某種真實，可以為特定的人所知——將使某些問題無法解答，甚至連問題都無法提出。為什麼不同的哲學思想流派能夠在時代變遷中留存下來？為什麼神學家在倫理與法律問題上會產生無法調和的意見？此外，這類確實性也貶低了信仰，使信仰成為信仰者在恐懼下承繼或接受的事物。索魯什相信，透過公開辯論與理性產生的信仰是更為優越的信仰。批判性的辯論將使神學更加鞏固與真實，反觀教條主義只會助長煽惑、投機與貪婪。

索魯什相信，成為一名批判理性主義者就會成為一名多元主義者，無論在宗教還是哲學領域都是如此。他認為，真實的宗教是可以指明正確道路的宗教，但同樣的道路對每個追求者來說不一定是正確的；因此，某個宗教也許對某人來說是真實的，但對另一個人來說，也許別的宗教才是真實的。索魯什把三大一神教的先知比擬成果園裡的果樹，每棵果樹都會結出自己的果子。

有些人在聽到索魯什的理論之後感到十分激動，對他們來說，索魯什使宗教從教士的手中解放出來，使政治脫離宗教，信仰擺脫偏見，讓理性辯論與批評脫離神學的教條主義。如果沒有人有資格代表真主發言，那麼宗教就沒有理由不准教士以外的人發表意見。宗教思想與其他領域的思想一樣，應該開放討論、批評、辯論與修正。此外，如沙里亞蒂主張的，宗教不應該涵蓋政治與其他人類事務，因為宗教知識只是諸多人類事務的一種，本身並不神聖。索魯什日後說道，沙里亞蒂試圖讓宗教變得豐滿，他則試圖讓宗教變得苗條。索魯什認為「宗教學者的政治管理」的神學基礎是薄弱的，因此必須從它的結果來加以判斷。此外，根據索魯什的觀點，西方毒害是一種危險的荒謬說法，把盲目的仿效與全然的拒絕當成面對整個西方時唯一可能的回應。在索魯什的多元主義看法中，一個自信的文化是動態而開放的文化，能夠認識到自己有著各色各樣耀眼的影響力。

索魯什在一九八〇年代晚期與一九九〇年代初期的重要作品與其說和穆拉．薩德拉以及莫塔哈里有關，不如說主要受到波普爾與奎因的影響，儘管如此，索魯什仍未放棄伊斯蘭典籍。事實上，索魯什引用某些伊斯蘭典籍的程度就跟引用波普爾一樣廣泛，至少在情感上一樣能緊密配合。這些典籍來自於穆塔茲拉學派，穆塔茲拉學派是八世紀到十二世紀的理性主義伊斯蘭哲學家，他們是自由意志的捍衛者，主張理性先於啟示[3]。穆塔茲拉學派認為，真主有目的地創造一個理性的宇宙，好讓人類能運用自身獨立的能力來認識宇宙。索魯什也接受這個觀點，因此當神學家以「因為那是真主的意旨」這句話來回答懇求者的問題時，索魯什對此嗤之以鼻。理性的真主不可能創造出無法以價值來加以解釋的事物。由於索魯什認為真主的意旨是理性的而非獨斷的，因此他相信神學解釋應該更仰賴邏輯，而非斷然地主張神聖的權威。

穆塔茲拉學派與索魯什也用同樣的觀點來解釋道德。行動的善或惡，不是由真主的命令或禁止來決定，而是反過來，正因為某些行動是善的或惡的，所以真主才命令或禁止某些行動。道德獨立於真主之外而且存在於行動之中，因此即使有人不知道真主的指示，他也能運用理性來分辨善惡。索魯什把這種正義觀稱為「道德世俗主義」，而且以「新穆塔茲拉學派」自居。在穆塔茲拉學派內部，道德世俗主義也引發爭議，有些思想家認為，即使是沒讀過《古蘭經》的人也能獲得永恆的救贖，因為理性能引導他們分辨善惡與循善而行。穆塔茲拉學派的另一些人則無法接受這個結論，他們認為這種說法最終將使得啟示變得毫無必要。

關於啟示與啟示的起源問題，穆塔茲拉學派的看法相當激進。他們認為《古蘭經》是被創造的文本，而非永恆的文本，這表示《古蘭經》有一部分是歷史時刻下的產物，因此不難想見一旦外在環境變化，《古蘭經》也會跟著改變。索魯什同意這個觀點，而且在較晚出版的一本書（一九九九年）裡做了更深入的推演。索魯什類推魯米的說法：如果我們希望將海帶回家裡，我們必須提供一個容器。當我們把海水倒進水壺裡時，大海依然是海，但大海確實呈現出水壺的形狀與容量。我們希望將超自然帶到物質世界時也會發生同樣的狀況：超自然將呈現其容器的性質，亦即，先知與《古蘭經》。但這些容器是此世的與暫時的。我們無法想像這些容器的輪廓可以構成超自然本身的疆界。

索魯什認為，在宗教中，人格不過是附隨之物，即使是先知的人格也一樣。他思索著，也許禮拜時身體的姿態與動作其實只是先知個人的一種習癖。也許這些姿態與動作並非促成先知與真主交流的原因，而是交流之後產生的結果。其他人仿效這些動作，希望藉此能讓自己被送往先知所在的地方，但終歸是徒勞。索魯什在較晚出版的這本書裡提出的洞見，主要出自穆塔茲拉學派與伊斯蘭的神祕主義。但是，索魯什的說法也導致庫姆的一些教士指控他叛教[4]。在這場爭論中，索魯什對一名訪談者提到：「我們說櫻桃是櫻桃樹的果實，難道我們必須說櫻桃是真主的果實，才表示我們是一神論者？」[5]

穆塔茲拉學派以巴斯拉、巴格達、葉門為根據地，之後又以鄰近德黑蘭的沙赫勒雷伊為據點，這個學派代表了中世紀伊斯蘭活躍的論辯文化，學者撰文捍衛自己的原則，不僅反對較為正統的伊斯蘭哲學家，也駁斥無神論者與自由思想家。在順尼派與什葉派因為哈里發繼承問題出現分裂的時期，穆塔茲拉學派也因為該效忠誰而出現裂痕：巴斯拉的穆塔茲拉學派同情順尼派的立場，但巴格達的穆塔茲拉學派卻支持什葉派。雖然從七六五年到八四八年，穆塔茲拉學派成為巴格達哈里發國官方教義的提供者，但他們的觀點屬於菁英階層，最後還是被正統的阿什阿里學派取代，後者認為理性必須屈從於啟示，這點較能符合民眾的情感。

穆塔茲拉學派從此一蹶不振。最後，順尼派穆斯林也支持阿什阿里學派，而且把穆塔茲拉學派的觀念視為異端。但轉入地下發展的穆塔茲拉學派卻滲透到波斯什葉派乃至於葉門什葉派神學中，後者又稱為宰德派。索魯什試圖復興穆塔茲拉傳統的精華部分，並且提醒伊朗人，什葉派本身也有批判理性主義的基礎。

何梅尼去世時，索魯什已經擁有廣大的支持者，主要都是信仰虔誠的讀者，他們從索魯什的理論中找到了掙脫革命的道德與政治僵局的出路。在索魯什的伊斯蘭教義中，人可以成為信仰者而無須成為追隨者；一個好穆斯林不僅可能而且甚至必須進行公開的批判辯論，即使對手是教士也一樣，而且應該學習世界各地政治哲學家的觀念。

根據索魯什的觀點，穆斯林社會沒有理由不去學習世俗的政治理論來設計出可能的最好國家。畢竟，政治與意識形態都是人類的知識形式，誰也不能說政治與意識形態要比其他領域的知識更接近無法以言語形容的宗教核心。因此，索魯什認為，要從伊斯蘭教義中推演出政治體系乃至於民主體系是白費工夫。真正重要的是，要在穆斯林國家參與政治，必須要有好的穆斯林價值。所有的問題都要公開以理性進行辯論。

索魯什的批判嚴重打擊了伊斯蘭共和國的正當性，新任最高領袖阿里．哈梅內意決心加以反擊。何梅尼死後，新任最高領袖辦公室宣布：「把宗教視為其他人類科學的應變數（dependent variable）＊，這種想法的傳布不僅危險，而且否定了伊斯蘭國的正當性。」[6]哈梅內意或許看到法迪德圈子裡也有類似的反西方自由主義的想法，因此認為這些人可以做為捍衛他的權力的利器。在他擔任最高領袖期間，以法迪德追隨者自居的人（法迪德本人於一九九四年因為腸道疾病去世）幾乎成了伊斯蘭共和國的官方哲學家，他們的影響力遠超過他們實際在政治體制裡的人數。法迪德圈子的成員也主掌了許多伊斯蘭共和國的文化與思想機構，包括科學院，而他們也將索魯什逐出科學院。法迪德死後，他的追隨者許多轉向傅柯與後現代主義者來強化他們對西方的批判。

索魯什提出反對的看法，他認為在一個仍努力想達成現代性的國家裡，後現代主義理論是沒有意義的，無論如何，後現代主義者的錯誤在於他們希望看到理性死亡，而非理性的謙卑。幾年後，索魯什把法迪德死後對伊朗國家的影響比擬成政治哲學家列奧．施特勞斯對美國小布希政府的影響。但是，索魯什自身的影響也不可小覷，儘管政府當局最大的期盼是《宗教知識的限縮與拓展》不要出版，但這本書已經四處流傳。索魯什的作品銷售超過兩萬冊，而且引起了相當於原書篇幅十倍的回應。這是伊朗宗教思想復興的開端。

《地平線》圈子的思想家不僅閱讀索魯什的作品，在索魯什的影響下，他們也接觸他們原本不大可能涉獵的英美分析哲學領域，並且將其中的洞見與語言的精確注入到新伊斯蘭思想中。分析哲學跡近於數學的抽象以及鮮少涉及歐洲歷史或文化，使它能比歐陸哲學──分析哲學與歐洲的脈絡總有些格格不入──更深入地移植到伊朗。

《地平線》出版了許多關於波普爾的作品：他的作品的譯本、闡述他的觀點的論文，甚至還有對波普爾的訪談。訪談是在一九九二年於波普爾在薩里的家中進行的，訪談者是一名年輕的伊朗學者侯賽因．卡馬里，他曾在索魯什的指導下翻譯了幾本波普爾的著作。卡馬里一直記得，雖然波普爾已經快九十歲，但還是自己來應門，而且為這名年輕伊朗學生介紹家中的一切。卡馬里向波普爾預約了四十五分鐘的訪談，但波普爾給了他兩個半小時。最初的工作是卡馬里為波普作品的譯本寫了一篇很長的導論。波普爾看了之後，覺得這篇文章的企圖心太大，卡馬里應該另外

＊在數學中指他的值受其他變數影響，在社會科學模型推測中，指推測的結果。此處應指宗教成為受其他因素影響，一種被動的存在。

發表，而由波普爾自己寫了兩頁的導論給他。

如果在與卡馬里見面之前，波普爾並未察覺自己在伊朗的聲望，那麼在見面之後，他也應該知曉了。當一名伊朗哲學家批評波普爾不應該認為馬克思的所有作品都支持歷史決定論時，波普爾寫了兩封信給這名哲學家，捍衛自己的觀點[7]。當波普爾於一九九四年去世時，伊朗一個民間文化機構為了紀念他，舉辦了持續一整天的研討會，由講者接力講述波普爾的著作。

然而，到了波普爾去世之時，他在西方並未像在伊朗那樣受到重視。他在科學哲學的地位完全被湯瑪斯．孔恩所掩蓋，而且無論是分析哲學還是歐陸哲學課程，他的學說幾乎沒有什麼篇幅。幾年後，卡馬里對一名美國同事說，他想寫一篇論文，題為〈波普爾之後〉，同事卻感到一頭霧水，彷彿他賦予了一個最不重要的人物神話般的地位。

《地平線》不是唯一的思想報刊，也不是最大膽的刊物。《週末》雜誌刊載了勇敢的殘餘世俗左派的文章。《女性》雜誌由另一名從《宇宙報文化副刊》出走的編輯夏赫拉．謝爾卡特成立，主要報導女性主義議題，而且與《地平線》關係密切，兩家刊物共用一間辦公室。《對話》雜誌由哲學家拉明．賈漢貝格魯與其他幾位世俗知識分子創立，試圖從非宗教的視角討論民主、多元主義與市民社會。《對話》的編輯是見多識廣的世俗知識分子，出身受過教育的菁英階層，而《地平線》的編輯則是思想傳統而虔誠的人士，出身市集與下層中產階級，他們絕大多數是家族中第一個追求心靈生活的人。然而這兩份報刊卻建立起友好關係。雙方會交換作者，進行討論，合作共同的主題。

更世俗的思想家會認為《地平線》對於某些主題有所保留。《地平線》零散地刊登一些女性寫的文章，但對於在伊斯蘭共和國統治下爭取女性權利卻不是那麼認真看待。索魯什曾經有兩篇講稿與兩次訪談談到後革命時代的「女性問題」，但要不是某個獨立學者將這些文章收入書中，這些文章早就散失亡佚[8]。在演說中，索魯什強調，即使神聖經典形容女性只是為了滿足男性的目的而存在，而先知與伊瑪目也因此認為與男性相比，女性是未充分發展的人類，但現代穆斯林沒有必要接受他們的論斷。更確切地說，現代穆斯林有權根據邏輯與常識來質疑這些說法。

伊朗女性主義圈子熱烈討論伊斯蘭法學中的女性權利問題，但索魯什卻迴避這場論戰，他在一九九六年十月的訪談中指出，他認為必須先從哲學原則談起，最後再談法律權利，而不是反過來。這個立場與索魯什的一般觀點大致符合。他是個哲學家，而非政治策略家。對於一個伊斯蘭哲學家來說，第一個問題應該是有沒有可能主張女性是充分發展的人類，而後法學才能依照這個哲學邏輯加以發展。但這個哲學討論並非《地平線》的首要之務，而《婦女》雜誌則將焦點放在爭取女性法律權利上。對索魯什來說，兩性之間原本就有著深刻的差異，抹除這項差異是不自然的。當索魯什聽到有人談到「平等權」或「性別平等」時，似乎認為這是對性別差異的否定，而不是對理性人類都該擁有的普世權利的一種追求。

在女性權利與其他相關問題上，索魯什與世俗自由主義的差異顯得格外明顯。索魯什認為，西方的權利觀念發展得太過度。例如，在他的觀念裡，穆斯林民主讓同性戀者取得權利是難以想像的事。根據他的說法，雖然伊斯蘭民主不是由教士或依據伊斯蘭律法來統治，卻是由植根於每個公民與民選官員心中的伊斯蘭道德來指引與約束。

《地平線》的虔誠知識分子與《對話》的世俗思想家，如果他們仔細思考，會發現彼此之間存在著重大差異。但在拉夫桑賈尼主政期間，各流派的伊朗異議分子主要還是傾向於統一而非分裂，而他們不久就將遭受暴力與無情的打壓。到了一九九〇年代中期，改革派逐漸發現，自己有了難以對付的敵人——政權內部有一些堅定乃至於暴力的分子，他們認為思想運動藉由《地平線》進行滲透，對統治的意識形態構成難以容忍的挑戰。

《地平線》圈子大部分都感到吃驚。絕大多數成員認為自己是體制內的異議分子，他們的發展信條是讓革命意識形態面對變遷環境時進行調適與試誤，他們不認為自己是反革命的潮流。此外，在更為壓迫的一九八〇年代，伊斯蘭共和國容忍了索魯什及其支持者。在何梅尼時期，最大與最有組織的反對勢力——特別是聖戰者組織與世俗左派——被當成國家公開的敵人而且遭到猛烈迫害直到滅亡為止。但何梅尼願意容忍他認為的忠誠追隨者當中出現派系歧見，或許是因為他對這些人沒有明顯的好惡，也或許是因為在聖戰者組織與左派被消滅之前，他抽不開身來處理這件事。據說當被問到對《宗教知識的限縮與拓展》有何看法時，何梅尼表示他對索魯什的觀點沒有意見。但是，何梅尼死後，當索魯什與《地平線》圈子引發新一波的熱潮時，新任的最高領袖可就無法坐視不管了。

因此，一九九五年，就在索魯什發表文章主張教士不應該支薪以避免腐化後不久，哈梅內意也在國營報紙發表社論警告索魯什不應該挑戰教士的權威。根據與哈梅內意親近的人士表示，「索魯什博士爭議」成了「國家和諧」與「伊朗國家獨立」的問題[9]。當國會議長宣稱「革命的敵人藉由這些複雜的理論來利用天真的民眾，動搖他們的信仰，藉此來破壞革命」時，他指的就是索魯什[10]。在庫姆，同樣出現大聲疾呼的批評者，其中最重要的是最激烈的強硬派人士阿亞圖拉梅斯巴赫－雅茲迪，他輕蔑地說，「我們將會把這些流行的觀念丟進歷史的垃圾桶」，凡是主張可以多元解讀伊斯蘭的人，都應該好好加以羞辱一番[11]。

早在一九九二年十一月，索魯什已經察覺到自己的生命有危險。就在這一年，一群來自壓力團體「真主黨支持者」的民兵在索魯什於伊斯法罕發表演說時威脅要對他不利。往後逐漸可以看出，就算真主黨支持者與最高領袖辦公室沒有直接連繫，至少也與權力結構有牽連，他們幾乎完全依照阿亞圖拉梅斯巴赫－雅茲迪嗜血的伊斯蘭教令來行動。第一次威脅事件後過了三年，一九九五年，伊斯法罕的大學生邀請索魯什發表演說，內容是談沙里亞蒂的遺產。威脅再度蜂擁而至，校方不得不取消這場演講。學生們仍不死心，他們在校外找了場地，有超過一千人前來聆聽索魯什演說。但索魯什在台上還沒來得及開口，民兵就從聽眾中一擁而上，朝著哲學家的臉與頭痛打，並且從胸前扯開他的襯衫。一名學生救了索魯什，並且將他藏匿在大樓地下室，直到真主黨人散去為止。

當時，大家仍難以想像當局會支持這種暴行，特別是針對早年與伊斯蘭共和國密切合作的人物。一般認為總統拉夫桑賈尼自己也同情改革派。索魯什寫了一封充滿感情的信懇求拉夫桑賈尼：「我卑微地請求你主持正義，不是為了我，而是因為這些暴行羞辱了我們文化的自尊與我們的尊嚴。」[12] 超過一百名知識分子也聯名為索魯什向拉夫桑賈尼請願。但拉夫桑賈尼保持沉默，強硬派報紙持續詆毀索魯什，真主黨支持者則宣稱，只要這名哲學家試圖演說，無論在什麼地方，他們都會加以阻止。

一九九五年十月，索魯什試圖到德黑蘭大學演講，演講的主題是魯米。真主黨支持者衝進會場，朝索魯什站立的講台丟擲椅子，封住出口，並且宣稱他們前來與索魯什辯論。索魯什反駁說他無法在脅迫下進行辯論。第二年春天，當索魯什受邀到阿亞圖拉莫塔哈里逝世紀念會上致詞時，真主黨支持者再度出現，他們手執棍棒與匕首，要求在刀尖下進行辯論。索魯什再次寫信給拉夫桑賈尼：「黑暗崇拜者的勝利，傳達了我們文化的失敗、我們希望的枯竭與我們思想的衰微。保持沉默是不行的，不能讓他們獲勝。」[13]

但是，就算總統有權力停止攻擊，他卻不行使這個權力。無論在拉夫桑賈尼主政時期還是在他下台之後，索魯什都找不到安全的處所。二〇〇〇年，索魯什受邀前往西部＊省分首府霍拉姆阿巴德演說，隨行的有異議教士穆赫辛．卡迪瓦，他是阿亞圖拉蒙塔澤里的學生，以伊斯蘭法學的觀點批判「宗教學者的政治管理」。索魯什、卡迪瓦與索魯什已經成年的兒子剛在只有兩個房間的機場降落，就發現整棟建築物已經被真主黨支持者成員團團圍住，而且這些人還朝著建築物丟擲石塊與揮舞刀子。民兵圍困了七個小時，改革派知識分子一直待在建築物裡無法動彈。終於，霍拉姆阿巴德的警察首長進入機場。他建議索魯什與卡迪瓦換上陸軍制服，讓他們在偽裝下溜出機場。

卡迪瓦大為光火。警察首長怎麼會做出這種建議？警察的工作難道不是維護他們的安全——保護他們免於受這些暴民的攻擊？

根據索魯什的回憶，警察首長冷靜地回答：「我們有需要保護的人員名單，但你們不在上面。」

卡迪瓦拒絕穿上制服。警察首長對他們說，如果是這樣的話，他們就必須冒險離開機場，穿過那群攜帶武器的暴民前去搭乘巴士。上了巴士之後，警察首長告訴他們不要坐在靠窗的位子，因為他無法保證他們的安全：沿路很可能有民兵向他們丟石頭或開槍。巴士載著這群知識分子前往軍營，索魯什與卡迪瓦在那裡度過緊張的兩個小時，然後他們被帶上汽車，在未能上台演講的狀況下被直接送回德黑蘭。

這段期間，情報部長曾三度傳喚索魯什進行漫長的訊問。幾年後，索魯什回憶，面對一個又一個的問題，他被要求將答案寫在白紙上，而訊問者則是典型的一個扮白臉一個扮黑臉，兩個人輪番要求他如實交代。但當時發生了一件事讓索魯什印象深刻，這件事足以代表他的國家近來的歷史，也顯示伊斯蘭共和國內部的分裂日趨惡化。

索魯什在街上遭到逮捕，他被塞進車內，然後被帶往情報部。當他在小房間裡等待訊問者

＊原文寫東部，應是作者筆誤。

時，逮捕他的人與開車的人就坐在他的旁邊。經過漫長的沉默之後，逮捕他的人說道：「我等一下就會離開這個房間，訊問者會過來。但在我離開之前，我要告訴你一件事。」

那名探員解釋說，一九八〇年代，他跟同事都很高興能與情報部一起工作。他們覺得自己正在對抗真正的邪惡：「薩達姆的人民」，以及聖戰者組織與左翼分子。探員與他的同事都樂意為了完成這項職責而殺人或被殺。他們知道如何完成這項工作，也了解這項工作背後的哲學意義。探員說，但現在發生的事，「把我們壓得喘不過氣來。那就是逮捕像你這樣的人。因為我們知道你是什麼樣的人」。

「你們是怎麼知道我的？」索魯什問道。

「我聽過你好幾次的演講，」那個人懊悔地說，「裡面有一些東西對我們來說是難以理解的。」

第六章　熱月

不難想像法國在大革命之後為什麼要採用全新的曆法——新曆法一個星期有十天，月分則以偽拉丁文衍生的名稱命名，例如冬天的「Pluviôse」（雨月）與「Ventôse」（風月），春天的「Germinal」（芽月）與「Floréal」（花月）。革命分子顯然覺得歷史在十八世紀末出現了斷裂。這是唯一一次歷史不是以分秒持續累積來產生微小的變遷，而是被一口氣推升上去。就連過去也成了嶄新的事物，不再與現在緊緊相鄰。旁觀的英國人嘲弄革命法國曆做出的累贅創新，他們覺得法國曆每個月的名稱彷彿矯揉造作的童話裡的十二個侏儒姓名：喘吁吁、打噴嚏、冷冰冰、花盛開、急陣雨、樹成蔭。新曆法的使用只持續了十二年，至於革命維持多久則是另外一回事。然而，法國大革命時期創造的某個曆法名稱此後卻恰如其份地成為研究或經歷革命的人使用的專門術語。

熱月這個名稱表現了夏季的炎熱，熱月始於七月底，終於八月底。恐怖統治時期的雅各賓領袖馬克西米連·羅伯斯比在共和二年（法國以外稱為一七九四年）熱月九日被送上斷頭台，結束了他的一生。羅伯斯比的死標誌著反動時期的開始，反動緊隨著革命，正如夏天緊隨著春天，此後遠至俄羅斯乃至於伊朗，都把革命朝反動轉變的過程稱為熱月。在熱月，革命的熱忱破滅，極端主義者被處決或被逐出權力核心；烏托邦主義被捨棄，秩序恢復，強調技術治國的新菁英重建過去的官僚系統。從斷裂的混亂與暴力中誕生了新獨裁體制，並且承諾帶來穩定。一九三八年，哈佛大學教授克萊恩．布林頓在他的作品《革命的剖析》中特別闢出一章討論熱月，布林頓把熱月形容成是一種從危機熱病中恢復的過程與舊秩序重建的前兆。

布林頓是研究雅各賓與塔列朗的學者，後來在二次大戰期間成為中情局的前身戰略情報局的主任分析師，被派駐到英國工作。一九六五年，布林頓對《革命的剖析》做了修改與更新（此時離他去世還有三年，而在此前兩年，漢娜．鄂蘭出版了《論革命》），他對法國、英國、美國與俄國革命進行比較，尋找其中的共通點，試圖解釋這類翻天覆地的動盪如何進展。布林頓寫作時帶有一種霍布斯式的超然；面對人類進行對抗、感受狂喜與遭遇不幸時的激烈情感，布林頓不為所動，因為他想理解的是革命最根本的機制。布林頓的作品在後烏托邦時代拉夫桑賈尼擔任總統時期的伊朗找到許多熱切的讀者，這點或許並不令人意外，伊朗的知識分子開始將布林頓的模式套用在他們發起的革命上。

以熱月來說，布林頓的描述不可思議地與伊朗革命相契合。布林頓指出，革命分子通常不會是那些在絕望的地方受壓迫的可悲人群，在那種地方，富人往往過著物資匱乏的窮人無法想像的奢華生活。更確切地說，革命分子往往是經濟正在改善的國家裡的困苦人群，這些人覺得自己有權過更好的生活。布林頓寫道：「革命不是弱者的復仇，不是絕望的產物。革命是因希望而生，革命的哲學在形式上是樂觀的。」[1]革命往往發生在社會階級相對緊密，但階級分化仍讓他們感到苦澀的社會裡；在政府散漫無能、無法對快速現代化做出回應的國家裡，以及在菁英開始懷疑自己、對「自身階級的傳統與習慣」喪失信心的時候，也特別容易爆發革命。

布林頓特別強調知識分子在前革命國家扮演的角色。在一個穩定的社會，例如一九六〇年代後的美國，內心疏離的知識分子也許會責難現代資本主義，但他們提不出正面的議程，也不會認真考慮如何翻轉日常生活的例行公事與特權。然而，在前革命國家，知識分子會走上極端，甚至轉而效忠其他的事物，例如更好的世界：「革命分子的理想世界，與一般人眼中更好的世界，兩者不同的地方在於，革命分子熱切感受到理想實現的可能，覺得所有的人都應該擺脫當前的命運，相信不只是不該如此，而且是不需如此。進一步來說，就是對現狀帶有一種根深柢固的憎惡。」[2]

革命國家建立之後，就會遵循一套屬於自己的可預測日程。根據布林頓的說法，革命國家最初的領袖會是溫和派，就像巴札爾甘乃至於巴尼－薩德爾那樣，但這些人很快就會被興起的左翼極端主義者處決或流放。這些極端主義者會集權中央，擱置公民自由、打擊異己、設立特別法庭與革命警察。

然後，極端主義者在道德熱忱的驅使下，堅信這個世界及其居民必須洗心革面，他們會使用警察力量刺探民眾的日常生活，懲罰微不足道的不當行為，讚揚違反人性的禁欲美德。布林頓稱之為恐怖與美德統治。當這種黑暗、狂熱的能量耗盡的那一刻——亦即當這股能量終於合乎邏輯地來到連曾經領導它的極端主義者都被處決的那一刻——就是熱月開始之時。

伊朗革命的剖析也許不一定完全與布林頓的描述相符，但卻驚人地類似。我們可以這麼說，熱月始於何梅尼去世之時。與布林頓的預測一樣，最初的極端主義者——如同俄國的布爾什維克與法國的雅各賓——連同殘餘的伊斯蘭左翼一同被逐出權力中心。但這些左翼人士並未像歐洲左翼人士那樣遭到處決或流放，他們的同事對恐怖統治負有責任，甚至可能責任更大，卻依然擔任公職。伊朗無意對恐怖與美德統治悔過，也未犧牲他們的羅伯斯比；更確切地說，一九八〇年代的流血事件完全未再次被提起。與所有被壓抑的創傷一樣，這種做法將在沒有人看見的地方產生一股猶豫不決與內疚的力量。

革命之後，某種外觀成為伊朗政府圈的主流。男性必須蓄鬍來證明自己的信仰：留全鬍，或者更好的做法，能隱約看出臉上長了鬍子就行。即使在三十年後，年輕人如果把鬍子刮得乾乾淨淨依然無法在政府找到工作。但總統拉夫桑賈尼，身材肥胖，有著一雙小而聰慧的眼睛，在每張照片裡都流露出陰鬱的表情，卻是個明顯的例外。他鄙視邋遢的巴斯基外型，他說道：「如果成為真主黨人即意味著要讓自己的外表變得令人無法忍受，而這種做法還成為一種文化現象，這會是一種罪，伊斯蘭將會反對這一點。」[3] 拉夫桑賈尼以生麵糰似的寬闊無鬚臉龐為人所知；他的皮膚白皙，甚至白得有點光澤閃亮。民眾給他取了「鯊魚」這個綽號，這裡的鯊魚指的不是邪惡的海中生物，在波斯語中，同樣的詞彙只是中性地指一個人不長鬍子。不過，這個詞之所以用在總統身上，理由不僅止於外在形貌。

正如布林頓預言的，拉夫桑賈尼放棄恐怖與美德統治的刻苦簡樸，由此開啟了新的時代。他要求伊朗人消費更多的商品以刺激經濟，他也告誡伊朗人，誇耀自己的虔誠是一種偽善的行為。拉夫桑賈尼說道：「只有在緊急狀況下才有必要禁欲」，否則，「自命清高地裝出虔誠與貧困的樣子，反而顯得矯情虛偽」[4]。他勸告主麻日伊瑪目對年輕人鬆綁，因為「透過壓迫、壓力與威脅，我們只能部分保住社會的外觀」[5]。

總統拉夫桑賈尼的任務並不輕鬆。經歷一九八〇年代的動盪，何梅尼的領袖魅力、戰爭以及革命的群眾動員已將整個伊朗牢牢地結合在一起。少了以上這些條件，拉夫桑賈尼與新任最高領袖哈梅內意必須以職務能力來取代意識形態，就像各地的熱月領袖那樣。

起初，新任最高領袖哈梅內意退居幕後，讓精明而務實的總統決定政策方針。哈梅內意的緘默是可理解的。何梅尼的地位難以承接；總統拉夫桑賈尼擁有領導威望而且掌控著龐大的政治體制；此外，新政府還必須面臨許多問題。經濟一團糟，戰爭讓伊朗花費二千億美元，而且在邊界產生數百萬難民，就連國內生產毛額也跟著萎縮。在技術官僚建議下，拉夫桑賈尼決定反轉穆薩維內閣的國家主義經濟政策，他懷疑是這種政策造成國家的貧弱。

拉夫桑賈尼的修正路線在批評者看來，像極了國際貨幣基金強加給第三世界國家的結構調整計畫：新總統提議以出口取代進口以及發展市場經濟，甚至於發展民間部門。拉夫桑賈尼想重建戰時遭到破壞的設施，讓農業部門私有化，並且擴充石化產業。要做到這一切，拉夫桑賈尼深信伊朗需要盟友，甚至外國投資。他開始讓伊朗與波斯灣地區鄰邦關係正常化。在此同時，拉夫桑賈尼要求放鬆伊朗的審查制度，允許指導部部長穆罕默德．哈塔米發放出版許可給報紙與書籍。拉夫桑賈尼擔任總統的頭三年，指導部允許出版了八千本書籍，到了一九九二年，哈塔米許可發行的報紙與期刊數量已經是過去的三倍以上。雖然還不到出版自由的地步，卻已經比伊朗過去任何一個時期都要來得開放。

拉夫桑賈尼的批評者擔心這將成為擴大的熱月——就像過去的法國那樣，伊朗將犧牲掉所有革命代表的一切，以穩定為名，重新恢復眾人熟悉的舊秩序。保守的右翼對於新總統的外交與經濟政策願意有條件地抱持觀望態度，但卻認為文化鬆綁是一種偏離意識形態與宗教不純淨的象徵。在此同時，伊斯蘭左翼支持文化鬆綁，卻極力反對拉夫桑賈尼的外交與經濟政策以及左翼被排除於拉夫桑賈尼的核心圈子之外。

當薩達姆．海珊入侵科威特時，伊朗的內部緊張開始浮上檯面。拉夫桑賈尼認為，伊朗做為上一個被伊拉克入侵的國家，不可能坐視最近發生的侵略行為；然而，伊朗也不可能公然容許美國陳兵邊界。於是拉夫桑賈尼決定，伊朗「不會為了讓美國實現目標而流血，也不會為了讓伊拉克留在科威特而流血」[6]。伊朗將保持中立。但一些伊斯蘭左翼國會議員仍相信，如果伊斯蘭共和國不起而反對美國，伊斯蘭共和國將什麼都不是。他們堅持必須將美國人逐出這個地區。有些人甚至覺得伊朗應該與伊拉克聯手對抗美國。這些主張都遭到拉夫桑賈尼拒絕。

如果拉夫桑賈尼希望帶領伊朗走向較少對抗的外交政策，那麼不斷向民眾宣揚巴勒斯坦苦難與美國惡行的伊斯蘭左翼肯定令他感到難堪，甚至成了他的眼中釘。拉夫桑賈尼一旦下定決心，就會義無反顧地進行派系鬥爭。在第一任任期期間，拉夫桑賈尼急欲壓制反美與反對結構調整計畫的激進分子，他顯然認為自己與這些人在文化與審查層面享有的共同利益是可犧牲的。包括當時仍存在於伊斯蘭共和國的選舉政治，其中的各種好處也是可拋棄的。為了在短期內確保對伊斯蘭左翼的勝利，拉夫桑賈尼做出了浮士德式的交易：他支持制定選舉法，規定參加伊朗選舉的候選人都必須合乎「絕對忠於」最高領袖這個條件，而且由憲法監護委員會決定誰具備或誰不具備這項忠誠。這個法律實質上將允許教士對選舉過程擁有獨斷的權力。憲法監護委員會不屬於拉夫桑賈尼的中間派，而是由比他偏右的保守派教士掌控——而且是永久性的，因為委員絕大多數由最高領袖任命。一九九二年，這些教士是拉夫桑賈尼的戰術盟友；幾年後，他們將成為他的敵人。選舉法依然繼續施行，對「宗教學者的政治管理」下僅存的人民主權造成永久的打擊。

在一九九二年國會大選中，憲法監護委員會許可的人選有利於保守派。比總統偏右的保守派強硬分子以壓倒性的多數控制國會。一旦控制國會，保守派便開始鞏固他們的革命正統主張。書籍、報紙、戲劇、電影與女性服飾——這些領域在熱月開始時都獲得鬆綁，而且得到拉夫桑賈尼的同意——強硬派希望這些領域能與革命伊斯蘭價值更加一致。在經濟方面，強硬派捍衛市集的特權，反對拉夫桑賈尼支持的更為現代的工業優先項目。因此，拉夫桑賈尼確保強硬派選舉獲勝，好讓自己能夠擺脫左翼的壓力，但現在他卻覺得右翼把他勒得更緊。

哈梅內意逐漸站在強硬右派這一邊，反對中間派的總統。哈梅內意這麼做，徹底改變了最高領袖的地位。「宗教學者」不再佯裝自己是個居於高位的智者，在敵對派系之間進行權力平衡。哈梅內意自己參與派系鬥爭，全力支持強硬右派。當國會裡的強硬派堅決反對哈塔米允許的新言論自由時，哈梅內意出面為強硬派發聲。最高領袖介入後，拉夫桑賈尼別無選擇，只能以強硬派人士取代哈塔米——而他也確實在一九九二年七月這麼做。哈塔米轉任國家圖書館館長這個閒差。短暫的文化開幕式結束了。新指導部只會發放出版許可給符合「適當」宗教與民族主義資格的出版物——不管這個資格的意義是什麼。

在此同時，強硬派與最高領袖辦公室也鎮壓大學校園與街頭的年輕人。學生人數在一九八七年到一九九二年之間增加到三倍，使校園成為各種活動的據點，帶來潛在的麻煩。最高領袖辦公室要求在大學派駐更多代表，從事動員來糾正學生在道德與宗教上的散漫。一九九二年制定的巴斯基法律保護法賦予年輕民兵執法的權力，他們甚至可以進行逮捕。巴斯基民兵在城市街頭設立崗哨，行使新權力，他們搜索車子裡的非法西方音樂、雜誌與錄影帶。巴斯基看到走在一起的年輕男女會當場攔住進行盤問，如果他們無法證明彼此的關係就會遭到逮捕。一九九四年，國會通過立法，允許執法者（包括巴斯基）可以射殺抗議者。

由於這些因素，使得伊朗校園裡反對總統拉夫桑賈尼的人反而比反對教士的人多。伊斯蘭學生協會是伊斯蘭左翼成立的團體。他們基於意識形態立場反對總統的市場改革，同時利用民眾蓄積的不滿情緒。伊朗的經濟波動劇烈，對於戰時的損失與改革的震撼反應十分快速。伊朗在戰後突然出現一群暴發戶，此時外國的商品，從汽車到衣服，再度成為炫耀性消費的標的，這些暴發戶中也包括過去的傳統家庭，他們因為與革命國家連結而致富。拉夫桑賈尼的盟友，包括許多伊朗經濟學家，他們認為即使在拉夫桑賈尼主政期間富人確實在短期內變得更為富有，但這位熱月總統並未剝削窮人，而且從伊斯蘭共和國建立以來，貧困實際上也持續減少。但新階級的存在過於顯眼，引發了憎恨的情緒。前革命時期的菁英嘲笑這群暴發戶舉止如同鄉巴佬，品味粗俗，對一般沒有特權的伊朗人來說，新階級的存在顯示了腐敗、裙帶主義與非法取得財富之風盛行。

事實上，無論是自由派還是左派都無法成功形塑伊朗的經濟。更確切地說，在各派系為了主導伊朗經濟方針而進行的拉鋸戰中，實際控制經濟的權力反而落到了第三者身上，這些人在過程中默默地鞏固財富與權力。到了一九九四年，伊朗的經濟有四成掌握在所謂的「半國有企業」（para-statal）部門手裡，這些半國有企業由幾個龐大的半民營基金會組成，主持者一般來說都是教士，而且只聽命於最高領袖。這些龐大而不透明的企業集團稱為 bonyads，控制著從巴勒維國王政權奪取來的基金而且囊括了整個經濟，從工業到農業乃至於服務部門，將數百家企業歸併到幾個巨型保護傘之下。沒有任何小企業可以跟這些企業集團競爭。財富聚集的地方，無論是透過 bonyads 還是石油企業，都可以看到政府的影子，因此理所當然引發了懷疑。再一次，我們不得不引用布林頓的說法：革命國家在熱月的恢復期間，幾乎總對腐敗睜一隻眼閉一隻眼。以伊朗來說，這個發展逐漸與總統個人連結在一起。更糟的是，拉夫桑賈尼與他的家族最近才因為開心果事業賺了一大筆錢。

一九九二年左右，當通貨膨脹達到百分之五十時，拉夫桑賈尼轉而左傾。他開始提出屬於他自己的一套國家主義，不僅挑戰市集，也將資本移往政府與銀行。他強調工業生產，彷彿伊朗政府可以把經濟抓在手裡，迫使伊朗走向現代化之路，並且在全球經濟擔任要角。為了緩和衝擊以及讓批評者緘默，拉夫桑賈尼將伊朗民眾仰賴的消費補貼增加了一倍。但他的提案依然令右派感到嫌惡與芒刺在背。一九九三年一月，國會大幅削減拉夫桑賈尼的預算。往後一年，伊朗撐過了油價暴跌與貨幣貶值。由於在政治上不可能提高能源價格或削減補貼，於是使得伊朗消費過多的石油；出口銳減。拉夫桑賈尼被逼到了牆角。他已經沒有選擇，只能尋求被排擠的伊斯蘭左翼的幫助。

侯賽因．巴什里耶赫的故事要從他的父親，一名蘇非主義尋求者與詩人講起。在伊朗，成為一名蘇非主義者，意味著你將成為少數教派的一員，而且將交替地受到壓迫與喜愛。詩是伊朗最受尊崇的文學，特別是蘇非主義抒情詩人哈菲茲與魯米的作品。但蘇非主義是一種不具確定性的信仰，是一種探索而不是命定，是嚴謹伊斯蘭脈絡下的一種脫離常軌。巴什里耶赫的父親從事冥想，接受神祕主義，從生活的所有層面與一切宗教中尋求真主。他對神的追求是如此真切，以至於就算探尋不著他也甘心。到最後，巴什里耶赫的父親完全捨棄了宗教，他告訴家人：「我在所有宗教裡找不到任何真理。」

一九五三年出生於伊朗西北部城市哈馬丹，巴什里耶赫有五個兄弟姊妹。他的父親對他的人生有著極大的影響，早在他入學之前，他的父親已經教他識字。巴什里耶赫還小的時候，他的父親已經引導他閱讀波斯文學經典，特別是詩人哈菲茲與菲爾多西。巴什里耶赫個性沉默寡言，在說話之前總會多加思考。雖然他一生研究的觀念總是與他目睹的歷史密切相關，但他表現出來的更多是對學術的關切，而非對觀念、歷史與自身命運的熱情。這種冷靜沉穩部分出自他的天性，但部分或許是有意為之——從安全的堡壘中，他可以觀察影響深遠的政治生活蘊含的危險與沮喪。

巴什里耶赫很小就開始研讀文學、詩與歷史。他尤其喜愛薩迪格·赫達亞特的小說，赫達亞特是一個受過西方教育的貴族現代主義者，他的作品含蓄地批評教士與巴勒維國王。巴什里耶赫讀了赫達亞特所有的作品，他的作品中，對波斯文學界影響最大的是一九三七年的中篇小說《盲眼的貓頭鷹》，這部陰暗而令人眼花撩亂的散文詩，不斷地混合與改換各種不祥的景象：一個古董花瓶、一瓶可能被下毒的酒、一名頭髮濃密的斜眼女人、一個駝背的老頭、一個殺人的武器、一條河，以及古城沙赫勒雷伊的滾滾塵土。敘事者可能發燒或發瘋，可能遭到監禁或即將死去，可能極度悲傷或只是極度亢奮，可能殺害或並未殺害那名女子，那名女子可能是天使、娼婦，也可能是他的母親。《盲眼的貓頭鷹》是一部文學現代主義經典，也是一幅引人入勝的社會肖像，它描述一個被傳統窒息與催眠的社會，這些傳統包括了對情色的壓抑、對女性的貶抑以及把罪與更好的自我分離開來。一九五一年，憂鬱而疏離的赫達亞特自殺，享年四十八歲。

對巴什里耶赫來說，赫達亞特吸引人的地方在於他的民族主義，他對前伊斯蘭波斯歷史的喜愛，以及他對伊斯蘭的揶揄，包括伊斯蘭腐敗的教士、貪婪的宗教商人，還有伊斯蘭衍生出來的褊狹傳統文化。正當比他年輕一點的學生致力挖掘政治的伊斯蘭時，巴什里耶赫卻反過來，從反對伊斯蘭中找出思想的健全性。他的父親總是要求心靈的獨立，而巴什里耶赫在年紀很輕的時候就了解自己讚賞的詩人如歐瑪爾．海亞姆、哈菲茲與薩迪主張批判思想與反對宗教的傳統詮釋。若是有任何宗教影響巴什里耶赫的思想，那就是蘇非主義的道德觀點，以及蘇非主義對寬容、個別性與宗教內在經驗的強調，而非對宗教外在責任與義務的重視。

儘管如此，巴什里耶赫十九歲時開始與朋友前往侯賽因宗教會所。與他們一樣，巴什里耶赫來這裡也是想尋求啟發；但與許多人不同的是，巴什里耶赫覺得沙里亞蒂宣揚的只是另一套帶有預示性且含糊不清的事物。某天晚上，巴什里耶赫看到沙里亞蒂滔滔不絕連講六個小時，聽眾都累壞了，但沙里亞蒂自己倒是精神奕奕。沙里亞蒂接受非常現代的觀念，包括存在主義，但巴什里耶赫認為，沙里亞蒂運用這些觀念是為了回歸傳統。這種主張無法被巴什里耶赫接受，他尋求的是從宗教解放，而不是回歸宗教。他懷疑，一個新的盲從即將誕生。

巴什里耶赫對於伊朗的世俗政治事務毫無興趣，他曾表示自己終其一生都是如此。他喜愛的政治屬於理論層面，是一種哲學，其根源與同情源自於世俗左派，而正是這種對政治理論的投入，使巴什里耶赫獲得自己想像不到的劃時代影響力。在大學時代，巴什里耶赫從比較角度與社會學觀點學習國家與政治制度。巴什里耶赫並未從事任何活動，儘管他傾向於左派，他仍認為伊朗國王試圖在伊朗推動世俗化與現代化是無可非議的。

一九七〇年代晚期，伊朗的情勢慢慢升溫，此時巴什里耶赫前往英國留學，他在埃塞克斯大學取得政治行為碩士學位，在利物浦大學取得政治理論博士學位。他閱讀湯瑪斯．霍布斯與約翰．洛克、馬克思與黑格爾，以及大量的英國政治理論。不過，巴什里耶赫的思想與霍布斯較為契合。這位十七世紀英國哲學家與烏托邦思想家完全相反，他關注的不是主持正義或構築理想的國家願景，而是把國家視為存在之物來進行觀察，並且解釋國家的行為以及國家存在的必要性。根據霍布斯的觀點，服從於主權者的權力，是讓人類免於可怕的「自然狀態」的唯一辦法，在自然狀態中，人類的生活——「孤獨、貧困、汙穢、野蠻而短暫」——將成為「所有人對抗所有人」的戰爭。霍布斯的國家是一頭利維坦（Leviathan），不受公民自由、分立政府或獨立司法約束，霍布斯認為這些都會削弱中央權威維持統一與和平的力量。更確切地說，主權者保護人民不受他人的侵犯，而為了回報主權者的憐憫，人民必須付出他們的自由做為代價。國家的昌盛不是仰賴國家的繁榮，而是仰賴臣民的服從。霍布斯寫道：「雖然人可以想像這種不受限制的權力可能帶來許多邪惡的後果，但缺乏這種權力的結果，卻會產生每個人與鄰人對抗的永久戰爭，相較之下，後者要糟糕得多。」[7]

霍布斯的觀點顯然是一種威權主義（他甚至簡要地提到支持審查制度，因為這麼做可以防止「不和與內戰」）。但霍布斯提出的基本問題——國家為什麼必要？——暗示國家並非來自上帝的命令，而是人與人之間的契約，人類願意做出某種犧牲來換取和平這個更大的好處。從這一點來說，霍布斯是社會契約理論的早期闡釋者，他預示的自由主義後來由洛克與尚－雅克．盧梭加以實現。

對巴什里耶赫來說，霍布斯對於人性、不祥的利益與政府功能的悲觀理解似乎是真實的。巴什里耶赫翻譯討論霍布斯的二手著作，幾年後，他將《利維坦》翻譯成波斯文。這部作品不僅獲得讀者接受，而且大受歡迎。首先，這是第一次有西方政治思想的基礎作品被引介給波斯文讀者。其次，引介的時機也恰到好處。因為此時的伊朗人——或許最感到幻滅的莫過於伊斯蘭左翼幹部——開始對宗教政府感到質疑，他們面臨的問題剛好與霍布斯提出的問題相同。如果國家不是真主的代理人，那麼國家是什麼？國家為什麼必要，國家的義務是什麼？巴什里耶赫詳細說明這類問題，提供客觀的分析工具給革命分子，因為這些焦慮的革命分子正急於對政治生活作出嶄新而深刻的理解。有些人認為霍布斯的《利維坦》適切描述了他們建立的制度，「宗教學者的政治管理」就是伊朗的利維坦。有些從烏托邦希望中醒悟的人十分欣賞這名英國哲學家對國家不帶感情的評估。

留學英國期間，巴什里耶赫也發現了克萊恩．布林頓。在此同時，他也從安東尼奧．葛蘭西與尼可斯．普朗札斯的作品中接觸並且接受了後馬克思主義思想。後馬克思主義認為國家不是被資本階級掌握的簡單工具，而是利益與同盟進行動態互動的場所，在互動的過程中，就連工人階級也會被收編進去，轉而維護資產階級特權。巴什里耶赫吸收布林頓、葛蘭西、普朗札斯與其他人的思想，並且以伊朗革命與革命帶來的不安為題撰寫了博士論文，儘管在他寫作之時，伊朗的動盪仍是現實發生的事件。

這個論文計畫剛好符合巴什里耶赫的超然性格。在他的家鄉，好戰分子興起，君主制倒台，權力鬥爭隨之展開，數千人死亡，極端神權意識形態不僅擊敗其他敵對教條，也扼殺所有初萌芽的渴望。在倫敦，巴什里耶赫讀遍了倫敦大學亞非學院的波斯文資料。一九七九年，他短暫回伊朗探親一個月，然後在將近一年後又回去一次，每一次都帶了滿滿兩個大行李箱的報紙、小冊子與書籍返回英國。巴什里耶赫仔細提供各項文獻證明，描述何梅尼領導的激進派教士、自由運動的溫和伊斯蘭自由派人士、聖戰者組織的激進派穆斯林以及左翼分子之間的權力鬥爭。他所撰寫的從一九七九年到一九八二年的伊朗革命鞏固過程，在一九八四年他的博士論文《伊朗的國家與革命》出版後成為經典。只要是描述後革命時代初期的作品都不能不引用這部論文。在論文中，巴什里耶赫認為伊斯蘭革命是小資產階級的反動運動，起因是舊社會階級反對現代主義而產生的憎恨。

巴什里耶赫撰寫論文時，剛好是穆薩維執政之初，伊斯蘭共和黨終於鞏固了政府。巴什里耶赫相信，熱月已經開始。但就在這個時候，也就是一九八二年，巴什里耶赫歸鄉回到他幾乎不認得的國家與大學。伊斯蘭學生協會比大學學系或行政單位更有權力。革命衛隊駐紮在校園大門，對進入大學的人士進行搜身。老一輩的教授——巴什里耶赫學生時期的老師——遭到孤立，日子過得很不愉快。學系的新老師很多是在宗教機構裡倉促受訓，然後派到大學傳布意識形態。巴什里耶赫很快就發現，課堂裡不可能有開放討論，因為幾乎所有的學生都經過精挑細選，確定忠於新政權才能入學。他有兩門課——一堂是從馬克思主義觀點探討伊斯蘭政治理論，另一堂是檢視現代化理論——引起了審查單位的疑慮，不到一個月就被取消。巴什里耶赫於是轉而教授西方政治理論與政治社會學。這些課程過去曾經開設過，課程內容不會直接觸及伊朗的現實，要到數年後，當局才感到這些課構成威脅。

所以，在拉夫桑賈尼開始執政時，巴什里耶赫在德黑蘭大學教授政治社會學、革命理論與二十世紀政治思想。他從講台上望去，無法確定誰才是他的學生。他知道大學行政單位讓兩伊戰爭的「殉難者」親族、退伍軍人以及與新政權密切相關的家族優先入學。他也知道校園裡到處都是右翼的宗教團體。或許他懷疑比較好的做法是與學生保持距離，對這些學生了解得愈少愈好。他對學生說，他的目標是盡可能用最具說服力的方式引導他們認識思想家：當他教授馬克思時，學生會相信他是一名馬克思主義者，當他教授霍布斯時，學生會以為他是霍布斯主義者。巴什里耶赫不知道，或選擇不去知道，他的課堂裡坐滿了副部長與其他失勢伊斯蘭左翼的重要人物。

拉夫桑賈尼始終是一個與朋友維持緊密關係、與敵人維持更緊密關係的人物，他精心安排將左翼分子逐出政府，卻又為左翼的思想家預留位置。拉夫桑賈尼把這個預留的地方稱為戰略研究中心。這是總統辦公室轄下的智庫，不過總統從未諮詢過他們。一名官員日後解釋說，這個機構不是動態的思想活動中心，而是用來收容左翼分子，讓他們閉嘴領薪水的地方。當戰略研究中心的智庫人員忙著辯論與提出另一套觀念時，政府只顧著從事自身的事務，而完全不理會他們。

穆罕默德·穆薩維·霍伊尼哈是戰略研究中心第一任主任。與他的許多伊斯蘭左翼盟友一樣，霍伊尼哈有著一段錯綜複雜的過去。一九八〇年代初期，霍伊尼哈擔任伊朗的檢察總長，他無可置疑地與伊朗早期的恐怖統治有關。他也是一九七九年攻占美國大使館的激進學生的精神領袖。但他的助手說他是個有著開放心靈的人，而且抱持著非正統的宗教觀點。霍伊尼哈堅持戰略研究中心必須研究保守觀念與保守思想家，而且要與拉夫桑賈尼預算辦公室的自由派技術官僚合作。戰略研究中心的智庫人員必須邀請這類人物到中心來，與他們進行建設性的對話，他認為這麼做至少可以讓這些左翼智庫人員透過對手的觀點來衡量自身的想法。此外，這麼做也能讓中心樹立起寬容與文明的楷模，而這正是中心最終要宣傳的民主思想學校的主軸。在中心內部，伊斯蘭左翼開始將自己形塑成伊朗伊斯蘭共和國內部的參與式民主運動。這個運動將被稱為改革，而其闡釋者則被稱為改革派人士。

戰略研究中心在德黑蘭市中心有兩個分支單位。社會與文化計畫辦公室位於市中心偏北一些。辦公室中最知名的智庫人員包括一名前美國大使館人質綁架者，如今他對政治抱持著世俗觀點，以及一名前革命衛隊軍事情報人員，他後來轉而讚賞索魯什以及被剝奪接班人地位的阿亞圖拉蒙塔澤里。

戰略研究中心最著名的分支單位或許是比較靠近政府核心，位於德黑蘭市中心馬爾珍街的辦公室。這個辦公室包括中心的外交政策與經濟部門，中心裡的智庫人員，最知名的不僅與戰略研究中心有關，也與改革運動關係密切。薩伊德·哈賈里安是來自德黑蘭南部身材魁梧的年輕激進分子，曾經為總理穆薩維工作。由於革命分子猛烈抨擊而且解散了受人鄙視的情報單位薩瓦克，因此使得革命政權在兩伊戰爭開打時居然沒有情報單位可以派遣。哈賈里安是穆薩維政府派來建立新情報部門的人員，一開始直屬於總理辦公室，之後則為伊斯蘭共和國工作。哈賈里安為情報部門草擬法規，然後在國會立法通過後於新部門工作。等到他離開情報與安全部前往戰略研究中心任職時，他對革命的走向已有深刻的認識並且產生一股痛苦而不祥的預感。至於他在情報部門看到什麼東西使他產生這種不祥的感受，即使他的朋友也很難猜得到。

與在《地平線》的同事一樣，戰略研究中心的學者也懷疑伊斯蘭共和國需要重新認真思考——沙里亞蒂與何梅尼的革命伊斯蘭主義導致伊朗走向新的專制，無論是伊斯蘭教還是政治體制都需要從這種專制中解放出來。哈賈里安與兩名同事兩度前往庫姆。在那裡，他們成功說服反對既有體制的年輕教士穆赫辛・卡迪瓦到戰略研究中心擔任伊斯蘭研究部門的主任。

卡迪瓦有一張老實的臉孔與隨和的笑容，他的門牙之間有縫隙，興奮的時候說話會跳過一整個音域。卡迪瓦曾在大學攻讀哲學與社會學，也曾在庫姆的神學院向蒙塔澤里學習。兩伊戰爭期間，卡迪瓦每年有一個月的時間要在胡澤斯坦前線擔任類似隨軍教士的工作。駐防前線時，他開始質疑霍拉姆沙赫爾之後仍要繼續戰爭的政策。這些疑問引發了其他的懷疑。何梅尼死後，卡迪瓦著手撰寫一本質疑「宗教學者的政治管理」的著作。他認為：「宗教學者的政治管理」不過是伊斯蘭化的君主制理論，主要受到柏拉圖與愚昧的波斯歷史影響，而與什葉派的教義無關。他相信，教士在社會上具有權威，但在政治結構內部則毫無權力可言。他支持代議制民主，認為不該有國王，也不該有最高指導。當審查單位不允許他出版這本書時，他感到十分沮喪。但身為戰略研究中心的重要成員，卡迪瓦還是將內心的挫折拋諸腦後。

由於卡迪瓦對伊斯蘭共和國的批判主要放在法律層面而非神學層面，因此伊斯蘭左翼的思想家一開始接受的是卡迪瓦而非索魯什的說法，索魯什認為不僅要對何梅尼的國家理論進行大幅修正，甚至連更廣泛的伊斯蘭教領域也要做出調整。哈賈里安與在戰略研究中心的同事對索魯什相當熟悉，甚至參加偶爾在《地平線》舉行的聚會（哈賈里安比其他人更常參加），但一開始他們只能算是外人。他們受的影響主要來自馬克思而不是波普爾，而且起初他們把索魯什與索魯什自己寫的反馬克思主義長文以及伊斯蘭主義運動右翼聯想在一起，至於他們自己則是來自於左翼。戰略研究中心思想圈的成員尤其關切索魯什對伊斯蘭左翼的詮釋過於簡約，而且與宗教連結得太少，與世俗領域連結得太多。索魯什抱持的大體上是現代化乃至於世俗化的思想，這令他們頗為擔心。但他們還是認真看待索魯什的觀點。其中一名智庫成員日後提到，畢竟索魯什揭露了伊朗極權主義的根源，而且提出宗教多元主義與哲學的節制來做為對抗極權主義的良方。逐漸地，伊斯蘭左翼不再有所保留，決定轉而支持索魯什。索魯什自己則是變得愈來愈激進；經過數年的時間，他逐漸將伊斯蘭左翼分子引領到一個陌生之地。

波普爾與英美分析哲學在《地平線》扮演的角色，類似於政治社會學在戰略研究中心的地位。哈賈里安與許多伊斯蘭左翼的同事一樣，在革命前深受沙里亞蒂的影響。但實際統治的過程引發的問題不是沙里亞蒂狂野的詩文所能回應的，這些都是與政治和國家職能相關的明確而實際的問題。即使是對哈賈里安這些人而言特別重要的馬克思，面對複雜問題也只能提出最不管用的解決方式。哈賈里安在革命時期讀的是機械工程，他在主持新智庫部門之餘，又回到德黑蘭大學攻讀政治學博士。也就是在這個時候，他受到文雅的年輕政治社會學家巴什里耶赫的影響。

除了哈賈里安、兩名來自哈塔米指導部的官員、一名未來的內政部副部長與一名未來的外交部副部長，還有許多剛嶄露頭角的政治人物為了滿足求知的渴望而群集於巴什里耶赫的課堂。他們全是虔誠的人，許多人的宗教觀比索魯什圈子的人更保守，對伊斯蘭國家也更投入；但他們卻接受巴什里耶赫的世俗背景，因為巴什里耶赫與索魯什不同，他對馬克思主義態度友善，而馬克思主義構成這群人另一半的政治觀。他們知道，驅使他們成為革命分子的馬克思主義需要做出修正。馬克思主義不夠細緻。從巴什里耶赫身上，他們獲得一條受馬克思影響卻不完全是馬克思主義的思路，這條思路是分析的而非意識形態的，這條思路專注於社會力量、階級、利益與意識形態的多樣性，而這樣的多樣性使得國家成為鬥爭與衝突的發生場地。他們的革命已經完成，但他們可以看出國家還不是一個已經完成的事物。為了更好地理解國家的持續動態關係，巴什里耶赫向他們引介了普朗札斯與葛蘭西以及市民社會的概念，市民社會不僅是國家的一部分，對於結構上的對立也是一道活門。哈賈里安與戰略研究中心的同事無法接受波普爾對馬克思的全盤反對，於是轉而學習巴什里耶赫引進、詮釋與默默適用於伊朗脈絡的政治社會傳統。

在伊斯蘭共和國建國的頭三十年間，巴什里耶赫寫了十六本書，翻譯了七部作品。在他的著作中，有一篇討論革命理論的論文，文中將這些理論適用於一些實際發生的革命上，包括法國大革命與中國革命。這本印行了十五版，被巴什里耶赫視為重要著作的書籍，書名叫做《政治社會學》，書中檢視了社會力量在政治生活扮演的角色。他也為一般讀者寫了《每個人的民主課程》；此外還有一本受傅柯影響的現代性社會學著作。巴什里耶赫把巴林頓·摩爾的《獨裁與民主的社會起源》翻譯成波斯文，此外也翻譯了霍布斯、哈伯瑪斯與傅柯的作品。他最具爭議的著作是一篇談論寬容的論文，他認為強迫人民信仰宗教或執行宗教儀式，最終會因為信仰成了一種義務而使信仰受到損害。在另一篇論文中——在戰略研究中心引起廣泛討論，巴什里耶赫認為有益的反對意見是必要的。

伊斯蘭左翼分子很快就重整成為改革派人士，他們宣稱巴什里耶赫是他們的導師。但巴什里耶赫就像過去的法迪德那樣否認他們的說法。從他冷靜的社會學家視角來看，這些人不過是國家內部派系鬥爭的參與者，他們是被邊緣化的菁英，試圖讓自己重新擠進權力結構。為了這個目的——根據巴什里耶赫日後的說法，這些人想提升自己的目標與鞏固自己的地位，他們把民主理論當成政治工具。幾年後，巴什里耶赫沉思道：「或許每個地方都是如此，民主這個抽象觀念只有在做為一種真實有形的政治需要而被運用時，才能真正獲得實現。」他表示，這些改革派人士「發現自己身處於各種對伊斯蘭政府的不同詮釋或不同意識形態之中，在這種狀況下，只有競爭的理論最適合他們。所以他們從競爭的觀點來理解民主。參與與競爭，這兩者都是工具，而非民主的目的」。

儘管如此，當哈賈里安邀請他到戰略研究中心講授一系列課程時，巴什里耶赫還是答應了，他想利用這個機會公開分析革命的進程。巴什里耶赫當時甚至指導哈賈里安撰寫博士論文，探討俄國布爾什維克革命的彌賽亞主義。他不知道當時哈賈里安才剛離開情報部，也不認為這些授課是一種政治干預，他以為這只是在大學外進行的課程。對於聽眾來說，意義則不僅止於此，巴什里耶赫的課程就像一座鷹架，從這座鷹架上將建立起伊斯蘭共和國的新外觀。

民主觀念原本在伊斯蘭共和黨意識形態倡導者眼中是一個濫用的詞彙，卻在一九九〇年代初掀起風潮。再加上索魯什主張的宗教可以從多重的角度來加以理解——宗教隨著歷史而變遷，宗教不會只有單一一種真實的解釋，所有的說法似乎暗示政權，即使是宗教學者本身，不能壟斷真理，也不能正當地獨占權力。

這群被稱為改革派的思想家與政治人物，主要來自三個機構：《地平線》、戰略研究中心與哈塔米主掌的指導部。但這些圈子呈現同心圓的狀態：這些人彼此認識，當《地平線》舉辦晚宴時，三個團體的人都會參加。他們爭論當前國家最急迫的問題，也就是宗教在國家行政組織裡扮演的角色。身為改革派，關注的就是如何鞏固國家的共和面向與反對教士的統治。這麼做意味著要對宗教做出動態的理解，也就是對現代國家裡現代民眾的需求與現實做出回應，以及質疑——無論如何拐彎抹角地進行——「宗教學者的政治管理」的極權式父權主義。不過，改革派的做法確實符合他們為自己的計畫取的名字，他們認為自己並非公然反對伊斯蘭共和國，相反地，他們是共和國核心圈的一個派系。他們要透過改革保存革命國家，而改革要透過通情達理的主政者之間的對話與協商來達成。

在這種狀況下，無論在當時還是從日後來看，我們始終不清楚總統拉夫桑賈尼是改革派的朋友抑或敵人。拉夫桑賈尼的經濟自由主義遭受的批評主要來自於與戰略研究中心有關連的改革派。但一九八九年後，左派在全世界普遍衰退，這些思想家發現自己愈來愈傾向於社會民主或福利國家自由主義，而這樣的願景未必無法與拉夫桑賈尼技術官僚中最自由派的人士相容。到了一九九六年，隨著冷戰結束與改革派思想家轉向更民主的國家願景，前伊斯蘭左翼也放棄了反美的主張。此時的改革派，似乎比拉夫桑賈尼協助奪取國會多數的強硬派，更可能成為處境艱難的總統的盟友。

儘管如此，拉夫桑賈尼仍須對最高領袖與右翼人士有所交代。一九九二年，拉夫桑賈尼不得不讓霍伊尼哈離開戰略研究中心。他從安全部門找人來取代這名激進派教士。哈桑・羅哈尼與拉夫桑賈尼關係緊密，但他對右翼的態度遠比對改革派來得友善。他以最高領袖的代表身分參與國家安全委員會。羅哈尼認為自己的任務是讓戰略研究中心不再成為改革派思想的巢穴。中心一名智庫人員回憶羅哈尼如此說道：「如果你們以為我們會相信你們說的那些民主的好聽話，你們就錯了。我們知道你們想推翻政權，但我們不會讓你們如願，因為我們不會犯下與巴勒維國王相同的錯誤。」[8]羅哈尼禁止中心智庫人員對貧困、不公義、政治發展或反對意見繼續進行研究；卡迪瓦只好停止他對什葉派統治理論的研究。此外，羅哈尼也禁止巴什里耶赫進入中心，甚至宣稱他不該從過去所做的工作獲得酬勞。當新主任讓一名線人滲透到卡迪瓦在庫姆進行的會議時，這名線人意外將報告傳真到卡迪瓦盟友的辦公室。智庫成員群情激憤。他們想知道自己為什麼遭到監視。某天早上，這些智庫人員前往中心上班時，卻被擋在門外不准進入。

自從拉夫桑賈尼協助保守派在第四屆國會大選取得多數以來已經過了四年。一九九六年，由於拉夫桑賈尼提出的許多計畫不是陷入困境就是遭到反轉，他知道自己在下次國會大選時必須做出不同的選擇。對他來說，是到了該支持前伊斯蘭左翼的時候。拉夫桑賈尼覺得溫和左翼分子是可接受的，這群人現在已經改頭換面成為改革運動人士。拉夫桑賈尼的溫和右翼與初生的改革運動共組同盟，成立了建設公僕黨，強調法治、經濟重建以及以科學與科技為基礎進行發展。在一九九六年國會大選中，同盟的改革派提出政治自由主義，包括言論與集會結社自由。直到近期為止，學生團體對拉夫桑賈尼來說一直相當關鍵，他們也認為建設公僕黨是民主改革的推動者而決定予以支持。新成立的同盟在大選中取得八席。

最近被逐出戰略研究中心的知識分子在他們稱為市民社會的非政府空間裡找到了新據點。某個離開中心的團體發行報紙，報紙名稱是《你好》，由前任戰略研究中心主任霍伊尼哈擔任總編。三名前戰略研究中心智庫人員創立民調機構，稱為「未來」，這使他們能不受國家資助或干預，獨立進行後革命時代伊朗的社會學研究。其他人如哈賈里安則在國會大選後開始投入政壇。哈賈里安為改革運動界定目標與策略，使改革運動可以在憲法的合法架構下擴大人民參與的角色。

有了建設公僕黨，拉夫桑賈尼終於組成有效的同盟，使他擁有政治力量來推動政策。但當他準備大施拳腳時，他的第二任總統任期也到了尾聲。在國會大選成功的鼓舞下，總統發言人大膽建議修憲讓拉夫桑賈尼能繼續擔任第三任總統。強硬派感到憤怒，而哈梅內意也公開否決這項提議。拉夫桑賈尼無法繼續擔任總統，而他也不打算讓右翼有機會擔任，但問題是建設公僕黨缺乏能激勵人心的人選。

一九九六年七月，一部分未加入建設公僕黨的伊斯蘭左翼分子宣布推舉穆薩維參加一九九七年總統大選。穆薩維是伊斯蘭左翼最具聲望的人物：他是前任總理，是何梅尼的愛將，曾帶領國家渡過戰爭與匱乏。不過，對於支持現任最高領袖哈梅內意的人來說，穆薩維也是造成分裂的人物；而穆薩維與拉夫桑賈尼在重要經濟議題上意見也不一致。此外，就伊朗的選舉週期來說，此時宣布參選似乎太早。但穆薩維宣布參選卻迫使右翼跟著表態。強硬派推舉國會議長阿里・阿克巴爾・納提格－努里參選總統，他們表示其他人沒有必要出來競選，因為納提格－努里顯然是最適當的人選。

三個月後，十月，穆薩維宣布退選。或許穆薩維是受到老對手的威嚇，這名老對手現在正坐在權力的頂端。幾年後，有傳言指出，當哈梅內意被提名擔任最高領袖時，他才覺得自己終於擊敗了宿敵，在何梅尼死後，他便禁止穆薩維參與或甚至談論政治。如果傳言屬實，那麼顯然解釋了穆薩維耐人尋味的沉默。因為即使在他過去的顧問、部長、同事與朋友興致勃勃地討論社會契約理論、葛蘭西、波普爾與伊斯蘭教時，穆薩維卻消失在沙希德・貝赫希提大學的建築系館裡，成了一個供人臆測的政治謎團。

拉夫桑賈尼不可能支持納提格－努里，尤其在他無法取得第三個總統任期之後。拉夫桑賈尼想動用自己的權力對付強硬派：他要向他們證明，他們需要他。但他已無計可施。終於，在一九九七年一月，一個不可能的候選人出現了。

穆罕默德・哈塔米，一個微笑、可親的前指導部部長，他宣布他將競選總統。雖然他支持拉夫桑賈尼充滿爭議的文化政策，他卻絕不是一名煽動者。他的個性溫和，行事謹慎，願意妥協和解；對於當時激烈的哲學論戰——索魯什或法迪德，共和政體或神權政治——他的立場並不是那麼清楚。支持他的改革派人士並不期望他能勝選。他們只是想利用這場選戰來提升新刊物的能見度。但到了四月，建設公僕黨同意哈塔米成為他們支持的候選人。

第七章 伊朗曆三月二日

穆罕默德．哈塔米唯一最大的資產是他的臉。這不是說他缺乏其他的特質：事實上，哈塔米博學、和藹可親且穩健，個性溫和而願意妥協。哈塔米生於一九四三年，父親是來自亞茲德省阿爾達坎的大阿亞圖拉。哈塔米年輕時在庫姆神學院學習伊斯蘭法學，之後又在伊斯法罕大學攻讀西方哲學。一九七八年，哈塔米在德國漢堡主持一間伊斯蘭研究機構，這裡成為流亡海外的革命分子的聚集處。從一九八二年到一九九二年，在這十年當中，哈塔米大部分的時間都在擔任文化與伊斯蘭指導部部長。他擁有霍賈托爾－埃斯蘭＊這個教士頭銜，身上總是穿著暖色調、剪裁合身的袍子。但在他擔任公職期間，報紙一篇篇的報導描述的都是他的臉，彷彿當時伊朗的歷史大事全從他臉上的皺紋表現出來。

這不是說哈塔米長得英俊，雖然以一個慈祥長者來說，他的確長得不差。阿亞圖拉魯霍拉．何梅尼也長得英俊，至少有些伊朗人是這麼認為。在美國，何梅尼的臉成了穆斯林憤怒與嚴肅的象徵——何梅尼的人生走到盡頭之時，整張臉變得十分憔悴，蔓生的白色鬍鬚尖端拉長了他的

＊霍賈托爾－埃斯蘭（hojjat ol-eslam）意指「伊斯蘭之證明」（proof of Islam），也是宗教界的頭銜。

臉，雙眼深埋在皮革般的弓形眉毛下方，儘管頭髮早已斑白，雙眉卻依然烏黑濃密。然而年輕時的何梅尼有一張心形的臉、寬闊光滑的臉頰、動人的嘴形，以及炯炯有神的雙眼；到了老年時，他那張歷經滄桑的臉令人不寒而慄，面容銘刻著充滿情感的智性，他的臉充滿力量，象徵著伊朗重新找回被忽視已久的民族尊嚴。穆罕默德．哈塔米則擁有不同的臉，他透過他的臉呈現出伊朗的另一種面貌。哈塔米的臉坦誠而親切，隨時隨地帶著自然的笑容。哈塔米有一副受歡迎的教授長相——這樣的長相，即使你以前從未看過他，也會產生一種熟悉感。何梅尼的臉帶著權威感，但哈塔米的臉則是充滿親和力。

然而，從哈塔米的著作來看，這種吸引人的特質卻隱含著矛盾。在戰略研究中心、《地平線》乃至於他自己主掌的指導部裡，哈塔米的同事滿懷自信且毫無顧忌地引用西方與伊斯蘭經典的觀念，但哈塔米卻依然抱持著前革命時期思想家的核心關切。他不想看到伊朗人在西方毒害下「認同遭到稀釋」：「既無法成為自己，也無法成為西方人。」如同雷札．達瓦里，哈塔米也看到西方思想核心埋藏的有毒種子。哈塔米指出，在西方，啟蒙運動的理念導致了帝國主義、暴力與無神論。不僅如此，啟蒙運動還成為新資產階級聚斂與奪權的工具。此外，今日西方自身的經濟與文化也面臨內在危機。伊朗人應該通盤地觀察西方經驗，深入審視，並且試著理解，如此才能取其精華去其糟粕。

然而，現代性與發展的觀念來自西方；哈塔米認為，要成為已發展國家，意味著要採納西方價值。而伊朗人確實有理由渴求發展。他們的國家在科學、經濟與政治權力上遠遠落後西方，長期的專制統治不僅阻礙了政治與思想文化，也在伊朗宗教思想家心中形成寂靜主義，使人重視形上學而忽視政治學。

麻煩的是，西方價值中最腐化的事物同時也是最吸引人的事物。西方重視自由：人可以隨心所欲地飲食、穿著、思想與說話。人類很自然地受這種自由吸引。對比之下，伊斯蘭教要求信眾做到克制——要節制、誠實與正直，這些並非出於天性，人需要努力才能做到自我控制。因此，伊斯蘭體系勢必對個人自由構成妨礙，伊朗年輕人會問，為什麼他們不能跟西方的年輕人一樣享受自由。哈塔米認為，真正的自由源自於道德與精神的成長。但人需要指引才能了解這一點。哈塔米寫道：「要讓我們的社會穩定與強大，必須教導年輕人比享樂更有價值的道路，使他們從節制中得到快樂。」[1]

哈塔米相信，伊朗的未來在於擁抱伊斯蘭文明。但這個擁抱不應該是擁抱過去。穆斯林必須認識到，雖然他們的宗教是永恆的，但宗教的詮釋卻是動態的，要能夠隨著時代進行更新以因應現代世界。伊朗人可以重新詮釋與賦予伊斯蘭文明活力。但這必須從內心開始努力，而且需要自我認識：「如果我們對於自己有堅定的認同感，我們就能批判傳統；沒有傳統的民族總是缺乏嚴肅思想。」[2]

如果伊朗知識分子在挖掘西方最有用的現代觀念的同時，又要捨棄西方有毒的核心——如果他們要深入考察伊朗與伊斯蘭的傳統與處境，以此來批判與更新當地的文明——那麼他們就需要自由的空間、新鮮的空氣以及出版自由這類事物。然而，儘管哈塔米提出警告，認為應該設下一些限制，他還是支持資訊自由以及與西方對話：「一個有活力的伊斯蘭社會，絕不能採取孤立的文化策略。」[3]哈塔米寫道。日後，哈塔米將強調民眾參與在政治上扮演的角色，他要求民眾監督、評價與批評政府的表現。「政府的正當性源自於人民的投票，」哈塔米宣稱，「而人民選舉產生的強大政府是代議制的、參與式的與負責任的。伊斯蘭政府是人民的僕人，不是人民的主人，伊斯蘭政府無論在什麼狀況下都應該對所有國民負責。」[4]

從哈塔米的著作可以看出，哈塔米與改革派最具自由主義傾向的人相距甚遠。雖然他的分叉式宗教觀——核心原封不動，但在詮釋與法學上則是動態的——顯然受到索魯什的影響，卻未達到索魯什令人暈眩的高度。哈塔米依然是革命環境下的生物，或許這是適當的。畢竟他競選的是一個歷經伊斯蘭革命未滿二十年的國家的總統，而不是思想前衛的代表。

儘管如此，在他有時顯露的惋惜與卑微的微笑以及在他平靜而誠摯的言語中，哈塔米似乎提供了別的希望。哈塔米的臉不是由祕密警察的棍棒與拳頭統治的臉，也不是用絞刑台讓批評者噤聲的政府的臉。哈塔米的臉不可能成為執意孤立於世界的國家的象徵。哈塔米尤其相信——或許就是這一點最終讓他受害——對話的力量與必要性。

穆斯塔法．洛赫瑟法特從《地平線》獲得的比他在印製海報時期夢想的來得多。他終於在這裡找到文化復興的媒介，不僅充滿活力而創新，而且具有伊斯蘭與伊朗固有的特色。然而，《地平線》才創立不久，穆斯塔法就離開了伊朗。他一直希望能到西方深造一段時間。他認為這麼做可以讓他更了解自己的社會。因此，在拉夫桑賈尼主政初期，他前往加拿大蒙特婁麥基爾大學攻讀伊斯蘭哲學博士學位。但不久他就得知，在他離開伊朗後，《地平線》內部開始醞釀衝突，他只好匆匆返國。

從穆薩維退選到哈塔米參與一九九七年總統大選的幾個月間，哈塔米暗中與同事與熟識者見面，向他們徵詢參選的可能。阿克巴爾．甘吉至少參加了一次這樣的會議。哈塔米告訴他的密友，他從未想過自己能當上總統。相反地，他預期自己只能拿到三百萬到四百萬票。有了這樣的支持，他們可以發行振奮人心的思想期刊，而當局想要關閉這樣的期刊想必也會有所顧忌。甘吉對於這個做法很感興趣。

《地平線》其他成員認為這是個可能產生重大結果的政治時刻，必須加以把握，因為《地平線》成立的宗旨不只是思想上的，還包括政治上的目的。穆赫辛．薩澤伽拉是這些思想家的領袖，他是年輕的技術官僚，曾經在拉夫桑賈尼主政時期擔任產業部門長官，直到他與索魯什的關係成為政治負債為止。薩澤伽拉相信，《地平線》與戰略研究中心瀰漫的改革主義不僅是伊朗思想的新潮流，至少從潛在來說，它也是更大規模動員的核心。一九九七年，當哈塔米的選戰氣勢高漲之際，薩澤伽拉也要求《地平線》的成員組織起來。即使——尤其是——真的能夠掌權，改革派也必然要面對一場與哈梅內意的鬥爭。他們需要一個政黨與一間報社：一個能讓他們抵擋即將來臨的風暴的基礎設施。

戰略研究中心的薩伊德．哈賈里安同意這個想法。其他人，包括甘吉在內，則傾向於維持較為超然的立場——或許只需要發行週刊，將自己定位成市民社會的壓力團體，而非擁有野心的政黨。他們小心翼翼不讓自己的計畫的命運與哈塔米的選戰有過於緊密的連繫。

穆斯塔法的朋友把他叫回德黑蘭，讓他來調解這場紛爭，但等到他回國時已經太晚。《地平線》已經決定性且永久性地陷入分裂。雖然刊物並未因為這場爭端而停刊，但團結在這份刊物下的思想圈卻被新的對手撕裂。

穆斯塔法的立場並沒有太多神祕之處。即使甘吉的取徑過於世俗：對穆斯塔法來說，改革派的計畫依然是思想性的，而且離完成還有很長的路要走。如果能好好推動這項計畫，其所實現的目標將比參與政治更多且持續更久。身為哲學家、社會學家、神學家與理論家，改革派知識分子有機會撬開伊朗社會的硬殼——它的傳統，它的威權政治——使伊朗社會再也無法對外封閉。然而，如果他們現在就參與政治，他們將在還沒聚集足夠力量之前，就必須面對處於權力巔峰的政權。為什麼要趕在社會做好充分準備以及強硬派認為改變不可避免之前推動改革？政黨可能被禁，報社可能被勒令停業。但改革、覺醒、復興無法輕易停止。穆斯塔法認為《地平線》正走向這條路，而且即將捲入一九九七年總統大選之中，如此一來非但無法促成改革，反而會讓改革胎死腹中。

此外，哈塔米並非擔任總統的適合人選。要站出來對抗哈梅內意，需要力量、技巧，以及最重要的信念。穆斯塔法在哈塔米身上看不到這些特質。他認為哈塔米有時傾向於法迪德而非索魯什，傾向於海德格而非波普爾；哈塔米不是一貫支持這場思想運動的朋友，早在《宇宙報文化副刊》時期，這場運動就受到他令人不快的監督。穆斯塔法認為，哈塔米不是改革派人士。他的思想混亂，內心舉棋不定，在政治上也左右搖擺。

穆斯塔法很直率地承認這件事受到他個人立場的影響。他是保守的地毯商人家族中的異類；他至少有一個兄弟是伊斯蘭聯合黨成員，這是個市集商人組成的祕密結社，與教士組織中最強硬的分子過從甚密。穆斯塔法為了進行思想探索而放棄了家族事業。他在激烈的家族爭辯中獨排眾議大談改革前景。他覺得自己既受輕視又受重視，所有的兄弟都愛護他，認為他與常人不同，儘管他的立場完全與他們的信念相反。他擔憂地看著自己的朋友、同事與盟友投入政治體系之中，他知道這個體系只會羞辱與驅逐他們。對穆斯塔法來說，這場運動的重要性不下於他自己的尊嚴；他為此傾盡全力，這也是他從索魯什身上獲得的啟迪。令穆斯塔法感到焦慮的是，索魯什居然支持哈賈里安與薩澤伽拉的做法。他私下抱怨說，索魯什成了哈賈里安與薩澤伽拉的囚犯。但幾年後，索魯什淡淡地回憶當初他是基於自己的意志選擇政治這條路，他對任何人都不具有敵意，而他懷疑《地平線》內部的不和也許是強硬派的人教唆的。

穆斯塔法返回加拿大，隱居在他的小公寓裡，往後幾年，他的生活只有家人、圖書館、課堂作業、法文與阿拉伯文練習、碩士論文。繼續存在的只有他的博士論文。但是，當他從伊朗回到加拿大時，他的研究對他已不具任何意義。他放棄了博士論文並且轉而從事他從未想過自己會涉足的領域，那就是他從學生時代就極力擺脫的地毯生意。洛赫瑟法特兄弟長久以來一直催促理智的穆斯塔法把家族生意拓展到加拿大。穆斯塔法不像他的兄弟那麼有經驗，或許也不像他們那麼精明，但沒有人看出他內心的憤怒。

在伊朗，穆斯塔法是個重要但低調的文化人物。在加拿大，他是個勇往直前的商人，努力不懈地推銷他的地毯，展現出前所未有的企圖心與活力。他的家族聲望轉化成經濟上的信譽，他一度有二十五箱貨櫃的波斯地毯停放在加拿大海關。他日後回憶，當時他瘋狂且拚命地經銷這些波斯地毯，彷彿要靠自己的力量席捲整個加拿大市場。他曾一度負債，之後又還清債務，這個經驗讓他刻骨銘心。但這一切都無法撫慰他情感上的挫折，他的真正計畫遭到劫持，走上一條他反對的道路，而且與他的明智判斷相左，他知道這終將付出極大的歷史代價。

哈塔米沒有什麼可損失的。他的主要對手納提格－努里由最高領袖指定。由於納提格－努里深受歡迎，因此大選尚未結束，他就已經開始進行國是訪問。其他參選人包括雷札．札瓦雷，他是司法部副部長與憲法監護委員會委員，以及穆罕默德．雷沙赫里，人稱「可怕的阿亞圖拉」，曾擔任穆薩維的情報部長。但這兩個人甚至連百分之三的票數都拿不到。從參選名單可以看出，納提格－努里當選總統應該是毫無懸念。

從各方面來看，當局推派的總統候選人納提格－努里仍堅持革命主張。他抨擊西方的「文化攻擊」，認為這將使伊朗陷入「腐敗、墮落與懶散」[5]。唯有鞏固本土的伊斯蘭文化，才能讓伊朗免於這種潛藏的入侵。納提格－努里強調防衛巴勒斯坦以及與美國永久為敵。他透過政府部門從事選戰，而且還是在政府正常辦公時間進行。一開始，納提格－努里的競選人員完全沒有發現哈塔米陣營的學生活動分子繪製與懸掛競選旗幟直至凌晨，他們把競選明信片丟進車窗，在街上唱著歌曲。

在選舉前，哈塔米擔任國家圖書館館長一職，他是個退休的知識分子，以美式風格從事選舉，並且搭乘巴士巡迴各省，他受歡迎的程度是過去伊朗選戰所未有的[6]。哈塔米是個魅力超乎預期的政治候選人。他心胸開放，對選民友善，儘管穿著優雅的袍子，但謙虛的風範正好投合後革命時代伊朗民粹主義的胃口。哈塔米的理念——法治、市民社會、政治發展——直接來自於《地平線》與戰略研究中心這些思想溫室。但他讓一般民眾得以接觸到這些理念，民眾對於這些事物的渴望遠比他的幕僚最熱切希望的更為強烈。

哈塔米承諾，未來的伊朗，政府將不會保持沉默。伊朗民眾缺乏一切求助的手段，這些手段可以用一個詞概括，那就是市民社會：獨立的報社，草根的社團、政黨、權力制衡——對敢於懷抱希望的人來說，甚至還想擁有獨立的司法機構，可以做到法律之前人人平等以及保障個人的權利與自由。雖然哈塔米穿著教士的袍服，頭上裹著黑色纏頭巾，標誌著他是賽義德（seyyed）或稱「先知的後代子孫」，卻還是提出了這樣的未來。哈塔米不是個激進分子。投票給哈塔米的人，心中通常懷抱著希望，相信伊斯蘭共和國能有更好的未來，一九七九年伊斯蘭革命仍有可能帶來解放。

儘管如此，哈塔米必須面對當局勢力與最高領袖權威的聯手打壓。長期以來，哈塔米只能憑藉自身的努力與天生的魅力進行選戰。然而，就在大選前兩個月，他意外取得一項極大的戰術優勢。一九九七年三月，拉夫桑賈尼與他的建設公僕黨同意讓德黑蘭市長戈拉姆侯賽因・卡爾巴斯希支持哈塔米，而且讓整個德黑蘭市政府機器接受他的調度[7]。現在哈塔米有了充足的金援，而且在擁有伊朗五分之一人口的首都立起了競選看板。到了五月初，也就是大選舉行的月分，情勢已經愈來愈明顯，哈塔米不僅有後來居上的可能，參與投票的伊朗人也可能成為一九七九年以來人數最多的一次。

面對這樣的狀況，改革派感到驚奇，但還是半信半疑，甚至未預先為哈塔米擬好勝選感言。可以確定的是，投票可能出現舞弊。哈塔米的弟弟穆罕默德・雷札・哈塔米向一名外國記者表示：「選前不到一個星期，我們已經確定哈塔米先生將會勝選，但如我所言，我們不確定這個勝選的結果是否會獲得公布。」[8]哈塔米的選戰吸引了拉夫桑賈尼的注意，畢竟他仍是現任總統，掌握了幕後龐大的人事資源。五月十六日，在主麻日禮拜上，拉夫桑賈尼宣示，最糟的罪莫過於選舉舞弊。哈梅內意也被逼著表態。他口頭上重申相同的原則，他說道：「我不允許任何人在這場選舉中舞弊，這不僅違反了宗教，也違反了政治與社會倫理。」[9]

大選的前兩晚，《地平線》成員聚集共進晚餐。有人表示哈塔米仍然落後納提格－努里，但兩人的差距已經拉近。離開戰略研究中心後創辦了民調機構的幾名社會科學家做了民意調查，他們選擇這個時候公布最新調查結果，哈塔米將會以壓倒性的多數贏得這場選舉。結果不出所料，一九九七年五月二十三日，大約八成的伊朗選民投票，其中有百分之六十九把票投給了哈塔米[10]。溫和、容易妥協、缺乏信念——幾年後，哈塔米最親近的盟友與幕僚將會提到，他們從哈塔米身上始終可以看到這些悲劇性的缺點。一九九七年，在這場被稱為「伊朗曆三月二日史詩」的大選之後，伊朗依然是一個看不到任何希望的地方。阿亞圖拉侯賽因・阿里・蒙塔澤里對於這點說得尤其坦率，他也為此付出極大的代價，不到十年前，他原本是何梅尼的接班人，後來因為反對監獄大屠殺而被剝奪資格。

阿亞圖拉蒙塔澤里嚴守政治沉默已將近十年。現在，在一九九七年的十一月，他罕見地在庫姆發表演說，除了宣洩他的憤怒，也概略陳述他在這段沉寂歲月裡構築的願景。也許，他知道這麼做將使他失去他尚未失去的東西。也許，他一點也不在乎。

蒙塔澤里是「宗教學者的政治管理」這個教義的創始人之一，他表示自己過去認為最高領袖可以在巴勒維國王濫用權力後成為對抗專制主義的利器。宗教學者——最初是廣受民眾愛戴與尊敬的何梅尼——可以制衡總理與總統的權力，確保兩者無法進行絕對統治。然而實際的運作卻與理想有很大的差距。最高領袖反而成為絕對的統治者。人民選舉總統與國會負責執行人民的意志，但這些民選領袖卻缺乏權力。蒙塔澤里懊悔地說，最高領袖掌握所有權力，卻不需要向任何人負責。

蒙塔澤里提醒聽眾，在什葉派傳統中，只有十二位伊瑪目不會犯錯。雖然何梅尼的追隨者尊稱何梅尼為「伊瑪目」，但即使是何梅尼也只是凡俗之軀，而非神聖不會犯錯之人。不僅如此，何梅尼的言行在保守派教士裡屬於僵化恪守《古蘭經》的類型。蒙塔澤里抨擊對何梅尼的崇拜是一種偶像崇拜。蒙塔澤里總是回到《古蘭經》的內容，引用先知的說法與其他伊瑪目的行誼，認為必須進行某種動態的「伊智提哈德」（ijtihad），也就是從當代的角度來詮釋神聖經典。當蒙塔澤里提到什葉派創立者伊瑪目阿里時——蒙塔澤里經常以他為例，他形容阿里是個溫和、有彈性而且自信的人，他是最高領袖哈梅內意應學習的典範，也凸顯出哈梅內意的難以相處。

蒙塔澤里無畏地提出反對意見，他的做法令人尊敬，而這也使他成為政治教士的異數。他不擔心言論自由與出版自由可能帶來的喧囂與爭吵。他不懂哈梅內意及其下屬為什麼覺得批評對他們構成威脅。他也不擔心教士未預先選定候選人，民眾就會陷入錯誤。伊朗人都是好穆斯林，就算選出錯誤的國會議員，這些人也只是少數，在絕大多數議員都是好議員的狀況下，這些不良的議員起不了什麼作用。蒙塔澤里相信民眾的智慧與善意。《古蘭經》的經文要求統治者要「協商」。有些伊斯蘭學者，何梅尼也是其中之一，認為這段經文的意思是指協商是許可的而非必要的，而且無論如何領導者需要協商的對象是有資格的伊斯蘭學者，而非一般民眾。蒙塔澤里對於這段模稜兩可的經文採取了民粹主義的觀點。至少到了一九九七年，他認為（與人民）協商不僅是必要的，而且是政府正當性的基本根源。

在一九九七年的演說中，蒙塔澤里斥責巡邏伊朗大學校園的武裝民兵。Hezbollah 的意思指「真主的黨」，但蒙塔澤里堅持，沒有任何一個真主的黨會肆無忌憚地高呼口號而且用棍棒毆打政治對手。伊朗人民不應該受到這種野蠻力量統治。相反地，蒙塔澤里認為，伊朗人民應該擁有一個具有政黨、權力分立、自由選舉與言論自由的體制。而根據他的看法，根本不應該由憲法監護委員會選定候選人。總統與國會應該由人民直接選舉產生。

這名原本可能成為最高領袖，卻在一九八八年被剝奪資格的男子，對於他眼前這個體制內最高職位的擴張與濫用提出抨擊。最高領袖的存在不是為了立法、為了偏袒某人、為了打壓異議人士或確保任何特定的政治派系能夠獲勝。最高領袖不應該指揮警察或軍隊，不應該成立屬於自己的司法外特別法庭來管理教士，而哈梅內意現在做的就是如此。最高領袖應該要在宗教法的領域內「指導」國家事務，本質上來說，最高領袖是政府的精神顧問。即使如此，最高領袖也不應該無視民眾的意志或讓自己凌駕於法律之上。在之後的作品中，蒙塔澤里還明確表示，最高領袖應該由民選產生，而且要向人民負責。

蒙塔澤里毫不隱諱地輕視那名取代自己成為最高領袖的男子。哈梅內意無法成為而且未來也無法成為像何梅尼與蒙塔澤里那樣的法學權威。但就在成為最高領袖後不久，哈梅內意試圖讓自己迅速取得高級教士的地位，而這個地位其實已經逾越他受的訓練、他發表的作品以及學術社群對他的認可。蒙塔澤里讓最高領袖知道，他認為這些做法都是應該加以反對的。哈梅內意的做法「墮落了」傳統的什葉派權威世系，使這個世系退回到「幼稚期」[11]。

哈梅內意對「宗教學者的政治管理」的詮釋，實質上架空了民選官員的權力。蒙塔澤里不久將指出，總統無法實施法治，行政工具不在他的控制之下。警察只向最高領袖回報，而最高領袖還主張自己能控制司法。此外，最高領袖可以召開特別教士法院，目的是為了整肅異議教士，而最近法院的管轄範圍甚至擴大到「侮辱」教士的俗人身上。這個特殊的革命法庭並不符合《古蘭經》協商的原則，但何梅尼與哈梅內意卻認為捨棄這項原則是適當的做法。事實上，哈梅內意擔任最高領袖之後便開始擴充教士法院，使其擁有自身的安全網絡，甚至擁有自己的監獄。教士法院的法官、檢察官乃至於辯護律師都直接向最高領袖負責，而非向司法部或任何民選官員負責，而最高領袖傾向於從情報部與特別強硬的教士中選任法官。就連法院預算也由最高領袖監督而非國會[12]。

或許，接下來當特別教士法院將矛頭指向蒙塔澤里時，也不讓人意外。蒙塔澤里的一九九七年演說在核心的部分冒犯了哈梅內意。特別法院對蒙塔澤里判處軟禁的刑罰。革命衛隊、巴斯基與情報部派暴民洗劫蒙塔澤里的家、辦公室以及蒙塔澤里在庫姆進行演說與授課的侯賽因宗教會所。根據蒙塔澤里回憶錄的說法，這些安全部隊聽命於最高領袖辦公室，他們破壞與查封了宗教會所，任由它淪為廢墟。蒙塔澤里被軟禁在自宅的二樓，所有通往屋外的門全被封死，僅留一扇門對外出入；而就在這扇門的裡面，安全部隊蓋了一間小屋來屯駐武裝衛兵。往後五年，除了自己的家人，蒙塔澤里無法見到任何人。

然而，蒙塔澤里的話語已經打破封住的門，傳布到外界。蒙塔澤里在十一月的演說中表示，哈梅內意已經讓伊斯蘭共和國成為與巴勒維國王統治時期幾乎沒什麼差別的專制政體。沒有任何伊斯蘭的事物是與壓迫相關的。蒙塔澤里勸告哈塔米：「如果我是你，我會去找最高領袖，以適切而尊重的態度告訴他，每個人都知道你支持另一個候選人，但二千二百萬人把票投給我。因此，這表示人民已經否定了現存的秩序。」[13]

第三部

改革

第八章　連環謀殺案

突然映入眼簾的景象
讓觀看成了恐怖的夢魘，
就在這些景象吸引著你
欣賞這片點綴著白色橡樹的廣闊地貌時，
乾癟的屍體
冰晶般的臉孔
結了鹽粒的屍身，
使勁抓住你的眼睛去改變它們。

——穆罕默德·莫赫塔里
《來自另一半》

夏赫拉姆．拉菲札德赫九歲時母親去世，革命爆發，他在此時發現詩的存在。體格魁梧、面容憂傷、濃密的褐色鬈髮與溫暖而疲憊的眼神，夏赫拉姆在伊朗北部省分吉蘭一個名叫夏夫特的村落的稻穀脫殼工人家中出生，在七個子女中排行第六。他與父親以及所有兄弟姊妹睡在同一間寢室裡，屋頂是用鍍鋅鐵皮鋪設的；不管家人如何勸告他多睡一點，天剛破曉，他就會起床運動與背誦詩歌。

夏赫拉姆不確定自己是否信仰真主。他的母親還活著的時候會祈禱，但與伊朗其他眾多的工人階級一樣，他們家的立場傾向於世俗左派。他的父親貧窮，但自尊而守法。夏赫拉姆想要一輛腳踏車，他的父親找到一個人願意以他付得起的價格賣腳踏車給他。但當他與夏赫拉姆把腳踏車牽走時，夏赫拉姆的父親想起自己沒有跟對方索取收據。他們回頭去找賣家，賣家說他無法開收據。讓夏赫拉姆沮喪的是，他的父親居然因此把腳踏車還給對方。

夏赫拉姆整個早上都是一個人獨處。他的兄姊在學校，父親在工作，弟弟巴赫拉姆在祖母家。就讀四年級的他只有下午才有課。夏赫拉姆其中一個哥哥打掃頂樓時找到了兩件東西，他覺得夏赫拉姆可能用得著。一個是老舊的小型電暖器，一個是破舊的詩集，裡面收錄了一些詩人的選集以及對詩作的評論，包括了偉大的波斯詩人海亞姆、哈菲茲、莫拉納與薩迪。詩集的封皮已經快要解體。夏赫拉姆的哥哥親手將這本書重新裝訂起來，然後交給夏赫拉姆。

小型電暖器少了插頭。第二天早上，夏赫拉姆把電暖器裸露的電線接到二百二十伏特的牆壁插座上。強烈的電擊將他擊倒在地。下午，他的姊姊放學後發現夏赫拉姆不省人事。夏赫拉姆覺得自己沒有死完全是運氣好。

那位把電暖器與詩集拿給夏赫拉姆的兄長，是個活躍的馬克思主義者與愛讀書的人。夏赫拉姆小的時候，這個兄長堅持夏赫拉姆必須讀完書、寫完讀書報告才能出去玩。很想出去玩的夏赫拉姆於是讀完了《小黑魚》與薩瑪德・貝赫朗吉的其他作品。有個老師給了夏赫拉姆一本書，夏赫拉姆特別喜歡，這本書的書名叫《哈薩納克，你在哪裡？》，書中講述了一則晦澀難懂卻又令人難以忘懷的故事。

這本書出版於一九七〇年，由穆罕默德・帕爾尼安以韻文形式寫成，故事一開始的場景是天降大雪覆蓋了一座繁榮的村落。害怕的村民紛紛躲進自己的家中。但是，一個名叫哈薩納克的小男孩卻決心找回雲後頭的太陽。他帶領一群孩子，不顧父母的抗議，前往山中。大人們反對，因為山裡面有野狼與大雪。你們會凍死在那裡。但哈薩納克還是率領孩子前往。

前往山區途中，他們遭遇野狼攻擊。哈薩納克知道，他與其他孩子必須趕在他們凍僵之前達成任務。於是他要其他孩子留下來對抗野狼，自己則繼續上山尋找太陽。

現在只剩下哈薩納克孤身一人，他毫不畏懼，一路往上爬，空氣愈來愈稀薄，也愈來愈寒冷，他小小的身體抵擋不住嚴寒，幾乎就要死去。儘管如此，他還是登上了山頂。他在那裡發現了正在沉睡的太陽。

「太陽！」哈薩納克叫道，「太陽！快起來！」

太陽被哈薩納克的聲音喚醒，開始冉冉升起，再次將光與熱散發給村子，以及其他或遠或近的村落，還有已經冰凍的高山。但是，太陽低頭一看，在底下的山峰上，小哈薩納克的身體早已冰涼沒了氣息。

此後，在其他孩子的耳中，在山中的岩石間，仍然迴盪著哈薩納克的聲音。

「我將前去，我將移除冰雪。」他說道。

「我將前去，我將掃盡雲霧。

「我將在烏雲中清出一條道路。

「我終將找到太陽。

「凡是想看到太陽的人

「起身隨我來！」

遭受電擊之後，僥倖撿回一命的夏赫拉姆不敢再去碰電暖爐，而是拿起詩集開始閱讀，這是他首次接觸波斯文學的幾個大師。他朗讀這本書給自己聽，而且是用盡力氣大聲朗讀。這些詩作的情感發源地並非完全處於夏赫拉姆的意識生活之外。夏赫拉姆開始寫作。他把自己的詩拿給他的兄長看，兄長說他的詩寫得非常好，他也許可以成為一個詩人。

一九八一年，夏赫拉姆十一歲，巴尼－薩德爾擔任總統，革命衛隊與聖戰者組織在市區進行巷戰。在夏夫特，夏赫拉姆認識一個加入聖戰者組織的男孩。這個男孩沒有父親，他很高，很窮，讀了很多書。他在巷戰中存活下來，而且短暫逃亡了一段時間，而後返回夏夫特來看他的母親。槍聲響起時，夏赫拉姆正坐在家中。他與家人朝那名年輕聖戰者家中跑去，發現他家已被革命衛隊團團圍住。夏赫拉姆認出其中一名隊員是另一個鄰居家中的男孩。那名男孩拿槍指著夏赫拉姆與他的家人。「如果任何人往前一步，」他說道，「我就開槍。」

那名又高又窮的年輕聖戰者正在母親家中禱告，一名隊員潛伏在窗邊，一槍打中了他的前額。然後，攻擊者進到屋內，把死者的頭砍下來。夏赫拉姆看到他們把鄰居的無頭屍體拖到車內。那是一幅可怕的景象。他因為他的哥哥以及哥哥的朋友是馬克思主義者而反對伊斯蘭共和國。但從那時起，他打從內心反對伊斯蘭共和國。

夏赫拉姆的青少年時期就跟一般青少年一樣虛擲光陰。他用一年的時間完成高中前兩年的課業，接下來就開始疏於學習，甚至把詩抛在一旁，與朋友流連於吉蘭首府拉什特的街頭，對於不經意發現的街邊新鮮事充滿興趣。有一天，一件出乎意料的事情發生了。一九八八年春天，十七歲的夏赫拉姆搬到拉什特。當他與朋友走在街上時，看到一個令他心動的女孩，他從未對其他女孩有過這種感覺。女孩名叫碧塔，住的地方離夏赫拉姆只有幾條街。

夏赫拉姆打聽到她的電話號碼。但根據伊朗傳統，最初見面必須由家人介紹，交往也必須由雙方家長安排。約會在伊斯蘭共和國是非法行為，重視女性榮譽的傳統家庭也無法接受。所以夏赫拉姆只能打公共電話給碧塔，只要電話是她的姑姑、母親或其他家人接的，他就馬上掛電話。終於，碧塔接起電話。夏赫拉姆告訴她，他愛她。之後，兩人開始偷偷打電話，有時還會到電影院見面。他們不敢上街，怕巴斯基以行為不檢為由逮捕他們，此外也擔心被碧塔的家人看到。直到一九九一年，兩人終於結婚。夏赫拉姆覺得自己心中有某種東西正在萌芽。他重新開始寫詩與閱讀。

夏赫拉姆的哥哥在德黑蘭擔任排字工人，這份工作使他接觸到詩人與作家。他把夏赫拉姆的詩拿給一些作家看，這些作家開始與夏赫拉姆通信，並且告訴他他們對他的作品的看法。夏赫拉姆與阿里・巴巴恰希時常信件往來，臉孔粗獷、滿頭鬈髮的巴巴恰希是伊朗最富盛名的世俗文學雜誌《週末》的編輯。新婚的夏赫拉姆充滿自信，一九九二年，他與妻子搬到德黑蘭。

夏赫拉姆在拉什特有個朋友擔任文化雜誌編輯，他請求夏赫拉姆幫他一個忙。朋友問道，既然夏赫拉姆人在德黑蘭，那麼是否能代他向世俗詩人兼作家穆罕默德・莫赫塔里邀稿？莫赫塔里是伊朗文壇的著名人物，然而夏赫拉姆從未見過他。但他還是依照朋友的要求，靠著一通電話拿到了這名著名作家的稿子。

莫赫塔里邀請夏赫拉姆到他一個朋友家參加聚會。這是這位文學名人對一個力爭上游的二十二歲詩人做出的慷慨之舉。夏赫拉姆在聚會中明顯感受到自己的年少。但當莫赫塔里聽到夏赫拉姆說話時，他肯定從這名來自夏夫特體格魁梧、目光溫和的年輕人身上看到某種與他心靈相合的特質。當著朋友的面，莫赫塔里走上前去，親了夏赫拉姆前額一下。

穆罕默德・莫赫塔里不是那種會在聚會裡嚼口香糖的人。但在一九九八年十一月三十日，夏赫拉姆最後一次看到他的時候，莫赫塔里卻在作家聚會上嚼起了口香糖。夏赫拉姆現在心裡想到的都是這些細節，無關緊要卻又難以忘懷。

聚會中，作家們震驚地談論起最近發生的可怕新聞。九天前，達里烏什・佛魯哈爾與他的妻子帕爾瓦內赫在自宅遭到殺害與肢解。佛魯哈爾一家是世俗的民族主義分子。達里烏什死時七十歲，他曾在巴札爾甘政府擔任部長，從事運動已超過四十年。他與帕爾瓦內赫批評伊斯蘭共和國的人權紀錄。一九九八年十一月二十二日，他們的屍體被人發現布滿了穿刺傷。據說凶手刺了達里烏什十一刀，帕爾瓦內赫則是二十四刀，每一刀都將刀子轉了一百八十度。他們把達里烏什殘缺的屍體面向麥加。謀殺案發生時，佛魯哈爾家正受到情報部的嚴密監視。犯罪者不可能在無人注視下進入屋內。這對夫婦當晚宴請了幾個賓客，佛魯哈爾家的律師相信是這些賓客犯下殺人罪行，當達里烏什坐在書房說話時，他們趁機將他綁在椅子上，然後突襲正準備就寢的帕爾瓦內赫[1]。

達里烏什遇害的前兩天，另一名作家兼政權批評者外出跑步，但再也沒有返家。瑪吉德・謝里夫是沙里亞蒂的助手，在沙里亞蒂去世後負責編輯他遺留下來的作品。他也將尼采與德希達的作品翻譯成波斯文。十一月二十四日，德黑蘭警方在路旁發現他的屍體。在此之前的八月，左翼活動分子皮魯茲・達瓦尼也因不明緣故失蹤，遺體一直未能尋獲。

莫赫塔里難道沒有發現佛魯哈爾家的事很不對勁嗎？夏赫拉姆問他。夏赫拉姆覺得，這一連串的死亡事件只是開始。

星期六，適逢假日，但為文化版面寫稿的夏赫拉姆仍要上班處理週日報紙出刊的事務，此時朋友打電話告訴他，莫赫塔里失蹤了。這個朋友是一名編輯，他請莫赫塔里寫一篇文章，當他在約好的時間到莫赫塔里家拿稿時，卻找不到莫赫塔里。

夏赫拉姆打電話過去，莫赫塔里的妻子告訴他，莫赫塔里在星期四傍晚五點出門購買燈泡與牛奶，從此音信全無。莫赫塔里的家人打算等假日結束再求助媒體。但夏赫拉姆力勸他們要早點採取行動。他的弟弟巴赫拉姆很快就在報紙上下了斗大的頭條標題：「穆罕默德．莫赫塔里在哪裡？」接著就是夏赫拉姆人生中膽戰心驚的一星期。

夏赫拉姆在報社以及在一家名叫新計畫的出版社工作，他與一群改革派人士合作，其中以阿克巴爾．甘吉最為知名。一群聚集在新計畫出版社周圍的宗教知識分子感到害怕。夏赫拉姆可以感受到他們的不安。他日後表示，當時大家不覺得莫赫塔里遭到逮捕，也沒有他遭到逮捕的跡象。他就這樣平白無故地失蹤，讓人覺得這是一種不祥的預兆。三四天後，莫赫塔里的兒子在停屍間認出詩人的遺體。

同一天晚上，穆罕默德．賈法爾．普揚德赫也失蹤了。普揚德赫是莫赫塔里的朋友，他是一名作家與譯者，最近才將〈世界人權宣言〉翻譯成波斯文。他被人發現勒死在德黑蘭西南方的夏赫里亞爾。

夏赫拉姆根據殺死莫赫塔里的凶手提供的證詞重建了他的朋友兼導師在人生最後一刻經歷的過程。夏赫拉姆描述這段歷程以紀念莫赫塔里，彷彿這段痛苦的描述可以讓夏赫拉姆回到過去，讓莫赫塔里可以在愛他的人的陪伴下死去，而非孤獨地陷入恐怖之中。

莫赫塔里當時前往德黑蘭北區位於自宅附近的約旦大道商店購買牛奶與燈泡。他不知道有多達八人的襲擊者分別搭乘寶獅與計程車尾隨著他。當他返家的時候，其中一部車下來幾個人向他出示傳票。他們告訴他，他被捕了，並且要他上車。他們載著他在德黑蘭北區繞行幾個小時。他們的計畫是在情報部位於貝赫什特．札赫拉的辦公室殺害他，貝赫什特．札赫拉是位於德黑蘭南方的一處大型公墓；但這次行動是保密的，貝赫什特．札赫拉的情報長官知道這件事，不過他的屬下卻毫不知情。這些暗殺者等待著，直到大樓空無一人為止。

在夜色掩護下，他們穿過墓園，把莫赫塔里運到情報部大樓，然後將他帶到專門用來做一些恐怖勾當的房間裡。他們讓莫赫塔里俯臥著，用繩索纏繞他的脖子。他們坐在他的背上並且抓住他的腳。有人用腳踩住他的脖子，然後拉緊繩索。他們把布塞進他的嘴裡，不讓血流出來。他們都是有經驗的人，懂得從指甲顏色的變化來判斷一個人斷氣了沒。當莫赫塔里停止掙扎且沒了氣息，當他的甲床變成了灰色，他們將莫赫塔里塞進寶獅的後行李箱，接著把車開到德黑蘭東南方的雷伊水泥工廠後方。他們拿走莫赫塔里皮夾裡所有的物品，並且將他的屍體丟棄在那兒。

在朋友與家人的陪伴下，穆罕默德．莫赫塔里的妻子看著丈夫的靈柩送上靈車。她走向前去，把一支筆放進棺木裡。她說道：「我目送他帶著他的武器離去。」[2]

革命前，伊朗的文學菁英多半來自世俗左派。革命後，世俗左派遭到搜捕，未遭到消滅的則噤若寒蟬，伊朗的詩人與作家轉而退縮到私人領域。延續以往的文學風格進行寫作將招致審查、監禁與流放。穆罕默德．莫赫塔里在一九八一年擔任伊朗作家協會幹事，在一九八二年時被判處兩年有期徒刑。作家協會遭到查禁。革命教條主義幹部發展出新的文學，不僅讚美伊瑪目，也改寫了宗教敘事。世俗作家在極為疏離而危險的生活中度過十年。馬哈茂德．杜拉塔巴迪是一名小說家與劇作家，從貧困中一躍成為老一輩的菁英；他日後表示，當時他一直過著彷彿有人拿刀子從背後頂著他的日子。沒有任何主流政治人物或機構出面捍衛這名世俗作家。憲法的約束也無法保護他。

接著則是拉夫桑賈尼的主政時期，以及在這個時期出現的《地平線》與戰略研究中心。這個時期的宗教知識分子，包括索魯什、卡迪瓦、甘吉、哈賈里安與其他人，都不是從伊朗舊知識分子環境中孕育出來的。他們是出身下層中產階級的傳統人士，這些人特別的地方在於，他們思想的優越與革命息息相關。他們使用的是宗教與革命的語言。這是一種充滿撕裂感的語言，夏赫拉姆覺得始作俑者就是沙里亞蒂：宗教知識分子永遠無法將伊斯蘭教以及追求自決與自由意志的革命驅力融合在一起。但由於改革派是政府內部的人士——表面上看來是如此——因此相較於世俗左派，他們可以用較小的代價發起大膽而挑釁的政治自由訴求。宗教知識分子比較接近這個系統。有些人甚至是這些訴求的建立者。他們以為自己可以獲得容忍。

在這些新宗教知識分子中，有些人相信自己可以毫無顧忌地批判神權政治的不公義，甚至抨擊神權政治的不虔誠，而他們也要求做到政教分離。前總理梅赫迪．巴札爾甘的一九九二年演說讓世人留下主張世俗主義的印象。一年後，《地平線》對這篇演說又加以詳細闡述。巴札爾甘在《地平線》的文章中表示：「只要宗教與政府（甚至意識形態與國家）合而為一，並且掌握在統治者之手，民眾就被剝奪了言論自由以及管理自身事務的意志。輸家一直是宗教，不是政府。」巴札爾甘寫道，事實上，伊朗人「看著這些伊斯蘭與穆斯林臉孔自認為是奉宗教與政府之名行事……，他們因此逐漸對自己的宗教信仰與宗教知識產生懷疑」[3]。《地平線》編輯在為巴札爾甘的文章寫序時提到，他們要為前總理遭受伊斯蘭激進分子不當對待一事致歉，因為這些人當中有一些是《地平線》圈子的人：「現在，熱潮已經消褪，激烈的激進主義已經結束，社會發展的方向也已經明確，許多人現在正乞求得到他的原諒，特別是攻擊他的政策的年輕一代。」[4]

世俗知識分子以審慎而興奮的心情關注改革派知識分子逐漸轉向接近世俗化的國家觀點。世俗知識分子的處境遠比改革派人士來得艱困危險。此外，宗教異議人士也為同為知識分子的世俗派人士創造了喘息空間。於是，趁著拉夫桑賈尼擔任總統初期對出版採取較為自由的政策，世俗派編輯開始創立雜誌，其中包括了《週末》。世俗作家也開始發表文章。世俗派知識分子開始在祕密聚會時重新接觸，並且將這種聚會稱為「共識會議」。夏赫拉姆．拉菲札德赫搬到德黑蘭時，他進入的就是這個作家圈子。

宗教知識分子也試探性地向世俗知識分子伸出友誼之手。他們的動作不能說完全不具有自利的考量。把舊文學菁英涵蓋到改革派圈子裡，不僅能證明宗教知識分子有誠意推動寬容與言論自由，也顯示他們對文學的看重，畢竟世俗派作家依然是伊朗文化品味的翹楚[5]。另一方面，世俗知識分子也察覺國家已經改變，他們不可能無視與排除宗教知識分子而還能代表伊朗的高層文化。他們於是同意讓宗教改革派陣營的一些人權與女權活動分子參與他們的共識會議[6]。

畢竟這些知識分子有一個共同目標，那就是在伊斯蘭共和國統治下擴大言論自由的空間。一九九四年十月，一百三十四名伊朗知識分子連署發表了一封公開信。信的標題是〈我們都是作家！〉，他們要求恢復已經查禁的伊朗作家協會，並且要求停止審查[7]。連署人表示：

我們都是作家！這意味著我們以不同的形式表達與出版我們的情感、想像、觀念與研究成果。我們的文字作品，無論是詩文或小說、劇作或劇本、研究或批判，乃至於我們翻譯世界上其他作家的作品，都應該不受干預或不遭阻礙地傳遞給讀者，這是我們的自然、社會與公民權利。沒有任何個人或機構，在任何條件下，有權阻礙這個過程……

請願書還強調連署人的善意。他們主張，無論政府或任何其他政治力量如何抹黑他們，他們的本意均與政治無關。他們只想建立作家的集體組織，取得一個表達自由的空間。如果國內外有任何政治力量聲援他們，那些都不是作家們該負的責任。儘管如此，「無論任何狀況，捍衛任何作家的人權與公民權，乃是所有作家的職責與義務」。

這封公開信的連署人中就包括了穆罕默德·莫赫塔里、穆罕默德·賈法爾·普揚德赫與其他為人所知的連環謀殺案的受害者。

「連環謀殺案」這個詞是貼切的。就像連環殺人犯一樣，犯下這一連串謀殺案件的凶手有著固定的類型特徵。他們多半避開宗教知識分子，專挑世俗作家、譯者與知識分子下手，許多受害者甚至名不見經傳。與連環殺人犯一樣，這些凶手也有著特定的犯案手法：絞殺、注射鉀離子使心臟衰竭，偶爾手段凶狠殘忍，就像佛魯哈爾夫婦的案子一樣。受害者都是在出門工作、赴約、辦事途中失蹤。他們的屍體會在幾天後被發現。凶手心狠手辣，行事縝密，早在穆罕默德・莫赫塔里遇害之前將近十年，他們就已經犯下殺人案件。一九九八年的殺人案件之所以引發危機，除了因為這一連串案件是在短時間內連續發生，且犯案手法極為類似，也因為這些凶殺案發生在哈塔米就任總統的第一年，當時伊朗人多半期待國家應該走向更寬容而非更壓迫的方向。

伊斯蘭共和國建國以來，一直有一股強大的力量存在於國家的表象之下，完全不受民選政府及其部會首長的掌控。現在，這股力量就源自於情報部，情報部是最高領袖轄下安全體制最祕而不宣的組織。根據日後一些描述，所有暴力的行動不應該僅追究情報部的執行人員，而應該溯及意識形態的創始者，也就是強硬派教士的圈子。憲法監護委員會、情報部與司法部門就是這些強硬派教士的據點。這些教士稱為哈格尼圈子（Haghani Circle），哈格尼是他們受訓的神學院名稱，他們在這裡接受阿亞圖拉穆罕默德－塔基・梅斯巴赫－雅茲迪的教導，梅斯巴赫－雅茲迪相信，把與他們意見相左的人從肉體上予以消除乃是善盡符合公義的職責。「殺死偽善者不需要法院命令，這是伊斯蘭教法加諸於所有真正穆斯林身上的責任。」梅斯巴赫－雅茲迪在一九九九年如此說道，當時正是連環謀殺案引起爭議的時候。「伊斯蘭的命令就是將這些人從高山上推下，毫無顧忌地殺死他們。」[8]

〈我們都是作家！〉肯定在什麼地方觸動了狂熱捍衛「宗教學者的政治管理」者的敏感神經。世俗文學菁英在長期遭受放逐後重新浮上檯面，對新文化秩序構成威脅。宗教與世俗知識分子結盟的隱患令他們無法容忍，尤其宗教知識分子愈來愈公然地質疑「宗教學者的政治管理」。過去，仰仗阿亞圖拉何梅尼的權威與魅力，這類討論很容易加以遏止。但是，隨著一九九〇年代宗教智性主義的出現以及西式社會科學逐漸流行，大家開始主張理性的辯論，反對一味要求服從或符合革命精神。伊朗的知識分子與權力菁英之間開始出現無可彌縫的鴻溝，梅斯巴赫－雅茲迪與哈格尼圈子相信最高領袖的權威絕對而不可能有錯，但另一些人則認為最高領袖仍須做到符合邏輯，而且應該受到人民主權某種程度的限制[9]。

這些隱身在安全機構裡的力量殺死的世俗知識分子，在權力結構裡毫無立足之地也毫無法律保障，凶手或許認為自己只是在善盡神聖責任。他們也許頑固地認為可以靠一己之力清除伊朗前革命時代的文學文化。他們或許也了解到自己一時間還無法對付他們的政治對手改革派人士，因為這些人尚未明目張膽地違反憲法；於是他們將目光轉移到世俗派思想家，企圖殺雞儆猴，警告改革派人士，有一道他們應該感到畏懼而不應該去踩踏的紅線。

宗教知識分子並未因此緘默。相反地，索魯什與巴札爾甘在同一期的《地平線》與其他刊物共同發表聲明，抨擊神權政治不僅以暴力侵害人權，也傷害了宗教尊嚴。一九九五年，巴札爾甘去世，他的追思儀式在伊朗革命伊斯蘭主義的誕生地侯賽因宗教會所舉辦。在沙里亞蒂曾經慷慨陳詞的講經台上，索魯什表示：「一個宗教成為壓迫工具而民眾遭到打擊與剝奪的社會，要比毫無宗教的社會更加邪惡，因為後者的壓迫者並未以真主之名犯下罪惡，也未將自己的罪惡歸於宗教。」[10]

伊朗的世俗知識分子成了無情死亡機器的獵物。根據紀錄，從一九九〇年到一九九八年，超過八十名伊朗作家與知識分子在類似的狀況下死亡：遭到綁架、失蹤、屍體被人發現。侯賽因·巴拉贊德赫曾經擔任沙里亞蒂的助手，一九九五年一月，他在馬什哈德被悶死。艾哈邁德·米爾·阿拉埃伊是伊斯法罕的一名作家與譯者，一九九五年十月死亡，死狀可疑。艾哈邁德·塔法佐利是一名作家與譯者，一九九六年一月，他的屍體在德黑蘭被發現，頭骨遭到擊碎。易卜拉欣·札爾札德赫是一名編輯與出版商，他利用傳真機將公開信〈我們都是作家！〉發送出去，一九九七年二月，他遭到綁架，三月被刺身亡。六名前政治犯分別遭到綁架，他們的屍體於一九九六年在馬什哈德被人發現。一九九八年四月，前總理穆沙迪克的孫女遇刺身亡。一九九八年九月，在克爾曼，擔任老師同時也是詩人的哈米德·哈吉札德赫與九歲的兒子被刺死在床上。

一九九六年八月，大約二十名世俗作家，其中許多是〈我們都是作家！〉的連署人，一行人包車前往鄰國亞美尼亞參加文學節。半夜，他們從睡夢中驚醒，發現自己搭乘的巴士正朝著懸崖急駛而去。司機故意鬆開手剎車，然後跳出車門逃逸。一名乘客衝向前去踩住剎車，成功停下車子，車頭已經越過絕壁，其中一個輪胎還差點懸空。

同年夏天，安全部隊突襲德國文化專員的家中晚宴。出席的作家與知識分子遭到監禁與審問。法拉吉．薩庫希也在其中，他當時擔任《週末》的編輯，同時也是〈我們都是作家！〉的連署人。往後兩年，薩庫希一再遭到囚禁，而且被迫坦承自己參與了西方破壞伊斯蘭共和國的陰謀。他被迫表示，《週末》遵循德國政府的意識形態腳本。

這段期間，夏赫拉姆在作家協會的朋友經常提到一個人，他們只知道這個人名叫哈什米，哈什米要不是將他們傳喚到情報部進行審問，就在他們試圖出國時在機場攔住他們。後來夏赫拉姆才知道，哈什米的本名叫梅赫達德．阿里哈尼，是專門負責對付世俗左派詩人與作家的情報部官員。這個計畫的目的明顯就是清算。

接下來到了一九九八年深秋，佛魯哈爾夫婦、瑪吉德．謝里夫、穆罕默德．莫赫塔里與穆罕默德．賈法爾．普揚德赫在三個星期內先後失蹤。伊朗作家與知識分子知道，自己已成了俎上肉。名單浮上檯面：姓名欄位表列出即將失蹤的知識分子。侯賽因．巴什里耶赫是一名社會學家，他曾在戰略研究中心吸引一批追隨者，他的名字也出現在某些版本的名單上。雖然他符合名單的特徵描述，甚至有過之而無不及——世俗左派知識分子，對於伊斯蘭改革派思想有著實質影響力，但他不相信有人會傷害他。他認為自己並非公眾人物，而僅是個不過問政治的學者。儘管如此，他的妻子還是在門上安了兩道鎖，朋友也勸他們到別的地方過夜。恐慌的作家們在伊朗城市四處漫遊尋找可以歇息的地方，他們連聽到腳步聲都感到害怕，而且為了安全將家人送往外地農場。有些人完全與外界斷絕來往，只跟自己最親近的朋友與家人連繫。有些人索性出國，等待風暴過去。改革派的報章雜誌在哈塔米主政下剛要開始成長發展，此時大聲疾呼決心與正義，要求情報部部長古班納利・多里－納賈法巴迪如果無法保證伊朗知識分子的安全，就應該馬上辭職。

總統哈塔米面臨嚴峻的挑戰。如果他無法針對伊朗異議分子遭到謀殺而引發的抗議聲浪提出令人信服的回應，那麼他提出的擴大言論自由與法治的主張將從一開始就淪為空談。另一方面，如果他能讓光線照進安全體制最陰暗的深處，那麼他不僅是向選民證明深層改革的可能性，也讓強硬派理解改革派是一股不可輕忽的力量。

一九九八年十二月，哈塔米宣布他已經組成委員會調查此事。幾乎沒有人對此抱持期待。眾所周知，伊斯蘭共和國絕不會調查自身的弊案。但情報部內部卻有人告密，而且提到離職同事與佛魯哈爾夫婦謀殺案有關。哈塔米利用這項證據要求情報部對此事負責。令伊朗人震驚與訝異的是，情報部部長多里－納賈法巴迪竟因此引咎辭職，他原本是最高領袖強加給哈塔米的首長，現在他的位子轉而由哈塔米成立的委員會主席接任。

情報部表示，一群人數約三十名的惡劣探員，在前情報部副部長薩伊德・埃瑪米的命令下，未經司法程序就在國內外殺害伊朗異議人士。一九九九年二月，埃瑪米與他的探員被送進監獄。四個月後，據稱埃瑪米在獄中吞食除毛粉自殺身亡。

哈塔米因成功查明此事而聲望提升。過去伊朗官方從未對殺害異議人士負責，也沒有人為這類事件受到懲處。這是首次有總統僅憑輿論的壓力與相對自由的報導就成功行使權力壓制了安全機構。總統哈塔米證明強大的改革運動確實能有所建樹。

但哈塔米也證實了改革運動的局限。情報部的「惡劣分子」遭到清除，主犯又湊巧自殺，許多問題依然懸而未決。副部長真的有能力主導如此廣泛的跨國行刺計畫——奪走超過一百條人命——而完全沒有任何上級指示？這樣的計畫究竟獲得多高的層級的授權？是總統拉夫桑賈尼主政時期的情報部部長阿里・法拉希安下的命令？還是拉夫桑賈尼本人？抑或是最高領袖哈梅內意？這裡面是否有教士介入，例如哈格尼圈子，他們曾經祝福這項計畫，也許他們曾經發布伊斯蘭教令，判決這些受害者死刑？有些強硬派官員宣稱，埃瑪米與他的黨羽聽令於國外的惡棍。他們公布一份錄影帶，在影片中，埃瑪米的妻子在刑求下承認這件事，而刑求的過程因為過於殘酷，導致她的一顆腎臟壞死[11]。

在《今日晨報》上，阿克巴爾・甘吉無情地向總統及改革派政府提出上述問題。《今日晨報》不只是一份報紙，它屬於薩伊德・哈賈里安所有；哈賈里安是戰略研究中心的改革派戰略研究人員，他曾經是情報部官員。據說在穆薩維時代，哈賈里安曾試圖阻止哈瑪米的任命案。顯然他應該知道情報部一些內情。

至於甘吉，他不只是一名作家，他生來就像隻牛虻，思想敏捷，幹勁十足，而且激進得無可救藥，無論是一九八〇年代身為革命衛隊成員，還是如今的自由派鼓動者，這是他一貫的作風。在改革派眼裡，甘吉是個強大但卻令人惱怒的盟友。眾人無法期望他的言行與團隊一致；他是最大膽的思想家，也是最不願妥協的批評家。

當薩伊德．埃瑪米被捕時，甘吉為哈塔米喝采，但並未因此放鬆批評。「把每個人的目光引向情報部，這是個視覺上的幻影，」甘吉寫道，「這些思想界與政治界的邪惡吸血者，無論他們如何掩飾，無論他們是否身居高位，都應該一個一個揪出來。」

這不只是對行凶者施加報復的問題。甘吉堅持，整個國內瀰漫著「暴力意識形態」，政府必須將這種意識形態連根拔除，這是政府的道德責任。他又說，伊朗的宗教領袖不應該默不作聲，否則這就證明他們也是共犯。更確切地說，正直的教士不應該讓行凶者「在宗教的領域擺起謀殺與犯罪的攤位，或者是在宗教的圓頂下立起邪惡的大旗」[12]。

當薩伊德．埃瑪米死於監獄時，甘吉公開質疑官方宣布埃瑪米是自殺而死的說法。甘吉在《今日晨報》提到他被單獨監禁的經驗：守衛每半小時就會注視他一次；他一個星期只能洗一次澡，每次只能洗五分鐘，而且整個過程都有守衛在旁邊觀看[13]。甘吉質疑，像薩伊德．埃瑪米這麼重要的犯人，獄方怎麼可能任由他一個人取得有毒的物品而且有足夠的時間自殺？是否有人該為這起事件負起過失責任，又或者政府應該發起調查，查明埃瑪米死亡的真正原因？

甘吉的文章俘獲許多讀者。這些文章後來結集成書，書名為《鬼魂的地牢》，一出版就暢銷。甘吉在書中追溯哈格尼圈子成員之間的連結，顯示這些教士——法拉希安與多里－納賈法巴迪也包括在內——從一開始就控制了情報部。他宣稱，有一支暗殺小隊祕密開會，由「幕後掌權者」發布伊斯蘭教令殺害某些特定敵人，真主黨支持者也聽命於同一批教士。甘吉書中的內容，除了推測之外還帶了點戲劇成分與B級片的語言。他筆下的人物包括一名「紅袍閣下」與某個名叫「主鑰」的人。但甘吉的論證也條理分明，他並未放棄越過薩伊德‧埃瑪米繼續往上追究責任的念頭。他點名法拉希安與梅斯巴赫－雅茲迪，最後還提到了拉夫桑賈尼。

日後，甘吉表示他很清楚自己在做什麼。他在動搖政權的基礎，他暴露了政權隱藏的計畫與最見不得人的腐敗。他知道哈梅內意試圖控制損害，哈梅內意只承認四起謀殺——佛魯哈爾夫婦、莫赫塔里與普揚德赫——而且想把責任局限在埃瑪米及其黨羽身上。但甘吉了解，該負起責任的人更多更廣，不僅包括他們的同僚與長官，還必須追究過去。甘吉顯然指的是拉夫桑賈尼。後來，甘吉表示，他認為他可以將責任一路追究到哈梅內意身上。但要做到這一點，他需要哈塔米的支持——哈塔米不應該只是整肅情報部，宣布勝利，然後結束這件案子。

哈塔米警告甘吉，認為他追查得過於深入，也過於急切。不久，甘吉開始收到反對者的各種警告。他的文章受到嚴厲審查，甚至在出版前被刪除多達三分之二的內容。「我們有十個編輯，而不是一個編輯。」甘吉日後說道。他開始從電話與傳真機收到死亡威脅。

在這段期間，甘吉曾一度被情報部傳喚，而且也被軍事法庭傳喚了一次。他在那裡被告知，如果他繼續寫作，他將坐最少十五年的牢。當他寫下一篇題為〈嘲弄死神〉的文章時，他知道自己的冒險之旅即將告終。他在文章裡寫道，他覺得自己像是參與一場決鬥，隨時可能被殺。為了訪談消息人士，他必須前往陌生的地方與陌生人見面。每次見面都可能是個陷阱。但他一次次順利生還而且發表了文章，但每次發表遭受的審查都更甚以往。

終於，甘吉在二〇〇〇年被捕。二〇〇一年，他將被判處十年有期徒刑與五年國內流放。他將成為伊斯蘭共和國最難對付的政治犯之一，撰寫激進的反神權政治宣言，而且進行長達五十天的絕食抗爭，直到他的醫師告訴他，他再繼續下去將對腦子造成不可逆轉的損害為止。

夏赫拉姆．拉菲札德赫不像甘吉那麼有名，但也鍥而不捨地從事寫作，追查連環謀殺案的幕後真相。他懷疑改革派分析家只將刺殺計畫追溯到拉夫桑賈尼政府，是因為在拉夫桑賈尼主政之前，這些改革派連同他們的伊斯蘭左翼朋友與權力核心有著密切關係。但二十八歲的夏赫拉姆不屬於任何政治派系，他相信刺殺計畫從伊斯蘭共和國成立時就開始了。他把數十年來發生的超過三十起謀殺案與一九九八年的謀殺案連繫起來。在一本談論情報部副部長，書名為《權力遊戲：魯霍拉．侯賽因尼安》的作品中，夏赫拉姆分析了薩伊德．埃瑪米親近人士的公開發言，顯示伊斯蘭共和國為了混淆真相，故意發表彼此衝突的敘事。

夏赫拉姆的作品使他四處求職都遭遇閉門羹。夏赫拉姆原本在報社編輯文化版面，向伊朗讀者介紹世俗派詩人與作家，此外也在出版社任職，並結識一些重要的改革派知識分子，但現在這兩個地方的職位都沒了。有時，他甚至連房租都付不出來。他賣掉電視，把妻子碧塔與孩子送回拉什特，從連環謀殺案到他們遭受迫害這段暴力而騷動的期間，他讓妻兒與岳父同住。「他們打算殺死我所有的朋友。」他絕望地對妻子娘家的人說道。

莫赫塔里原先相信對話。他是主動向政權中的改革派尋求溝通的人士之一，即使他並不認同他們的宗教理念。他相信和平共存與和平奮鬥。他遭到謀殺是個可怕的錯誤。朋友的遺體被發現後才過了十天，夏赫拉姆就發表一封公開信。他把這封信稱為〈詩人的份額：孤獨、愛與死亡〉。他寫道，在伊朗，希望本身令詩人與作家窒息。

之後，夏赫拉姆開始寫書，而且從未停止。他把這一點歸功於他對莫赫塔里的回憶。但他在德黑蘭的生活卻走了樣。他身無分文，與家人分隔兩地，他的作家圈在巨大打擊下傷痕累累。四年過去了，他一直在寫書。他完成的三本書只有一本成功通過審查獲得出版。二〇〇一年，有朋友告訴他，一家新的改革派報社正籌備成立，報紙的名稱叫《信任報》。也許夏赫拉姆可以在那裡找到一份工作。報社的編輯比夏赫拉姆來得保守，但在兩人共同認識的朋友建議下，這名編輯決定給予這個年輕詩人機會，因為夏赫拉姆在新聞圈向來以聰明與敢於報導著稱。夏赫拉姆於是成為《信任報》文學版的編輯。

一日，夏赫拉姆信步走到政治版編輯工作的地方。年輕的副編坐在桌旁，桌上散落著文件。他看起來不大可能超過二十二歲，身材修長，輪廓細緻，黑色的短髮側分，一絲不苟，梳得整整齊齊。他有著纖細的手指，清澈的褐色眼睛似乎盯著某個更清晰或更美麗的事物，而對眼前的東西視而不見。他的頭低低的，看起來正在努力工作。但當夏赫拉姆走近時，年輕編輯說道：「哈囉，拉菲札德赫先生。」

夏赫拉姆感到吃驚。

「我認識你。」年輕編輯說道。他自我介紹，他名叫魯茲貝赫．米雷布拉希米，也來自拉什特。他詢問夏赫拉姆是否願意為他的版面寫一點政治評論。

「你怎麼知道我寫政治評論？」夏赫拉姆問道，心裡有些提防。

「我讀過你的書，」年輕編輯說道，「我喜歡你看事情的方式。」

過了一段時間，夏赫拉姆才接受這項提議。到了那個時候，他與魯茲貝赫已經成為朋友。一股共同的憂鬱使兩個人愈走愈近，不久，財務的拮据使他們成為室友。下班後，他們一起回家，但大多數時候他們會為了散步而一起散步；他們可能一邊聊天，一邊穿過整座城市，或者只是默不作聲地走著，直到喧囂的車聲重歸寂靜為止。有時走在路上，魯茲貝赫會為夏赫拉姆吟唱傳統民謠，他明亮而高亢的嗓音，響徹了昏暗的街道。

遭到逮捕的可能，一直縈繞在夏赫拉姆心中揮之不去。他試著不去想這件事。某天晚上，兩人步行前往德黑蘭東北部的國家公園時，夏赫拉姆對魯茲貝赫開玩笑說：「我希望如果我被捕時，他們會連你也一起逮捕。原因只有一個：你可以在監獄裡唱歌給我聽。」

第九章 伊朗曆四月十八日

要說伊斯蘭共和國造就了誰，那麼這個人就是阿里．阿夫夏里。他的家族效忠新政權與新政權充滿魅力的領袖，革命年代的暴力與他們完全沾不上邊。他不受飲酒、婦女服飾與男女有別禁令的影響，因為無論如何他都會恪守這些規定。阿里．阿夫夏里生於一九七三年，才二十幾歲就已長得高大魁梧、滿臉鬍鬚，他虔誠信仰的態度深受統治教士的肯定。

阿里．阿夫夏里的父親納吉是德黑蘭西北部小城加茲溫的非神職宗教老師與週刊出版商。阿里從小在父親藏書豐富的書房裡獲得養分與形塑自我，房間深處的書籍延伸了學校老師給予他的想像。納吉與妻子是虔誠的信徒、傳統的中產階級，即使對革命國家的行動有些疑慮，卻還是忠於阿亞圖拉何梅尼。

對阿里來說，革命是在深秋的某個夜裡來到加茲溫。巴勒維國王的軍隊封鎖街道，形同實施軍事戒嚴，但他的父親無視宵禁，前去照料阿里重病的祖父。納吉回家，被打得遍體鱗傷，眼鏡也被打碎了。阿里當時六歲。兩個月後，巴勒維國王下台。阿里激動不已，他感到既興奮又恐懼。在他家族所屬的龐大氏族裡，有何梅尼的支持者，也有批評者；兩方的爭論極為激烈。但阿里認識的人當中，並沒有偏離政治主流太多的分子，因此沒有人受到第一個騷動十年的影響。有時伊拉克戰機從頭上呼嘯而過，巨大的黑色雙翼隨即將焦慮帶往加茲溫以外的地方。

阿里記得戰時配給，民眾為了領取基本的家用物品而大排長龍。在那段政治動亂與經濟崩潰的歲月裡，納吉的教師薪水幾乎難以養活妻子與三個小孩。壓抑的氣氛令人感到不適，就連不願走極端的人也有此感受。阿里的同學想參加派對與穿自己想穿的衣服。阿里沒有這種想法，但也不理解為什麼有人不讓他們這麼做。

沙里亞蒂儘管個人並不窮困，但談到社會正義時，往往流露出豐沛的情感。對阿里·阿夫夏里來說，能讓他流露情感的是自由，雖然他個人並未受到這方面的壓迫。自由也是一種正義。阿里厭惡體制使用脅迫、力量與不公正的手段將自身的價值加諸在他人身上。對於之後的革命世代來說，阿里是個超乎想像的生物：他參與政治活動——在後革命時代的伊朗，這是個毀滅性的職業——不是為了捍衛自己的權利，而是為了捍衛別人的權利。

在父親位於加茲溫的書房裡，年輕的阿里·阿夫夏里閱讀歷史，特別是穆沙迪克以來的歷史。他閱讀文學，外國與伊朗都有——杜斯妥也夫斯基、狄更斯、巴爾札克，以及赫達亞特、薩迪、阿雷·艾哈邁德。他讀詩。他閱讀伊斯蘭，而且閱讀伊斯蘭傳入之前與之後的波斯歷史。最重要的是，他閱讀沙里亞蒂。從沙里亞蒂身上，他發現了現代與振奮人心的伊斯蘭教，一個號召眾人參與政治行動的伊斯蘭。但是，讀了沙里亞蒂之後，阿里也讀了《伊朗革命兩步驟》，作者梅赫迪·巴札爾甘是遭到驅逐與蔑視的伊斯蘭共和國第一任總理。阿里試圖調和巴札爾甘的自由理性與沙里亞蒂的訴諸行動。《宇宙報文化副刊》發表阿卜杜勒卡里姆·索魯什的文章時，阿里十五歲。他大量閱讀《文化副刊》與之後《地平線》的文章。索魯什接替了沙里亞蒂的地位，而阿里上大學之後，決心追隨這位令人興奮的新思想家。

一九九二年，阿里就讀埃米爾卡比爾大學工業工程系，這所大學的前身是德黑蘭理工大學。做為伊朗最具聲望的理工大學之一，擁有一萬名學生的埃米爾卡比爾座落在不斷蔓延擴大、單調而又擁擠的首都市中心。這裡的天空低垂厚重，到處都能聞到刺鼻的廢氣，但城市街道卻持續著永不止息精力充沛的脈動。低矮而年久失修的混凝土建築物，山上的流水順著堆滿垃圾的深溝險象環生地從邊石與馬路之間宣洩而下，加上難以呼吸的空氣，德黑蘭絕不是一座美麗的城市。但德黑蘭的色彩與生命力，它驚人的日常動力，使它從眾多居民數百萬的城市中脫穎而出，而且某種程度上透過其本身的路線，開闢出該城居民們的希望與威脅。

阿里·阿夫夏里前往德黑蘭，心知自己將成為活動分子。其他人並不知道這一點。他的高中老師回憶他是個溫和、傳統的年輕人，沒有理由感到不滿足。他不是個憤怒的人，但卻是個倔強的人，無論身體或心理上都是如此。一旦他擋住你的去路，你幾乎無法期望能將他推到一旁。

獨立學生行動主義在伊朗革命後幾乎完全消失。大學校園裡的伊斯蘭學生協會是何梅尼領導班子下轄的一個單位。學生協會相當強大，然而只有在他們服從命令時是如此。每個大學的伊斯蘭學生協會都要派代表參加全國協調委員會，這個單位負責監督所有的協會，要求他們與何梅尼的觀點一致。全國協調委員會有個古怪而令人討厭的名稱：鞏固統一辦公室。學生稱之為鞏固辦公室。直到何梅尼去世為止，這個辦公室一直是當時相當強大的伊斯蘭左翼的支柱。

阿里．阿夫夏里進大學的時候，拉夫桑賈尼才剛開始擔任總統，鞏固辦公室及其代表的伊斯蘭學生協會開始主張獨立於國家體制。何梅尼已死，隨他逝去的還有「鞏固統一」的目標。伊斯蘭左翼已經失勢，隨之消散的則是學生運動對權力的把持。蘇聯與東方集團已經瓦解，冷戰的對立也不再存在。

此外，總統拉夫桑賈尼是個麻煩人物，對過去的伊斯蘭左翼是如此，對現在的學生運動也是如此。鞏固辦公室對於拉夫桑賈尼走向政治與文化自由主義表示歡迎，但對於他將伊斯蘭左翼排除於權力之外則感到憤憤不平，而且堅決反對他們憂心的自由市場計畫。何梅尼死後三年的時間，伊斯蘭學生協會覺得自己逐漸在扮演一個曖昧的新角色，從伊斯蘭共和國的啦啦隊，轉變成共和國的謹慎批評者。伊斯蘭共和國回應的做法是建立自身的組織來做為控制大學的可靠工具。這些組織包括特殊的校園巴斯基小組，以及大學裡的真主黨支持者與最高領袖辦公室。

阿里．阿夫夏里很可能加入了巴斯基。他的背景沒有理由讓他被排除在外。他深受大家歡迎，是體育競技的領袖——他擔任登山社社長，也在文化與政治上表現傑出。但阿里的計畫起初保持低調與謹慎，但實際上卻是顛覆性的。他覺得埃米爾卡比爾的學生並未享有相同的權利。支持政權的學生才能享有特權。他們參加學校贊助的校外活動，前往其他城市、山區與造訪聖地。不受歡迎的學生則不准隨同前往。真主黨支持者、巴斯基與最高領袖辦公室執行下的氣氛是苛刻而懲戒的：男學生不准聆聽女歌手唱歌，更不用說西方的音樂或任何巴勒維國王時期的音樂，即使在自己的宿舍也一樣，圖書館則設下比國家還嚴苛的規定。男女學生不許在校園裡交談，就連討論學業或分享筆記與書籍也不行。有時候，在大學裡，最高領袖辦公室的學生會堵住建築物的大門，不讓穿短袖的男學生進入。有時他們會把這些學生的名字登記起來，罰他們兩個學期不准上課。

阿里・阿夫夏里把這些不平等與限制列為他的活動主要目標。他參與了宿舍的文化辦公室，並且在辦公室創辦組織，讓所有參與者都能參加校外旅行，他運用自己身為虔誠學生的影響力，說服宿舍管理人員不要因為學生聽了某種音樂或讀了某種書籍就加以懲罰，相反地，應該鼓勵學生之間進行辯論。真主黨——阿里知道這些人，因為他跟這些人熟識——可以忽視世俗自由派的反抗者，或受挫、受驚嚇的世俗左派的子女，卻無法忽視阿里・阿夫夏里。因為他可以很輕易地成為他們的一分子。

阿里先是被推舉參加系裡的學生會，然後在一九九四年被推舉加入了大學的伊斯蘭學生協會。阿里感到受寵若驚。因為能加入伊斯蘭學生協會的人都是參加過兩伊戰爭的退伍軍人，他們是非常虔誠而且傳統的年輕人，來自於與政權有著緊密關係的家族。但是，與阿里一樣，他們也在尋找一個新的政治模式，一個能讓他們擺脫統治階級內部左翼與右翼無聊派系鬥爭的觀念。而他們找到了阿卜杜勒卡里姆・索魯什。

索魯什用伊斯蘭的語言跟他們說話，談到伊斯蘭教的承諾。但索魯什同時也是現代的、民主的，而且讓學生感受到他是非意識形態的。「我們想傳布索魯什博士的觀念，從伊斯蘭法學進展到伊斯蘭現代主義，追求自由而非正義，建立市民社會而非政府。」阿里日後回憶說。

埃米爾卡比爾大學是趨勢的引領者。有些大學的伊斯蘭學生協會支持哈梅內意的強硬派政策，有些大學要求回歸一九八〇年代的伊斯蘭左翼正統，起初只有埃米爾卡比爾大學宣揚《地平線》與戰略研究中心的新觀念。然而，不到三年的時間，埃米爾卡比爾的改革主義就獲得絕大多數人的支持。

其中最能明確顯示與過去決裂的，就是學生重新恢復了梅赫迪・巴札爾甘的名譽，這位處境艱難的自由派總理在革命騷動期間被激進派學生與其他人趕下台。畢竟，正是鞏固辦公室的先驅接管了美國大使館，羞辱了巴札爾甘的臨時政府，而且見證了一九七九年後激進派教士的傲慢權力。

一九九五年，巴札爾甘去世，阿里在埃米爾卡比爾協助舉辦了一場追悼會。他覺得自己有責任恢復巴札爾甘過去被學生否決掉的名譽。但校園巴斯基破壞了這項計畫，他們威脅講者，不讓他們上台致詞。阿里日後把這起事件視為讓他轉變成反對派人士的開端。從那時起，他成了情報部注意的對象。

當索魯什在德黑蘭大學演說遭到真主黨支持者攻擊時，埃米爾卡比爾的伊斯蘭學生協會發表聲明，敦促內政部介入此事：「當法律在光天化日下遭到違反，即使它在夜裡保護國家又有何用？」學生質問說，「當大學的文化領域遭人侵犯，而執法人員視若無睹時，權力主張有何意義？」阿里・阿夫夏里與其他學生活動分子表示，索魯什應該到埃米爾卡比爾演說，該校的學生將會保護他[1]。他們決定在一九九六年五月十二日舉辦演說。

大約有五千名學生前來聆聽這場演講。阿里負責安全維護，他將兩百名自由派學生組織成戰鬥隊，負責阻擋真主黨支持者進入圓形劇場。學生控制了校園清真寺的音響系統，並且用它來播放革命歌曲。但民兵認為這些歌曲是用來煽動反伊斯蘭共和國，因此他們切斷了清真寺的電力。他們抓住索魯什，不讓他進入會場演說。阿里・阿夫夏里與學生活動分子決心讓計畫繼續進行，即使現場只有負責開場的講者。他們從鄰近的大學建築物找到其他電力來源。國家安全部隊索性切斷整座校園的電力做為回應。學生們有發電機但沒有汽油；他們用自己的摩托車啟動發電機，這使他們能開啟燈光與麥克風。講者完成了開場內容。索魯什雖然未能上台演說，但埃米爾卡比爾大學的伊斯蘭學生協會已然證明他們是一股不可小覷的反對力量。

兩個月後，安排索魯什演說的活動分子開始消失，他們一個接一個被關進監獄或遭受訊問。阿里・阿夫夏里知道快輪到他了。一名情報部代表在伊斯蘭學生協會辦公室現身，要求跟阿里說話。阿里跟那名探員邊走邊談。逐漸地，阿里發現自己被一群人包圍，他們靜靜護送他穿過後門進入車內，他被蒙上雙眼，被車子送到托希德監獄，這是由情報部掌管的監禁中心。

阿里被單獨監禁。訊問他的人並未動手打他。他們只是大聲侮辱與咒罵他：罵他愚蠢、低能、弱智。罵他在群眾中製造騷動，損害了國家安全。就在埃米爾卡比爾大學因舉辦索魯什演講而造成混亂那天，總統拉夫桑賈尼正準備大張旗鼓宣布他的鐵路計畫。阿里掀起的風波移轉了民眾對政府偉大成就的注意，訊問者對此加以責備。阿里這麼做必然是受到伊朗人民聖戰者組織的指使。學生活動分子必然是受到改革運動的控制，而改革運動則是失勢的伊斯蘭左翼搞出來的。阿里什麼也沒說。十天後，他被帶到法官面前。法官輕蔑地說道，沙里亞蒂與巴札爾甘創立的是一個脫離正軌的宗教。他下令讓阿里在埃溫監獄關上一晚，隔天早上讓他保釋出獄。

同年秋天，嚴密的保安氣氛瀰漫著埃米爾卡比爾大學。但伊斯蘭學生協會卻在這種肅殺的情緒中獲得能量。協會提名阿里．阿夫夏里擔任協會在鞏固辦公室的代表。阿里現在成了全國學生代表，這群學生認為自己是伊斯蘭現代主義者，他們閱讀而且讚揚索魯什。此外，這一年是選舉年。阿里與鞏固辦公室的改革派人士支持哈塔米對抗保守派候選人國會議長阿里．阿克巴爾．納提格－努里。學生帶動哈塔米的選戰，而阿里身為選戰的學生協調者，由他來帶動學生。

鞏固辦公室有一輛掛著政府車牌的車子，這是何梅尼時代留下來的。阿里不應該使用這輛車來進行選戰，卻這麼做了。他開著車到城市各處拜訪從事選戰的人士。在伊斯蘭夏赫爾，一個位於德黑蘭南部的貧窮社區，他看到志工徹夜製作長達百公尺的旗幟，上面寫著哈塔米的姓名。在德黑蘭北部，他看到學生深夜將哈塔米明信片扔進行駛車輛的車窗裡。真主黨支持者有時會將展示哈塔米照片的車窗打破，於是阿里協助組織他所謂的「反壓力團體」，負責保護哈塔米支持者的人身安全，不讓他們受到真主黨支持者的侵犯。選戰最後幾天，鞏固辦公室讓學生搭乘四輛巴士巡迴整座城市，為哈塔米宣傳造勢。最後，四輛巴士的學生都被逮捕，罪名是組織「宣傳狂歡」。

某天夜裡，阿里開著掛著政府車牌的車前往位於德黑蘭中心的法特米廣場。車裡還有其他三名學生活動分子與一張他們準備張貼的巨幅哈塔米海報。警察要他們停車，而且以濫用車輛的罪名將他們逮捕。學生們在司法大樓地下室待了兩天，其他許多為哈塔米競選的人士也已經被拘留在那裡。

但他們及時在一九九七年選舉日當天離開，而這天，伊朗曆三月二日，也將成為傳奇的一日。在埃米爾卡比爾，有一場哈塔米勝選的盛大慶祝會。阿里日後回憶說：「所有的學生都認為，他們遭遇的每一個問題都將獲得解決。」

如果阿里．阿夫夏里曾懷抱著這樣的幻覺，那麼這些幻覺很快就破滅了，總統哈塔米任命極為保守的大學校長，而非與強硬派爭執來確保較為自由派的人士出任校長職位。阿里認為，哈塔米想避免對立，只會讓自己付出更大的代價。強硬右派絕不會讓步，他們仍控制國會、司法部、情報部、憲法監護委員會與民兵。不過接下來哈塔米大膽地處理連環謀殺案，使阿里稍微放下心中的憂慮。哈塔米畢竟還是有點鬥志。

薩伊德．哈賈里安曾經將改革派的策略定義為「由下而上施加壓力，在頂層進行協商」。阿里．阿夫夏里與活動分子知道，他們的角色是發起群眾壓力，讓政治人物有協商的空間。這是個需要手腕的工作。他們必須推動，但不能太用力也不能推太遠。他們要激勵哈塔米，但不能太過火。學生們為競選國會議員與市議員的改革派人士助選。他們抗議國會強硬派人士不斷試圖彈劾哈塔米底下最自由派的幾名部長。充滿活力的新興報章雜誌出版的內容無懼於統治建制的挑戰，學生成為這些報章雜誌熱切的閱讀者與捍衛者。

阿里把改革想像成一隻鳥。一隻翅膀是學生運動，另一隻翅膀是獨立媒體。兩隻翅膀合在一起可以振翅高飛，推動哈塔米的計畫前進，讓它愈來愈高，向它的對手與大眾證明，整個勢頭是站在哈塔米這一邊。因此，對於強硬派對報章雜誌的嚴厲對待，學生活動分子特別熱心地進行抗爭。特別教士法院創設新的分支機構處理新聞媒體的冒犯行為，將負責核發出版執照的教士的起訴權限劃歸最高領袖辦公室管轄。報紙的消失與其出現時一樣快速；編輯面臨監獄的刑期；出版商喪失了出版執照；年輕的作家不斷更換工作，拚命地向不再存在的出版商追索最後一張薪水支票。鞏固辦公室對於這一切的侮辱發起了抗爭。真主黨支持者，也就是強硬派民兵，則以暴力回應學生的抗爭行動。

一九九九年七月，國會針對是否通過全面性的新法，讓強硬攻擊新聞媒體的行為予以正式化進行辯論[2]。這項立法將大幅限制伊朗的出版品數量，而且將去除對新聞媒體冒犯行為的立法限制，這表示隨時可以起訴，而且不僅跟過去一樣針對總編，也擴及到個別作家與記者。記者被迫洩漏他們的新聞來源，而新聞媒體的監督權有部分落入了庫姆的教士手裡。

哈塔米與底下的部長敦促國會反對新聞法。「我們必須制定符合自由的法律，而不是符合法律的自由。」哈塔米的指導部部長抗議說[3]。但保守派的國會議長有不同的看法：「新聞媒體是文化入侵的門戶，所以讓我們採取措施。」他警告說。

在投票前夕，改革派報紙《你好》刊出一篇爆炸性的故事[4]。文章表示，新聞法是薩伊德・埃瑪米的獨創，而埃瑪米正是惡名昭彰的連環謀殺案的策畫者。《你好》刊出了埃瑪米寫的情報部內部備忘錄的摘要，裡面提到不僅要推動國家限制出版執照的發放，還要運用安全機制「個別地」對付作家，「運用法律，讓他們無法寫作或出版」。

如果這份文件屬實，那就表示國會的主流保守派正在為令人不齒的情報部惡棍效勞，後者也支持以箝制做為審查手段。情報部隨即否認這份備忘錄，宣稱它是偽造的。然而耐人尋味的是，同月稍晚，當《你好》的發行人被傳喚到特別教士法院時，他卻被控犯下出版機密文件與其他罪名。七月七日下午，《你好》遭到停業，編輯被逮捕，就在同一天，國會通過了新聞法。

當時正值暑假，也是考試前的溫書時間，絕大多數學生都已返家。但這則消息不容忽視。留在德黑蘭大學的學生找來朋友到校園加入他們的抗爭行列。隨著群眾人數增加，學生的膽子也大了起來，他們高唱反司法部的口號，冒險衝出校園。當學生再次回到大學時，發現真主黨支持者拿著石塊與棍棒等待著他們。活動分子進行反擊，也對民兵丟擲石塊。到了星期四晚上，在逮捕行動與許多人受傷的狀況下，現場一片混亂。

第二天是伊朗陽曆四月十八日星期五，情況變得更加惡化。

阿里・阿夫夏里在加茲溫。他在前去朝覲（一年一度的麥加朝聖）之前，先在加茲溫停留探望自己的家人。深夜一通電話使他放棄了這次計畫而且迅速趕回首都。星期六剛過中午，阿里回到校園，他看到的是一幅彷彿被入侵軍隊劫掠過的景象。

午夜時分，革命衛隊衝進學生宿舍，將學生從床上拉下來痛打，打破窗戶，而且在房間放火。學生們遮住自己的臉，用石塊與汽油彈進行捍衛。警察從走廊蜂擁而入，用棍棒將學生打倒在地。一名學生回憶自己看到朋友被抓著長髮在走廊地面拖行，而地面滿是碎玻璃。這個朋友之後在醫院住了二十天。一個名叫埃札特・易卜拉欣・內賈德的學生在當晚的混戰中被殺。戰鬥結束後，宿舍已經燒成空殼。

警察封住校園大門，但阿里與其他學生領袖知道進入學校的祕密通道。大學裡充滿了吵鬧而激動的學生。鞏固辦公室召開緊急會議。他們決定，學生將靜坐，以和平的方式抗議宿舍攻擊事件。他們要求延後考試，直到事件得到適當處理為止。然而，即使活動領袖開會商議對策，學生們還是繼續朝校園聚集。隨著一些抗議者開始高喊反對最高領袖的口號，警察已無法阻擋群眾，而鞏固辦公室也難以掌控它們。群眾衝破校門，朝著內政部而去。

技術上來說，內政部控制了警察。但內政部是由改革派人士主掌，而改革派人士堅稱他們並未參與宿舍攻擊事件。阿里開始覺得不僅學生的抗議手段有誤，而且學生還被捲入一場更大的計畫之中。也許最高領袖與他的盟友想引誘學生發起大規模街頭抗爭。然後他們可以派出革命衛隊鎮壓學生，同時以維護法律與秩序為由彈劾哈塔米無法維持街頭安寧與國家安全。阿里與政府改革派人士來往的經驗，也讓他懷疑這個場景有可能發生。

群眾已經聚集在內政部前面，阿里趕緊來到群眾面前。他力勸學生回去。「我了解你們的關切與你們的痛苦，」他說道，「我相信犯下這些罪行的人必須揪出來繩之以法。」但他堅持內政部並非元凶。在毫無組織與憤怒的狀況下上街，學生只會破壞自己的目標。學生應該回到校園持續抗爭。

阿里開始引導群眾回到大學——他日後估計現場群眾大約有六萬到七萬人，但絕大多數新聞來源都認為接近二萬五千人。在返回大學路上，有一群學生開始鼓譟要帶領群眾前往總統府。阿里·阿夫夏里同樣否決他們的提議。哈塔米不應該為此事負責。「讓我們去哈梅內意的官邸前抗議，」另一名活動分子說道，「他該為此事負責！」

這個說法可能更接近真相，但對阿里來說，卻是最糟糕的意見。學生將一無所獲而且還要遭遇暴力。但群眾對於口頭勸說充耳不聞。於是阿里與鞏固辦公室成員躺在街上阻止學生前往最高領袖官邸。

最後，學生領袖終於成功說服群眾返回校園。阿里回憶說，他們在校園裡進行「大規模」示威抗議。學生們高呼口號，包括「殺害佛魯哈爾夫婦的凶手躲藏在哈梅內意的袍子裡」。一般民眾帶食物給校園裡的學生。當真主黨支持者再度發動攻擊時，學生義勇隊抓住民兵，沒收他們的武器，包括槍枝與刀子。他們將民兵移送內政部，而且附上一份民兵攜帶的武器清單。第二天，示威轉變成鞏固辦公室組織的靜坐抗議，而且明確提出他們的訴求：警察首長必須革職、找出宿舍攻擊事件的凶手並予以起訴、廢除新聞法、允許《你好》復刊、讓民眾知道連環謀殺案的完整真相。

但阿里可以感覺到群眾正逐漸脫離他的掌握。不是每個人都支持鞏固辦公室的改革派策略。更激進的學生認為，抗議群眾應該離開校園，占領國營電視台與警察總部這類國家機構。另一部分的群眾甚至不是學生，而是一群憤憤不平的無組織人士，他們急欲將靜坐抗議轉變成暴動。到了星期一，隨著德黑蘭示威擴大，抗議也蔓延到全國其他城市，最高領袖哈梅內意終於不得不出來喊話。

哈梅內意譴責德黑蘭大學宿舍攻擊事件。「這起慘痛的事件令我痛心，」他說道，「在伊斯蘭的制度裡，攻擊一個團體的住所與容身之處是不被允許的，特別是在半夜或者是在聚會禮拜的時候。這個國家的年輕人，無論是不是學生，都是我的孩子，看到他們如此窘迫與不安讓我感到煎熬與難過。」[5]

哈梅內意表示，即使抗議者對他進行人身攻擊，他也原諒他們，他要求大家冷靜，並且告訴強硬派人士：「即使民眾焚燒或撕毀我的照片，也不能採取激烈行動。」然而在此同時，哈梅內意也意有所指地表示，有外國勢力介入讓街頭示威升溫，絕不能讓美國人在街頭贏得勝利。「我想告訴學生，注意身旁的敵人，在你們當中，可能有假扮成你的朋友的陌生人。」哈梅內意警告說。

這些話並未緩和學生的苦惱或回應他們的訴求。數百名學生決定不顧鞏固辦公室的反對，他們離開校園上街抗議。街頭示威很快攀升成為暴力與混亂，商店窗戶被砸毀，車輛被焚燒，更多的學生受傷與遭到逮捕。革命衛隊用催淚瓦斯驅散校園學生。國營電視台播放德黑蘭市中心的騷亂景象，指控學生攻擊清真寺、搶奪銀行與焚燒巴士。

就在前幾個晚上，攻擊睡夢中的學生成了不可否認的野蠻行徑，之後最高領袖還在電視上表現出痛心與悲傷，但此時強硬派卻成功控制了公共敘事。國家媒體把學生形容為暴力、無政府與反革命。如阿里．阿夫夏里擔心的，有些抗議者的行為協助加深了這種印象。

一九九九年七月十四日星期三，強硬派人士讓德黑蘭大學校園與周邊街道擠滿了穿著嚴謹伊斯蘭服飾的反示威抗議人士，他們手上拿著印了哈梅內意臉孔的旗幟，口中高喊「美國去死」。改革派人士指控這些人全是用巴士從各省或郊區運來的假抗議群眾。無論這些人是誰，絕大多數外國媒體估計他們的人數達到十萬人，但伊朗國營媒體則報導群眾超過一百萬人。當天，數千名強硬派民兵騎乘摩托車巡迴德黑蘭，沿途發出轟隆隆的響聲，街道在監控下陷入不安的沉默。

在大學校園裡，頭上包著纏頭巾的教士輪番向強硬派群眾演說。其中一名教士對改革派學生的譴責尤其猛烈。他是一名保守派教士，與世俗體制、拉夫桑賈尼以及最高領袖有著緊密連繫。他差點就要求將抗議的學生予以處決。這個人的名字叫哈桑．羅哈尼。

「凡是試圖反叛的人，我們都將堅決而果斷地予以消滅，」羅哈尼說道，「過去幾天參與暴亂的人都將受到審判，並且以對抗真主與在世間播下腐敗的種子的罪名加以懲罰。」[6]這些都是死罪。

當天大約有一千名學生被捕，包括阿里．阿夫夏里的兄弟。絕大多數人大約在一個月後獲釋，但有些人——特別是沒有大型組織當靠山的人——卻被判處漫長而恐怖的刑期。

「那一天，他們幾乎埋葬了和平的大學學生運動的心與靈魂，」一名學生領袖日後哀嘆說，「沒有人問我們發生了什麼事。民眾還很高興政府能夠打擊無政府主義。」

馬努切爾與阿克巴爾・穆罕默迪這對來自裏海南方馬贊德蘭省阿莫爾附近村落的兄弟，屬於運氣不好的人。他們率領一個民族主義學生團體，由於是世俗團體，所以連改革派人士也無法庇護他們。馬努切爾的拱形濃眉使他有一張憂傷的臉孔，在外國記者眼中，他有時看起來豪邁，有時又看起來脆弱；當他的苦難來到終點時，他被那些在華府的失策下流亡的夥伴形容成「通報悲劇的孩子」。

馬努切爾的父親是個稻農，是村裡極少數有讀寫能力的人。妻子十三歲就嫁給他，生了六個小孩，其中包括阿克巴爾與馬努切爾。村民們有爭端，或者需要有人幫忙寫信，都會到穆罕默迪家求助。穆罕默迪家是村裡第一個擁有靠汽油運轉的冰箱的人家。絕大多數家庭會把容易腐壞的東西儲藏在溝渠裡。馬努切爾的母親用冰箱製冰，然後將冰塊分送給在家門口大排長龍的鄰居。

馬努切爾在焦慮與禱告中長大——禱告自己可以上天堂，焦慮自己無法將目光從女人身上移開，因此可能犯下罪過。他會在離禱告還有一段時間之前就進行洗淨雙手與臉孔的儀式。他試圖訓練自己的心靈不受誘惑。村裡的學校只能上到小學四年級，之後他必須到鄰近的小鎮上學，單程就要花上一小時的時間。他的父親希望他成為醫師。

馬努切爾疼愛自己的弟弟阿克巴爾，而阿克巴爾就像每個弟弟那樣，也尊敬自己的兄長。阿克巴爾富有同情心，有原則，重視人情。但他也驕傲而頑固。日後，馬努切爾提到自己的弟弟時，說他有著聖人般的另一個自我。他的阿克巴爾試圖幫助孩子、行動不便的人、乞丐與受傷的人。小時候，這對兄弟一起觀察成年人的世界，而這個世界往往令他們反感與驚恐。一九八〇年代的國營電視台讚美有些人以伊斯蘭之名進行殺戮與暴力。穆罕默迪兄弟看到他們的宗教被用來從事這種目的，內心感到羞恥。到了最後，他們不僅變得世俗化，還成為無信仰者。

當馬努切爾決定就讀德黑蘭大學經濟系時，他拒絕參加伊斯蘭學生協會，他不信任這個組織，認為那只是政府的一個分支單位。他與阿克巴爾決定創立自己的組織。這個組織獨立於國家，具有民族主義與世俗色彩，而且祕密開會與招募成員。他們公然與神權統治對立，使他們在當時的政治領域處於邊緣地位，但馬努切爾不斷向聽者吹捧自己的理念，就連《紐約時報》也形容他是「口若懸河的自我行銷者」[7]。

馬努切爾那種年輕人自吹自擂的態度無法說服伊朗學生相信他是個重要人物，卻在伊朗曆四月十八日——又稱為一九九九年七月校園危機——之後給了當局機會將他當成有用的替罪羊。政權裡的強硬派可以藉由逮捕穆罕默迪兄弟來完成許多事。這對兄弟既有名又孤立；與連環謀殺案的受害者一樣，他們在體制內少有資源，因為他們是世俗派人士。為了殺雞儆猴，治安當局決定拿這些經常宣稱自己可以代表學生運動，實際上扮演的角色卻極其有限的年輕人開刀，這樣他們就可以宣稱在這場不安之後獲得勝利，而又不冒犯到有著深厚社會與制度根源的學生團體。於是國營電視台宣布阿克巴爾與馬努切爾是學生暴動的元凶；而且表示他們是外國間諜，在美國與歐洲國家的指示下企圖推翻伊斯蘭共和國。

革命法院判決穆罕默迪兄弟犯下向真主宣戰罪。一開始他們被判處死刑，之後減輕為十五年刑期。最後，兩人服刑七年二個月，但這絕非憐憫他們。穆罕默迪兄弟遭受的是專門為死刑犯準備的特別野蠻的刑求。訊問者用電纜抽打他們，讓他們以受迫姿勢吊在天花板上，將他們的頭按在馬桶裡，用震耳欲聾的噪音震裂他們的鼓膜，而且連續數天每天有二十三個小時剝奪他們的睡眠。他們在馬努切爾面前刑求阿克巴爾，又在阿克巴爾面前刑求馬努切爾。他們讓兄弟倆以為自己即將遭到處決，又讓雙方以為對方已經死了。他們用鐵棍毆打馬努切爾的體側，直到他有幾節脊椎骨被打斷為止。

馬努切爾早期被迫在電視上認罪。他承認自己是學生抗爭的領袖，在美國與其他國外強權的指示下發動暴亂。其他學生也受到脅迫，在認罪時把馬努切爾牽連進來。官方敘事在這套屈打成招的戲碼下逐漸成形。接下來剩下阿克巴爾扮演好自己的角色。日復一日，訊問者要求阿克巴爾招認自己的兄長參與了反對國家的外國陰謀。阿克巴爾拒絕。到頭來，馬努切爾遭受的刑求固然痛苦，但弟弟的抵死不從卻讓他更難過。

他們的母親第一次到監獄探望阿克巴爾時，居然認不出他來。他的體重不到一百磅。他的腎與胃都在出血；他因為鞭笞而雙腳青紫，有幾片腳趾甲已經脫落。他有一塊椎間盤碎裂。因為腦部遭受重擊，他已經失去大部分聽覺與一部分視覺。一名為他的頭部與臉部傷害動手術的醫師發現血栓正快速朝他的腦部移動。二〇〇六年七月，阿克巴爾進行絕食，要求得到醫療照顧。根據國際特赦組織的說法，他在七月三十日「獲得內容不詳的醫療」[8]。他的狀況愈來愈糟。他的家人表示，阿克巴爾並未被送到他該去的加護病房，而是送到一般監獄，並且被棄置在擔架上死去。

在媒體與國際人權團體的壓力下，司法部同意給馬努切爾二十天的假期，讓他參加弟弟的追悼會。到了第十八天的晚上，在伊朗庫德民主黨的協助下，馬努切爾偷偷越過伊拉克邊界。庫德族人帶著他越過山區進入土耳其，然後從土耳其逃往美國。

帶著受傷的脊椎與飽受驚嚇的心靈的馬努切爾，成了弟弟的福音傳布者。連同他的姊妹，馬努切爾以什葉派的方式讓阿克巴爾成為世俗的殉道之人。伊斯蘭共和國，或許還包括整個世界，從未給予阿克巴爾應有的注意。馬努切爾把弟弟的獄中回憶錄翻譯成英文，而且以阿克巴爾的名義設立基金會。馬努切爾逃離了埃溫監獄，但再也無法看到故鄉馬贊德蘭的森林。

馬努切向遼闊而冷漠的美國西部通報這個悲劇，他住在拉斯維加斯，因為這裡很便宜，他也把消息帶到了對他而言比阿克巴爾活著的時候更加猙獰的伊朗。

學生暴動之後幾天，哈塔米一直默不作聲。有兩個星期的時間，他未做出特別聲明，也未公開露面。學生與他們的支持者先是震驚，然後轉變成憤怒。他們都曾是總統的支持者。顯然，哈塔米至少可以對他們說句支持的話，對逮捕與毆打學生以及將穆罕默迪兄弟與另外兩人刑求致死者表示譴責。

被軟禁在家的阿亞圖拉蒙塔澤里毫不猶豫地現身。他稱學生是「真正的革命之子」，是「國家的眼睛與光明」[9]。蒙塔澤里又說，反擊學生的強硬派勢力「背叛了宗教與國家」，把暴力加諸於伊斯蘭教之上。阿克巴爾・甘吉也聲援學生。然而學生希望聽到的是哈塔米的支持，而哈塔米卻避而不見。

總統確實早有安排，七月二十七日星期二，他在西部城市哈馬丹有演說行程。隨著這一天的到來——離強硬派在德黑蘭大學進行反示威抗議已經整整兩個星期，原本只是例行性的巡視各省，此時卻成為哈塔米個人精神強度的測試。上萬名觀眾湧入了哈馬丹足球場。

總統讚揚學生與學校人員是「國家進步與提升最重要的推手」，並且批評警察與民兵涉入宿舍攻擊事件[10]。他也暗示，這些骯髒齷齪之事乃是強硬派對於他起訴連環謀殺案所做的報復。但哈塔米也強調，他支持革命國家，他與保守派人士並無嫌隙。「政府、總統與最高領袖之間並未出現分裂」，哈塔米說道，任何相反的表象都是「幻覺」[11]。

可惜的是，哈塔米哀嘆說，學生抗爭演變成暴動，他譴責這是「醜惡而冒犯的事件」。他把暴力歸咎於邪惡的外來勢力想惹事生非，但也語帶曖昧地表示，除了外國的陰謀者，也可能是強硬派挑釁生事。哈塔米宣稱：「所有該為德黑蘭近期暴動負責的人物與團體，無論他們是誰，都該受到嚴厲的懲罰。」[12]哈塔米又讚揚安全部隊的自我克制：「親愛的各位，今日為了平息暴亂，為了國家撲滅暴力的火焰，其他人使用坦克、裝甲車與重武器，我們的部隊卻未使用槍砲來對付暴亂。騷動以冷靜的方式平息了，而且未開一槍一彈。」[13]

這場演說的目的似乎是要討好兩方的聽眾，然而實際的效果相當有限。比較激進的學生不由得相信，在學生與最高領袖之間，哈塔米選擇了領袖，因此絕對不能再信任他。學生過去實在太愚蠢了，居然會期待哈塔米的行事作風會不同於其他政府官員。但改革派的學生活動分子，例如阿里．阿夫夏里，則對政治操作尚未失去耐心，他們雖對哈塔米心存懷疑，卻仍願意給他機會。阿里相信，哈塔米已經將關心的重點放在兩個可實現的目的上，而這兩個目的都值得學生支持。總統決心減輕穆罕默迪兄弟與其他人的死刑。另外，他也把重心放在國會選舉上，而改革派有把握贏得這場選舉。

阿里與朋友要求哈塔米關注被監禁的學生。他們寫信而且出席國家安全委員會。他們可以看到改革派政府深陷於與革命衛隊、警察以及司法部的鬥爭之中，後三者認為這些抗爭者不應該被當成學生看待，而應該視為決心推翻伊斯蘭共和國的外國間諜。穆罕默迪兄弟在那一年的夏天沒有被絞死已經算是勝利，但這樣的勝利還不夠。

在學生的助選下，改革派以壓倒性的多數贏得二〇〇〇年二月的國會大選。哈塔米的權力大增。他的派系主導了政府的兩個民選單位——行政與立法部門，民眾的支持已藉由選舉兩度獲得確認。然而，在體制內，改革派卻陷入孤立。阿克巴爾．甘吉在此之前曾寫下幾篇文章，而他也因為這幾篇文章被捕入獄，甘吉在文中指出拉夫桑賈尼在連環謀殺案網絡中扮演著關鍵角色，為了報復，拉夫桑賈尼不再支持哈塔米與哈塔米的同僚。阿里．阿夫夏里與學生活動分子樂見其成。他們一直不信任拉夫桑賈尼，認為他是投機分子，對政治自由化並未抱持長期持續的興趣，而他們反對拉夫桑賈尼主要還是因為經濟觀點。他們支持改革派的經濟左派立場。但拉夫桑賈尼絕不甘於屈居人下，他利用自己主掌的利益權衡委員會的保守派教士進行運作，並且試圖讓憲法監護委員會否決國會的立法。

改革派議員起草廢除引發學生暴動的新聞法，而他們擁有可以通過的票數。但最高領袖命令新任國會議長，改革派教士梅赫迪·卡魯比，未進入投票程序就撤回新的新聞法法案。革命衛隊包圍國會，威脅一旦議員不照辦，就衝進國會大樓逮捕他們。卡魯比撤回法案，改革派新聞媒體繼續遭到逮捕、威嚇與停業。之後，國會通過的法案絕大多數都遭到憲法監護委員會否決。

阿里·阿夫夏里與朋友要求哈塔米號召他們走上街頭。他們想在國會前面發動示威，要求憲法監護委員會不得阻擋民意代表立法。但哈塔米拒絕了。他不想攤牌。

事情發展至此，阿里·阿夫夏里了解光是選出改革派還不夠——至少在民選代表仍對最高領袖負責而非對民眾負責時是如此。在伊朗北部古爾甘召開的一場活動分子會議中，阿里提出了新策略，他稱之為「超越哈塔米」。學生應該上街，以非暴力的方式要求制度做出根本性的變革。一時間，鞏固辦公室看起來不像是蘇維埃的青年團體，倒像是波蘭團結工聯。阿里·阿夫夏里成為團體新策略的喉舌，他慷慨激昂地宣稱必須提出所謂的「全面批評」，這個異議立場針對的對象也包括哈塔米在內。

在古爾甘會議前不久，阿里才在牢裡關了將近兩個月，其中有十九天是單獨監禁。德國綠黨在柏林召開伊朗反對活動分子會議，而阿里是參與的幾名活動分子之一。訊問者連續八個小時不間斷地侮辱與威脅他，有時還把他關進玻璃屋裡任由太陽曝曬。他後來獲得保釋。當法院宣判他五年刑期，但可獲得緩刑時，埃米爾卡比爾大學的學生起而抗議。阿里．阿夫夏里將以行動證明他的「全面批評」立場：他在演說中批評哈梅內意以及向哈梅內意屈服的改革派人士。兩個星期後，阿里又受到法院傳喚，這一次他被指控試圖推翻政權。

面對即將遭受的苦難，阿里並未做好準備。就算他要求活動分子的視野要「超越哈塔米」，他依然是忠實的反對派，而直到最近為止，他也仍是支持總統與國會的政治派系。在學生運動內部，他一直是穩健與合作的力量。然而現在他卻被指控侮辱最高領袖與宣傳對抗政權。他可以面對這些指控。但他很快發現到，訊問者還要他承認其他的罪名：計畫對伊斯蘭共和國發動武裝叛亂，在鞏固辦公室祕密囤積武器，以及其他叛國罪名。

與穆罕默迪兄弟不同，阿里與其說是替罪羊，不如說是有價值的目標。他的逮捕顯示強硬派已經把學生運動視為真正的威脅。監禁一個全國知名而且與政府人員有交情的學生領袖，打擊而且羞辱他，強硬派想藉此壓制以阿里為領袖的學生運動的士氣。阿里不會被遺留在監獄裡等死，也不會容他在深夜沿著偏遠的公路逃亡。無論在他身上發生什麼事，目的都是為了公諸於眾，用來顯示監禁他的人擁有不可抵抗的權力。

阿里．阿夫夏里一開始監禁在埃溫監獄的某一區，後來他才知道這一區與革命衛隊有關。訊問者在日落時來找他，然後整晚訊問，每天晚上都是如此。最多曾經同時出現十名訊問者，不過房間裡通常一次不超過三到四人。他們一整個晚上輪番訊問。阿里被蒙上雙眼，面向牆壁站著，一名訊問者不斷地威脅與辱罵他，另一名訊問者則是好言相勸。其中一個人說，只要他願意合作，國營電視台有個好職位等著他。另一個人則說，如果他不合作，他會發現自己深陷在甘吉描述的鬼魂地牢裡，沒有人能活著出去。連續一個星期的時間，阿里晚上不許睡覺，白天也幾乎沒睡。然後，某天早上，守衛用毛毯將他裹起來塞進車裡。睡眠剝奪使他暈車，他吐在車內。等到他抵達革命衛隊監獄，也就是五十九號監獄時，他已經病得很重。他被蒙上雙眼，一直到他進了單人牢房為止，牢房裡空氣不流通，非常悶熱。

「五十九號監獄跟你待過的監獄完全不同，」當晚，他的訊問者如此說道，「在這裡，你不會獲得寬容。你要是不照著做，就只有死路一條。」

阿里的訊問者對他拳打腳踢，主要是毆打頭部與體側。一名訊問者想討論哲學。行動本身有善惡嗎？訊問者問道。或者，一個人的看法與意圖是否決定他的行為是善或惡？阿里也許提到索魯什與穆塔茲拉學派的說法，但這些討論最終只會招來一頓痛揍。訊問者不僅要阿里坦承犯下叛國罪，也希望他重複他們的信念——對於當前時事，對於連環謀殺案，對於改革派人士。訊問者告訴阿里，他只有兩個選擇：投降或墳墓。比他更強壯的人都在這裡倒下了。

阿里在牢房裡感到炎熱難耐，在訊問室裡又覺得寒冷刺骨。他吃得不多又睡得少，因為他被迫連續數天站著。如果阿里開始打盹，訊問者會用力拉扯他的頭髮逼他站直。有一回，他甚至連續四天都醒著。他感到頭暈目眩、毫無方向感且極其孤獨。刑求者在他耳邊不斷低聲地說，接下來還會有更多更嚴酷的刑求。如果阿里不認罪，他會強姦阿里。他會用瓶子雞姦他。他會將他吊在天花板，把他鞭打得半死不活。他會拔掉他手指與腳趾的指甲。他會讓阿里在牢裡關二十年。

阿里在五十九號監獄待了一個月，然後才被送回埃溫監獄。他被關在一間冰冷的地下牢房，身上只有單薄的睡衣，與一條毛毯。到了吃飯時間，他必須站起來面向牆壁，雙手放在脖子後面，直到守衛把飯菜送到然後離開為止。他應該要在白天睡覺——疲憊已經撕裂了他的精神，但渾身顫抖使他難以入眠。夜間，他被帶回到訊問室。有時，訊問室會有多達四人訊問他；他可以感覺到有二到三人從後面打他的頭。有一次，阿里正坐在椅子上，一名訊問者用力打他的體側，讓他摔倒在地。那名訊問者用力抓他的頭髮，逼他坐回椅子上。他們告訴阿里，如果他再不認罪，就等於害他的父親、妹妹與朋友遭受跟他一樣的刑求。

一天夜裡，一名訊問者告訴阿里，要他做好遭到處決的準備。訊問者拽著被蒙上雙眼的阿里來到監獄空地。另一名訊問者正在講手機，聽起來是在懇求法官收回成命。但第三個聲音卻突然說道：「不。絕不可能。處決必須執行。」講手機的男子懇求能大發慈悲。「不行，」第一個訊問者說道，「這個傢伙沒救了。」講手機的男子懇求阿里想想自己的父母然後認罪，而不是去面對等待著他的行刑隊。長達三十分鐘的時間，訊問者來回議論著阿里的命運。這是頭一次，阿里感覺自己的意志崩潰了。也許他們不是真的想殺他，但也許真的是。

他想像自己承認有罪。但刑求他的人心裡想的可不是如此。他們要他認罪的內容將會牽連其他人，而且必然導致他自己也要遭到處決。他要說鞏固辦公室儲藏了武器，而他計畫要刺殺某個省長。他要指認某些特定人士，把他們牽連到他們從未犯過的罪名上。他的刑求者，把他綁在一張像是當初鞭打穆罕默迪兄弟的床上，並揮動了準備用來鞭打他的電纜。

「我覺得自己像個落單而脆弱的孩子，失去了父母，置身於一群陌生人當中。」阿里日後在向人權組織做證時說道[14]。他已經抵抗了一百四十天。他擔心如果自己繼續撐下去，刑求會變得愈來愈嚴酷，到頭來也許要招認的罪名要比目前被要求的更重。「結果，」阿里對人權團體說道，「我接受了將汽油彈偷偷運到大學宿舍的部分指控。於是他們將我從床上鬆綁。」

接著開始了阿里第二階段的監禁，也是最糟糕的階段。獄方把他送回到五十九號監獄。在訊問室裡，阿里協商他的認罪措詞。他同意錄影，條件是訊問者只能將罪名加在他一個人身上。他能更動的文字非常有限。他要供稱，在改革派指示下，學生運動進行顛覆政權的非法活動。他要把自己形容成一個天真、無經驗而且容易上當的人，而現在的他已能分辨是非，也準備好要向最高領袖道歉。阿里與訊問者草擬了一份文件，然後將文件呈交給某個單位，阿里認出那個單位是「專家」委員會。委員會對供詞做了補充，然後送回給阿里，命令他將這些修改添加進去。

編輯的過程似乎沒完沒了：從阿里到訊問者再到「專家」，就這樣反覆不斷地來回。然後是錄影。阿里日後回憶，他被迫預演文字內容七到八次，目的是為了最後在攝影機前面能夠自然地進行描述。之後，他們一共拍攝了四次。阿里開始覺得自己真的在拍一齣電影。有時，他拒絕唸出某些台詞，例如提到學生試圖顛覆政權。於是他被轉移到單人牢房，或遭到毒打，直到就範為止。總之，寫下供詞、編輯、預演與正式錄影，一共花了約兩個月的時間。當攝影機開始拍攝時，阿里的訊問者站在攝影機後面，未出現在畫面中，但直接面對著阿里的視線。

二〇〇一年五月某個早上，阿里被叫起來梳洗。他可以刮鬍子與理髮，而且獲准淋浴洗澡，獄方也讓他換了一套衣服。然後阿里被蒙上雙眼，在經過一段難以辨識方向的車程之後，抵達了革命衛隊空軍基地，這裡依然在五十九號監獄的範圍內。國營電視台的記者與攝影師已經在那裡。阿里的訊問者也在現場。他們告訴阿里，他將接受採訪，但這段採訪不會對外公開；他們只是希望錄製一段比過去品質好一點的短片。其中一段採訪，訊問者坐在採訪者的椅子上，而攝影鏡頭只拍攝阿里；另一段採訪，電視台採訪者提出問題，訊問者則站在鏡頭剛好拍攝不到的位置。阿里則依照背誦的腳本回答採訪者的問題。

當天的兩段採訪被合在一起之後在國營電視台播放。阿里坐在辦公椅上，與採訪者隔著一張玻璃咖啡桌。他解釋學生運動如何運用公民不服從這個策略，企圖以世俗政權來取代伊斯蘭共和國。阿里強忍住內心的不快，向最高領袖、伊朗人民，以及最重要的，伊朗共和國的戰爭殉難者及其家屬致歉。他穿著灰色格子圖案襯衫與深灰色的長褲。他的鬍子刮得很乾淨，只留下看起來十分陰鬱的八字鬍，肩膀傾斜。他坐在一個毫無特徵的米色房間裡，身旁是一個塑膠盆栽與電視機。有時，攝影機捕捉到阿里的眼神，深不可測，令人難以捉摸。

阿里·阿夫夏里已經被抹除了。他認不出自己。在國營電視台臉不紅氣不喘地說謊的那個人是個懷有惡意的冒名頂替者。幾年後，阿里讀到奧斯威辛倖存者的描述，得知在納粹集中營裡被迫違反自己的信仰行事的人往往比較早死。他們說出了阿里的感受。他背叛了每個人，他消除了自己的人格。獨自在牢房裡，阿里用頭撞牆，希望一死。他沒有胃口。自殺的衝動幾乎使他發瘋；這種衝動是狂亂的，沒有任何計畫。天花板上有幾條裸露的電線。阿里想到了些什麼，於是努力而近乎著魔地謀畫著，不過卻搆不到電線。終於他有了主意。

他要讓訊問者將他刑求至死。他們有的是辦法結束他的痛苦。當然，最好還是靠著自己結束生命，但他絕對不可能搆到那些電線。他能做的就是撤回供詞而且進行反抗。剩下的部分就由獄方來操心了。而這麼做也能暴露這些人的野蠻行徑。

阿里寫信給承審法官，解釋他遭到暴力取供，採訪都是演出來的，他陳述的內容全是訊問者要求他說的。司法部要求他不許撤回，但現在的阿里已經吃了秤砣鐵了心。很快地，他又被送回訊問室。他在加茲溫的父親據說因為經營的雜誌刊登的諷刺漫畫而被法院傳喚。監獄人員告訴他，接下來他要忍受的一切會讓他忘了先前所有的刑求。但阿里已經對這些恐嚇無動於衷。他的牢房就在機場跑道旁，飛機起降的噪音讓他日夜都無法成眠。但有件奇怪的事卻在他身上發生。

一開始，他感到飢餓。監獄的伙食還是一樣，但此時他卻狼吞虎嚥。他面對的是相同的訊問者，而且還是一樣遭到孤立——往後六個月，他一直待在單人牢房——但從自我否定的深淵中，他卻逐漸擺脫刑求的影響。既然他已經放棄生命，刑求者就無法再威脅他。真正的抵抗看來就是如此。他並未認罪，但也沒有死。相反地，他逐漸恢復元氣，而且覺得自己獲得前所未有的力量。他了解他的刑求者並非萬能——他可以選擇屈服，也可以選擇拒絕。六個月後，他們放棄從他身上取得供詞的念頭。毆打停止了。過去，他眼睜睜地看著自己精神的力量被監禁他的體制吸得一乾二淨，現在，他卻發現自己重新找回這股力量。

二〇〇一年十二月，阿里．阿夫夏里獲釋，他召開記者會，解釋他五月是因為受到威嚇才做出虛假供述。他希望全世界能夠知道伊朗監獄內部發生的事。他再次向伊朗人民道歉，但這一次是為了他做出虛假供述而道歉。阿里還有該服的刑期，兩個月後，他回到埃溫監獄，在普通牢房服刑兩年。與先前忍受的狀況不同，在這裡，他可以讀書與打排球。父母可以去探監。他寫的文章與信件也被偷偷挾帶回校園。

二〇〇三年，阿里再次出獄。鞏固辦公室並未忘記他。學生們幾乎一致同意徵召目前成為研究生的阿里重新加入組織的中央委員會。此時的阿里已不再是過去那個舉辦校外教學與主張男學生可以穿短袖的年輕人。而他的目光也已經遠遠超越了哈塔米。阿里主張伊朗需要一部新憲法。選舉不會產生任何結果。伊朗需要舉辦公投來決定政府該採取的形式。阿里．阿夫夏里提出的任何目標，前改革派，也就是現在鞏固辦公室當中的自由派分子，都願意追隨。

但阿里無法留下來繼續為公投奮鬥。二〇〇五年，法院針對一件尚待判決的案子判處他六年徒刑。如果阿里入獄服刑，等他出獄時已經三十八歲，幾乎把一生的四分之一都給了伊朗刑罰體系。前往杜拜是容易的，從杜拜到都柏林也沒那麼難。他最後流亡，生活於維吉尼亞州雷斯頓，仍然是研究生，但就讀於喬治華盛頓大學的系統工程系。要說伊斯蘭共和國造就了誰，那麼這個人就是阿里．阿夫夏里。但伊斯蘭共和國已無他容身的地方。

第十章　總體計畫

一九五六年，世界第一家室內購物中心於明尼蘇達州伊代納開幕，裡面設立了兩家百貨公司，百貨公司之間有個如天井般的中庭，引進了明亮的自然光，電扶梯橫跨中庭，室內花園與數十到數百家商店為整座商場增添光采。這家購物中心名叫南谷。在當時是個建築上的創新與驚人之舉。與過去美國郊區公路兩旁的帶狀商場不同，南谷購物中心將單調無窗的外牆轉變成由停放的車輛構成的龐大護城河。這座購物中心的一切活力都面向內部，開創性的建築師維克多·格魯恩將這座商場想像成社區裡充滿活力的室內鬧區，若不如此安排，整個空間可能會沿著離心的方向發散出去。

格魯恩是維也納猶太人，於德奧合併後踏上美國海岸。在紐約市，格魯恩從一無所有的流亡生活打造出商場建築師的傳奇事業。當時，興建商場在建築業屬於粗糙而低下的領域。格魯恩卻做出徹底的改變。他相信商店設計——商店的外觀、櫥窗展示，乃至於商店周遭的環境——可以吸引顧客，也可以趕走顧客，零售業成功的關鍵在於營造出一種氛圍來引誘消費者，甚至一開始就讓消費者忘了這是個消費生意。這種現象稱為格魯恩效應。然而，這個效應的創造者卻與這個效應格格不入，格魯恩是個社會主義者，他憎惡汽車、帶狀商場與郊區，儘管如此，他卻讓這些事物布滿整個美國地貌。

對於不斷向外蔓延且極度仰賴車輛的德黑蘭來說，格魯恩是個獨特卻又意外地善於調適的都市計畫者。更特別的是格魯恩作品影響了伊朗政治人物的命運——尤其是那些在格魯恩的都市幻想上橫跨了一座名叫改革的建築物的人們。這些改革派人士把城市政治轉變成用來實現他們最深刻與最具野心的計畫的劇場。與之前的格魯恩一樣，他們將逐漸發現，計畫的力量有一半來自於對計畫的顛覆。

格魯恩起初想像購物中心可以對抗美國帶狀發展的缺點。購物中心可以為位於美國城市外圍的睡眠社區提供城鎮中心；在南谷周圍，格魯恩計畫為伊代納建造公寓房屋、醫院、公園、湖泊、公路與學校。購物中心會像歐洲的城鎮廣場那樣吸引郊區居民彼此接觸交流。居民在購物中心購物，然後坐在中庭花園喝咖啡，一邊與鄰居聊天，一邊駐足觀賞巨大的長頸鹿雕像。

然而，這一切都沒有發生。相反地，地價一飛衝天，投機者蜂擁而至，身為格魯恩客戶的零售業巨人從中賺得鉅額的財富。購物中心孤立於停車場的後方，與其說它固定了什麼事物，不如說它助長了無計畫與無限制的「分散」（scatteration），「分散」一詞是當時格魯恩與社會批評家珍・雅各爭論時提出的。

法蘭克・洛伊・萊特在南谷購物中心剛開幕時曾前去一探究竟，他想了解為什麼要這麼大費周章，而當時他已預見到大致的結局。對於購物中心著名的中庭，萊特說道：「誰想坐在那個荒涼而毫無生氣的景點呢？你弄的中庭花園匯集了村落所有的壞處，卻完全沒有村落的魅力。」[1]

然而，購物中心卻在商業上迅速獲得成功。格魯恩的設計變得如此普遍，以至於沒有人能聯想到這個設計是出自建築師之手。格魯恩雖然心裡感到矛盾，卻不後悔這麼做，他依然繼續進行。到了一九五〇年代末，他已經從設計商店轉變成重新設計整座城市。在德州電力公司董事長的指示下，格魯恩將德州沃斯堡重新想像成一座步行購物中心與人行道咖啡廳的城市，車輛透過環狀道路進城，但必須將車停在停車大樓裡，行人則搭乘路面電車在這座無車城市裡通行。就連珍．雅各也覺得這是個令人吃驚的計畫。但這項計畫在德州州議會觸礁，州議會擔心這項計畫的施行會侵害私有財產權而且增加「貪汙舞弊」的可能[2]。

到了一九六〇年代中期，從加州的弗雷斯諾到紐約州的羅徹斯特，格魯恩已經在美國地貌留下不可磨滅的印記；但格魯恩痛恨美國的建築環境，因此他回到自己的出生地維也納，他發現當地的凝聚力正受到鄰近購物中心的威脅。大約在這個時候，他聽到了國王穆罕默德．雷札．巴勒維的消息。

這位伊朗國王向格魯恩提出了德州電力公司在各方面均無法提出的條件：取之不盡的資金、無限的權威，以及一座如同巨大畫布的世界首都，有著快速增長的人口與才剛起步的都市計畫歷史。格魯恩與出身名門的伊朗總建築師阿卜杜勒阿齊茲．法爾曼法馬揚合夥，擬定了第一份德黑蘭總體計畫。

格魯恩的傳記作家日後寫道：「戰後美國〔格魯恩〕的世界如此令人失望，有部分是他自己的傑作。他比任何人都該清楚了解，有計畫的發展與無計畫的蔓延，兩者之間的選擇並不是那麼簡單。」[3] 出乎意料的結果就是格魯恩事業的故事。在美國是真實的，在伊朗則更加真實，格魯恩的德黑蘭總體計畫想決定所有的事，但精確地說，是什麼也沒決定。

德黑蘭最初是從古城雷伊的北部郊區開始發展，直到格魯恩與巴勒維國王離開一段時間之後，所有的郊區合併起來才讓城市達到成熟的階段。然而，就第一世界的郊區定義來說，德黑蘭的郊區其實不是郊區。它們是在基於需要以及在重大的社會變遷下自然產生的社區，對於君主制與之後的革命政權來說，這些郊區也構成幾乎無法解決的難題。

德黑蘭北依阿勒布爾茲山脈，南鄰卡維爾沙漠，整座城市地勢落差很大，北部邊界要比東南部邊界高了六百公尺以上[4]。地形上的高低起伏深深銘刻在城市的靈魂上。北部高地有乾淨的水、連綿的視野與清新的空氣。南方平原有工業區、貧民窟，有毒的煙霧與北部山脈居高臨下阻擋的視野。這裡的景色是戲劇與美的靈感來源。在城市範圍內，可以看到蜿蜒的溪流與攀緣山丘而上的村落。德黑蘭低矮、對稱的建築所展現的優雅未得到應有的重視，它們襯托出阿勒布爾茲山脈的高聳陡峭。瓦利亞斯爾大街——德黑蘭宏偉的中央幹道，在革命後改成現在的名稱——是中東最長的通衢大道，沿線種植了約六萬棵高聳的懸鈴樹。

一九三〇年代拆除城牆之後，德黑蘭的人口開始成長，先是二十世紀中葉在城市東部有計畫地建立中產階級社區，然後——巴勒維的現代化政策把沒有土地的伊朗農村人口成群送往首都

——在城市南部建立非法的聚落。從一九〇五年到一九七九年，德黑蘭人口從十六萬增加到五百萬[5]（二〇〇四年將超過一千二百萬[6]）。許多新移民與大家庭擠在城市貧民窟的小公寓裡，在這裡，沒加蓋的陰溝把泥濘的巷弄一分為二，一個房間就是一戶人家。有些人在城市外圍建立臨時居所。有些貧民窟是用泥磚甚至是用錫罐搭建。革命爆發時，德黑蘭有整整百分之三十五的人口住在貧民窟或簡陋搭建的屋子裡[7]。技術上來說，非法占住的社區不屬於德黑蘭的一部分，因此居民沒有資格獲得城市服務，例如下水道與垃圾收集，城市當局表示無論如何要提供這些服務是很困難的；但這些需求十分龐大，滿足這些需求已經演變成人道、公共衛生與社會安定的問題。

格魯恩與法爾曼法馬揚把德黑蘭想像成巨大的花朵，沿著阿勒布爾茲山麓這條東西軸線延伸發展。與玫瑰一樣，德黑蘭是由眾多同心圓組成的。十座副城市，每座城市有一個市中心，圍繞著市中心有十座城鎮；每座城鎮有自己的中心，圍繞著城鎮中心發展出四個社區；從社區中心產生五個鄰里。綠色河谷切穿了地圖，公路與大眾運輸路線順著河谷修建。為了維持原有的優雅與綠意，計畫再度明確劃分城市南北：北部是高所得與低密度的住宅區，南部是低所得與高密度的住宅區，此外還有工業區。

密度——在城市單位面積上設定居住的人數——是德黑蘭的命運。格魯恩與法爾曼法馬揚認為德黑蘭整體的人口密度要維持得非常低。他們設想的是一座像洛杉磯那樣蔓延、低矮的城市，一座可以在破壞相對較少的空間中延伸，保留傳統伊朗庭院住宅，擁有廣大公園與花園的城市。格魯恩與法爾曼法馬揚設定的城市疆界，每五年以預定的成長數向外擴張，直到抵達二十五年的擴張區域邊緣為止。城市要對城市疆界內的地區提供服務，例如水、垃圾收集與電力。

德黑蘭總體計畫於一九六八年通過。根據一名建築史家的說法：「很少有巨大城市像德黑蘭那樣僅憑一個理想主義的規劃願景就進行開發；美國城市的規劃很少在大學或辦公室裡產生，就算有，也無法達到像德黑蘭這樣的程度。」[8] 但是，城市的大量人口卻位於城市疆界之外，不在城市提供服務的範圍之內，也不在城市總體計畫的考量之列。

就在格魯恩的計畫獲得採納的同時，新通過的市政法允許君主以粗暴而不受歡迎的拆除手段來解決大量非法占住的問題。從一九七四年到革命前夕，巴勒維國王當局任意拆毀非法占住的社區，他們經常利用深夜派遣準軍事部隊與推土機來執行任務。當發現進展太慢時——一九七八年九月，離何梅尼從法國飛抵國內只有五個月——當局決定改變策略，他們把格魯恩計畫裡針對當年設定的城市疆界進行擴大，並且承諾將占住的居民納入擴大的市區之中，使他們可以獲得自來水與電力的服務。之後，巴勒維國王便流亡了。

德黑蘭總體計畫的各項缺失與隱含的菁英主義，成了伊斯蘭共和國必須繼承的帝國包袱。該計畫的一切起源出處都與新政權格格不入。計畫的作者甚至不是德黑蘭本地人。然而這終究是德黑蘭唯一擁有的都市計畫。荷蘭建築史家沃特・范斯提堡特寫道，就像羅馬的軍管城鎮被中世紀的混亂覆蓋，或殖民地的哨站被巨大城市超越，德黑蘭的故事因此成為它的總體計畫被顛覆的故事。但在巴黎與雅加達，范斯提堡特表示：「經過數個世紀與不斷世代交替之後，城市的原始碼早已被遺忘，所有的遺跡已經在城市羊皮紙上被刮除得無影無蹤……。然而，在德黑蘭，這個過程是在十到十五年內發生的，要忘記原始碼顯然是一種意識形態的決定。」[9]

德黑蘭與伊朗其他大城市是君主制時期的權力中心，也是用來展示虛矯的世界主義與可疑的現代主義的櫥窗。伊斯蘭共和國改弦易轍，刻意規避城市，尤其是德黑蘭，並且將自身的認同與民族主義和伊朗農村連繫起來。從巴勒維時代*開始興建的德黑蘭地鐵系統失去了資金挹注。都市計畫成為過去的事物。資源缺乏，一九八〇年代中期油價崩跌更讓情況惡化，伊朗於是將國家擁有的資源投入於大力改善農村生活，將現代化的好處拓展到長期被邊緣化的伊朗農村人口。

伊斯蘭共和國將電力、乾淨的飲用水、現代設備、令人印象深刻的醫療網絡以及家庭計畫帶到農村[10]。在巴勒維國王執政時期，農村婦女平均生育八個子女；在伊斯蘭共和國時期，平均只有兩個[11]。伊斯蘭共和國的農村婦女受教育的時間是君主制時期的兩倍。拉夫桑賈尼政府把新設的大學網絡延伸到偏遠地區。到了二〇一五年，伊朗的鄉村與都市地區在教育與生活水準上已差異不大。這些將成為伊斯蘭政權的傑出成就。

然而，雖然伊斯蘭共和國極其重視農村文化，在其統治期間，伊朗卻成為比巴勒維國王時期更為都市化的國家。從一九七六年到一九八六年，伊朗的都市人口成長了百分之七十二。到了一九八三年，伊朗的城市人口已經多於鄉村人口。新移民需要合宜的地方居住，同時還要有基本的都市設施。「既不要東方，也不要西方！」一個反帝國主義革命口號如此說道。一九八五年，在德黑蘭外圍道路兩旁占住的民眾嘲弄地叫嚷著：「既不要東方，也不要西方，既沒有水，也沒有電！」[12]

在德黑蘭外圍地區，移民聚落靜靜地擴張。占住者現在已不只是搭建棚屋，還開始建立城鎮。在德黑蘭的西邊，在通往鄰近城市卡拉季的道路沿線，十年的時間，城鎮人口成長了四倍。就在革命政權忙於處理國內的騷動與國外的戰爭時，占住者已經創造了既成事實。他們從城市管線取得電力與自來水，實際上是竊取了城市未提供給他們的服務。他們占有的土地是公有地，他們興建的居所是私有的住處。

伊斯蘭共和國的回應與巴勒維國王大致相同：進行拆除，特別是從一九八四年開始。然而，這是一場消耗戰。到了一九八九年，當局改變做法，試圖整合新聚落以進行控制，向他們收取提供城市服務的費用，甚至將土地出租給他們。伊斯蘭共和國將德黑蘭的疆界一路拓展到維克多・格魯恩最後的二十五年擴張線，比原先的計畫早了約十年。然後，當局對於新聚落的鄰里組織進行滲透，或者以教士控制的協會加以取代。

忽視並未讓德黑蘭喪失居民或核心地位。相反地，在整個一九八〇年代，德黑蘭毫無限制且毫無計畫地膨脹，形成一種密度與蔓延的對流。德黑蘭被自身的汙染所窒息，極度嚴重的交通阻塞使鄰里間陷入孤立，綠色空間幾乎完全消失。強制伊斯蘭化產生了一群憤怒而疏離的中產階級，他們緊鄰著政治上有權但經濟上遭受剝奪的群體。街道難以通行，氣氛肅殺，空氣髒汙。無

*指兩任巴勒維國王，雷札・巴勒維與穆罕默德・雷札・巴勒維在位時期，時間為一九二一年到一九七九年。

計可施。城市幾乎快要破產。伊朗的財產稅傳統上偏低，加上石油收入下降，市府幾乎沒有資源流可以汲取。德黑蘭的需求規模——無論進行全新的規劃還是大眾運輸與基本服務——令它的預算相形見絀。一九八七年到一九八八年，伊斯蘭共和國委託研究遷都到較容易管理的地方的可行性。但經濟學家的結論是差異不大。即使政府離開，德黑蘭仍將繼續窒息下去。就在此時，總統拉夫桑賈尼決定任命新的市長。

戈拉姆侯賽因・卡爾巴斯希要求要有花[13]。因為德黑蘭不僅欠缺預算，也欠缺美。花無法收容無家可歸的人或淨化空氣，但花可以提醒德黑蘭人他們的城市可以是什麼樣子。一九九〇年春，剛上任不久，卡爾巴斯希就要求德黑蘭人在自家的門階、家中與工作場所放置花盆。在住家與店鋪、辦公室與飯店之外的地方，市民也要協助新市長展示色彩與綠意。這將是卡爾巴斯希所做的最不重要的事——最不持久，最沒有爭議，最不昂貴，但卻具有象徵性。

在卡爾巴斯希之前，德黑蘭內外幾乎沒有人知道或注意市長是誰。三十五歲，身材瘦長，下巴方正，戴著金絲眼鏡，有著具穿透力的目光，無論是好是壞，卡爾巴斯希都將深刻轉變伊朗首都，就連批評者也稱他是伊朗的羅伯・摩斯*。他是個名人，有許多粉絲，也有許多詆毀他的人。民眾在街上馬上就會認出他來。卡爾巴斯希有部分是教士，有部分是技術官僚——身為庫姆的阿亞圖拉之子，他未讀完神學院就在一九八四年當上伊斯法罕省長——他是管理者、生意人，也是出席過總統內閣會議的政治要人。

這位新市長肩負著過去的市長未曾肩負過的任務。一九八八年通過的法律要求伊朗城市必須財政自主。在一個賦稅極輕的國家，這項法律意味著城市要不是必須與市民協商提高稅率，就是要找到有價值的事物進行販售。

如果卡爾巴斯希提高德黑蘭的財產稅，他很可能為德黑蘭可預見的未來提供一項穩定的經濟基礎。要提高稅率，卡爾巴斯希必須與民眾協商，解釋他的計畫，取得支持，並且針對稅金如何運用向納稅人負責。這些都是中央政府從未做過的事。伊朗是典型的食租國家（rentier state，這個詞是伊朗學者在一九七〇年創造出來的）：石油提供中央政府源源不斷的歲入，不需要仰賴人民的生產力或合作。卡爾巴斯希並未改變這項安排。相反地，他複製這項安排。德黑蘭也許沒有自己的石油供給，但卡爾巴斯希卻看到德黑蘭手中有一項更為巧妙的資源：密度。

格魯恩計畫已形同虛設。從一九九〇年代初的標準來看，格魯恩計畫想像的是一座不可能的城市，城市的建築物不能超過兩層樓高。然而正因這個理由，這個依然停留在紙面上的計畫竟然成了一個聚寶盆。

卡爾巴斯希出售權利給土地開發商，使他們可以超越格魯恩計畫設定的密度限制——有時超出的幅度達到四倍——此後又略微將限制做了調升。市政府主掌總體計畫的施行，卻靠著販售違反計畫的權利來獲得收入。當某家公司向卡爾巴斯希提出一套新的城市總體計畫時，卻遭到他的

＊二十世紀紐約和其市郊的建築大師。

回絕。對他來說最好的做法是維持原計畫，反正沒有人期待他能夠執行，然後藉由豁免開發商不受計畫限制來取得酬金。

卡爾巴斯希從德黑蘭的北部開始。新建的高層建築改變了德黑蘭的天際線，完全無視地震安全法規（德黑蘭剛好位於主要斷層線上）與鄰里的凝聚力。現代，毫無特徵，巨大，就像德黑蘭所有事物那樣，這些建築物不是淺褐色的混凝土建築物就是淺褐色的磚造房屋，這些樓房擠進狹窄的巷弄中，彼此簇擁緊挨，創造出一座座密集、窄小而擁擠的鋼構大樓群，每一座大樓都依照建商自己的想法建造，對法規或計畫視若無睹，也沒有開闊的視野或疏散空間。市政府有時甚至與民間開發商合夥，從販售新建案的豪華公寓獲利。營建部門大為景氣，成為德黑蘭的主要僱主與經濟引擎。緊接而來的是不動產投機風潮。德黑蘭面臨住房危機，數十萬家庭苦無適當居所，但德黑蘭至少有百分之十的住房單位閒置，價格高到乏人問津，這些住房的建造與出售只是為了轉售牟利。

對於已經擁有房子的人來說，這個時期讓他們發了一筆橫財，他們可以將住所上方的垂直空間販售出去。但對於租房的人來說，日子變得更困苦了。即使平均公寓大小減少了一半，投機仍使居住成本包括租金在內增加為原來的三倍。工人必須非常努力才能勉強在首都過活。許多人轉而尋求德黑蘭外圍不受法規管制的開發案。而在德黑蘭市區，停車空間、汙水下水道與垃圾車數量均不充足。居民怨聲載道。儘管如此，在短短兩年的時間裡，卡爾巴斯希卻讓城市預算增加為原來的五倍[14]。總計從一九九〇年到一九九八年，他籌措了六十億美元，其中有四分之三來自於販賣密度。而他運用這筆資金的方式再次讓德黑蘭成為全國注目的焦點。

卡爾巴斯希投資公園、高速公路、廣告招牌、購物中心、文化中心、森林種植、運動中心與彩色亮面報刊。淺褐色的城市突然間有了色彩。卡爾巴斯希開闢了六百座新公園，是過去數量的三倍；他把一萬三千處空地闢建成休閒娛樂區；他移除了過去存在於公園周圍的柵欄[15]。卡爾巴斯希的公園有長椅與遊戲場、水池與噴泉、售貨亭與賣吃的攤位，可以容納老人在此玩雙陸棋，也能讓青少年在這裡偷偷摸摸地交換情書。

卡爾巴斯希並未改善德黑蘭兩極化的現象——相反地，他經常被指控讓北部地區獲得較多綠色空間與奢華的發展，但也藉由快速移動的高速公路與重啟的地鐵系統將南北兩區連結在一起。納納茲阿巴德這個鄰里社區位於德黑蘭充斥著貧民窟的南部地區，德黑蘭的屠宰場就位於此地。納茲阿巴德的周邊瀰漫著動物殘骸的臭味，長久以來一直是都市禍害的溫床，包括犯罪與賣淫。卡爾巴斯希關閉屠宰場，把這裡改造成一座宏偉的文化中心，設有劇場、咖啡廳、畫廊、教室、圖書館、體育館、溜冰場與游泳池，四周還有草坪。巴赫曼文化中心不僅成為德黑蘭南部青年的去處，也成為德黑蘭北部菁英聚集的地方，他們會來這裡看電影與參加每週一次的音樂會。

公路固然實際連通了德黑蘭的南北，但真正產生效果的還是聽音樂會與看電影的移動人群，他們跨越了以往避之唯恐不及的鄰里社區，使德黑蘭終於成為一座單一的城市。在卡爾巴斯希擔任市長期間，德黑蘭總共設立了一百三十八座文化中心，巴赫曼文化中心只是開端。有些強硬派人士不認同德黑蘭市長介入國家的文化生活。阿亞圖拉哈梅內意警告卡爾巴斯希，反對對德黑蘭

「伊斯蘭認同」的侵蝕[16]。但德黑蘭各個文化中心與公園也舒緩了伊斯蘭共和國累積的壓力。無論有心還是無意，革命政權開闢了一座花園，但它卻沒有能力照料：伊斯蘭共和國養成了一批年輕人、受過教育的婦女與中產階級新成員，這些人全開始挑戰共和國。卡爾巴斯希找到了擁抱這些人口的方式，甚至運用他們強大的活力來建設這座由他經營的城市。

在卡爾巴斯希之後，伊朗的都市生活再也不一樣。在革命時期離開故鄉的伊朗人，他們寫的德黑蘭生活回憶為世界文學市場增色不少，然而他們筆下的德黑蘭——交錯於低矮房屋之間的巷弄宛如公共大院，街坊鄰居的日常生活緊密交織，屋頂成為夏夜裡一家人入睡的地方——已不再有。德黑蘭南部日益廣大的貧困之海，在流亡文學中占有一席之地，它們是社會動盪的惡兆，是革命的先聲。到了卡爾巴斯希時代的末尾，德黑蘭已經成為某種外表看起來熟悉，內部看起來卻陌生的事物，它是一座在倉促中豎立起搖搖欲墜的摩天大樓且汙染足以與雅加達和北京相提並論的巨大城市。新的環境不僅需要新的文學，也需要一套城市治理結構的新取徑。

凡事都有代價。卡爾巴斯希成就的基礎正是他謾罵的總體計畫。德黑蘭的經濟建立在幾乎全出自想像的商品上：格魯恩未能預見到的密度，透過精心設計的黑箱，交到了無須負責之人的手裡。德黑蘭看似繼續運轉——或許還比過去運轉得更好。但要維持運轉，德黑蘭必須與投機者合夥與違背計畫，繼續危險而毫無管制地朝著垂直空間攀爬而上。

協助穆罕默德・哈塔米取得權力的改革派人士把目光望向市政府。他們猜想他們可以在這片開放的田野種下新的民主制度——被聯邦政府的綠色河谷橫切的花中之花。

在總統哈塔米的顧問中，薩伊德．哈賈里安有著特殊地位。他幽默的目光襯托著他鬆弛的臉頰與下巴。他的金框大眼鏡落在布滿斑白鬍渣的臉頰上，在他的八字鬍與理得極短的頭髮仍舊烏黑之時，他就已經戴著這副眼鏡。哈賈里安是個知識分子，認為政治理論是一門可以加以應用的科學——彷彿民主改革是伊朗可以一絲不苟進行的一連串化學反應。

哈賈里安與其他改革派人士使用的專有名詞是「政治發展」四個字。伊朗只有威權政府的經驗。伊朗需要負責任的政治制度，但伊朗也需要積極參與的公民。「政治發展」指的是對上述兩者的培養。因此，哈賈里安的改革不只是以民主人物取代威權人物。他認為，要建造龐大的政治基礎設施必須從伊朗從未有過的事物開始：地方政治。

哈賈里安提到伊朗憲法有個條款允許民眾直選自治的市議會。革命之後，這個條款就跟格魯恩的計畫一樣束之高閣，從未實現也從未施行。哈賈里安主張，舉辦市議會選舉將可推動整個國家朝著政治發展之路前進。市議會選舉將可為十萬名以上的新政治人物提供訓練場地，否則這些人永遠找不到登上檯面的機會。市議會選舉也能讓伊朗人體驗到什麼叫做競爭式民主與自治。

卡爾巴斯希過去是技術官僚，他決心讓德黑蘭再次運轉，即使他的政策是透過黑箱與威權的方式加以實施。哈塔米及其盟友對此有著不同的想法。他們想改變的與其說是圍繞在他們周遭的有形空間，不如說是權力制度。當哈賈里安看著這座摩肩擦踵充滿活力的首都城市時，心裡想的不是如何管理或規劃像德黑蘭這種規模的城市，而是德黑蘭不適當與過時的政府結構。問責與透明對卡爾巴斯希來說是之後的事，對哈賈里安來說卻是重點所在。

哈賈里安認為，伊朗社會充斥著行動、精力與無來由的不滿。選舉市議員可以吸收部分精力，並且將這種精力導向與國家的建設性關係。伊朗民眾將開始組成利益團體、市民組織，最後形成政黨。根據哈賈里安的理論，最初實際上只需要兩個政黨。人民將會決定哪一個政黨更能代表他們，並且迫使與形塑政黨符合人民的需求。之後，將出現更多的政黨。

這些觀點與如何經營伊朗城市沒有太大關係。但哈賈里安的說法旨在提出願景。他對訪談者表示，卡爾巴斯希是以公司治理的方式管理德黑蘭，他重視菁英，把一般市民當成「歲入的主要來源」[17]。哈賈里安設想的則是向居民徵稅而且也讓居民能參與治理的城市。

在哈賈里安的建議下，哈塔米把舉辦市議會選舉定為競選承諾，而且在一九九七年就任總統之後著手準備市議會選舉。改革派成立了政黨，稱為伊斯蘭伊朗參與陣線，而且提出自己的候選人。

參與陣線將成為伊朗的全國性改革政黨。但參與陣線起初只是一個地方性組織，組織的性質也極為模糊。參與陣線的成員對於販售密度或對城市財政提出更好的解決方案並未採取統一的立場，他們也未對危險而人口過多的首都提出地震防災計畫，或對已經成為首都經濟引擎的營建業提出更完善的管制建議。無論是這些還是其他議題都將為地方政府的改革派人士帶來分裂與紛爭，進而導致他們的困窘與失敗。當改革派人士來到德黑蘭市議會，把他們抱持的許多政治希望投注在市議會時，他們在世人面前的表現，彷彿是派去管理鑄造廠的哲學系出身者那般。

市議會選舉還沒舉辦，一九九八年四月，市長卡爾巴斯希就因為盜用公款、行為不檢與管理不善等罪名遭到逮捕。許多改革派人士猜測，卡爾巴斯希真正的罪名是在總統選舉期間支持哈塔米，卡爾巴斯希最後的臨門一腳，改變了選舉結果。有幾天的時間，市長是在監獄裡處理市政。支持群眾開始上街遊行。這些指控錯綜複雜，令人難以相信，加上卡爾巴斯希極受歡迎，他的逮捕顯然帶有政治意味。

卡爾巴斯希在六月接受審判[18]。法官同時身兼檢察官。整個審判過程經由電視播送，又稱為「卡爾巴斯希秀」，是伊朗歷史上最受歡迎的電視節目之一。考慮到家庭觀眾，市長要求審判的播送時間與晨禮或世足賽的時間錯開。當審判的時間與伊朗對美國的賽事衝突時，法院同意擇日再審。

在伊瑪目何梅尼司法大樓鋪滿褐色嵌板與禮堂式座位的房間裡，法官高坐在舞台上，在他的前方有一張巨大書桌，卡爾巴斯希與他的律師擁擠地坐在舞台前的木椅上。卡爾巴斯希憔悴而憤怒，一綹平直的頭髮蓋住他的額頭，他不是可以輕易被威脅的人。他直接跟法官爭論，表情陰鬱而激動，他低著下巴，歪斜著頭，冰冷而懷疑的目光對著上方，斜斜盯著與他對話的人。「我不接受任何指控，」他在審判第一天說道，「這些全都是謊言。」法庭擠滿了人，法庭外還有數百名旁觀者透過電視觀看審判過程。

卡爾巴斯希在投機開發的影子經濟裡進行未受管制的交易，這使他在面對訴訟時左支右絀。卡爾巴斯希被指控盜用數百萬美元公款、收受賄賂、對公有財產進行不當交易、非法占用公有財產、非法進行政府交易以及從事「專制與獨裁的行為」，而他則主張市府沒有一分錢進到他的口袋裡。「我所做的只是將一座死氣沉沉的城市轉變成現代與適合居住，擁有數百公里公路、綠色空間與文化中心的城市。」他對法官說道。

實質而言，卡爾巴斯希的辯護有時顯得無力與混亂，主要是因為許多指控出乎市長及其法律團隊的意料之外。但卡爾巴斯希有一套更大的策略。在全國民眾觀看審判下，市長一再將審判拉回到司法部的強制手段以及程序正當性的問題上。卡爾巴斯希提醒觀眾，他是到了法庭才知道自己遭受許多指控，而警察在此之前已先衝進他的辦公室，沒收了他的機密文件。當法官提出在牢裡遭受訊問的市府官員的認罪文件時，卡爾巴斯希反駁說：「你組織了一群七十人的隊伍，其中絕大多數只有高中學歷，而你竟然讓這些人負責進行調查。他們把每個人都帶到地下室，出來的時候每個人都認了罪。這是什麼意思？」[19]

七月十一日，法院第七次也是最後一次開庭，卡爾巴斯希做出結案陳詞。他說了四個小時。他哭泣。他提到自己的革命歷史。他惋惜地表示，這場調查耗費了市府的時間、金錢與工作。在經過八年半，每天工作十五小時之後，市長哀嘆說，這就是我的立場。法官判處卡爾巴斯希五年有期徒刑（上訴後減為兩年）、鞭刑六十下、罰金五十三萬美元，以及褫奪公權二十年。

一九九九年二月，德黑蘭市長才剛入獄服刑幾個月，伊朗便舉辦了第一次市議會選舉。這是伊斯蘭共和國有史以來最開放的政治領域，有大約三十三萬人參選。改革派人士獲得壓倒性的勝利。他們支配了全國各地的市議會，但最具決定性的還是德黑蘭，十五席中取得了十四席。

改革派人士擴展了派系的觀點與出身背景。有些人是接近卡爾巴斯希與昔日市府管理階層的技術官僚。有些人，如易卜拉欣・阿斯加札德赫，曾是一九七九年攻占美國大使館的主使者，是較為激進的民粹主義者。還有一些人，如薩伊德・哈賈里安，來自哈塔米旗下思想較具前瞻性的智庫。關於市長一職，德黑蘭市議會任命了一名中間路線的技術官僚擔任。

一旦取得權力，改革派人士也面臨與卡爾巴斯希相同的選擇。如果要徵稅，市府必須與民眾建立信任關係，這是擁有石油租與威權歷史的中央政府從未做過的事。而這也意味著要對目前看似順利運轉的城市——甚至是近年來管理成功的象徵——進行財政與政治上的重新安排。

所以，德黑蘭還是繼續沿著卡爾巴斯希標記的道路前進。二〇〇〇年，市府委託一項新的德黑蘭總體計畫。但往後六年，這項計畫一直未獲通過，更不用說施行。德黑蘭的都市計畫者開始懷疑改革派市議會，就像先前的卡爾巴斯希那樣陷入進退兩難的狀況。要採納都市計畫意味著要管制密度，而這就表示要另尋籌募資金的管道。

此外，德黑蘭市議會成員也未將心思放在市政上。有相當數量的市議員決心參與全國性的選舉。一名市議員參選總統；其他市議員則參與國會選舉，還找來薩伊德・哈賈里安擔任主要的改革派謀士。

哈賈里安的企圖心僅止於最初的參選市議員。但他先把德黑蘭市政擱在一旁，在他主導的國會大選中（他向記者表示，他閱讀美國的政治期刊，從中學到了如何進行聯盟與選戰[20]），改革派獲得了全面勝利，在二百九十個席次中取得將近百分之七十七的席位。對於一個正在爬升的改革運動來說，這是個令人振奮的時刻——或許足以彌補都市管理的挫折。

二〇〇〇年春，薩伊德．哈賈里安開始收到死亡威脅。一卷錄音帶通知他即將遭到處決。他是強硬派特別痛恨的人物，強硬派不僅認為他是改革派的謀畫者，也懷疑他是阿克巴爾．甘吉報導連環謀殺案幕後的深喉嚨。畢竟，哈賈里安曾在情報部工作，而且握有甘吉發行報紙的執照。

某個星期日的早上八點三十五分，哈賈里安在德黑蘭市政府白色石頭與玻璃大樓的附近停車。他與一名同事走向大樓，才剛在建築物入口處爬了幾階低淺的階梯，一群人突然靠近他。其中一人交給哈賈里安一封信，其他人則攔住問他問題。此時一台馬力強勁的紅色摩托車在路邊停下，這是一種專門提供革命衛隊與巴斯基使用的摩托車。一名年輕人從機車後座跳了下來。

他的名字叫薩伊德．阿斯加爾，根據他日後的說法，他接下來做的事完全是依照清真寺夥伴的指示，他們以沙赫勒雷伊的某個極端主義教士為中心的圈子。他宣稱自己並不反對薩伊德．哈賈里安。他讀過他寫的一些文章，甚至在市議員選舉時投票給他。但他被告知，刺殺這名被稱為改革運動首腦的人物是他的「宗教責任」[21]。

由於不知道哈賈里安長什麼樣子，阿斯加爾一時有點猶豫，他等待共犯告訴他誰才是他的目標。然後他走向哈賈里安，朝他近距離開槍。他瞄準市議員的太陽穴，但因為手抖了一下，結果打在哈賈里安的臉上。

阿斯加爾跳回機車上，與共犯揚長而去。阿斯加爾脫掉額外多穿的褲子，讓目擊者無法認出他來，接著他去看電影，到銀行繳水費，然後回家，途中還在首都交通壅塞的街道來回穿梭。

當薩伊德．哈賈里安從昏迷中醒來，一顆子彈仍留在他的脖子根部。他的雙腿癱瘓，說話有困難。他在這場刺殺行動中活了下來，但再也無法恢復過去的樣子。改革運動也是一樣，市政廳也是如此。

改革派譴責哈賈里安刺殺未遂事件是強硬派指使的政治行動。總統哈塔米表示：「自由之敵誤以為他們可以藉由刺殺為國服務的虔誠知識分子來達成他們的目標。」[22]最高領袖哈梅內意要求冷靜與克制。他公開表示，目前還不知道凶手是誰，倉促地認定與政治有關不僅會激起民眾情緒，也於事無補。不可否認，刺客使用的是國家民兵才能使用的摩托車。但保守派發言人認為，這也只能說明陰謀行刺的人當中有人是革命衛隊成員，但不能說陰謀來自於體制內的權威。

八人遭到傳喚與審判。五人被定罪，刑度從三年到十五年不等。就連法官也對於被告出庭時神色自若以及對目標的缺乏敵意感到困惑。他要求對被告進行精神評估，結果發現他們心智正常。但在審判時卻找不到這些人與任何指揮鏈有所連結。

或許，是哈賈里安長期的政治觀點、深富遠見的耐心，以及拒絕放棄他覺得已經掌握的歷史契機，使德黑蘭市議會免於陷入個人的敵對與政治的陰謀。或許，未來早已經銘刻好——銘刻在政治發展的難題中，要求從某個地方開始，卻總是需要某個尚未滿足的條件；銘刻在德黑蘭的城市管理上，只會產生不受歡迎的選擇，過去的管理者從來不需要回應市民，更不用說承諾讓他們的城市成為通往民主改革的跳板。

二〇〇〇年十一月，在遭受槍擊的八個月後，哈賈里安返回工作崗位。腦幹損傷使他無法久站，也無法維持平衡；當他嘗試走路的時候，他覺得自己彷彿在游泳池裡移動。空氣成了他前進的阻力。他的左手癱瘓，右手顫抖，因此無法寫字。他說話結巴，臉孔呆滯，但內心依然熱切。

德黑蘭市議會已經崩解成充滿敵意的派系。議員、市長、內政部為了誰有權主掌哪個領域、誰能決定城市如何取得資金，而彼此爭鬥。一名議員與市長的爭端訴諸仲裁。另一名議員因為涉嫌共謀殺害哈賈里安而被短暫起訴（他最後獲判無罪）；還有一名議員因為誹謗一名涉及卡爾巴斯希審判的警官而被判入獄；兩名議員辭職，據說是因為「某些內部組織問題」[23]。哈賈里安為了到國外尋求醫療而試圖辭職，議會卻不接受。遭受壓力之下，市長終於下台，但繼任者幾乎馬上就與和前任市長不和的議員發生衝突。

城市根本的問題依然存在。德黑蘭依然建築過量與汙染超標，密度販售依然支撐著城市經濟，卻也損壞了城市的穩定性。地震學家持續針對都市倒塌的可能性發布可怕的警告。謠傳有些市議員藉由販售垂直空間給開發商而獲利。

一開始原本是具有前景的地方自治實驗，最後卻淪為爭吵不休的鬧劇。到了一月，國家仲裁委員會解散德黑蘭市議會，理由是議會未能定期開會而且未能針對預算做出決定。市長遭到解職，並且因為貪汙濫權被判入獄五個月。離伊朗第二次地方選舉還不到三個月，德黑蘭整個管理機制已明顯崩潰。

德黑蘭市府與改革派自己做到了強硬派想對他們做的事，那就是顯示改革運動的每一項缺失──自負浮誇、為小事爭吵、管理上毫無經驗、好高騖遠。強硬派報紙把握每個機會盡可能誇大改革派的失敗。《宇宙報》主編提到德黑蘭市議會時表示：「過去四年來，市議會唯一漠不關心或不大注意的事就是德黑蘭的問題以及履行市議會的法定責任。」[24]《宇宙報》另一名評論者則幸災樂禍地說，這個自吹自擂的民意機關已經「胎死腹中」[25]。一群「無經驗的政治人物」只把選舉當成他們全國政治事業的「跳板」，罔顧民眾的信任。市議員「每天彼此爭吵，任由德黑蘭的處境愈來愈混亂」。

這些社論肯定打中了改革派的要害，主要是因為這些指控都是真的。但強硬派的批評卻未提到即將離職的市長遭到逮捕與受審，也未提到哈賈里安遇刺的事──這兩起事件不僅打擊了改革派政治人物的士氣，也讓他們喪失重要的建言、支持與專家見解。強硬派同樣未指出改革派願景的魯莽。當哈賈里安想像市議會可以在國家的政治發展上扮演角色時，他沒有考慮到一些小瑕疵就足以破壞整個市府政治：個人的敵對與爭權奪利、人性的弱點、有系統的貪汙、需要用歲入來解決的問題，以及源源不斷的歲入創造出更多的問題。

《宇宙報》社論撰稿人沒有提到的是，與管理伊朗日漸膨脹的現代城市的市議會不同，農村地區的地方議會表現得很成功。保守派學者把這一點歸因於農村社群的凝聚力，他們選舉出自己有理由認識與信任的地方領袖擔任議員。學者也提到這些地方議會處理事務的規模與性質較容易管理而且屬於他們熟悉的內容。半個世紀之前，伊朗只有一座城市人口超過百萬；現在則有六座城市人口超過百萬，大約七十座城市人口介於十萬到百萬之間。改革派人士可能想像自己可以藉由在地方層級開啟直接民主，而能從基層開始發展。但實際上，他們卻是從伊朗管理難題中最不熟悉也最難處理的地方開始發展。

雖然改革派未能在都市治理上成功鞏固自己的勢力或理念，但確實創造出讓其他人成功的條件。由於改革派將都市機器安放在正確的位置上，因此不是只有一個，而是有兩個重要的國家政治人物將從中嶄露頭角。德黑蘭市議會最終在全國政壇孕育出強大的新力量——只是這些力量不屬於改革派。

二〇〇三年，市議會選舉相當低迷，實際上幾乎已經從全國的舞台上消失。保守派只要不惹出事端，那麼幾乎是穩操勝算。低投票率對他們有利，因為強硬派絕對會堅定地出來投票。比較傾向於自由派的伊朗人必須被說服相信這場選舉值得他們出來投票，然而即將卸任的市議會的表現卻起不了這個作用。在各個省分，地方議會過去四年來默默做出良好的成績，因此大約有九成五的選民出來投票。在城市地區，投票率則接近六成五。至於德黑蘭則出現驚人的低投票率，只有百分之十[26]。

保守派在德黑蘭市議會十五個席次中取得十四席。在擁有四百萬名合格選民的城市裡，他們只拿到八萬五千到十九萬票就取得勝利[27]。然而，贏家不是全國知名的保守派人物，而是來自之前沒沒無聞的團體，這個團體名叫伊斯蘭伊朗建設者同盟，他們主張「保衛伊斯蘭革命的成果」，不讓「唯物主義者」影響決策[28]。建設者同盟宣稱他們不屬於任何派系，而且鄙視黨同伐異。總統哈塔米對於這個立場表示歡迎，他敦促剛出爐的德黑蘭市議會能避免介入全國性的政治，而且要牢記低投票率限制了人民對他們的授權。

正當改革派召開圓桌會議討論失敗的原因之時，新德黑蘭市議會也開始著手加強對首都的控制。不到一個月的時間，市議會任命了新市長。他是前阿爾達比勒省省長，一個名不見經傳的交通工程師，與巴斯基有著密切關係。十五票有十二票贊成，任命案通過，他宣誓打擊貪汙與確保透明。如果改革派未能建立地方政府，然後把首屆德黑蘭市議會搞得一團糟，他絕不可能出現在伊朗政壇的光照下。他的名字叫馬哈茂德·艾哈邁迪內賈德。

第十一章 奇蹟室

札赫拉・卡澤米，兩歲之後又叫吉巴，她在中年時加入國際攝影記者這個人數少但向心力強的群體。只要哪裡有衝突，這群記者就會在當地出現。卡澤米有一頭蓬鬆而凌亂的鬈髮，臉孔看來細緻，卻又帶著粗獷的氣質，寬闊的嘴巴，眼神精明且帶著警戒。她是伊朗人，生於設拉子，但她在革命前就前往法國留學，回來伊朗只是為了訪問。卡澤米已經身為人母，而且是加拿大公民。她的工作使她必須前往非洲、拉丁美洲與中東，有時為了拉近與採訪對象的距離，還必須住在難民營裡。二〇〇三年，卡澤米五十四歲，她在這一年前往伊拉克拍攝美國入侵造成的後果。她計畫從伊拉克前往中亞，但烏茲別克與土庫曼的簽證遲遲未核發，於是她決定到鄰近的伊朗等待。

就像所有擁有雙重國籍的公民一樣，卡澤米使用伊朗護照入境。而也像所有訪問記者一樣，她向指導部申請記者證，使她能夠拍攝德黑蘭居民的日常生活。二〇〇三年六月二十三日，她拍攝埃溫監獄大門外的景象。同月稍早，曾有進行抗議示威的民眾遭到逮捕，他們的家人因而在此祈求禱告。監獄入口的守衛注意到這名外國女子與抗議民眾交談，偶爾還拍攝照片。他向一名中尉請示這件事是否許可。中尉說，只要卡澤米是獲得授權的記者，而且沒有造成不安，就不構成問題。

然而有人向監獄安全長官示警，安全長官與另一名監獄官員大步走進群眾當中，並且以威脅的口氣質問卡澤米，難道她沒有看見監獄牆上的告示，上面寫著禁止攝影？目擊者，包括守衛塔上的看守，看到安全長官要求查看卡澤米的袋子。當她拒絕時，安全長官抓住她的手臂並且搶走她的袋子，然後一拳打在她的頭上，力道之大，卡澤米倒在地上，她驚魂未定地坐直身子，過了很長一段時間，似乎沒有辦法起身。然後，這名攝影記者就被帶進監獄大門。

把卡澤米帶進監獄的守衛與司機日後表示，她進去的時候幾乎失去了意識。她昏倒在車裡，無法站立，全身癱軟無力，必須被攙扶著走進監獄。她令人擔憂的傷勢以及她做出的微不足道的冒犯行為——在禁止拍攝的地點進行拍攝，這甚至不算是犯罪——並未讓她得到一丁點仁慈的待遇。她並未被帶到監獄的醫療室，反而被帶到單人牢房。根據日後的描述，她幾乎沒有獨處的時候[1]。德黑蘭的檢察長薩伊德．莫塔札維與副檢察長一同趕往監獄，在半夜對卡澤米訊問了四小時。往後四天，卡澤米將輪番受到莫塔札維、警察的情報單位，以及情報與安全部的監禁。

薩伊德．莫塔札維看起來像富家子弟。他的臉孔飽滿，頭髮烏黑發亮，八字鬍梳得整整齊齊。他帶著無框眼鏡，穿著閃亮的灰色三件式西裝。他的嘴唇缺乏血色，說話的語氣溫和但讓人有一種高高在上的感覺。在接任檢察長之前，他負責主持特別法院，專門審理報刊違規事件，他要求報社停業而且監禁記者，因此贏得了「報刊屠夫」的稱號。許多記者與編輯都曾親眼見過他，因為他總是喜歡面對面恐嚇對方。他有每個編輯部的聯絡方式，而且會根據自己的想法決定審查的內容。為了讓人相信他的大公無私或屈服於他的意志，莫塔札維會描述一個帶有惡意陰謀的世界，無論是國內還是國外的記者，都是國際諜報網的一員，企圖顛覆伊斯蘭共和國。

在一個自認為被強大敵人圍困的國家裡，這種說法雖然誇大，卻非空穴來風。美國小布希總統入侵伊朗的兩個鄰邦，而且宣布伊朗是「邪惡軸心」（Axis of Evil）的成員。小布希也明確採取伊朗「政權更迭」的政策，表達了資助伊朗反對團體的意願。伊朗強硬派最在意的就是前蘇聯衛星國的不流血革命，這些國家的反對勢力獲得西方基金與政府分支機構公開或不公開的支持，最後成功推翻違反美國利益的專制政權。伊斯蘭共和國想像自己是這類行動的潛在目標，這種想像並非毫無理由。然而，決心避免「天鵝絨」革命卻導致了偏執頑固與肆無忌憚地對內鎮壓。

莫塔札維隨即宣布卡澤米是間諜。他沒有證據，因為這名攝影記者在被捕時讓自己的底片曝光，因而無法成像。此外，雖然莫塔札維否認這一點，但卡澤米的文件齊備，獲得指導部與情報部的批准，而情報部要求把被告交由他們來監管，並由反情報人員進行訊問，卻遭到檢察長拒絕。更確切地說，札赫拉．卡澤米先被埃溫監獄與檢察長拘禁，接著被警察的情報單位拘禁；然後她又被交回給莫塔札維，最後才在六月二十六日交給情報部。但此時卡澤米的狀況已無法進行訊問。她開始吐血，緊接著被送往軍醫院，最後陷入昏迷。

卡澤米住院後，負責檢查的醫生表示，她的全身有廣泛的瘀青，包括腳掌、胸部與手臂後方。日後有法醫推測，她手臂的瘀青可能是防衛時造成的——可能是為了阻擋鈍器的打擊。她的鼻子與手指斷裂，幾片腳趾甲與指甲被壓碎；她的脖子有「深刻而平行的線形擦傷」，背上則有條紋狀的傷口；骨盆檢查顯示瘀青與「非常嚴重的性侵」相符。檢查她的腦部發現，頭部各處出現多重挫傷，內部出血；最後一擊是在下巴，或許發生在六月二十五日，這一擊讓她的頭部突然後仰與脊椎的連接斷裂，顱底出現骨折，最後造成腦死。七月十日，她被移除了維生系統[2]。

札赫拉．卡澤米遭到謀殺以及伴隨而來的政治鬧劇，清楚顯示哈塔米在改革安全體制上的局限。情報部終於交由民選政府來掌控，但最高領袖辦公室卻透過部分司法部門來維持情報與執法網絡，這些人是極端強硬派，而且不用對任何人負責。卡澤米事件出現了難以置信的文件，其中包括情報部與檢察長辦公室相互對立的報告，以及出現非政治人物的信件指出有股壓力要他們掩蓋真相。然而由於薩依德．莫塔札維嚴厲的審查手段，這些文件絕大部分都不為伊朗民眾所知。

七月，指導部主管外國新聞的穆罕默德．侯賽因．霍什瓦格特對外以書面聲明表示，札赫拉．卡澤米是中風而死。之後，霍什瓦格特又否認這項聲明，他說莫塔札維曾把他叫到檢察長辦公室，對他進行威脅。畢竟，他曾批准卡澤米的文件；莫塔札維告訴他，他是卡澤米進行間諜活動的共犯，有可能被關進監獄。霍什瓦格特難道不知道，他批准的這些說英語的記者實際上是派來送錢給反對派的？莫塔札維口授了新聞稿，要霍什瓦格特在他用影印機假造的指導部公文用紙上打字，然後逼迫霍什瓦格特簽署文件並將文件交給報社。然而莫塔札維錯估情勢。霍什瓦格特有豁免的辦法，因為他的妹妹嫁給了最高領袖的兒子（他的父親是極端強硬派的阿亞圖拉，據說曾經與其他阿亞圖拉發布教令授權進行連環謀殺）。莫塔札維那千真萬確是犯罪的行為被掩蓋了，霍什瓦格特成了關鍵證人。[3]

卡澤米住院後，負責檢查的醫師也拒絕保持沉默。卡澤米的遺體被倉促埋葬，他在病歷上模糊寫著她曾經中風，或者可能是因為意外跌倒而導致頭部受傷。「鑑於札赫拉．卡澤米女士受到的不人道待遇，以及伊斯蘭共和國當局火速埋葬她以掩蓋刑求的證據，加上我是二〇〇三年六月二十六日晚間輪值急診的住院醫師，也是當時院內負責檢查她的醫師，」夏赫拉姆．阿札姆醫師寫道，「我認為基於道德與身為人類的責任，我要向國際人權組織做證與公布關於她身上因刑求、攻擊與毆打造成的傷害，而且要在揭露伊斯蘭政權不人道與野蠻的本質上盡微薄的心力。」[4]阿札姆與最高領袖並非姻親，也沒有其他人脈關係，因此他逃離伊朗，在加拿大尋求庇護。他的家人幾乎可以確定是在脅迫下發表聲明，宣稱阿札姆有精神疾病，從未在事件發生的醫院工作過，而且受到加拿大政府的政治利用。

總統哈塔米委派委員會調查卡澤米謀殺案。這個委員會由情報部、司法部、內政部、衛生部與指導部的部長組成。這幾個部會或多或少涉入了這起正受到調查的事件。總統的委員會開了七次會，試圖將各部會主管範圍內的紀錄拼湊起來。報告提供了卡澤米遭到拘禁的時間軸，認為致命的一擊必定發生在六月二十五日或二十六日。委員會提到，這段期間與卡澤米有過接觸的人都必須接受調查。奇怪的是，委員會並未公布時間軸的完整內容來釐清事實，這麼做等於把嫌疑人限縮在檢察長辦公室與情報部，而其中訊問卡澤米最久的就是檢察長及其下屬。

總統委員會的報告還有一些疑點[5]。它不只一次暗示卡澤米是個難相處的人而且粗魯好辯，彷彿這可以解釋或合理化她遭受的虐待。報告提到卡澤米寧可選擇待在埃溫監獄，也不肯交出相機與其他物品。一名頗具聲望的伊朗人權律師指出，監獄又不是飯店，怎麼可能讓你選擇待在哪裡，為什麼不是她被告知可以離去[6]？此外，報告沒有釐清也沒有質疑，為什麼一個沒有前科的女性，只不過是在限制區拍了照片，就要被檢察長辦公室與其他人連續訊問好幾個小時。

札赫拉．卡澤米的母親在埋葬前看過遺體一次，明顯看出她的女兒遭到毆打。她被迫簽署文件同意迅速埋葬，但她也向國會表達她的關切。根據伊朗憲法第九十條規定，凡是對立法、行政或司法行動有怨言的人，可以要求國會調查公開報告的結果。過去，伊朗民眾並未因為這些要求而獲益，但現在國會是由宣稱支持法治的改革派主導，那麼九十條似乎就成為卡澤米家的一根救命稻草。憲法九十條委員會開始對卡澤米案進行最全面的調查，而委員會得出的報告是露骨而令人不安的。

報告中蘊含著政治的弦外之音。情報部在一九九九年哈塔米的大力整頓之後，已經與民選的改革派政府結盟，而且以避免司法以外的暴力為榮，另一方面，包括檢察長辦公室在內的司法部，仍與哈塔米從情報部整肅出去的人員藕斷絲連。在向憲法九十條委員會宣誓做證之後，情報部官員憤怒地指出他們是被莫塔札維捅的婁子拖累。他們堅稱，他們的建議是釋放札赫拉．卡澤米，因為沒有證據顯示她從事間諜活動；如果莫塔札維堅持她是間諜，就應該把她交給情報部，因為情報部才有專門的反情報人員。認為她應該被關押在埃溫監獄，受到持續的監視與無情而暴力的訊問，這些都違反了情報部的建議。情報部副部長抱怨說：「情報部既然已經建議釋放這個人，怎麼可能日後又跑到監獄裡把這個人殺掉？」

莫塔札維鄙視憲法九十條委員會，也不去開會，此舉惹惱了委員會成員。莫塔札維寫了一封專橫的信回應委員會的問題，暗示國會議員不懂法律[7]。對此，委員會成員引用了明確的法律依據主張卡澤米的監禁極有可能違法；指出莫塔札維偽造監獄人員對卡澤米醫療狀況的報告，而且虛構卡澤米未取得情報部記者工作許可的故事；監獄紀錄被輕描淡寫，目擊者也被噤聲。真相被掩蓋的規模很驚人，但委員會揭露詳情的決心也不可小覷。檢察長辦公室不僅止於有錯。委員會指出，大約二十名監獄人員與守衛曾經以證人身分做證，事後卻被監獄的情報人員追究，要求他們推翻證詞。但國會議員毫不懷疑誰才是卡澤米謀殺案最終該負責的人，在某個委員會成員在演說以及在給檢察長的公開信中嚴厲抨擊莫塔札維之後，整個結果已相當明朗[8]。

根據法律，憲法九十條委員會完成的報告應該向大眾宣讀與刊載於報章雜誌上。經過兩個半月的延宕，中間毫無任何解釋，委員會的代表終於在十月二十八日於國會宣讀報告，而整個過程也在國營廣播電台播放。然而，就在平面媒體準備刊載委員會報告內容的那天晚上，奇怪的事發生了。

魯茲貝赫・米雷布拉希米，二十四歲的《信任報》政治編輯，他認為札赫拉・卡澤米事件令人震驚，但也希望此事能激勵改革派人士。在一連串事件之後，改革派運動似乎已土崩瓦解，如德黑蘭市議會的失敗、學生運動遭到擊潰、國會的毫無建樹、重要改革派成員薩伊德・哈賈里安遭到有恃無恐的槍擊、阿克巴爾・甘吉遭到監禁，以及阿卜杜勒卡里姆・索魯什被迫流亡。魯茲貝赫猜想，卡澤米事件以及這起事件暴露司法部赤裸裸的濫權，或許能促使改革派採取行動。就像連環謀殺案一樣，卡澤米事件有可能激勵改革派捍衛法治。魯茲貝赫心裡清楚，畢竟發生在卡澤米身上的事，也可能在任何時候發生在他或他的同事身上。能持續不斷地調查此事與揭露加害者，國會與媒體的改革派人士才能確保記者不會遭到肆無忌憚的虐待與殺害。

憲法九十條委員會報告支持魯茲貝赫的樂觀想法。國會改革派成員揭露檢察長明顯妨礙司法。他們這麼做不是為了有利政治行動，而是為了維護法律。在最好的狀況下，改革派的派系只要能盡心盡力就能做到這一點。《信任報》打算以整個版面報導憲法九十條委員會的報告。但是，二〇〇三年十月二十八日晚上八點到八點半之間，莫塔札維打電話給《信任報》主編，告訴他如果《信任報》報導憲法九十條委員會報告，檢察長將會重啟原本擱置的對《信任報》的訴訟，屆時將導致報社停業。魯茲貝赫的上司通知他，報社沒有別的選擇，只能將他協助準備的頁面撤下。

十月二十九日早上，報紙保持緘默，彷彿什麼事都沒發生。雖然國會才剛發表司法部涉及謀殺案的嚴厲報告，但要不是《新茉莉花報》在莫塔札維打電話之前就已經將報紙送印，這則故事將就此石沉大海。各家報紙頂多只是簡要說明委員會的發現。前一天才在廣播播放與在國會宣讀的報告，此時彷彿已經完全從公共紀錄上抹去。美國經營的波斯語廣播電台——法爾達電台——的一名記者試圖追根究柢。他訪問了魯茲貝赫，魯茲貝赫坦白告訴他，莫塔札維以停業要脅《信任報》不准報導國會委員會的發現。記者問魯茲貝赫，是否願意公開表明這項主張。魯茲貝赫願意。莫塔札維的行為是非法的，魯茲貝赫補充說；國會已經透過現場的廣播宣讀報告，說明這份報告並不是什麼機密文件。

魯茲貝赫以為其他編輯也會跟進一起揭露莫塔札維施壓的事實。他將因此開啟反對暴力審查的水閘門。讀者將會知道，媒體並未串通起來蒙騙讀者，而是在暴力脅持下違背了自己的意志。然而，沒有人出面呼應魯茲貝赫的說法。魯茲貝赫年輕而瘦弱，有著超乎年紀的教養，此時只能隻身應戰。他還不知道，自己已經從緩慢靠近的斷崖邊一躍而下，而他幾乎沒有注意到斷崖就在那裡。

小時候，魯茲貝赫曾被告誡，不要去注意長輩不願解釋或描述的罪行。不要跟犯罪扯上關係，就不會知道加害者，也不會知道受害者。然而，魯茲貝赫的世代浸泡在犯罪的氛圍中，一股威脅感潛伏在孩子視線的邊緣——父母的恐懼散發著動物的氣味，時時疑心必須要犧牲別人才能讓自己得到安全。父母善意隱匿的真相外溢到意識的範圍之內。罪惡感就像影子，與投射出自己的本體分離，卻在與自己最無關連的地方安頓下來。

對魯茲貝赫這個世代的伊朗人來說，暴力與祕密構成已知地貌的疆界，就像區隔吉蘭省與德黑蘭省的阿勒布爾茲山脈一樣。小時候，在拉什特，魯茲貝赫會跟家人一起去探望親戚的墳墓。但每當他接近某個未標記的墓園時，母親都會特別留意他，用一種緊張的口氣叫他回來。對他來說，這個地方帶有一種神祕氣息。有時候，他會自己到這個地方，看著堅硬的地面，彷彿如果他看得夠用力或站得夠久，只要吹一口氣，就能看出這塊地方有何邪惡之處，能讓來此安慰死者的人不敢入內。很久之後，他才逐漸知道，這是一九八八年監獄屠殺，拉什特受害者被埋葬的地方——他們被當成異教徒，與信仰者埋葬的地方區別開來。

拉什特是一座懶洋洋的綠色城市，人口只比五十萬多一點。它是吉蘭省的首府，緊挨著裏海海岸，曾經是重要的絲綢交易城鎮。拉什特是伊朗最早擁有劇院、圖書館與銀行分行的城市；十九、二十世紀之交，拉什特是反對君主制的自由派行動主義的中心，有時也享有詼諧的名聲，因為這座城市的氣候、政治乃至於兩性關係都相當溫和而節制。大家常說，革命很晚才抵達拉什特。魯茲貝赫在革命後的一個月，也就是一九七九年三月十九日出生。

魯茲貝赫的姊姊麗塔革命時是六歲——年紀已經大到足以留下深刻的記憶。革命好戰分子衝進薩瓦克總部殺死九個人當天，她正在市中心。當他們年紀大一點，經過市中心時，她告訴魯茲貝赫——當時三歲——她在哪邊看到被殺死的人的手與腿。日後，當魯茲貝赫一些較衝動的朋友鼓吹推翻伊斯蘭制度時，這段回憶——即使不是他的——總是在他的腦子裡浮現。政治暴力表現於外在，卻對內在造成影響。

魯茲貝赫的母親是個裁縫，擁有高中學歷，從言談舉止可以看出她是個有教養的人。她嫁給比她大十六歲且不識字的計程車司機——一個冷淡而有威儀的人，富有溫情卻不善於表達。他們的三個子女取的暱稱都用R開頭：麗塔、魯茲貝赫、拉蘇爾。魯茲貝赫五歲之前，全家住在祖母家的一個房間裡，祖母家是個傳統的庭院住宅，位於拉什特最古老的鄰里社區。戰爭期間，米雷布拉希米一家搬到夏勒庫自己的房子裡，這個社區的道路塵土飛揚，許多房子尚未蓋好，公用設施極其簡陋。

魯茲貝赫個性平和而含蓄，能夠忍受一成不變的生活。他養成的性格與他的父親差異不大：冷靜、若有所思、和善、不張揚。這種行為舉止使他不同於旁人，他一直無法確定這樣是好是壞。這使他人難以解讀他內心的想法，卻又容易將自身的感受投射在他身上。

魯茲貝赫的父母不是特別虔誠的人，但魯茲貝赫自己卻是。他自己閱讀《古蘭經》，每天做禮拜，而且在什葉派神聖月分穆哈蘭姆月上清真寺。由於父親無法讀寫，所以魯茲貝赫會大聲朗讀父親帶回家的報紙與雜誌上的體育新聞給父親聽。逐漸地，魯茲貝赫開始閱讀報紙與雜誌的其他版面，他想像自己有一天可能會成為記者。

一直以來，與其說魯茲貝赫生活在有形世界，不如說他沉溺於書本與觀念的世界。高中時代，他加入了大齡孩子組成的類似沙龍的圈子。他們每週輪流在每個人家裡聚會，討論宗教、電影、小說以及政治哲學作品。透過這個團體，魯茲貝赫對笛卡兒與馬基維利產生興趣。他透過這些思想家得到對西方的理解，並且拿這些理解與他對伊朗的看法做比較。他為一份地方雜誌撰寫政治哲學文章。圈子裡有兩個男孩喜愛沙里亞蒂，但魯茲貝赫認為沙里亞蒂的伊斯蘭思想太僵化，太無所不包。他比較喜歡索魯什與另一個類似的思想家，一個名叫穆罕默德．穆智台希德．沙貝斯塔里的前教士，他們認為宗教不是完整的體系，而可以由其他的理解來源加以補充。魯茲貝赫與朋友訂閱了《地平線》，他們閱讀了索魯什與沙貝斯塔里在新穎性與影響力均處於巔峰時期的作品。

這段時期的政治，對魯茲貝赫來說依然相當遙遠而難以理解。他沒有想支持的行動者。魯茲貝赫年輕時絕大多數時候，伊斯蘭左翼都是令人恐懼的對象。他們的成員在拉什特市中心巡邏，對於違反嚴格行為與服裝規定的年輕人來說，這裡成了危險的地方。當伊斯蘭左翼的重要成員搖身一變成為改革運動成員時，魯茲貝赫與朋友依然對這些改革派人士過去的激進主義感到恐懼，他們懷疑這些人致力於公民自由只是一種權宜手段。然後，哈塔米於一九九七年競選總統。魯茲貝赫從未聽過這個性格溫和的圖書館員。敵對陣營形容哈塔米是自由派，會把伊朗的思想空間炸開。這麼說是為了恐嚇選民，卻對魯茲貝赫產生極具說服力的效果。他認為，如果保守派這麼害怕與仇恨哈塔米，這就表示哈塔米很可能是個正面的力量。

當哈塔米於伊朗曆三月二日當選總統時，魯茲貝赫感到暈眩。無論如何，從現在開始，好事應該會逐漸發生。他的感受與他出生當年革命分子的感受應該是一樣的：他很慶幸自己是在年輕的時候遭逢這樣的時代。

許多伊朗父母希望子女能成為中產階級，米雷布拉希米家也不例外，他們希望魯茲貝赫能成為工程師。只有非常優秀的學生才能獲准進入大學的工程學系就讀。魯茲貝赫不想成為工程師。他刻意消極表現好讓自己遭到淘汰：他不想準備重要的大學入學考試，果然就沒考上。他的父母感到失望，但魯茲貝赫卻覺得獲得解放。他入伍當兵，被派到了伊朗庫德斯坦。

Sarbazi，或者是義務役，就跟每個地方一樣，在伊朗，絕大多數年輕人只要有辦法都想避免當兵。但魯茲貝赫卻願意當兵。他發現自己有個特質，在未來的日子裡，他曾多次發揮這樣的特質：適應環境，這使他在面對變化的時候，就算做不到無動於衷，也能表現得極具彈性，即使他看起來對任何經驗都毫無反應。無論在戰場上，還是在放滿書本的房間、監獄以及在國外，他依然是原來那個魯茲貝赫。魯茲貝赫認為，由於兵役是強制性的，為了抗拒兵役而破壞服兵役的經驗並沒有好處。他認為獨立、新奇、旅行、機遇都可以加強自己的力量。他在當兵期間，每天都會寫日記。他稱之為「大兵之旅」。同袍都笑他。對絕大多數人來說，當兵不是自我探索的旅程，而是多繞了一段路，要履行不願履行的責任，要等待兩年的時間才能讓自己的人生重新開始。但魯茲貝赫對於自己的日記感到自豪。他持續寫日記，還把日記給了弟弟拉蘇爾，讓他為自己的兵役做好準備。

魯茲貝赫獲得解放——藉由服兵役讓自己從年輕人的依賴中解放，藉由在工程學考試失利讓自己從父母的期望中解放。當他回到拉什特，他報名參加另一種大學入學考試，當時都認為這是比較不那麼重要的考試：人文學科考試。他的分數可以就讀拉什特公立大學的社會科學，或德黑蘭私立大學的政治科學。家人希望他留在拉什特，這樣無論學費與住宿都是免費。但現在魯茲貝赫知道自己要什麼。他喜愛政治學，他會想辦法支付伊斯蘭自由大學的學費以及德黑蘭的住宿費。他只跟父母拿了登記入學的費用，其餘的就靠他工作賺取。他在大學念書時就已經在當記者，他在《信任報》找到工作，這份報紙從拉什特選出的國會議員獲得許可。

伊斯蘭自由大學由拉夫桑賈尼政府創立，在全國各地設立了校園網絡，收取學費，讓各地區更多的伊朗人都能接受高等教育。與公立大學不同，公立大學是行動主義的傳統溫床，伴隨著諸多的危險，包括民兵的衝突與各層面的監視，私立大學校園則是以典型的拉夫桑賈尼風格管理：嚴厲禁止學生結社與從事政治活動，以此來確保校園正常運作與安寧和諧。魯茲貝赫的思想飢渴是在政治方面，他靠著閱讀來獲得滿足，特別是世俗左派社會學家侯賽因・巴什里耶赫的作品。

魯茲貝赫高中時就已經閱讀巴什里耶赫的作品，當時有一個經濟學與政治學雜誌刊載了巴什里耶赫的文章。這些文章為伊朗青少年難以企及的政治哲學世界開啟了一扇窗。巴什里耶赫論寬容的作品特別讓魯茲貝赫感興趣。魯茲貝赫開始自己寫文章，等到他到了德黑蘭之後，他開始幻想自己會遇到這位啟蒙的社會學家。某天，他把自己論民主化的作品草稿做了總結，然後鼓起勇氣前往德黑蘭大學校園尋找巴什里耶赫的辦公室。他向教授介紹自己是來自另一所大學的學生，儘管如此，他仍希望向巴什里耶赫本人求教。不知道巴什里耶赫有沒有可能閱讀他這個大學新鮮人的文章，並且告訴他哪裡寫得對或哪裡寫得不對。

巴什里耶赫接受了。他要魯茲貝赫把文章留下，然後一個星期之後來找他。巴什里耶赫慷慨而坦率地批評了他的文章。魯茲貝赫又提出一個請求。巴什里耶赫在博士班開了一門比較政治科學的專題討論課程，魯茲貝赫希望能夠旁聽。巴什里耶表示歡迎，而魯茲貝赫也讓他成為自己的導師。他上了西方哲學課程，與巴什里耶赫的伊朗社會學課程，之後又讀了巴什里耶赫所有的作品。對魯茲貝赫來說，他從巴什里耶赫的作品獲取的東西遠比《地平線》的文章來得多。魯茲貝赫認為，索魯什、卡迪瓦、沙貝斯塔里是伊斯蘭學者，他們最關心的是讓他們熱愛的宗教從扼殺宗教的政治體系中解放。巴什里耶赫關注的不是宗教，而是政治。同樣地，對魯茲貝赫來說，政治與歷史要比宗教更能讓他挖掘出他想知道的最深刻的真理。

魯茲貝赫覺得，在伊斯蘭共和國長大有時就像在一個走廊的房間全都上鎖的家中長大一樣。門後頭的房間，彷彿隔著毛玻璃，僅能看到模糊的輪廓：人質危機、監獄屠殺、兩伊戰爭、巴札爾甘政府的倒台。但要真正進入這些房間，了解歷史的細節，以及知道形塑歷史的人物的動機，則需要鑰匙。

易卜拉欣．阿斯加札德赫，一名好鬥的市議員，他在一九七九年時曾是人質挾持行動的領袖，他手中就有一把魯茲貝赫一直想探索的上鎖房間的鑰匙。透過阿斯加札德赫，魯茲貝赫想像自己可以重新找出攻占大使館事件的邏輯與氣氛——與美國斷交，對魯茲貝赫出生後的伊朗造成深刻的影響。阿斯加札德赫曾在訪談中承認挾持人質是一個可怕而代價高昂的錯誤，魯茲貝赫想取得阿斯加札德赫的同意，刊載這段訪談。根據魯茲貝赫的說法，阿斯加札德赫私底下差點就同意了，但他實在無法公開抨擊這場使他在政壇上平步青雲的活動。

於是魯茲貝赫繼續關注其他上鎖的門把。有一次，他與報社同事到庫姆採訪一九八〇年代的絞刑法官薩迪格．哈勒哈里——他是一名教士，在他的直接命令下，有數百名，或許有數千名異議分子、庫德族人、保皇派菁英、將領與其他人在革命後的恐怖時期被行刑隊槍決。在行為或精神變態上，薩伊德．莫塔札維都無法與這名老教士相比。對魯茲貝赫與其他一般伊朗人來說，哈勒哈里的臉是令人恐懼的事物——白色纏頭巾的下方是一張臃腫的圓臉，配上不自然的小眼與殘酷扭曲的上唇。但魯茲貝赫在庫姆見到的他卻是一個已經失勢、近乎滑稽的人物。

哈勒哈里在與魯茲貝赫見面的同年死去。他原本就個子矮小，此時看起來又縮得更小。哈勒哈里頭上並未纏著頭巾，而是戴著大盤帽，看在魯茲貝赫眼裡不禁聯想起嬰兒帽。他已經到了帕金森氏症的末期，回答記者的問題往往十分古怪而且離題。但他的長期記憶似乎仍完好無缺。沒錯，哈勒哈里告訴魯茲貝赫與他的朋友，他的確簽署了超過一千份處決命令。「許多人逃掉了，」他回憶說，「如果再讓我逮住他們，我還是會處決他們。」

魯茲貝赫不是個生性叛逆的年輕人。對於老一輩，即使談不到尊敬的程度，他也渴望遇見能讓他毫無保留加以讚美的人物。魯茲貝赫注意到阿拔斯．埃米爾恩特札姆，他在巴札爾甘主政期間擔任副總理，溫文儒雅的他因為從美國大使館搜出的文件而被指控叛國，他在牢裡待的時間跟魯茲貝赫活的時間一樣久。一九九七年，他在短暫請假期間出版了兩本回憶錄。魯茲貝赫在書店櫥窗看到，馬上趁著被禁之前買下這兩本書。他有很多書都是這樣買下來的——趁著審查人員發現它們的存在之前，趕緊將其藏匿起來。但這兩本書很特別，魯茲貝赫才花兩天的時間就看完了。

魯茲貝赫從小就聽過埃米爾恩特札姆這個人。與絕大多數伊朗民眾一樣，他知道的埃米爾恩特札姆是個犯人，而不是思想家或政治舞台上的行動者。然而由於他是伊斯蘭共和國關押最久的犯人，因此在高知名度之外，他也享有民眾普遍對他的好感。他經常被稱為伊朗的納爾遜・曼德拉。與曼德拉一樣，他在牢裡與在家中遭受軟禁的時間總共有二十七年。在這段期間，他親眼目睹了恐怖的暴行，包括一九八八年的屠殺事件。而他從未離開過監獄，因為他從未認罪。

一九九八年，埃米爾恩特札姆請假期間，在血腥的一九八〇年代擔任埃溫監獄典獄長的阿薩多拉・拉傑瓦爾迪在市集遇刺身亡，他在退休後成了市集裡販售女性內衣的商人。哈塔米與其他官員頌揚這名象徵伊朗現代監獄體系最濫權時代的人物。私底下，許多伊朗人卻歡呼正義得到伸張。埃米爾恩特札姆在廣播中做了令人印象深刻的訪談。「恐怖不能解決任何問題，」他說道，「我對於這則新聞並不感到高興。一個極度無情、暴力、邪惡而殘暴的人居然被當成英雄、殉難者、人民公僕。」由於針對拉傑瓦爾迪做出的這類聲明，埃米爾恩特札姆又被送回了監獄。

二〇〇二年，魯茲貝赫得到一個罕見的機會撰寫與埃米爾恩特札姆相關的報導。埃米爾恩特札姆在他的一本書裡幾乎指出一名改革派知識分子是人質的挾持者，而且在他遭到逮捕後不久曾經訊問過他。那名知識分子則是寫了一篇憤怒而冗長的文章爭論埃米爾恩特札姆回憶的內容。魯茲貝赫在《信任報》刊出一篇未署名的文章做為回應。他在文中指出，過去曾經指控過埃米爾恩特札姆的人，即使現在有許多人的政治立場更靠近埃米爾恩特札姆而非保守派菁英，他們似乎還是無法坦然承認過去的錯誤。

文章刊出後不久，《信任報》主編把魯茲貝赫叫到辦公室。埃米爾恩特札姆的妻子打電話過來。她想知道是誰寫了這篇關於她丈夫的文章。魯茲貝赫接過電話，那名女士告訴他，她的丈夫想對於他寫的內容向他致謝。

魯茲貝赫嚇了一跳。他甚至不知道埃米爾恩特札姆已經保外就醫，如今則斷斷續續地軟禁在家中。魯茲貝赫詢問自己是否可以過去探望這位前副總理。埃米爾恩特札姆仍然處於被關押的狀態，在他家的門口設有一個小亭，守衛會在這裡監視訪客的一舉一動。魯茲貝赫如果到了那裡，將會引起注意，甚至接下來會遭受監視與懷疑。但他可以因此見到他心目中的英雄，他從未想過還有人能夠見到埃米爾恩特札姆。

埃米爾恩特札姆同意每週見他一次，魯茲貝赫將兩人的對話內容編纂成書，這本書將在數年後出版。對魯茲貝赫來說，這些對話已不僅僅是記者的訪談而已。埃米爾恩特札姆不可思議的平靜與輕鬆的神色讓魯茲貝赫留下深刻的印象。一個大半生都在牢裡度過的男人怎麼可能如此快樂？不僅如此，魯茲貝赫很肯定埃米爾恩特札姆不只是快樂，而且還很樂觀，他的心靈總是專注想著未來會有更好的事情降臨。不僅如此，埃米爾恩特札姆是個愛國者。他在牢裡一直認真想著自己的國家。他思索著革命與革命的影響；他為了伊朗的未來而在腦子裡構思計畫，甚至考慮到了德黑蘭的地鐵系統。他原諒自己的仇敵，因而能放下憤怒的重擔。魯茲貝赫視埃米爾恩特札姆如父而加以讚揚，他覺得埃米爾恩特札姆也愛他如子。

魯茲貝赫開始以《信任報》為名對埃米爾恩特札姆的批評者進行訪談。他找到討厭埃米爾恩特札姆的作品或不同意他的觀點的公眾人物，刊出他們的說法，準備之後刊載埃米爾恩特札姆的回應。魯茲貝赫希望用這種方式將埃米爾恩特札姆的話語偷渡到報紙上，然後驅使報紙的讀者轉而去閱讀埃米爾恩特札姆的著作。在此同時，他也協助埃米爾恩特札姆將文件組織成檔案，並且幫他將資訊補充到書籍與報紙上。保守派報紙提到兩人的關係，發表一篇文章表示《信任報》的政治編輯魯茲貝赫．米雷布拉希米已經成了埃米爾恩特札姆的經理人。魯茲貝赫的同事提醒他要小心。但魯茲貝赫至今從未做過如此有意義的事，因此他不打算停手。

某日，埃米爾恩特札姆告訴魯茲貝赫，他接到埃米爾卡比爾大學學生活動分子的電話，對方希望他過去演講。他感到高興但也存有疑慮。魯茲貝赫是否知道這個學生團體？它是宗教團體嗎？魯茲貝赫知道埃米爾卡比爾校園受到自由改革派學生領袖阿里．阿夫夏里的影響，阿夫夏里目前正在坐牢，但校園裡的活動分子應該與他的路線相同。魯茲貝赫鼓勵埃米爾恩特札姆前往。

二〇〇三年五月五日，埃米爾恩特札姆與一小群隨行人員進入圓形劇場，劇場裡滿滿都是與魯茲貝赫年紀相仿或更小的學生。當主持人說出埃米爾恩特札姆的名字時，現場歡聲雷動，口哨聲與掌聲足足持續了十五分鐘。

埃米爾恩特札姆演講了兩個小時。他談到自己遭到逮捕與指控，其中一些指控令學生發笑。埃米爾恩特札姆因為美國官員在信件中稱呼他「親愛的」，因為他是巴哈伊教信徒，同時也是個猶太人，因為他很有錢，而判他有罪。他談到過去，也談到新的世代。魯茲貝赫覺得每個人都喜愛埃米爾恩特札姆。二十五年前，學生活動分子讓他判處終身監禁。現在，學生活動分子將他當成反抗上一代建立的國家的圖騰。

哈塔米擔任總統，起初為伊朗年輕人帶來了希望，他們相信與日俱增的變革，相信薩伊德．哈賈里安所謂的政治發展的過程，相信通情達理的人有能力將穩健節制引進到他們服務的體制之中。哈塔米對連環謀殺案的回應顯示改革派政府並非毫無力量。世界上還有哪個地方能迫使情報部對殺害反對派人士負責？但在此同時，哈塔米顯然無法約束司法部，司法部部分官員，包括德黑蘭檢察長辦公室與特別教士法院，看起來都聽命於最高領袖。

阿亞圖拉蒙塔澤里仍被軟禁。特別教士法院對哈塔米的兩名部長提出政治指控。一九九九年二月，特別教士法院傳喚穆赫辛．卡迪瓦，這名異議教士曾主張「宗教學者的政治管理」與伊朗的君主制傳統更為接近，而與什葉派傳統無關。卡迪瓦被指控破壞伊斯蘭體系、侮辱何梅尼與哈梅內意、誤導民眾、支持蒙塔澤里以及支持政教分離。四月，卡迪瓦被判處入獄十八個月。學生發起示威遊行，他們高舉旗幟，上面寫著：「我們跟卡迪瓦的想法一樣，你們也可以逮捕我們。」[9]

二〇〇一年，哈塔米第一任任期結束時，國家已經停掉了一百零八種報章雜誌，穆赫辛．卡迪瓦、阿克巴爾．甘吉與許多學生活動分子及記者仍在獄中受苦。改革派同盟瀕臨分裂。自由派學生號召進行公民不服從與對整個政府體制進行公投。改革派教士如國會議長梅赫迪．卡魯比與總統本人要求選民要有耐心，他們仍持續與保守派進行協商，然而後者的態度卻愈來愈強硬。

一群世俗改革派政治人物採取了強硬但不失彈性的中間路線。內政部副部長穆斯塔法．塔吉札德赫是領袖之一。他是知識分子，也是善於政治運作的人物。塔吉札德赫是哈塔米的追隨者——他們在拉夫桑賈尼主政期間一起在指導部工作——當老教士當上總統時，他讓塔吉札德赫主掌治安與政治事務的敏感職位，其中包括了監督選舉。二〇〇〇年國會選舉——改革派大勝，尤其在德黑蘭，改革派囊括了全部的三十席——使塔吉札德赫成為保守派忌憚的人物。憲法監護委員會認為有舞弊行為，宣布約有七十萬張選票無效。塔吉札德赫反對。他表示，這是伊斯蘭共和國歷史上「最乾淨與最自由的選舉」。憲法監護委員會將塔吉札德赫告上法院，塔吉札德赫也用同樣的方式反擊，對大權在握的委員會主席進行象徵性的訴訟。二〇〇一年，法院判決內政部副部長緩刑一年，禁止擔任公職三年[10]。

塔吉札德赫從不認為街頭抗爭應該列為改革派的一項策略。民眾遭受嚴重的侵害而且缺乏組織。一旦抗爭變得激進，保守派將會出手鎮壓。他們將會封閉改革派僅存的一丁點運作空間，他們將會在監獄裡毀掉更多的年輕人，而我們將一無所獲。塔吉札德赫與其他改革派人士總是勸告支持者不要受到挑釁，也要求他們的同事堅持進行內部的協商與妥協。但在二〇〇一年後，塔吉札德赫改採較具威脅性的路線。他仍然不鼓勵街頭動員，卻號召政府中的改革派利用自己的地位來反對壓迫與揭露政治暴力的深層非法體制。調查札赫拉．卡澤米事件的憲法九十條委員會報告正是他想做的事。

在德黑蘭中南區一個名叫埃斯坎達里的鄰里中，詩人與作家夏赫拉姆．拉菲札德赫與魯茲貝赫以及《信任報》另一名同事同住在不到十四坪的一房公寓裡。他們住在四層公寓的三樓，屋內幾乎沒有任何裝飾，只有床與書。

夏赫拉姆接受魯茲貝赫的邀請，開始為《信任報》政治版撰稿之後，兩人就成了好友、室友與同事。夏赫拉姆年紀較大而且已經頗有名聲。他的作品《朝改革開槍》最近才剛通過審查，只被改了幾個字。這本書的主題是薩伊德．哈賈里安，夏赫拉姆與另一名共同作者從報紙檔案與法律文件重構了刺殺哈賈里安未遂背後的過程與動機。這兩名記者把槍擊案與國家支持的其他暗殺行動連結起來並且探討哈賈里安的理念，顯示國家為什麼把哈賈里安列為特定目標。撰寫與改革派相關的內容使夏赫拉姆獲得一些掩護，這是過去他撰寫與伊朗作家協會的朋友相關的文章所未曾有的。只要改革派仍掌握權力，審查的紅線就有足夠的彈性來容納他們的想法。但夏赫拉姆不認為這種狀況可以永遠持續下去。

夏赫拉姆認識改革派人士，雖然認識的程度比不上他與其他作家的關係。在一九九〇年代，他曾在改革派出版社新計畫工作，他在那裡認識了塔吉札德赫與其他改革派知識分子。現在，他與《信任報》的編輯，包括魯茲貝赫，在工作時偶爾會與塔吉札德赫以及其他改革派官員接觸。夏赫拉姆尊敬一些官員，但對另一些官員則敬而遠之，他知道有些改革派成員過去曾是伊斯蘭左翼，這些人或許無法容忍他們過去協助建立的結構出現深刻的變動。除此之外，就像他的老朋友穆罕默德．莫赫塔里一樣，夏赫拉姆也尋求彼此的共通點。

在法院判決不許擔任公職期間，塔吉札德赫大膽創立了線上刊物《今日報》。夏赫拉姆與魯茲貝赫雖然在《信任報》工作，卻也開始為《今日報》寫稿。伊朗的線上媒體是相對新穎的事物，而且可能提供一個相對自由的空間來探索敏感的主題。另一家報社的朋友介紹夏赫拉姆撰寫部落格。這項科技看起來容易使用而且難以審查。回到《信任報》之後，夏赫拉姆開始到處問人，是否有人能夠教他如何貼文與更新網站？一名精通網路的同事幫夏赫拉姆與魯茲貝赫各建了一個部落格。

魯茲貝赫、夏赫拉姆與其他幾名同一個圈子裡的記者是這個新媒體的先驅。雖然他們以自己的名字發表文章，但他們的部落格讀者很少，主要都是知識分子、記者與活動分子，因此他們並不擔心招來報復。但部落格——絕大多數明顯不是政治性質——很快就在伊朗這個缺乏未受監控的公共空間的國家出現爆炸性的成長，成為一種分享經驗的工具。到了二〇〇五年，波斯文成為部落格世界使用的主要語言之一。有了部落格，伊朗人可以規避審查機制，關掉網站然後在別的地方放上網站，科技永遠走在陳舊的情報機制的前頭。

魯茲貝赫把他的部落格稱為「晚間通信」（shabnameh），即「祕密流通的小冊子」，這是祕密出版物（samizdat）的波斯文名稱。這個部落格主要是用來發表未刪除與未審查的報紙報導版本。夏赫拉姆貼的文章談的是言論自由與書籍和報紙的審查。他仍繼續提到連環謀殺案。他報導了最近一些謀殺案的說法，這些謀殺案都是由同一個阿亞圖拉下令執行的，這名阿亞圖拉可能是連環謀殺案的幕後主使者。他還提到一樁惡名昭彰的法院案件，一名被控殺害安全人員的婦女宣稱她是為了不被性侵才進行防衛。

就算夏赫拉姆不是有名氣的人，二〇〇三年他在線上——在《今日報》——發表的文章也必然讓他引起注意。這篇文章的標題是〈奇蹟室〉，內容是關於強迫認罪。奇蹟室就是訊問室，政治犯進到裡面，彷彿被施了魔法似的，馬上變成卑躬屈膝願意認罪的人。夏赫拉姆分析了幾個已經公開的認罪案例，包括阿里．阿夫夏里，他試圖解釋訊問者如何毀了一個人。他特別提到一個知名的改革派記者（與人質挾持者）最近才在壓力下「認罪」。夏赫拉姆指出，認罪標誌著轉變：即使是著名的改革派人士也成為眾人抨擊的對象。夏赫拉姆的文章與文章標題將被收錄到伊朗政治學字典中，使刑求的心理控制成為可形容的事物。

二〇〇三年十一月初，魯茲貝赫被傳喚到情報部總辦公室。在放置了桌椅的訊問室裡，一名和藹可親的探員告訴魯茲貝赫，薩伊德．莫塔札維向最高國家安全委員會投訴他。三天前，魯茲貝赫在法爾達電台告訴記者，莫塔札維要求報社不要報導卡澤米事件。莫塔札維在投訴中指出，他的辦公室在幾個月前就已經明令禁止伊朗人接受外國媒體採訪。此外，莫塔札維也指控魯茲貝赫誹謗他，說他的行為是非法。

魯茲貝赫的訊問持續約三個小時，但他不覺得自己受到不友善的對待。他解釋說，儘管莫塔札維下了命令，但他相信憲法保障他的言論自由。魯茲貝赫又試圖說服訊問者，讓民眾知道政府並不支持對札赫拉．卡澤米施加暴力，這反而是好事。他對情報部探員說，莫塔札維不能代表政府；他知道，但絕大多數民眾不知道。他的訊問者告訴他，他們擔心他的安危。他們來自情報部，而情報部屬於改革派政府。但魯茲貝赫也聽說有些較不具同情心的情報人員與革命衛隊及檢察長有關，而這些人知道他與埃米爾恩特札姆的關係。

魯茲貝赫回答關於卡澤米與莫塔札維的問題，但也回答了關於改革運動與最高領袖的事。有人告訴情報部，薩伊德．哈賈里安曾經訓練魯茲貝赫進行心理戰。魯茲貝赫笑了。他回答說，他這輩子只見過哈賈里安一次，而且是在這位政治策略家遭到槍擊之後。魯茲貝赫從這些問題了解到，他的手機已被監聽一段時間，但其實他早已懷疑這一點，因為當他打電話時總是會聽到嗶嗶聲。

魯茲貝赫在被言語警告與告誡不許再與外國媒體說話後便被釋放。他知道探員想跟他建立某種關係。他們遞給他名片，告訴他如果遇到問題可以打電話給他們。一名訊問者問魯茲貝赫，如果他們想知道他對某事的意見，是否也可以打電話給他？

魯茲貝赫拒絕了。他不喜歡與情報部探員交談，他很果決地告訴他們。如果訊問者想知道他的意見，可以去看他出版的作品。

或許是因為性格，也或許是因為世俗左派的背景，夏赫拉姆似乎總是超然於伊朗錯綜複雜的派系鬥爭之上。他進入的世界充滿繁複的結構——新聞報導參雜了政治，政治參雜了嚴密的監視，而一切的監視均來自於內部分化的國家。他用一種近乎刻意的純真或者說道德姿態來看待這個世界：拒絕將他生活的這個世界視為真實。若非如此，就無法解釋他為什麼要與心事重重的年輕人帕亞姆．法茲里內賈德維持友誼。

夏赫拉姆偶然間在電影院首次遇見帕亞姆。夏赫拉姆的詩人朋友介紹他認識這位精瘦、臉龐窄小的年輕人，他當時應該不超過二十一歲。夏赫拉姆聽過帕亞姆的名字。他曾經是作家，為電影週刊寫稿。二〇〇一年，一名資深的文化人物被捕，帕亞姆．法茲里內賈德是他熟識的人之一，也跟著遭到逮捕。帕亞姆年輕無經驗，從未涉足政治。他不是大家眼中那種會對身體酷刑做出英雄式抵抗的人物。做為釋放的條件，普遍相信他同意供出不利於朋友的訊息，因此他成了一名告密者——現代版的塔沃布，但不是在監獄裡面運作，而是在監獄外面。他有一種膽小如鼠的特質，但同時間又讓人產生憐憫與不安。

夏赫拉姆很肯定地認為帕亞姆是被派來認識他的，但他沒有拒絕。相反地，他同意跟他見面，而且總是在公共場合。有時魯茲貝赫也會加入。夏赫拉姆覺得自己沒有可隱瞞的事。他對待帕亞姆就跟對待其他人一樣，沒有差別。稍微認識夏赫拉姆的人都知道，夏赫拉姆一向坦誠待人。他公開與帕亞姆談論伊斯蘭共和國，談論共和國官員，甚至談論伊斯蘭教。帕亞姆堅持要到夏赫拉姆工作的地方看看。經過一段時間之後，夏赫拉姆終於同意順道帶他拜訪一下《信任報》，他與記者們交談，雙方都感到十分愉快。

某天夜裡，夏赫拉姆在《信任報》工作到很晚，他接到帕亞姆打來的一通絕望的電話。「我是來道別的，」帕亞姆對夏赫拉姆說道，「我背叛了我的老朋友。我說了太多事情。」

他活不下去了，他說道，他決定自殺。

夏赫拉姆與魯茲貝赫商議之後決定去找帕亞姆，發現他頭髮蓬亂、衣衫不整、渾身髒兮兮，彷彿一直睡在街上一樣，於是他們將他帶回到他們的公寓洗澡。當他洗澡的時候，夏赫拉姆與魯茲貝赫清洗與熨燙他的衣服。在他們的陪伴下，帕亞姆似乎獲得了安慰，他不再提起自殺的事。三個年輕人決定去德黑蘭郊外的達爾班德，這裡有一條小徑可以爬上阿勒布爾茲山麓，而小徑兩旁有傳統的餐廳與茶館。帕亞姆從外表完全看不出他有一輛起亞普萊特，於是由他開車，他問魯茲貝赫與夏赫拉姆是否能順道讓他去一下辦公室。他想在那裡抽一點哈希＊。

帕亞姆在法特米廣場附近的一棟建築物旁停車，這裡離內政部不遠。魯茲貝赫與夏赫拉姆坐在前廳，而帕亞姆則消失在建築物裡。很久之後，魯茲貝赫才知道，這個辦公室隸屬於一個特殊的網路情報分支單位，而這個單位又隸屬於平行的情報機構——不是情報部，而是從情報部被整肅出去的人員組成的諜報組織，與莫塔札維和革命衛隊進行合作。

帕亞姆出現了，於是三個年輕人繼續前往達爾班德，享用烤肉飯與水菸。他們談起一個彼此熟識的朋友，一個從真主黨支持者叛逃出來的人，現在已經逃到土耳其。夏赫拉姆想跟他說話嗎？帕亞姆急切地問。夏赫拉姆猶豫了一下，但太遲了。帕亞姆撥通電話，並且把電話放到夏赫拉姆的耳邊。夏赫拉姆跟那個朋友問好。然後帕亞姆把電話塞給魯茲貝赫，魯茲貝赫也溫和地希望他們共同的朋友能夠平安。

索爾瑪茲．夏里夫注意到魯茲貝赫時，她正在《信任報》擔任體育記者。魯茲貝赫與她認識的其他男人大不相同。他看起來文質彬彬且頭腦清楚，整個人似乎包覆在一個平靜的力場裡，完全沒有一般年輕人的衝動莽撞。她猜想著魯茲貝赫是否不快樂，是否因為談戀愛而分神，還是說正投入於一場行動。她想認識他。某個星期四晚上，當一群同事，包括魯茲貝赫在內，要去奇特加爾公園時，魯茲貝赫也邀請索爾瑪茲一同前往。索爾瑪茲馬上就答應了。她是透過報社裡共同朋友的介紹才認識魯茲貝赫，但這是他們第一次說話。兩個月後，索爾瑪茲要求魯茲貝赫娶她。

索爾瑪茲幾乎不知道還有誰跟自己有這麼大的不同。魯茲貝赫的腦袋驅使他埋首於觀念世界，但索爾瑪茲則是專注於具體事物。她雖然善於處理生活上的種種困難，卻不總是那麼務實；她大膽而固執，相信只要敢於追求，即使看似不可能的事也會實現。她鼓勵自己的母親結束一段不幸福的婚姻而且找到一份律師工作。她的妹妹實際上由她撫養長大，她們住在德黑蘭西南部梅赫拉阿巴德機場附近的一棟混凝土建築物裡，她們擁有其中一層公寓。十七歲時，索爾瑪茲靠著直接打電話給電視台，告訴對方他們實在應該僱用一名女性體育記者而首次得到記者的工作。索爾瑪茲不願受到局限，就連她自身的精神狀態也不例外：沮喪的時候，她會找出令她沮喪的事物，壓制它，打敗它。她有自己的一套進取的方式，她不受自我意識影響，也不怕失敗。但索爾瑪茲也有像女孩子的一面，她講話滔滔不絕，興高采烈，而且討厭獨處。

在魯茲貝赫身上，她發現這個男人喜歡獨處，而她喜歡人際關係，他喜歡靜態，而她喜歡動

＊哈希（hash）是大麻的樹酯，被歸類為毒品。

態活動，他內斂，而她外放開朗。他們彼此互補，卻也相互衝突。但兩人不是沒有共同點。他們各自以不同的方式表現出理想主義與世俗性，也以不同的方式在變化無常的生活中展現機智。他們反對傳統的性別角色，同情伊朗的地下女性主義運動。他們終於同意結婚，只不過是基於雙方家庭在困惑不解下施加的壓力。

他們的婚禮只有摯友親人參加。索爾瑪茲的父母與妹妹到場，還有父方的一個親戚擔任她的證婚人。魯茲貝赫的父母與姊弟也來了。他的證婚人是阿拔斯・埃米爾恩特札姆。當這對新人到政府單位進行登記時，一名官員拿走了他們的文件並要求查看證婚人的身分證。

「這位埃米爾恩特札姆，」官員指著手裡的身分證說道，「跟那個埃米爾恩特札姆有親戚關係嗎？」

「你在說什麼？」魯茲貝赫問道，「這位就是阿拔斯・埃米爾恩特札姆。天底下只有一個埃米爾恩特札姆。」

這名官員連忙起身離開桌子，他緊緊抱住埃米爾恩特札姆，親吻他的臉頰。他說，他一直夢想見到埃米爾恩特札姆。這名官員不讓他們繳費；他說，在他的檔案裡藏有埃米爾恩特札姆簽字的婚姻文件，這樣就已經足夠。

魯茲貝赫與索爾瑪茲在二〇〇四年三月，也就是波斯新年之交結婚。當時正值魯茲貝赫人生的不穩定時期。他離開《信任報》，在《共和國報》短暫工作了一段時間。索爾瑪茲也在《共和國報》工作，負責報導婦女議題與社會事務。但他們很快就沒了工作，因為《共和國報》才發行十三期就因為堅持報導卡澤米案件而遭到停刊。魯茲貝赫與其他人仍繼續上班，卻不許發行報紙。

帕亞姆．法茲里內賈德想知道所有的事：關於夏赫拉姆的人生、他的家、文件以及他工作的資料來源。有一天，帕亞姆警告夏赫拉姆不要將任何文件放在公寓裡。夏赫拉姆覺得帕亞姆是在嚇唬他，並沒有把帕亞姆的話放在心上。但夏赫拉姆的朋友相當在意。一些朋友看到夏赫拉姆與帕亞姆一同外出，便警告他帕亞姆是個危險人物。他必須與這個人斷絕來往。到了適當的時候，他確實這麼做了。

往後幾個月，日子相當平靜。夏赫拉姆並未發表任何文章。魯茲貝赫逐漸搬離埃斯坎達里的公寓，與妻子住進火車站附近狹小的單間臥房。夏赫拉姆計畫前往拉什特與家人共度一星期，讓他們搬進新的公寓，並且讓女兒入學念小學一年級。就在他離開之前，他在《信任報》工作，一名年輕人拿傳票給他。但傳票已經過期。年輕人向他致歉，並且告訴他隔天早上到警察局報到。夏赫拉姆同意並且繼續工作。

四十分鐘後，年輕人又回來了。夏赫拉姆現在就必須離開，他說道。一名高階警官正在街上等他，他會回答所有問題。夏赫拉姆與年輕人爭論，如果高階警官想見他，他應該過來。不，年輕人堅持，夏赫拉姆必須離開。如果拒絕，他將遭到逮捕。

正當夏赫拉姆滿心狐疑的時候，逮捕已經開始。在《信任報》辦公室外，一群同事站在門邊正注意夏赫拉姆發生什麼事時，另一個人突然出現，命令夏赫拉姆跟著他走。他亮出手槍與手銬，並且抓住夏赫拉姆的手。

夏赫拉姆認得這個人。他見過這個人一次，他看到這個人跟帕亞姆・法茲里內賈德說話。

「你不是帕亞姆的朋友嗎？」夏赫拉姆問道。

不是，那個人回道。

第一站是埃斯坎達里的公寓，夏赫拉姆看著一群人四處翻找文件。他看到書架上有伊朗憲法與刑法典，於是問自己是否能帶著這些法典。這些人說沒有必要，因為他很快就會獲得釋放。然後他們讓夏赫拉姆上了一部黑色汽車，車窗全用窗簾遮住，他們朝夏赫拉姆的後腦勺敲了一下說道：「把你的頭低下來。」

夏赫拉姆雙眼被蒙住，卻仍仔細留意車子何時停止。他不在任何已知的監獄裡。停車的地點感覺很安靜，很像住宅區。他覺得自己被帶著穿過一個庭院，往左沿著走廊前進，然後進入一棟大小類似都市房屋的建築物。逮捕他的人拿走他的眼鏡、皮帶與鞋子。他聽見鐵門打開的聲音。他被推進一個漆黑的牢房裡，裡面有個大通風口。夏赫拉姆一連坐了幾個小時，他聽見古怪的聲音，卻無法辨識那是什麼。

終於，他被拽到椅子上，他的手被反銬在身後。他聽到低沉的聲音。

「你知道自己在哪裡嗎？」

「不知道。」夏赫拉姆說道。

「你在奇蹟室裡。」

夏赫拉姆笑了。接著他連人帶椅被摔在地上。他雙手被銬住，兩眼也被蒙住，他不知道有多少人在打他踢他。他不知道這種狀況持續了多久。當他甦醒時，他在浴室裡。他用手摸臉，卻發現手上全是鮮血。

第十二章　蜘蛛的房屋

有些人，捨真主而別求監護者，他們譬如蜘蛛造屋，最脆弱的房屋，確是蜘蛛的房屋。假若他們認識這個道理（就不會崇拜偶像了）。

——《古蘭經》第二十九章第四十一節

在被逮捕之前，夏赫拉姆．拉菲札德赫反覆做著同樣的夢。他站在美麗的花園裡，四周都是鳴叫的鳥兒。他想離開，花園卻沒有出口。每一條路都是死巷，其中有一條路通往一間房間。魯霍拉．侯賽因尼安，連環謀殺案發生時的情報部重要官員，就站在那裡，他頭上纏著纏頭巾，身上卻未穿袍子。侯賽因尼安沒有說話，他比了一個手勢，指示夏赫拉姆捲起袖子：像這樣，像這樣。

夏赫拉姆從不相信夢境，卻相信監獄裡的庭院就是夢裡的花園。有時，在牢房裡，他可以聽見鳥叫聲。日後，他搭乘計程車繞行這座監禁中心，還在谷歌地圖上研究它。在青年廣場附近，位於侯賽因宗教會所左側的位置，有一間擁有優雅庭院的屋子，沒有人知道這裡藏著六間奇蹟室、九間單人牢房與照著陰暗綠光的狹窄走廊。

牢房非常小，一個人必須後退幾步才能轉身。夏赫拉姆估計他的牢房大概是一公尺乘以一點五公尺的大小。牢房裡總是陰陰暗暗，走廊的綠色燈泡幾乎沒有亮度。接近天花板的地方是裝有柵欄的窗戶，門上有個窄縫讓人送飯進來。換氣扇一次可以運轉好幾個小時，發出震耳欲聾的噪音。

第一個月，夏赫拉姆幾乎很少待在牢裡。他在訊問室裡遭到毒打，然後訊問，然後再被打。訊問室的窗戶貼著白色薄膜，他無法看到外面，但外面的人卻可以看到裡面。訊問者在訊問他時開啟攝影機，在毆打他時卻關掉攝影機。

夏赫拉姆的臉在反覆地毆打與掌摑之後已變得麻木。訊問者抓著他的頭去撞牆。有一次，他們拿洗臉盆朝夏赫拉姆頭上砸，把洗臉盆砸碎了。他們用纜線抽打夏赫拉姆身體後方從肩膀到腳跟所有的部位。他們告訴他，他們可以逮捕他的父親，並且抓來在他的面前刑求。他們威脅要傷害他的孩子。他們提醒他，德黑蘭每天會發生數百件交通事故，他的家人可能會遭遇其中一件。或者，他們可以把他的妻子碧塔關進監獄，「你知道她接下來會發生什麼事」。

夏赫拉姆的訊問者告訴他，他這一輩子都在犯錯。他們想知道他抵達德黑蘭之後的人際與活動。夏赫拉姆不滿地表示，他來首都時才二十二歲，他已經忘了所有的事。

「如果你忘了，」訊問者告訴他，「那麼在這裡，你會想起所有的事。」

他們在夏赫拉姆的公寓找到一份革命衛隊文件，這份文件不是他的，也不是魯茲貝赫的，而是第三名室友的。他們要夏赫拉姆坦承這份文件是他的。他們還要夏赫拉姆坦承自己有非法的性關係。他們列出夏赫拉姆認識的每一個女子，要求他至少坦承與其中一位有性關係。他們問他關於作家協會、他的作家朋友，包括穆罕默德．莫赫塔里與侯尚．戈爾希里的事。他們希望他能把才剛獲得諾貝爾和平獎的人權律師希林．伊巴迪也牽連進來。

一開始，夏赫拉姆的訊問者告訴他，他們將逮捕魯茲貝赫，但不知道他身在何處。夏赫拉姆試圖讓他們相信魯茲貝赫並不重要。他說他不知道他的朋友的新地址。某日，他們帶夏赫拉姆上車，要求他帶他們到魯茲貝赫新婚的住處。夏赫拉姆帶著他們到三個巷弄的三座建築物。他不知道哪一間是魯茲貝赫的家，他說謊。路看起來都很像。他與魯茲貝赫曾經約定，如果兩人之中有人被捕，被捕的人要隱瞞另一個人的資訊二十天，讓對方有時間離開伊朗。夏赫拉姆遵守了諾言。

他們只給夏赫拉姆一套衣物：褲子、內衣與短袖襯衫。他連續七十二天穿著這套衣服，而且他只被允許在牢房清洗一次衣物。他一天可以上三次廁所，每次三分鐘，他們要求他上廁所時必須進行淨禮。夏赫拉姆認為自己的飲食被下了藥，因為他開始產生幻覺。他會看見自己站在路中間，或身旁圍繞著一群想殺他的人。

但無論什麼藥物都比不上單獨監禁本身更有威力或更恐怖。他的感官變得疲乏，他逐漸看不見東西、聽不見聲音也嘗不到味道。牢房裡沒有東西可以觸摸，沒有東西可以嗅聞。只有腦子裡的記憶勉強使他維持與經驗世界以及人類關係的連結，但就連記憶也開始脫離他的掌握。一開始，在訊問或者在他一個人在牢房裡時，他的眼前會浮現自己心愛的人的身影與臉孔。但日子一天天過去，虛無逐漸籠罩住碧塔與他的孩子，令他痛苦的是，最後連她們的臉也消失了。他在黑暗中睜大眼睛怒吼，但再也想像不出女兒的眼睛。

兩人共同熟識的朋友催促魯茲貝赫趕快離開伊朗。與改革派網站相關的網路技術人員幾個月前就開始失蹤。夏赫拉姆不是程式設計師，而是作家，他的被捕顯示鎮壓已經開始轉向政治層面。此外，魯茲貝赫的生活與工作與夏赫拉姆關係密切。但一向冷靜的魯茲貝赫卻無視這些警告，任由二十天流逝。他沒有犯下任何罪行。在此同時，他與夏赫拉姆的家人一起散布他的朋友失蹤的消息，他接受報紙採訪並造訪政治部門希望逼迫對方放人。

魯茲貝赫與妻子搬到德黑蘭南部一個名叫戈姆洛克的小地方，此地在前革命時代是知名的通往紅燈區的入口。索爾瑪茲在忙於向指導部申請發放女性運動雜誌執照的同時，也努力整頓公寓，使其看起來有家的樣子。她沒有處理家務的本事或經驗，但她努力讓自己學習烹飪。正面裝著玻璃門的角落櫃擺在這對夫婦的小客廳裡，裡面展示著葡萄酒杯與小雕像；藍色與白色的碟子掛在牆上。框著金邊的大幅結婚照俯瞰著柳條長椅，整個空間頓時擁擠起來。照片中，魯茲貝赫的西裝翻領上別了一朵紅花，索爾瑪茲則抓著他的肩膀。他們看起來聰慧、不自在而且年輕。

某天晚上，魯茲貝赫在家中對新婚妻子問道：「如果我被逮捕，你會怎麼做？」

「什麼也不做，」索爾瑪茲一邊笑一邊揶揄說，「等你被釋放了，他們會升你當主編。」

索爾瑪茲機敏地知道記者會把政治犯捧成英雄，但她也想紓解魯茲貝赫內心的緊張。之後，她在浴室裡看著鏡中的自己。他問的問題並非空穴來風。她會怎麼做？

她會以其人之道還治其人之身，她對自己這麼說。這不是一場公平的戰鬥，但她會讓那些該負責的人受苦。

二〇〇四年九月二十七日清晨，索爾瑪茲把魯茲貝赫搖醒。她告訴他，她做了一個可怕的夢。她夢見魯茲貝赫在一間小咖啡廳被捕，當時跟他坐在一起的有夏赫拉姆的哥哥與另一名同事，那名同事渾身是血。魯茲貝赫起身站在床邊，此時門鈴響起。

夏赫拉姆並未透露魯茲貝赫的住址，但他們的前室友保守不住祕密。他現在站在魯茲貝赫家門口，旁邊是逮捕夏赫拉姆的人。他們要找魯茲貝赫，他隔著門告訴索爾瑪茲。他被逼著帶他們來這裡。索爾瑪茲看了魯茲貝赫一眼，心裡猶豫了一下。她在心裡做好準備，絕不顯露任何感情。她深信，自己的冷靜可以讓魯茲貝赫保持平和，也能讓他們面對接下來的事。於是她打開家門。

兩名男子衝進來，彷彿預期會有一場追逐。但這間公寓幾乎沒有行走的空間，更不用說奔跑。要抵達臥室的衣櫃還必須翻過床鋪。

其中一人吃驚地環視整間公寓，不假思索地說：「這就是你們的公寓？中情局的錢都花到哪兒去了？」

他們出示一張撕破的文件，上面潦草地寫著搜索魯茲貝赫的家與監禁他的指示。上面沒有信頭，也沒有公文章，字跡更是一團亂。兩名男子都穿著便服，但他們說是檢察長薩伊德．莫塔札維派他們來的。其中一人對魯茲貝赫說：「我知道你寫了文章，而且接受反革命電台的採訪，你從事的是反政權的工作。」

魯茲貝赫無法想像這麼小的空間居然搜索了兩小時之久，但莫塔札維的手下不放過任何可能。他們清空魯茲貝赫的文件夾，檢查他的照片，翻閱他的書籍的每一頁與檢查家具下方；他們甚至搜索冰箱看能不能找到酒，持有酒類飲料也可以成為指控他的藉口。當他們連非法的衛星小耳朵都找不到時，臉上不禁露出失望的神色。

索爾瑪茲的平靜似乎激怒了他們。「看起來這位女士還不了解發生了什麼事。」一名探員對另一名探員說道，此時魯茲貝赫正在浴室裡匆匆換上衣服。

「我了解，」她冷靜地回答，「但我的信仰將幫助我渡過難關。」

「你最好幫你的丈夫做早餐，」那個人回嘴說，「往後幾天他可吃不到任何東西。」

「我也會為你們兩個人做早餐。」索爾瑪茲說道。而她確實做了，但那兩個人沒有吃。

探員瞧見魯茲貝赫有一些CD：索魯什演說的錄音，還有一些電影。他們把這些東西、魯茲貝赫的文件與魯茲貝赫本人裝進停在外頭的伊朗國產佩坎汽車裡。

在他們離開之前，一名探員用手指著索爾瑪茲的臉。「不要接受國際媒體的採訪，」他命令她，「如果你這麼做，你會嘗到苦頭。」

佩坎汽車載著魯茲貝赫來到莫塔哈里街的警察局，他在地下室等了約兩個小時。當逮捕他的人將他移送到一部車窗塗黑的廂型車時，魯茲貝赫看了一眼城市尋常的大街景象，大家還是一如往常地活動。然後他的雙眼被手帕蒙住，雙手被銬在身後，他的頭被塞在駕駛座的下方，廂型車以一種容易讓人暈車的方式曲折地前往花園裡充滿鳥兒的祕密監獄。

歐米德．梅瑪里安還沒準備好要面對厄運，厄運卻已經找上門。歐米德是個受歡迎的男孩，有企圖心、聰明、努力工作而且很快就獲得成功。他有一頭剪得又短又整齊的濃密鬈髮，還有一張橢圓形的爽朗臉孔，他有一種率真的特質，看起來坦誠而讓人有所期待。他似乎總是樂於受邀參加派對，認為這就是他該做的事。他說話的速度很快卻含糊，往往一個字還沒說完下一個字就接著出現；聆聽者經常會聽漏他說的話。他的名字的意思是「希望」，這個名字很適合他。

歐米德來自一個下層中產階級家庭。他的父母是擁有高中學歷的公務員，他們先後在德黑蘭東北部的拉維贊地區與覆蓋著沙礫的偏遠城市卡拉季將他撫養長大。歐米德讀詩也寫詩；他在高中時代既沉迷於沙里亞蒂，也熱衷閱讀索魯什。歐米德大學讀的是冶金工程，卻發現自己的志業是社區組織者。

以一筒冰淇淋的代價，歐米德與朋友在鄰里的清真寺擔任數學與物理學家教。六個月的時間，他們有將近十二名家教，教授的學生將近一百人，其中許多是極為貧困的孩子。歐米德與朋友開始發行新聞通訊，他們僱用一名心理學家擔任婚姻與家庭諮詢的熱線人員。於是在偶然間，歐米德居然組織了哈賈里安設想的公民團體：一個鄰里的協會，可以協助民眾根據彼此的相似性、需要與需求組織起來。

但清真寺是個有爭議的空間。在清真寺裡，歐米德與朋友的外表與談吐看起來就像外人：鬍子刮得乾乾淨淨，受過教育，毫不掩飾自身的世界主義。雖然伊瑪目＊歡迎他們，雖然聚會者渴望得到他們的幫助，但當地的巴斯基不信任他們帶來的影響，他們遊說伊瑪目，說歐米德與他的朋友有女朋友，說他們是罪人與異教徒。巴斯基擁有歐米德的團體沒有的金錢、權威與人脈。民兵開始要求歐米德在發行新聞通訊之前必須先讓他們過目。最後，歐米德將他的團體登記成非政府組織，使其與德黑蘭其他地區的類似團體連繫起來，並且遷出了清真寺。

如果歐米德不那麼樂觀的話，他也許會了解他在清真寺的經驗是個不祥的前兆。市民社會的話題，聽在西方人耳裡相當的平凡無奇，卻讓歐米德的夥伴感到興奮，但這個話題也讓伊朗的宗教分子感到威脅，甚至構成侮辱，因為他們早已認為自己是公民行動者。清真寺如果不是市民社會的機構，那麼清真寺是什麼？巴斯基又是什麼？這些傲慢的年輕人算哪根蔥？他們想以什麼樣的外國觀念來取代他們辛苦贏來的革命秩序？談到巴斯基，他們幾乎無法理解受過教育的中產階級被剝奪公民權利的影響：像歐米德這樣的年輕人產生的疏離感，以及他們懷抱的對國家發展做出貢獻的渴望。

哈塔米主政期間，內政部發放了數百個非政府組織的許可。有些組織只是為了申請補助以及為履歷灌水。有些組織則確實想為社會福利盡一份心力，如哈賈里安說的在社會與國家之間搭起

＊這裡的伊瑪目只是該清真寺的教長，不是歷任什葉派領導人伊瑪目。

重要的橋梁。歐米德完全沒想到這會是一份危險的工作。總統自己也把扶持非政府組織視為施政的重點。有些新組織服務環境，協助城市進行資源回收。有些組織維護婦女與兒童的權利與福祉，或協助教育移民，或提供小額貸款，或解決不斷增加與隱藏的毒品問題。歐米德這個剛嶄露頭角的組織者相信，身為公民，不只是每四年投票一次，也不只是仰賴政治人物來改變一切。一個非政府組織應該面對德黑蘭難解的困境，實際從第一線解決問題。

歐米德將他的非政府組織轉變成其他非政府組織領導者的智庫與資源中心。他把自己的組織稱為「市民社會的另類思想家」，並且獲得聯合國開發計畫署德黑蘭辦公室的補助。歐米德是組織的對外窗口，負責與新聞編輯、改革派國會議員與改革派市議員開會討論。他還發行雜誌。當有報紙找他擔任專欄作家時，歐米德覺得自己成功了。他喜歡看到自己的名字出現在印刷品上，喜歡聽到陌生人討論他的觀念。不久，他負責在德黑蘭市政府與協助市府的非政府組織之間擔任協調工作。之後，內政部聘請他擔任社會議題的顧問。藉由這份工作，歐米德得以接觸機密資訊、官方報告與高層政治人物。他不能公開他祕密得知的資訊，但可以指點其他記者去調查他知道值得挖掘的來源與話題。

前德黑蘭市長戈拉姆侯賽因．卡爾巴斯希鼓勵歐米德參加二〇〇三年的市議會選舉。歐米德是個合理的選擇。他有貪婪的野心，在政府與媒體都有人脈，而且熟悉整個都市地貌。他也十分聰明與容易相處。他在德黑蘭各地競選拉票，他的演說最多有五千名民眾參與。他提醒聽眾，他只是一般人，鬍子刮得乾乾淨淨，身上搽著古龍水，而不是什麼阿亞圖拉的兒子。這是一種後革命時代的逆民粹主義。而這麼做並非沒有效果。然而，當母親告訴他，她不會去投票時，歐米德知道這場選舉輸定了。

「歐米德，親愛的，」她說道，「就算你選上市議員，你又能做什麼？」

雖然這場市議會選舉以改革派慘敗收場，但歐米德在一千二百名候選人中還是取得體面的第五十四名。他不會沉溺於追悔過去。他是那種甚至連自己的落選通知都會好好欣賞一下的人，好讓大家能注意到他這位落選者。接下來，他把精力投入於同時以波斯文與英文撰寫部落格，以及繼續投入於市民社會的另類思想家。

藉由推動市民社會之便，歐米德也開始到國外旅行。他出國參加會議，主要是在歐洲。兩年內，他拜訪了九個國家。他與他在聯合國開發計畫署的上司向歐洲基金募款出版書籍與訓練市民社會領袖。他覺得自己很幸運能從事自己喜愛的工作，而那些被推舉出來的領袖也期望並且從這些工作中獲益。日後歐米德才知道自己的做法讓自己成了靶心——他從事的計畫正是莫塔札維這類強硬派人士最畏懼的，因為它構成天鵝絨革命的基礎。屆時歐米德將發覺自己就像一個士兵，與軍隊一起往前衝，卻太晚發現所有人都已經撤退，只剩下自己被遺留在無人地帶。

魯茲貝赫靠著自己的手指研讀牢房的牆壁。緩慢地，按部就班地，從地板開始摸到牆壁，直到他可以抵達的高度為止。他摸到其他犯人留下的刻字；他摸到突起物、草皮與斑剝的油漆。他有著盲人或外科醫師未結老繭且嚴謹的手指。牢裡沒有書，也沒有光線讓你觀看或閱讀。魯茲貝赫只能閱讀牆壁，他把讀到的東西記在心裡，一公分一公分地記下來。

魯茲貝赫的牢房所在的走廊與夏赫拉姆不同，與夏赫拉姆關在同一區的犯人到魯茲貝赫牢房所在的走廊拖地，魯茲貝赫因而從他口中得知這一點。魯茲貝赫附近的犯人有一個來自馬什哈德，他因為在合法市集販售法律書籍影印本而被捕。有一個則是伊朗的日本黑道組織老大，他的名字叫哈吉·阿里，身上到處都是刺青，他被指控進行海洛英與古柯鹼的非法交易。哈吉·阿里只關了一個星期左右就出去了。馬肅德·戈瑞伊希是改革派網站的年輕網路管理員，魯茲貝赫在這個網站發表文章。馬肅德也被關在這裡，由於他拒絕認罪，因此在這裡待了九十天。凌晨兩點之後，守衛已經入睡，這些犯人會經由牢房頂端的通風口彼此交談。

魯茲貝赫一抵達，訊問隨即展開。起初，他只被問一個問題。訊問者拿了一張紙放在他面前，要他承認所有的非法性關係。魯茲貝赫寫道，他沒有。

「站起來。」訊問者命令他。

魯茲貝赫起身。訊問者給了他一巴掌。

「你對我說謊嗎？」

「我沒有理由說謊。」

訊問者毆打魯茲貝赫，撕掉紙張，然後命令他坐下，同樣的問題又再問一遍。魯茲貝赫又回答同樣的答案。

「你很頑固嗎？」訊問者問道。

「沒有就是沒有！」魯茲貝赫叫道，「你們把我抓來這裡，指控我有非法性關係。起訴書在哪裡？我犯了什麼罪？」

訊問者命令魯茲貝赫站起來，然後打他的肚子與胸部，讓他整個人摔在牆上。這是魯茲貝赫有生以來第一次被人憤怒地毆打。當天訊問足足持續了九個小時。有時候，逮捕他的人會抓著他的頭去撞桌子或撞牆。對方一度拿著警棍威脅魯茲貝赫，但最終沒有真的使用。第二天的訊問與毆打從早上八點持續到半夜之後。往後，時間表固定為每日六小時，分別是早上四小時與下午兩小時。魯茲貝赫會藉由短暫的上廁所時間來辨別時間。

幾天後，魯茲貝赫接受指控，希望能結束一切。是的，他說。他跟一個女性有性關係。訊問者將一個女性記者名單擺在他面前：「哪一個？」

魯茲貝赫很快察覺出這是個計畫，問題的重點不在於他是否做了，而是他何時做了。訊問者引導他指出某個特定的女性，這個女性曾經是魯茲貝赫在《信任報》工作時的同事。她也報導了札赫拉．卡澤米事件。她是魯茲貝赫的朋友。他們有時會一起散步，或出去喝咖啡，談論工作；有一次，魯茲貝赫陪她與她的男朋友到裏海旅行，他們都住在魯茲貝赫在拉什特的家裡。這個女人不是他的女朋友。她是他與妻子的共同朋友，就是她介紹妻子與他認識。但與魯茲貝赫一樣，而與絕大多數伊朗人不同，她不與父母同住，獨自一人住在德黑蘭的公寓裡。魯茲貝赫、索爾瑪茲與他們的朋友經常到她那裡聚會。

魯茲貝赫的訊問者知道這一點。他們知道所有的指控都不是真的。他們把其他被囚禁的記者寫下的聲明拿給魯茲貝赫看，上面提到他與他的前同事之間的關係。

這名女同事最近結婚了，她離開新聞界，與丈夫開始新的生活。現在魯茲貝赫很有可能摧毀她的生活。訊問者逼迫他承認的事將在她的婚姻種下不信任的種子，而且為她的司法檔案添加彈藥。抗拒只會招來毆打。魯茲貝赫說服自己相信訊問者對他的保證，他招供的事不會用來對付他的朋友。

接下來，魯茲貝赫必須描述他們的性行為，訊問者說道。要生動詳細。

「我獨自一人跟她在房間裡。」魯茲貝赫回道。但當魯茲貝赫無法進一步描述時，訊問者直接說出自己的聳動幻想。最後，魯茲貝赫寫下他說的一切。

魯茲貝赫在獄中的遭遇，其中最難堪也最難以復元的就是這件事。當那名女性同事被捕時，莫塔札維的副手把魯茲貝赫的供詞放在她面前，告訴她，她很有可能因為自己做的事被石頭砸死。

他們留下了一團混亂。家裡遭到徹底翻查之後，索爾瑪茲坐在柳條長椅上，內心感到苦惱不已。魯茲貝赫被帶走後，她在那裡大概坐了四十五分鐘。她有時哭泣，有時只是睜著眼睛發呆。她並不感到意外，只是內心深受到衝擊。

不要接受國際媒體的採訪，那個人是這麼說的。但媒體的關注是唯一能拯救魯茲貝赫的方法。而她又是個記者，她所有的資源都在那裡。但不一會兒，索爾瑪茲告訴自己，那個人說的是國際媒體，他並沒有說國內媒體。

索爾瑪茲振作精神，前往《信任報》。她的心情沉重，這讓體育組的同事感到疑惑，但她一個字也沒說。她拿起電話，打給她認識的一個伊朗勞動通訊社編輯，這個通訊社與改革派政府關係接近。電話忙線中，她花了半小時才打通電話。「他們今天帶走了魯茲貝赫。」電話一接通她就馬上告訴對方這件事。她覺得自己所在的房間突然變得靜悄悄。

新聞一上線，索爾瑪茲的電話馬上就響了。記者們打電話向她尋求評論。她告訴法爾達電台記者，她無法向國際媒體透露訊息，但對方可以追蹤國內新聞並且注意後續的報導。

她不回公寓，那裡讓她產生威脅感，獨自一人的她容易產生幽閉恐懼。第一天晚上，她到魯茲貝赫的叔叔家過夜，魯茲貝赫的叔叔經常陪在她的身旁；第二天晚上開始，她與她的母親同住，直到她無法忍受為止。她母親的公寓在梅赫拉阿巴德機場附近，這裡成了五個月前才經由婚姻結合的兩家人的總部，但在共同的焦慮與無助下，兩家人非但未變得更緊密，反而漸行漸遠。

索爾瑪茲從夏赫拉姆家人那裡得知，這兩個人曾被帶到莫塔哈里街的警察局。魯茲貝赫被帶走之後的頭三天，索爾瑪茲天天都上警察局，要求見她的丈夫。她連續幾個小時駐守在警察局入口附近，每一個進出的人都逃不過她的監視。但似乎沒有人知道魯茲貝赫在哪兒。到了第三天，不知是出於憐憫還是心煩，有個人終於跟她說話。

「你丈夫不在這兒，」他說道，「你去梅赫拉阿巴德機場的第九支局找副檢察長。」索爾瑪茲照做了。

「你的動作很快。」當索爾瑪茲自我介紹時，副檢察長如此說道。

確實如此——不僅快速而且密集。索爾瑪茲至少一天進行一次訪談，每通電話就能至少產生一則新聞報導。她決心讓魯茲貝赫的名字停留在報紙上，藉此表明魯茲貝赫不會就這樣靜靜地消失不見。她去見了穆赫辛・雷札伊——前革命衛隊長官，見了梅赫迪・卡魯比——不久前才卸任國會議長，與兩個改革派政黨。沒有人知道魯茲貝赫在哪兒，也沒有人知道如何釋放他。

索爾瑪茲首次與副檢察長見面也沒得出結果。但到了那個星期快結束的時候，她接到一通電話。在此之前，她把電話交由魯茲貝赫的叔叔代接，現在，他沿著《信任報》的樓梯衝上來，對她大喊。魯茲貝赫在線上。

「索爾瑪茲，」魯茲貝赫對妻子說道，「你必須停止接受訪談。」

索爾瑪茲試圖讓他在線上多留一段時間。「你為什麼這麼說？」她問道。

「我很快就會出來了，」他溫和地回道，「別擔心。」

「我知道了。」她說道。索爾瑪茲試圖讓對話保持含糊。她不說好，也不說不好。她懷疑魯茲貝赫的訊問者就在旁邊，用擴音器監聽著他們，事後證實確實如此。

往後一個星期，索爾瑪茲未再接受採訪。但她每天都在編纂關於魯茲貝赫、夏赫拉姆與其他至今仍被監禁的部落客的新聞，她要求她想到的每一家報紙的同事將這些新聞段落穿插到任何能扯得上邊的新聞報導裡。那個星期，她完成了三篇新聞，然後接受了一次採訪。

「魯茲貝赫一個星期前打電話給我，」索爾瑪茲向記者表示，「他告訴我不要接受採訪，因為他很快就會獲得釋放。但直到現在他仍未獲得釋放，也沒有打電話給我。我很擔心他的健康。」

索爾瑪茲發誓要讓自己成為一個麻煩人物，她在這方面確實出乎意料地擅長。她沒有政治背景，但精明與固執相加之後使她適合從事這場戰鬥。此外，當她徵詢希林・伊巴迪的意見時，這位人權律師告訴她要謹慎小心。索爾瑪茲是個年輕記者，很容易成為目標，這對獄中的魯茲貝赫沒有好處。伊巴迪建議她少露面，並且把魯茲貝赫的母親推到台前。

當米雷布拉希米一家從拉什特前來，索爾瑪茲帶他們到機場的副檢察長辦公室。

「魯茲貝赫認罪了。」副檢察長通知他們。

魯茲貝赫的父母看起來很崩潰。索爾瑪茲氣惱得握緊拳頭。他們就坐在對這一切幸災樂禍的人面前。

「既然如此，」索爾瑪茲冷冷地說，「你們已經了結魯茲貝赫的事了。什麼時候釋放他呢？」

聽到這個消息之後，米雷布拉希米先生有些承受不住。他跟魯茲貝赫一樣，都是極為敏感卻又不善於表達的人，他已經習慣把什麼事都放在心裡。索爾瑪茲從他臉上的表情可以看出，此時的他正沉浸於個人的痛苦世界中。索爾瑪茲與米雷布拉希米太太請他先回拉什特，他從未離開家這麼久的時間。就在同一天，他們被告知可以跟魯茲貝赫見面，於是魯茲貝赫的母親、魯茲貝赫的弟弟拉蘇爾與索爾瑪茲又來到副檢察長辦公室。

他們在機場建築物的庭院站著等了很長一段時間，之後車子來了，被上了手銬的魯茲貝赫從後座被拽出來。他滿臉鬍子，整個人瘦了一圈。他身上穿著結婚時穿的西裝——逮捕他的人從衣櫃隨便拿出一件讓他換上，乍看之下，西裝的尺寸大了一號，整個人似乎埋在衣服裡似的。魯茲貝赫的母親呼吸開始急促起來。

索爾瑪茲抓著米雷布拉希米太太的手。「不行，」她嚴厲地說，「忍耐一下。」所有人就這樣不知所措地站了一段時間。索爾瑪茲發覺每個人都在等她擁抱自己的丈夫。於是她上前擁抱魯茲貝赫，他們在副檢察長用來做禮拜的小房間裡坐下來。

米雷布拉希米太太打破沉默。「他們說你認罪了。」她說道。

就在這一刻，索爾瑪茲突然理解強制認罪的殘酷效果。魯茲貝赫的母親感到羞恥，這正是莫塔札維的手下期望的。此外，認罪的內容與性有關，索爾瑪茲知道每個人都在擔心她要如何承受。但索爾瑪茲並不在意魯茲貝赫在她之前是否跟別人有過性關係。她自己之前就有過男朋友。

魯茲貝赫轉身對索爾瑪茲。「直到我出獄之前，無論你聽到什麼，都不用理會。」魯茲貝赫說道。

索爾瑪茲沉著得近乎冷酷。

「無論什麼代價，做就對了，」她回答說，「該怎麼做，就怎麼做。」

訊問者說自己名叫基沙瓦茲，但魯茲貝赫也聽到有人叫他另一個名字：法拉赫。這兩個名字的意思都是「農夫」。他是從情報部被整肅出來的人員。魯茲貝赫相信，這個人幾乎每天都會連絡莫塔札維。雖然他沒有比魯茲貝赫高多少，卻較為壯碩，手也較為厚實多肉。當魯茲貝赫終於看清楚他的長相時，發現那是一張他永遠無法忘懷的臉孔，因為實在太平凡了。

在過去的人生裡，魯茲貝赫一直相信仁慈的真主會在黑暗的時刻指引他。但在獄中，他完全沒有感受到這樣的存在。在這裡，只有基沙瓦茲或法拉赫。這個人牢牢掌握魯茲貝赫的生死。他可以施加或不施加疼痛，可以讓魯茲貝赫與外界保持或斷絕連繫，可以給他或不給他食物、尊嚴乃至於空氣。他擁有真相，他可以傳遞、摘錄、扭曲或拒絕真相。他知道魯茲貝赫的一切，而魯茲貝赫無法逃脫他的意志。訊問者就是真主。魯茲貝赫進監獄時還是個遵守教義的穆斯林。現在既然他見到了這位真主，他決定再也不做禮拜。

基沙瓦茲想得到魯茲貝赫朋友與同事的個人資訊。在伊斯蘭共和國嚴苛的道德規章下，幾乎每一個伊朗人都曾犯下某種足以入獄的罪行：婚外情、飲酒，甚至與異性握手。一開始原本是宗教命令，最後卻演變成與普世的勒索制度無異的事物。正確的資訊可以讓訊問者輕易地操縱政治犯。訊問者可以從人身上取得手寫的供詞，再向其他人展示這些對他們不利的供詞。魯茲貝赫知道，因為這就發生在他身上。這會讓犯人陷入困境而且孤單無助，找不到反抗的理由也沒有人可以信任。一旦犯人說出不利於朋友與愛人、同事與僱主的供詞，他將無處可去，只能求助於真主。

魯茲貝赫覺得，自己崩潰之後，反而享有一段時間的平靜。他做了自己唯一能做的事。放鬆是為了生存，就像一個人從高處摔下來一樣：身體愈僵硬，就愈容易摔個粉碎。魯茲貝赫合作了。他會繼續取得訊問者的信任直到不需要為止，也許那會是出庭受審的時候。他說出自己知道的祕密，但有些並沒有說。他還有一些想要保留的小尊嚴。他從未哭泣。他一直都很冷靜。他不再有任何要求。他不再要求使用浴室或在狹窄的監獄庭院裡散步。他不再要求與家人講話。他試著忘記自己的妻子。

基沙瓦茲把魯茲貝赫的性供詞放在一旁。毆打停止了，但正事才剛開始。訊問者告訴魯茲貝赫，鑑於他的罪名的嚴重性，他未來二十年可能要待在牢裡。魯茲貝赫相信他的話。

當訊問者想得到更多關於另一名犯人的資訊時，他們將這名犯人與魯茲貝赫關一個晚上，然後第二天早上訊問魯茲貝赫。魯茲貝赫告訴他們這名犯人不是什麼重要人物。當訊問者拿到逮捕新犯人的令狀時，他們將令狀拿給魯茲貝赫看並且問他：他對歐米德·梅瑪里安了解多少？魯茲貝赫剛好一無所知。然而，當他們問起魯茲貝赫的前同事賈瓦德·戈拉姆－塔米米的資訊時，魯茲貝赫卻能說出賈瓦德的工作史，基沙瓦茲感到不耐。他想把賈瓦德與被罷黜的巴勒維國王流亡中的兒子雷札·巴勒維連繫起來。當魯茲貝赫猶豫時，訊問者拿出逮捕索爾瑪茲的令狀。魯茲貝赫不把他的同事送進牢裡，就只能讓自己的妻子被逮捕。當賈瓦德·戈拉姆－塔米米首次遭受訊問時，他大聲地咒罵魯茲貝赫。

有一天，基沙瓦茲讓魯茲貝赫讀一份東西。那是一篇社論，標題是〈蜘蛛的房屋〉，文章刊載於與最高領袖有關的《宇宙報》。在文章中，《宇宙報》極端強硬派執行編輯侯賽因·沙里亞特馬達里宣稱揭露了美國中情局在伊朗的工作網絡。歐洲與北美有二十三名伊朗流亡人士與美國情報單位合作，沙里亞特馬達里說出了他們的名字。他把這些流亡人士與伊朗國內七名知名的改革派人士連結起來，其中包括哈塔米的副總統穆罕默德．阿里．阿卜塔希、國會議員貝赫札德．納巴維、內政部副部長穆斯塔法．塔吉札德赫，與前人質挾持者穆赫辛．米爾達馬迪。但連結這七個人與流亡海外的二十三個人的關鍵點是十三名年輕、沒有名氣的網路記者，他們向伊朗內部與西方進行宣傳。這些國際陰謀的馬前卒包括了「魯茲貝赫．米雷布拉希米」、「夏赫拉姆．拉菲札德赫」與「歐米德．梅瑪里安」。沙里亞特馬達里建議收網，逮捕他指名的這十三個年輕人。

連續幾天，魯茲貝赫接受指示寫下所有指控的供詞，但要這麼做必須先證實〈蜘蛛的房屋〉的假設。除了非政治的指控（非法性關係、飲酒以及與女性握手），他還被指控破壞國家安全、參與非法示威、加入非法組織、侮辱最高領袖、接受反革命媒體採訪擾亂民心，以及散布反政權宣傳。訊問者還拿出筆記讓他充實自己的供詞。其中一項不利於他的證據就是帕亞姆．法茲里內賈德從達爾班德打電話給在土耳其的叛逃者。

魯茲貝赫告訴自己，他會在牢裡合作，但出獄後就會跟阿里．阿夫夏里一樣推翻這些供詞。對於認識他的人來說，這些指控可以說完全離譜。魯茲貝赫從未參加過遊行，無論合法還是非法；他從未參加過任何組織；他發表的作品隸屬於改革派陣營，無論如何都是政府的派系。但魯茲貝赫不僅承認自己參與示威遊行，還承認自己是主要的組織者。

某日，魯茲貝赫很高興地得知希林．伊巴迪同意擔任他的辯護律師。然而，當委任契約送來獄中讓魯茲貝赫簽名時，連同契約送來的還有莫塔札維的便條：莫塔札維指示，魯茲貝赫要拒絕簽名，否則的話就要再加五年刑期。根據這位檢察長的說法，伊巴迪是以色列的間諜。魯茲貝赫必須公開表示他認為伊巴迪不適任，他不會被她利用。魯茲貝赫必須照著他們擬好的稿子親筆將內容寫下來。稿子上的字一大堆都拼錯了。魯茲貝赫一個字一個字地照抄，希望聲明書上大量的拼寫錯誤——報紙的編輯怎麼可能出現這麼多基本的錯誤？——能引起報章雜誌的注意。

到了九月底，歐米德・梅瑪里安開始覺得事情不對勁。他受邀到華府的伍德羅・威爾遜中心演講，但當他在法蘭克福準備登上飛往美國的班機時，兩名警員冷淡地阻止了他。他的名字在禁飛名單上。歐米德居然成了國際恐怖分子。他亮出他的記者證。警察告訴他，這種錯誤經常發生，但他就是不可以上飛機。

歐米德返回德黑蘭。十天後，四名全副武裝的警察到他工作的地方逮捕他。他們把他扔在廂型車的地板上，上面蓋了一件毛毯，並且用腳踩住他的脖子不讓他起身。在祕密監獄的牢房裡，燈光不斷閃爍，透過牢房天花板附近的通風口，他可以聽見其他犯人的喊叫聲。有時歐米德想像自己是在墳墓裡，其他人就在他的上方走來走去。他覺得自己已經喪失了時間感。有一回，他問監獄守衛時間，守衛回答說：「誰在乎現在幾點？」總之現在是六點鐘，守衛還是告訴他了。當歐米德覺得已經過了六七個鐘頭時，他又問了一次。現在是七點鐘。五天後，歐米德覺得自己已經在監獄裡待了兩個月。他現在了解，時間是心靈空間的地圖。現在他沒有地圖，沒有方位，就連小時的意義是什麼也不知道。

犯人，包括日本黑道老大與其他犯罪者以及年輕記者，以四人為一組共同使用浴室，但廁所沒有門。他們不得不在眾目睽睽下大便。淋浴間有攝影機。歐米德拒絕在攝影機前脫下衣服，直到他被關了十六天，再也忍受不了身上的味道為止。歐米德崩潰啜泣。他只能想像誰在看這個影片，為了什麼目的。即使在他獲釋後過了一年，他仍無法忍受洗澡時觸摸自己的身體。

夜以繼日，歐米德聽見守衛對著他與其他同牢房的犯人吼叫笑罵。「出來，畜生！」當他們打開牢房的門，讓犯人去浴室或去訊問室時，會這樣辱罵他們。有一回，歐米德在浴室看到另一名犯人，他的褲子沾了血塊，腳也斷了。他是來自德黑蘭南部的一個普通人，因為跟巴斯基打架而被關進來。

訊問者告訴歐米德，他是個叛徒，他絕不可能被釋放。他們命令他列出近年來他幹了什麼「臭事」，結果歐米德列出的清單裡完全沒有違法的事，他們於是抓著他的頭去撞牆。有一回，他們踢他的肚子，直到他嘔吐為止。他休息的時候仍覺得噁心，監獄的食物在肚子裡翻攪著，讓他感到焦慮。有一天，訊問者要求他招供關於去美國的事。他們告訴他，他們已經知道一切。其他人已經提出對他不利的供詞，他們手中握有他在華府與保皇黨會面的演說講詞與照片。檔案足足有一百頁。

「我從未去過華府！」歐米德抗議說，「我沒辦法去！我在禁飛名單中，就跟各位一樣！」基沙瓦茲，或法拉赫，從他對暴力的癡迷，歐米德感覺到他是個變態的人，有一段時間他已經不大理會歐米德，但還是持續揍他踹他。有一回，基沙瓦茲要踢歐米德，卻被歐米德閃過，他一腳重重踩在椅子上。這位訊問者頓時暴怒，把歐米德壓制在牆上。歐米德設法打開訊問室的門。「別來煩我！」他大喊，「住手！」但只有其他犯人聽得到他的吶喊。當歐米德瀕臨崩潰時，基沙瓦茲說道，也許歐米德願意找個能給他認罪建議的人談談。

基沙瓦茲找了夏赫拉姆。夏赫拉姆同意跟歐米德談談，但不是在訊問室。他要在監獄庭院跟歐米德見面。基沙瓦茲同意了。

夏赫拉姆在入獄前從未見過歐米德，但聽過這個人。他看得出來歐米德非常苦惱與動搖。夏赫拉姆知道，入獄後的頭兩三個星期，壓力是最大的。他自己體驗到的遠比他在研究「奇蹟室」時想像的強烈得多。夏赫拉姆覺得這是個機會可以幫助歐米德，也可以建立一個關係，為兩人提供一條救命索。

夏赫拉姆了解，要贏得信任的唯一辦法就是給予信任。於是他決定冒險。他給了讓歐米德日後認為改變了他的一生的忠告。然而不只是忠告有這樣的效果。夏赫拉姆就像兄弟一樣看著歐米德的眼睛。歐米德無法馬上放鬆到能接受這份溫情，然而一旦他做了決定，便能發現夏赫拉姆身上蓄積著深厚的正直與力量。

「你有要保守的祕密，也有想保護的人。」夏赫拉姆第一次在監獄庭院見到歐米德時，便這麼對他說。這是真的：歐米德曾經看到同事參加派對飲酒作樂。他與幾個女性有過關係，他知道的個人祕密可以用來傷害其他人。他不想說出這些祕密。「你需要為自己隱瞞一個故事，並且編造另一個故事給訊問者，」夏赫拉姆建議他，「否則的話，你會將一切和盤托出。」

夏赫拉姆告訴歐米德，要在自己知道的個人祕密——無論是自己的還是其他人的——周圍建起一道牆。如果他說出這些祕密，就無法將這些祕密追討回來。他不應該談論與外國的接觸，以免被指控從事諜報活動。他不應該做出不利於朋友或同事的供詞。但他必須給出一些東西，至少顯示他願意合作。為了做到這一點，他必須讓自己的供詞傷害他無法傷害的人，要不是因為這個人已經死了，就是因為這個人很有名。

歐米德恪守這些忠告。他把他所知的人的個人生活全密封起來。在他能力所及的範圍內，他不再提供可以用來傷害別人的證詞，也不讓刑求者切斷他人生最重要的關係。此外，他依然能夠招供。

關於他的性供詞，他捏造了幾個不存在的女性姓名。基沙瓦茲環繞著他，暗示性地撫摸他的臉頰或手臂，逼迫他說出更生動的細節。性接觸是怎麼開始的？他用色情片助興嗎？誰帶保險套？她是這樣張開嘴巴嗎？歐米德因害怕與噁心而顫抖，全身都汗溼了。他從未向最親近的朋友吐露這些細節。這位五十五歲滿臉鬍子看似虔誠的訊問者喜歡稱呼歐米德「小帥哥」，而他似乎是那種會將手伸進褲子口袋撫摸自己的人。

歐米德永遠搞不清楚這些性騷擾與侵害身體隱私的行為是為了滿足這些獄方人員的喜好，還是為了羞辱一個在嚴守身體與情欲生活界線的文化中長大的穆斯林男性。也許兩者都有。有一次，基沙瓦茲向歐米德展示他從歐米德電腦裡找到的一張珍妮佛．羅培茲的照片。她是誰？歐米德跟她有性關係嗎？

歐米德的政治供詞，就像魯茲貝赫一樣，完全遵循〈蜘蛛的房屋〉的樣板。歐米德被告知必須坦承他在穆斯塔法・塔吉札德赫與貝赫札德・納巴維這些改革派分子的指示下撰寫文章與部落格，用意在於「抹黑」伊斯蘭政權與發動天鵝絨革命。改革派人士計畫在十五年內毀滅伊斯蘭社會，他們交給歐米德的任務是增加西方文化的影響力與向他們回報可能阻礙他們的任何「革命抵抗勢力」。為了換取歐米德的合作，改革派人士出錢讓他出國旅行。

歐米德反對這些說法，他從未見過也幾乎不認識這些政治人物，他的文章表達的是他自己的觀點，他出國旅行的錢來自透明的管道，包括他工作的報社以及他參加會議的主辦者。然而他的反對很快就遭到瓦解。基沙瓦茲確保歐米德能夠了解，如果他不承認這些指控，他會面臨更嚴重的指控，例如擔任間諜。歐米德簽字的供詞包含了令人憤怒的真相。他曾經造訪外國，訪談外國政要，在工作期間曾與外國記者交談，他還寫下這些接觸的過程。他還解釋自己做這些事是為了提高外國人在伊朗社會的地位，以實現美國中情局的陰謀。

歐米德逐漸相信，自己與其他部落客——當時有二十名部落客遭到監禁——成了伊朗分裂的兩個情報建制開戰的砲灰。哈賈里安認為，要挽救政權必須改革政權；已故的薩伊德・埃瑪米則相信，反對派必須以暴力加以清除。這兩個團體共享相同的根源，他們都來自何梅尼時代血腥的安全體制。基沙瓦茲宣稱他曾在一九八〇年代親自擊潰伊朗人民黨的領袖。他也自滿地表示：「我們把阿里・阿夫夏里打得頭破血流。」但歐米德也不該對自己盟友的過去存有幻想。

「用來關押你的這些祕密監獄可不是『我們』蓋的，」基沙瓦茲嘲弄歐米德，「是你的朋友

——你的改革派朋友建造這些地方。」

即使如此，歐米德心裡並不孤單，他也從未想像自己在這個世界是孤伶伶一個人。改革派是他的朋友與同事。他深信，等到他出獄，告訴他們自己承受的一切以及他們也將清楚面臨的危險時，他們將會支持他。

索爾瑪茲認定，在梅赫拉阿巴德機場的檢察長辦公室第九支局找不到出路。副檢察長沒有實權。她必須直接跟莫塔札維談。但這位檢察長可以說是聲名狼藉，札赫拉·卡澤米事件已經證實這一點。一名記者同業告訴索爾瑪茲，如果她去見莫塔札維，他會用他的眼睛對她催眠，她將說出他想要的一切訊息。年輕記者如果可能，每個人都不想碰到這位檢察長。索爾瑪茲認為自己無法繼續迴避這件事。她鼓起勇氣，給莫塔札維留下訊息。

莫塔札維回電時，當時剛好是傍晚，索爾瑪茲正走過母親家附近一處空曠地帶。整個空間是寧靜的，空氣也略帶寒意。「我收到你的訊息了。」莫塔札維知會她。

「我打電話是想知道我丈夫的案子，」索爾瑪茲解釋說，「我想知道什麼時候會釋放他。」

「我怎麼知道你是他的妻子？」莫塔札維回道。

索爾瑪茲一時克制不住，憤怒地回道：「我想沒有人會想惹上這麼大的麻煩。」

她話一出口，當下就後悔了。她的語氣完全不對。她對其他人說話時一直克制住脾氣，偏偏在跟最危險與最有權力的人物說話時失去控制。

對方沒有回應，她聆聽著，內心感到害怕。終於，莫塔札維說道：「明天來找我。」

索爾瑪茲心情沉重。她做了什麼？她衝回母親的家，告訴聚集在那兒的親戚關於電話的事。魯茲貝赫的叔叔笑了。「你為什麼要那樣說？」

「我不知道，」索爾瑪茲難過地說，「他問了一個蠢問題。」

檢察長辦公室讓索爾瑪茲聯想到水族館。在樓上，她穿過一道安全門來到一間有著玻璃牆的房間。牆的另一邊是會客區。索爾瑪茲與母親在早上八點半抵達，他的母親不放心讓女兒與莫塔札維獨處一室。到了下午，她們仍未見到檢察長。索爾瑪茲開始懷疑莫塔札維叫她過來只是為了讓她無事可做，浪費她一天的時間。

索爾瑪茲仔細觀察會客區。這裡一定在某處裝設了攝影機。當她在天花板附近的角落發現一台攝影機時，她扭轉身子眼睛直盯著那台攝影機。她看著攝影機的樣子很古怪，而且時間很長，會客區的其他人也不禁轉身望向她看的地方。半小時後，櫃台人員引領她與她的母親去見檢察長。

當她們走進房間時，莫塔札維並未起身。但他指示她們坐下，語氣中帶有一種刻意的客氣。

「你真是個積極的女士。」他對索爾瑪茲說道。

索爾瑪茲仔細觀察莫塔札維的臉。她了解，他不高興看到她。但他很好奇。索爾瑪茲驚訝於他個子的矮小。在房間的另一邊，也就是辦公桌的對面，有一台小電視機，上面播放著從等候室傳來的景象。

「我要我的丈夫回來，」她回答說，「他是無辜的。」

「你錯了，」莫塔札維說道，「他不是無辜的。他沒有告訴你所有的事。」

「我不在乎他婚前做了什麼，」索爾瑪茲回道，「我不相信他犯了罪。」

「我會建議繼續過你自己的人生，」莫塔札維對她說，「再婚。你是個年輕漂亮的女人。你的丈夫將在牢裡關二十年。」

索爾瑪茲知道她只剩最後一張牌。她的紀錄是乾淨的，而且她還是個失去丈夫的新婚妻子。「我們才結婚五個月，」索爾瑪茲懇求說，「如果你放了魯茲貝赫，我會看牢他。我會確保他不會犯下任何有害體制的罪名。」她曾經聽說有妻子會扮演這種角色。

但莫塔札維似乎對她提出的任何請求都不感興趣。他的舉止充滿了自信，幾乎可以說是漫不經心。「魯茲貝赫對我們來說毫無價值。」他曾經輕蔑地對索爾瑪茲說出這樣的話。她會永遠記得這句話。

索爾瑪茲看似一無所獲地離開了，但覺得自己畢竟走到了某個地步。她與莫塔札維的關係起了個頭，無論有沒有用，她都將反覆運用這個關係。

索爾瑪茲開始固定到檢察長等候室報到。每一次她都會等候一到兩個鐘頭，然後她會轉身看著監視攝影機，直到莫塔札維讓她入內為止。奇怪的是，她一點都不感到害怕。

「你很愛頂嘴，」莫塔札維曾經這麼評論，「你似乎沒搞清楚自己身在什麼地方。比你更重要的人物都曾在這裡崩潰過。阿克巴爾・甘吉的妻子也曾來這裡求我饒她丈夫一命。」

索爾瑪茲曾經在等候室看過甘吉的妻子。由於知道監視器的存在，她刻意與她保持距離。甘吉太太首先獲准進入檢察長辦公室。索爾瑪茲可以聽見甘吉太太在辦公室裡高聲數落莫塔札維的暴行。索爾瑪茲暗自竊笑。

不去檢察長辦公室的時候，索爾瑪茲也沒閒著。她讓魯茲貝赫的家人接受媒體採訪，自己則把大部分時間投入於打電話給有力人士，希望他們動用自己的影響力讓魯茲貝赫獲得釋放。索爾瑪茲認為，魯茲貝赫是因為與改革派人物穆斯塔法．塔吉札德赫與貝赫札德．納巴維的關係——無論關係有多麼薄弱——而成為被針對的目標。這些人遠比魯茲貝赫有權力。這些改革派人士當然能不斷打電話給莫塔札維要他釋放魯茲貝赫。索爾瑪茲每天都會打電話到政治人物的辦公室，要求他們打電話給莫塔札維。然後她會不斷地打回去詢問，是否他們已經打了電話。她不在乎自己是否惹惱對方；她擅長做這種事，而這麼做確實有一定用處。但這個經驗卻讓她感到苦澀。魯茲貝赫曾經為易卜拉欣．阿斯加札德赫工作，甚至曾經在二〇〇一年支持他投入短暫而不順利的總統選戰，但阿斯加札德赫不接索爾瑪茲的電話，也不回覆她的訊息。穆斯塔法．塔吉札德赫有好幾個星期沒打電話，直到他聽說索爾瑪茲一直在抱怨為止。當他確實連繫上時，他指出他的電話也許無法幫助她的處境，而這無疑是真的。

只有兩個政治人物幫上忙，索爾瑪茲永遠不會忘記他們。梅赫迪．卡魯比曾經是激進派教士，現在則是國會裡的中間改革派人士，他接到索爾瑪茲的電話，並且立即透過他的兒子做出回應，他的兒子定期向索爾瑪茲更新卡魯比為魯茲貝赫採取的行動。另外則是哈塔米的副總統穆罕默德．阿里．阿卜塔希，他的部落格相當受歡迎，而且自己也是〈蜘蛛的房屋〉指名的人物，他深具同情心，有時會向她報告事情的進展，甚至晚上還會傳笑話讓她開心。

索爾瑪茲第二次還是第三次去找莫塔札維時，這位檢察長問她一件事。莫塔札維告訴她，她可以幫助魯茲貝赫，只要她簽下自己的一份小小的認罪書。認罪書裡必須提到穆斯塔法・塔吉札德赫、貝赫札德・納巴維與埃瑪德丁・巴吉，其中埃瑪德丁・巴吉是社會學家，也是《共和國報》編輯，曾經積極揭露連環謀殺案。索爾瑪茲必須表明這三個人利用年輕天真的記者來追求自己的野心，而他們也逼迫魯茲貝赫散布關於政權的謊言。

「我不認識這些人，」索爾瑪茲抗議說，「如果你對這些人不滿，為什麼要逮捕魯茲貝赫？」

「快輪到他們了。」莫塔札維陰沉地說。

索爾瑪茲不是感情用事的人。她了解自己與魯茲貝赫成了被攻擊的目標、孤立無援且十分危險，他們正為那些更為重要且不願為他們挺身而出的人的野心付出代價。為了讓魯茲貝赫出獄，她會簽下她需要簽下的一切。然而，即使她決心這麼做，她還是無法在檢察長擺在她面前的紙上動筆寫字。

「我會宣讀你寫下的關於你丈夫的案件的公開信，」莫塔札維催促她，「你是作家，寫吧！」結果，最後是由莫塔札維一個字一個字口授讓她寫下認罪書。

十一月的某一天，魯茲貝赫已被監禁超過四十天，他與夏赫拉姆被關進同一間牢房，這間牢房並不比他們的單人牢房大多少。他們知道，他們之所以被關在一起，是希望從他們的交談中找到將他們入罪的理由。於是兩人開始講述故事與回憶過去的美好時光。晚上，魯茲貝赫唱歌給夏赫拉姆聽，正如他很久以前開玩笑時承諾的。

十天後，魯茲貝赫與夏赫拉姆，連同歐米德與賈瓦德・戈拉姆－塔米米一起被移轉到埃溫監獄。當天，十七名與他們案子相關的犯人獲釋，這些人現在被稱為「部落客案件」，不過其中還包括市民社會的活動分子與記者。

相較於祕密監獄，埃溫監獄的環境改善許多，飲食更是天差地別。埃溫的守衛由一般的工作者擔任，對他們不會抱持惡意。魯茲貝赫、歐米德與夏赫拉姆也不再單獨監禁。相反地，他們共享由兩間單人牢房組成的套房，裡面有淋浴間與小廚房。這些套房位於埃溫監獄第九區四樓，當國際人權團體來訪時，這些套房可以做為監獄的示範牢房。這些套房也剛好位於死刑牢房區。這裡的走廊迴盪著暴力的聲響，到了清晨，牢房的人可以聽見死刑犯被拉出去處決。

沿著他們牢房所在的走廊走下去，有一間牢房關著惡名昭彰的連環殺人犯，名叫穆罕默德・比傑赫。才二十四歲，比傑赫已經殺害與性侵約十七名八歲到十五歲的男孩，此外還包括三名成人。他與他的共犯引誘他們的受害者到德黑蘭南部的沙漠，用毒藥或用沉重石塊敲擊頭部的方式殺死他們，然後加以性侵，再埋進很淺的墳墓裡。

歐米德有個主意。他能不能訪談比傑赫？他問守衛。他想像自己在出獄後發表一篇文章，也許就在比傑赫被處決的時候。沒有人會比他更晚接觸到這名殺人犯。同牢房的人揶揄他：即使在牢裡，歐米德還是滿腦子想著下一次的良機。當然可以，守衛告訴歐米德。只要他不在乎與比傑赫在同一個牢房裡待一個晚上。歐米德想一想還是算了。

在共同監禁的牢房裡，魯茲貝赫、夏赫拉姆、賈瓦德與歐米德苦澀地爭論誰透漏了跟誰有關的什麼事情以及為什麼。最初的幾個小時是醜惡的情感宣洩。〈蜘蛛的房屋〉這篇社論，從各方面來看，都與夏赫拉姆所謂的強迫獄中認罪沒什麼差別，扭曲、曲解與層層加添充滿惡意的非真相。歐米德對於與魯茲貝赫關在同一間牢房感到不自在，他覺得魯茲貝赫說得太多，說得太輕易，任由訊問者予取予求。魯茲貝赫則認為，他們既然已經同意在獲得釋放之前要彼此合作，現在陷入爭吵完全沒有意義。但是，也只有在相互揭醜之後，這幾個同牢房的人才能進行協商。他們了解，他們的案子彼此連結。賈瓦德被指控從事間諜活動。他們了解，賈瓦德與他們被當成一個群體，藉此來加添他們案子的嚴重性。他們也了解到，他們都是在臨時起意的狀況下被逮捕，他們遭受訊問藉此從中隨機取得證據，現在他們被用來構陷已知的目標，如塔吉札德赫與納巴維。

他們在祕密監獄的那幾個星期——夏赫拉姆待了將近三個月，魯茲貝赫兩個月，歐米德比魯茲貝赫稍微少幾天——對他們的精神造成傷害，他們在監獄裡過的每一天都在加重這樣的損傷。他們同意，最重要的就是出去。然後他們可以遵循阿里．阿夫夏里的例子推翻他們的供詞。眼下他們要做能讓自己出獄的事。

他們在埃濫監獄不斷為基沙瓦茲撰寫與重寫他們的供詞，而基沙瓦茲是個嚴厲的編輯。歐米德的重點是構陷納巴維、塔吉札德赫與其他改革派人物，他承認從他們身上拿錢並且奉命抹黑伊斯蘭共和國。他也誹謗非政府組織的活動分子。夏赫拉姆則承認一些已經去世的詩人與作家朋友有罪，並且承認為了吹捧自己的名聲而刻意與這些人沾親帶故。魯茲貝赫攬下一切與街頭示威有關的責任，並且表示這都是與改革派陰謀家共謀的結果。

他們的動作緩慢而審慎，因為他們注意到，只要他們忙於撰寫供詞，基沙瓦茲就不會來煩他們。然後還有排練。每個人依序但從未一起進行，他們坐在典獄長辦公室，裡面做了布置，有盆栽與一壺柳橙汁，他們要向攝影機朗讀他們的供詞。

夏赫拉姆注意到，這個過程一直等到他身上可見的瘀青治好時才開始。但普遍來說，部落客從一開始身上就沒有瘀青。他們遭受的是典型的白色刑求——對身體的傷害遠不如對靈魂的傷害。

伊朗司法總監阿亞圖拉馬哈茂德．哈什米．沙赫魯迪是伊拉克出生的教士，個性相對溫和。他表面上任命莫塔札維擔任檢察長，但據說他曾數次試圖撤換莫塔札維，卻發現這位檢察長後頭有他無法挑戰的勢力撐腰而作罷。阿亞圖拉沙赫魯迪每個月舉行一次民眾會議，數千名民眾可以直接向他陳情。民眾排隊從他身邊經過，若不是向他本人，就是向他的副手提出訴求。索爾瑪茲決定加入民眾的行列，她必須向阿亞圖拉本人陳情。

索爾瑪茲用她最近經常得手的方式取得參與民眾會議的許可：持續提出要求，幾乎到了騷擾的程度。她前往司法部發言人辦公室，手裡拿著請求信函。發言人拿了信，把信放到一旁，然後急著到樓上，他說他會注意這件事。索爾瑪茲從樓梯底下對他喊道：「我會在這裡等著，直到你回來告訴我獲得許可。」索爾瑪茲知道，她只剩這個辦法了。而她也得到她想要的。

索爾瑪茲一看到阿亞圖拉沙赫魯迪就對他產生好感。有些教士流露出野心、嚴厲乃至於殘酷，有些教士則是不折不扣的教士，他們對宗教誠懇，致力於維護宗教的正義觀。索爾瑪茲覺得沙赫魯迪屬於後者。沙赫魯迪是個包著黑色纏頭巾的教士，六十幾歲，留著白色長鬚，臉上帶著隨和的笑容。索爾瑪茲把信函交給他，懇求他能盡快處理她的案子。她是個年輕新婚妻子，相信自己的丈夫是無辜的，她希望丈夫能回家過開齋節。此外，她知道她的丈夫的看守人已經違反了沙赫魯迪自己通過的禁止在獄中蒙上眼睛與上銬以及不許連續訊問四十八小時以上的法律。「我是個記者，」她向他求助，「我知道違反你的法律是什麼意思。」

阿亞圖拉沙赫魯迪要索爾瑪茲等待他的手下準備信件。索爾瑪茲離開民眾會議時，手裡緊抓著蓋印的信封，上面蓋的是司法部的章。她要將這封信拿給莫塔札維。但索爾瑪茲覺得不應該在不曉得信裡面寫什麼的狀況下把信交給檢察長。當晚，她與朋友輪流拿著信封對著燈光，試圖辨識信封裡折疊的信紙裡打了什麼字。她們花了三個小時與很大的耐心才辨識出裡面的字，並且將其謄抄在索爾瑪茲的筆記本裡。當她們完成時，她們欣喜若狂。那是讓魯茲貝赫交保出獄的命令。

早上，索爾瑪茲回到莫塔札維的辦公室。「我有釋放我丈夫的命令，」她對檢察長的助理說道，「請把它交給莫塔札維先生。」

然後她坐下來等待。這次她不看監視攝影機。她估計莫塔札維需要一點時間平靜下來。她覺得自己已經做好充分準備。她知道她需要保釋金，她說服一名記者朋友簽下價值八百萬土曼的財產證明。她的包包裡就放著這份文件。

「你對我的助理說謊，」當她進來時，莫塔札維對她說道，「沙赫魯迪先生並未下令釋放你的丈夫。他只要求我合作。」

索爾瑪茲拿出她的筆記本，然後向莫塔札維宣讀信件的謄本，彷彿她本人就握有這封信件的副本。

「坐下，」他終於說道，「我們來談談保釋金的事吧！」

索爾瑪茲讓他看朋友的財產證明。他緩慢地複述她朋友的名字，一副感興趣的樣子。

「但這筆錢還不夠，」他告訴她，「魯茲貝赫的保釋金是五千萬土曼。」

「我以為你說過魯茲貝赫對你們來說毫無價值。」索爾瑪茲憤怒地說道。五千萬土曼，超過了兩萬美金，這是其他部落客保釋金的兩倍以上。

「他確實毫無價值，」莫塔札維肯定地說，「但我們談的是保釋金。」

無論是魯茲貝赫還是索爾瑪茲的家人都沒有價值五千萬土曼的財產。索爾瑪茲父母的房子已經抵押，魯茲貝赫的父母則是租房子。索爾瑪茲可以想到的親戚裡沒有人有這樣的財力。更糟的是，她已經跟魯茲貝赫說她能讓他獲得釋放。現在，他正在獄中等待，完全不知道索爾瑪茲正為了籌錢東奔西跑。

索爾瑪茲又開始打電話。她留了訊息給阿斯加札德赫，但他沒有回應。當她終於想辦法用電話聯絡上阿斯加札德赫時，她已經顧不上禮貌。他能不能幫魯茲貝赫付保釋金？阿斯加札德赫說他會想辦法。索爾瑪茲知道他不會。就一名改革派報紙的編輯來說，索爾瑪茲甚至是更不願意低頭的那種類型。索爾瑪茲對阿斯加札德赫說，她已經求過自己所有的家人。但魯茲貝赫難道是因為她的家人坐牢嗎？她說，你們這些改革派同為一個黨，一起推動議程對抗保守派。你們當中有人成為保守派打擊的目標時，你們理應彼此幫忙。年輕的記者為了改革派付出一切，卻要獨自承擔所有的風險。

最後，索爾瑪茲找上魯茲貝赫的母親。她回想起，不是有個家庭成員曾經跟魯茲貝赫家同住一年，之後自己買了房子嗎？想請那位親戚出保釋金不是件容易的事，但至少她欠魯茲貝赫家一份人情。她是他們最好的與唯一的可能。

索爾瑪茲拿到那個親戚家的財產證明，但也只值三千萬土曼。索爾瑪茲知道，兩家人只能籌到這麼多了。她必須想辦法補足其餘的部分。於是她帶著三千萬土曼財產證明去見莫塔札維，並且在絕望下想了一個以退為進的策略。

「有件事你必須知道。」索爾瑪茲鄭重對檢察長說道。她提醒莫塔札維，她曾經向他承諾，她會管好魯茲貝赫，讓他遠離納巴維、塔吉札德赫與巴吉的不良影響。但現在塔吉札德赫與巴吉找上她。他們聽說她還沒湊足保釋金，他們願意補足剩下的差額。

「我必須接受他們的錢，」索爾瑪茲說道，她盡可能裝做無辜的樣子。「但這是筆很大的債務，如果他們要求我們做任何事，我們不得不照做。我不知道在這種狀況下，我要如何不讓魯茲貝赫不受他們的影響。」

這個計畫很瘋狂，索爾瑪茲心想，但有可能成功。而它確實成功了。檢察長大筆一揮，降低了保釋金。

當晚，索爾瑪茲在母親公寓外頭等待。犯人的家屬都知道這項例行規定：埃溫監獄固定在晚上九點放人。如果你的親人到了十點還沒到家，那麼當天就不是他的大好日子。但索爾瑪茲已經交了保釋金。魯茲貝赫一定只是暫時受到耽擱。直到午夜，她都在外頭的寒風中坐著。然後她上床休息，心中首次感到真正的無望。

魯茲貝赫日後才知道，莫塔札維與他的手下當時正急於加快腳步。他們接到釋放他的命令，但決心要得到自己想要的東西之後才放人。基沙瓦茲向魯茲貝赫等人說明他的計畫。他們可以獲得保釋，條件是他們獲釋「之後」要公開認罪，以交保後的自由人身分親自將認罪書交給他們各自認識的媒體公布。

他們一直想像自己的認罪書會在他們還在監獄的時候公開，屆時將予人屈打成招的印象。然後他們在獲釋之後將會推翻所有的供詞。這樣的期望一直支持著他們。然而莫塔札維棋高一著。魯茲貝赫現在發現，從監獄釋放並沒有讓他真正獲得自由。他看起來會更像是帕亞姆．法茲里內賈德，而不是阿里．阿夫夏里。

魯茲貝赫先出獄。他在獲得自由的同時，也附帶了一項條件，那就是他必須公開發表認罪書，他們才會釋放同牢房的第二個人。第二個人的認罪書公開後，第三個人才會獲釋，以此類推。魯茲貝赫日後描述夏赫拉姆、歐米德與賈瓦德成了人質，他們成為他的自由的擔保品。

十一月二十六日晚上，魯茲貝赫走出埃溫監獄。他在大門的群眾中尋找熟悉的臉孔。沒有人知道要來接他。他揹著自己的衣物，接下來他還有很長的路要走，從達拉克赫附近的北部山麓，到梅赫拉阿巴德的南部平原的邊緣。他叫了一輛計程車，希望家裡有人能幫他付計程車錢。他按了機場附近一棟公寓的門鈴，時間剛好是晚上九點四十五分。當索爾瑪茲想到誰可能在門外時，她光著腳衝出來。兩人在樓梯上擁抱。索爾瑪茲注意到，與先前在副檢察長辦公室見到時不同，魯茲貝赫看起來乾淨而且梳理過。她緊緊抱著他，內心高興不已，深信他們的苦難終於已經結束。

朋友與親戚幾乎馬上抵達。到了午夜，索爾瑪茲母親的公寓已聚集了二十到三十個人，包括一些魯茲貝赫移往埃溫時被釋放的部落客。魯茲貝赫受到英雄式的歡迎，但他的內心其實承受不起。他處於進退兩難的局面，卻不敢說。一旦他公布自己寫的認罪書，這不僅將羞辱到自己，也讓自己成為有罪之人；在指控他人的同時，也讓自己成為合作者。到時候，這些人會怎麼看他？他告訴自己，獄中的朋友全仰賴他的良知。如果他談起認罪書，如果他在當晚的聚會跟任何人提起自己仍背負著壓力，那麼他想像可能有人會向檢察長通風報信，洩漏他的兩面手法。魯茲貝赫已經出獄，身旁卻仍跟著無所不在的真主。

第二天早晨，第一通電話響起。魯茲貝赫將在離岳母家不遠的自由廣場與基沙瓦茲見面。魯茲貝赫告訴索爾瑪茲自己的祕密，解釋在他面前還有一項未完成的任務。她仔細觀察自己的丈夫。他過去總是一副孤高的樣子，但現在似乎處處要仰賴她，他仍被監禁在某個不知名的地方，他的消極就像塑膠手銬一樣，愈掙扎就銬得愈緊。她知道，她必須堅定他的意志。

索爾瑪茲與魯茲貝赫一起前往自由廣場。她跟朋友借了一支錄音筆，然後把錄音筆塞進魯茲貝赫胸前的口袋。索爾瑪茲告訴他，他只需要打開開關，接下來都不用去碰它。她不知如何或何時或何處，但她確定這個強迫取供的證據有一天可以派上用場。

基沙瓦茲跟索爾瑪茲打招呼，彷彿他從一開始就認識她。不過他必須跟魯茲貝赫單獨談談，他對她說道。於是他把魯茲貝赫帶進車裡，索爾瑪茲則在路旁等待。

認罪書寫好了嗎？這名訊問者問道。魯茲貝赫懇求再給一點時間。他前一晚才獲釋，他甚至還沒回拉什特向父母報平安。但歐米德、夏赫拉姆與賈瓦德正在等待，他反對說。他遞給魯茲貝赫一枝鉛筆與一張紙，口授了一張莫塔札維要他提及的主題清單。魯茲貝赫要在下午把認罪書寫好，把副本交給基沙瓦茲，然後在離開前往拉什特之前公布認罪書。

魯茲貝赫把認罪書傳真到伊朗學生通訊社與伊朗勞動通訊社這兩家由改革派人士控制的新聞媒體之後，便與索爾瑪茲出發前往拉什特。他知道這兩個新聞媒體都不會公布強制的認罪書，但他還是要走完整個流程。

三天後，基沙瓦茲透過索爾瑪茲的手機找到魯茲貝赫。這名訊問者很憤怒。魯茲貝赫還沒公布他的認罪書！他的朋友還在監獄等他！魯茲貝赫抗議說，他已經將認罪書傳給兩家通訊社了。他們沒有刊載跟他沒有關係。莫塔札維很不高興，訊問者堅持地說。魯茲貝赫必須回德黑蘭，公布認罪書，並且向檢察長辦公室回報。魯茲貝赫與索爾瑪茲返回首都的路上，一個朋友打電話通知他們，一份由魯茲貝赫署名的認罪書已經由法爾斯通訊社公布，這家通訊社是革命衛隊的喉舌。莫塔札維親自傳真了這份認罪書。

之後，檢察長打電話給魯茲貝赫曾經工作的報社，命令他們的編輯完整公布認罪書，而且還要下聳動的標題：「完整揭露！」、「改革派記者的認罪書！」與「魯茲貝赫．米雷布拉希米透露改革派運動的神祕團體」。認罪書的部分內容如下：

我，魯茲貝赫米雷布拉希米，因涉及一連串網站而遭到起訴……。過去幾年，我跟一些像我一樣的人遭受一些人的控制，他們的做法都是為了謀取自己的政治利益，他們利用像我這樣的人來實行他們的邪惡計畫……。我猛烈攻擊體制的各種不同的支柱，特別是司法部，我對他們提出各項指控，我說他們違反人權……

過去幾年確實存在著一個可怕的網絡……，一端位於國內，另一端則位於國外……。我因為軟弱而參加了這個網絡……，國外一些組織與個人支持像我這樣的人，這是可恥的，因為我踐踏了國家的法律而且犯了罪……

關於我被單獨監禁的說法絕不是真的。在監禁期間，我受到獄方的仁慈對待與尊重。在此，我要對於他們的仁慈表達感謝，願真主保佑他們成功與幸福。

我被監禁在埃溫監獄，而且已獲得釋放，重新回到家人溫暖的懷抱……

謹祝所有人民的真正公僕擁有榮耀與堅定不渝。

魯茲貝赫・米雷布拉希米
二〇〇四年十一月二十六日

歐米德與夏赫拉姆完全不相信自己的獲釋與否取決於魯茲貝赫的認罪。訊問者顯然說謊而且做了虛假的承諾。歐米德認為，如果魯茲貝赫反悔而且向改革派求助，那麼他們在還沒公布認罪書之前，這些認罪書就會受到質疑，屆時壓力將會返回到莫塔札維身上。但同牢房的人都不信任魯茲貝赫，因此沒有人給他這項建議。假使魯茲貝赫向基沙瓦茲通風報信，說其他人並未充分悔罪呢？像歐米德就幾乎無法看出魯茲貝赫看似不可思議的平靜之下，究竟外表的恭順會在何處停止，而內心的拒絕又從何處開始。

歐米德從不懷疑他們即將獲得幫助。記者同盟正在組織支持部落客的靜坐抗議。就連歐盟也施壓要求釋放部落客。此外，檢察長辦公室採取了拖延戰術。魯茲貝赫獲釋後快一個星期，夏赫拉姆與歐米德面臨新的威脅。夏赫拉姆得知他的弟弟巴赫拉姆被捕。而基沙瓦茲告訴歐米德，他的兄弟將是下一個。

終於，埃溫的典獄長到牢房探視歐米德、夏赫拉姆與賈瓦德。「你們為什麼還在這裡？」當他走進牢房時，突然這麼說道。不到三十分鐘，歐米德與夏赫拉姆就被釋放，並且被命令要馬上公布認罪書。賈瓦德則繼續留在埃溫監獄。

基沙瓦茲抓緊機會對夏赫拉姆提出最後一次警告。「外面有惡棍等著你，」他說道，「他們要你繼續說出對我們不利的東西。小心點。你有三束花。」夏赫拉姆知道基沙瓦茲是在說他的三個孩子。「那三束花就是你的保釋金。」

夏赫拉姆再也沒回到埃斯坎達里的公寓，即使他所有的物品都在那裡。相反地，他決定盡快前往拉什特。夏赫拉姆催促歐米德，他們必須想出一個策略。他們必須盡可能讓刑求他們的人找不到他們。夏赫拉姆沒有手機，歐米德則是封鎖他們的電話。他們必須連絡自己信任的每一個人，無論國內或國外，解釋他們在獄中遭遇的一切。夏赫拉姆寫信給希林·伊巴迪，打電話給在國外報導伊朗新聞的朋友，而且警告他在《信任報》的同事與長官。他知道，他的案子與他調查的連環謀殺案有關。他的生命面臨危險。他會盡可能少去德黑蘭，但這麼做還是不夠。

歐米德回到拉維贊的老家。他一直是個開朗的人，什麼事都不藏在心裡，直來直往，容易親近，特別是跟他的父母。現在，他必須與自己無法與外人分享的記憶爭鬥，與無法向外人解釋的焦慮對抗。他感到屈辱與憤怒，他經常哭泣。有時，當他獨自一人在房間哭泣時，他可以聽到母親也在門外頭哭泣。

但是，對現在的歐米德來說，主動與人連繫反而合乎情理。他寫信給住在國外的兩名伊朗記者，解釋他剛遭遇的苦難。他以自己的名義寫下這些信件，但夏赫拉姆說服他將自己與魯茲貝赫的名字也加進去。於是歐米德深吸一口氣，他找出他曾在認罪書裡提到的每個名字，警告他們並且致歉，即使這意味著要面對對方的憤怒。

透過非政府組織的同事，歐米德取得一名紐約人權觀察研究人員的電子郵件地址。歐米德另外設立了一個電子郵件帳號而且寫了一封長信給國際監督團體，詳細描述部落客在獄中遭受的待遇。人權觀察很快公布了一篇報告，提及的內幕震驚了莫塔札維。在夏赫拉姆的建議下，下一次歐米德與人權觀察連絡時，他加入一段錯誤資訊來掩蓋自己的蹤跡。不是我，他可以這麼告訴莫塔札維，他不是這些報導的來源——無論是哪個來源報導了夏赫拉姆在獄中遭到笞刑，他與其他目擊者都知道那不是真的。

然而，與魯茲貝赫一樣，歐米德也做了難以置信的事。想到自己的兄弟與夏赫拉姆的子女受到威脅，歐米德在獲釋的第二天帶著自己與夏赫拉姆的認罪書前往伊朗學生通訊社與伊朗勞動通訊社。認罪書用漂亮的字跡寫成，一方面是拖延戰術，另一方面也是對這一切感到厭煩。政府經營的改革派通訊社拒絕刊載這兩封認罪書。伊朗學生通訊社甚至要求歐米德帶著律師過來。最後，歐米德帶著認罪書到法爾斯通訊社，而法爾斯通訊社早已有了認罪書的副本。就跟處理魯茲貝赫的手法一樣，莫塔札維命令改革派報社遵循法爾斯通訊社的做法，公布歐米德與夏赫拉姆認罪書的第一頁或第二頁。編輯們打電話向歐米德道歉，但他們還是遵照莫塔札維的指示做了。

認罪書全部公布之後，原本在魯茲貝赫被監禁時善待索爾瑪茲的副總統穆罕默德．阿里．阿卜塔希在部落格上發表了一篇措詞嚴厲的文章，標題是〈悔罪的與不悔罪的部落客〉，毫不客氣地拿魯茲貝赫、歐米德、夏赫拉姆與在他們之前無條件獲釋的其他部落客的案件做對比。阿卜塔希稱魯茲貝赫、歐米德與夏赫拉姆是塔沃布，拿他們與一九八〇年代獄中那些令人痛恨的合作者相提並論。

憤怒的歐米德在計程車裡打電話給阿卜塔希。阿卜塔希寫的文章完全不公平，歐米德大聲斥責說。他完全不知道部落客遭遇了什麼。歐米德告訴副總統，事實上，訊問者很清楚地表明，阿卜塔希很快就會在監獄看到他們，屆時他們期望從阿卜塔希身上得到非常生動的供詞。阿卜塔希打斷歐米德的話說，他的電話已經被錄音了。歐米德要他怎麼做？道歉，歐米德要求說。阿卜塔希隨後發表一篇文章，坦承這件案子可能有一些他不知道的面向。

魯茲貝赫在國外沒有認識的人，也與改革派政治人物沒有關係。他沒有名氣、年輕而且與政治人物沒什麼瓜葛，政治人物也不可能為他冒險。他在獄中獨處，他現在還是獨處。就連他的朋友也已經不信任他。莫塔札維或基沙瓦茲打電話給他時，他會接電話，他們要求什麼，他絕大多數都會做到。他的理由是，賈瓦德還在獄中，而他坐牢是因為魯茲貝赫。最審慎的策略就是順從與保持低調，直到他能徹底決裂為止。

魯茲貝赫的名聲已經毀了。改革派媒體與菁英幾乎口徑一致地譴責他：這名年輕部落客在獄中崩潰，出賣了他的同事。他背叛了整個伊朗曆三月二日運動。他理應更堅強才對。現在莫塔札維固定找他進辦公室，要求他做出一篇又一篇自我毀滅的公開聲明。十三次，這是魯茲貝赫到檢察長辦公室報到的次數。莫塔札維要他簽署關於國會憲法九十條委員會的認罪書，做為不利於改革派人士的證據。當他簽署的這封憲法九十條委員會認罪書到了《宇宙報》的手中，《宇宙報》

打電話給魯茲貝赫要求他做出評論時，魯茲貝赫劃下底線。他在電話裡表示，如果《宇宙報》公布信裡的任何內容，他就會撤回所有的供詞。

魯茲貝赫原本就沉默寡言，現在的他幾乎完全不說話。他躲避人群，就連親戚在拉什特的婚禮他也不參加。街上有時會有陌生人認出他來，而且表達了同情與理解，但菁英們卻冷酷地表示不認同。某日，流亡海外的伊朗政治諷刺作家易卜拉欣・納巴維——他曾收到歐米德的信，但魯茲貝赫不知道——發表文章譴責國人對於明顯受到強迫的年輕人做出過分的要求。任何人只要在監獄待上一小時，就可以了解發生了什麼事，他寫道。謊言不會發出亮光，只會顯露黑暗。該被指責的不是這些年輕人，而是他們的訊問者，他們應該為自己做了這些骯髒事，而在自己的孩子面前感到羞恥。當魯茲貝赫讀到這篇文章時，他沒有說話。他無聲地哭著，沒有察覺到索爾瑪茲看到了這一幕。

當夏赫拉姆在德黑蘭時，歐米德、夏赫拉姆、魯茲貝赫與索爾瑪茲四人結成了緊密的圈子。夏赫拉姆認為，他們需要彼此，儘管他們不信任彼此。他們已經沒有別人可以依靠。保守派已經傷害他們，現在改革派則害怕他們，因為他們已經成為莫塔札維手中潛在的武器。他們孤伶伶地站著，所以他們必須站在一起。他們有一個祕密聚會地點，一家不起眼的咖啡廳，他們會在夜裡到這裡，小心翼翼地甩掉任何人的跟蹤，不向任何人透露這個地方。

對歐米德來說，魯茲貝赫已經投奔敵營，現在的他對其他人已成了包袱。魯茲貝赫完全想不到歐米德是這樣看他的。他認為大家都在同一條船上，努力搖槳對抗想將他們沖往可恥命運的急流。然而魯茲貝赫的沉著讓人猜不透他的想法。他確實令歐米德感到不信任，而歐米德也刻意跟他保持距離。他們的迫害者努力要達到的就是這樣的結果：粉碎信任關係，締結相互毀滅的新關係。這三個天真的年輕人，每個都是年輕世代的一時之選，他們心存善念，有著積極進取的想法，但迫害者卻將他們改造成充滿爭議性，人人避之唯恐不及的人物。

歐米德想跟魯茲貝赫疏遠，但夏赫拉姆拒絕。他告訴歐米德，如果魯茲貝赫完蛋，所有人都會跟著完蛋。他們該做的是支持魯茲貝赫，如果魯茲貝赫不了解，那麼就要向他證明，他依然有可能回歸正常生活。納巴維的文章與阿卜塔希撤回批判，兩者都是歐米德努力不懈爭取的結果，而且都產生了效果。現在，他們要帶魯茲貝赫去見記者同盟的領袖拉賈布．阿里．馬茲魯伊，而馬茲魯伊對於這些年輕部落客公布認罪書的事感到氣惱。

馬茲魯伊斥責他們，但也聽他們把話說完。夏赫拉姆與歐米德覺得自己幫了魯茲貝赫的忙。他們認為，魯茲貝赫必須了解，如果他能積極面對，那麼這些人會原諒他——他必須了解，自己可以恢復原來的樣子。但魯茲貝赫對那天晚上的記憶卻是，當其他人——例如他的前編輯埃瑪德丁．巴吉——都能體諒他的苦況時，馬茲魯伊卻顯得苛刻而心胸狹窄。巴吉曾對魯茲貝赫說，如果魯茲貝赫認為說出對他不利的供詞能對他有幫助的話，那就說吧。

晚間在咖啡廳的聚會，這三個部落客與索爾瑪茲討論每日發生的新聞與他們的選擇。他們可以跟莫塔札維決裂，並且說出發生在他們身上的事。但不難想像莫塔札維會殺了他們。他們可以繼續合作，直到這位檢察長覺得他們已經沒有利用價值為止？但誰知道那會是什麼時候？而且這段時間，莫塔札維又會讓他們做出什麼傷害性的事？如果他們想擺脫束縛，那麼他們就需要在體制內尋找盟友。否則他們只能孤軍奮戰，成了這場危險遊戲的弱小玩家。他們決定嘗試去見總統。歐米德去找哈塔米的發言人，那是他過去處境較好的時候認識的，同時也去找阿卜塔希。

拉賈布．阿里．馬茲魯伊寫了一封公開信給總統哈塔米。他描述自己的兒子做為部落客案件的被告在牢裡忍受的一切，而且提到夏赫拉姆、歐米德與魯茲貝赫遭到強迫取供。總統應該調查這件事，他寫道。檢察長辦公室在部落客案件上應該受到調查。

「悔罪的」部落客還來不及為這項調查高興，憤怒的莫塔札維立刻將他們找來。他要求他們親自寫信做出回應，反駁馬茲魯伊的說法，並且指責那些「不悔罪的」部落客都是說謊者，而且要表示自己對於在獄中的狀況感到滿意。莫塔札維提醒他們，賈瓦德．戈拉姆－塔米米還在牢裡，他的命運掌握在他們手中。

他們寫了一封信，否認他們曾受到單獨監禁，否認他們曾遭受刑求，而且感謝司法部給他們機會認錯與贖罪。他們誇大其詞到極端荒謬的程度，他們宣稱監獄守衛出於好心，還將自己的食物分享給犯人吃。莫塔札維並不領情，相反地，他大為光火。他告訴他們，他不會公布這封信。但他也不讓他們回家。他另有安排。

「當你們走出這個房間，會有記者等著你們，」莫塔札維說道，「把你們會在法庭上以及在信上談到的關於馬茲魯伊先生的事告訴他們。」賈瓦德已經從埃溫監獄離開，他將被帶到記者會上跟他們會合。

「這是最後一件你們必須要做的事，」莫塔札維告訴他們，「不要拿自己的命開玩笑。在伊朗，很多人死於車禍。不只記者會死於車禍，商人、國會議員、屠夫也都會死於交通事故。」

在檢察長辦公室外，一群記者等待著他們。伊朗勞動通訊社與伊朗學生通訊社的記者在那裡，還有強硬派的伊朗伊斯蘭共和國廣播電視台以及法爾斯通訊社。歐米德看到法爾斯通訊社記者跟基沙瓦茲打招呼，彷彿兩人是老朋友。基於某種原因，帕亞姆．法茲里內賈德也在現場。改革派伊朗勞動通訊社記者悄悄走到魯茲貝赫身旁向他保證他們通訊社不會提出任何問題。

四名年輕人坐在一排硬背椅子上，在他們面前是一張低矮的咖啡桌。在最左邊的位置，賈瓦德．戈拉姆－塔米米穿著風衣，戴著眼鏡，眼睛看著地上。在他身旁，歐米德怒目而視，擺出一副拒絕的姿態，他雙臂交抱，翹著二郎腿，表情緊繃。夏赫拉姆穿著灰色西裝外套，他翹起下巴，對著攝影機；只有他看起來憤怒多過於受創。魯茲貝赫看起來若有所思，他穿著黑色外套，雙臂抱胸，滿臉戰兢。

一陣漫長的沉默，他們面前的記者似乎在等待信號。於是夏赫拉姆指向法爾斯通訊社記者，提問開始。

部落客們抨擊馬茲魯伊而且否認他的說法。歐米德的手不由自主地顫抖著，他一邊說一邊流淚，描述自己如何試圖抹黑伊斯蘭政權。然後一名強硬派記者嘲弄歐米德像個嬰兒般哭泣，但歐米德毫不在乎。他知道自己的行為可以讓任何人都能清楚看出他遭到脅迫。夏赫拉姆坦承在作家朋友的影響下，自己變得世俗。魯茲貝赫說自己成了改革派的砲灰。莫塔札維曾經指示魯茲貝赫將馬茲魯伊家族牽連上聖戰者組織，但魯茲貝赫沒這麼做。

到了末尾，一名電視台記者走到這些部落客身旁，試圖安慰他們。「我們都知道莫塔札維是個禽獸。」那名主播說道。

那天，歐米德對著訊問者發火。他已經到了極限，沒有下一次了。再繼續逼他，他就要反咬檢察長一口。他要把所有的事情都說出來。他無法再聽命於莫塔札維。

記者會在當天晚上八點播放，然後一再重播。但播放時卻未提及記者會是在檢察長辦公室舉行這件事。賈瓦德回到埃溫監獄。夏赫拉姆前往拉什特，但莫塔札維經常把他找來德黑蘭。

基沙瓦茲繼續與魯茲貝赫在公共廣場或街角見面，並且把他拉進車裡說話——彷彿他們是黑手黨，魯茲貝赫日後若有所思地說。索爾瑪茲要魯茲貝赫祕密從口袋錄下所有對話內容。有一回，基沙瓦茲告訴魯茲貝赫一個好消息——他幫魯茲貝赫找到一個寫作的好出路：《宇宙報》會付他一筆可觀的稿費，請他寫一本關於改革運動以及這個運動其實是由間諜組成的書。基沙瓦茲已經幫魯茲貝赫安排好與《宇宙報》編輯侯賽因．沙里亞特馬達里見面，也就是〈蜘蛛的房屋〉的作者。魯茲貝赫只須在文件上簽名。魯茲貝赫不妨也加入《宇宙報》，基沙瓦茲鼓吹著；畢竟，他在改革派已經沒有朋友了。魯茲貝赫拒絕了這個提議。

在此之前，基沙瓦茲也曾試圖勸誘這三名年輕人到《宇宙報》旗下的研究機構工作。歐米德非常生氣。他寧可上吊自殺，也不能這麼做。如果他們還與沙里亞特馬達里見面，這場遊戲就結束了。他們等於把自己的靈魂賣給莫塔札維。基沙瓦茲曾對歐米德說，十六家強硬派報社的價值比不上一名改革派人士跳出來反對自己的陣營——例如帕亞姆．法茲里內賈德這樣的人物。

總統哈塔米對馬茲魯伊的信做出回應，他要求憲法觀察委員會調查部落客案件。由數名高階教士、政府部長、教授與擁有法學背景的國會議員組成委員會，邀請幾名「未悔罪的部落客」前來做證。穆罕默德．阿里．阿卜塔希在委員會聆聽證詞。他在部落格發表文章談起這場會議，認為單獨監禁與刑求的說法是可信的。

莫塔札維迅速採取行動。他打電話給憲法觀察委員會主席，斥責他只找「未悔罪的」部落客出來做證。這位檢察長謊稱，魯茲貝赫、歐米德與夏赫拉姆——「悔罪的」部落客——對此有意見，他們要向國會申訴，而這將迫使國會組成憲法九十條委員會調查此事。莫塔札維堅持，「悔罪的」部落客對於監獄的狀況有非常不同的描述，委員會也應該聽聽他們的說法。委員會主席同意了。莫塔札維沒有先徵詢魯茲貝赫他們，就排定第二天，也就是星期六出席委員會。

魯茲貝赫接到莫塔札維辦公室的電話，他只有幾個小時可以準備。魯茲貝赫被告知，檢察長要他、歐米德與夏赫拉姆立刻到辦公室報到。他們將出席憲法觀察委員會。此時魯茲貝赫腦中浮現一幕景象：莫塔札維與基沙瓦茲會脅迫他們，然後在他們做證時緊緊盯著他們，確保他們不會偏離腳本。與在記者會上時一樣，這三個前犯人將成為莫塔札維手裡的工具，用來免除他對他們犯下的罪行，同時也用來打擊說出真相的部落客。魯茲貝赫轉念一想：他們也許可以抓住沒有預先通知這個機會。他對莫塔札維的助理說，他無法出席；他有工作，人不在德黑蘭，今天不可能。然後他關上手機，用索爾瑪茲的手機打電話給歐米德。

「我們在革命廣場見面，」魯茲貝赫對歐米德說道，「我有話要跟你說。」

魯茲貝赫告訴歐米德電話的事，以及他想像莫塔札維可能採取的計畫。魯茲貝赫自己也有一套計畫。他們應該避不見面，讓莫塔札維相信他必須重新安排與委員會見面的時間。但在此同時，他們應該自行參加委員會。沒有這些惡棍或腳本或威脅，他們才可以向親近總統的人暢所欲言，而他們應該會聆聽。魯茲貝赫開玩笑地說，真主沒有選擇透過他們的改革派盟友來幫助他們，或許是想透過莫塔札維來做這件事。

歐米德嚇了一跳。他已經同意私底下與委員會的某個成員見面，不過還沒有約好時間。他沒有想到魯茲貝赫跟他的想法一致，更不用說是向整個委員會做證。魯茲貝赫提出的是一個相當大膽的想法——跟他平日的行事方式相比，更讓人有這種感受。歐米德馬上就同意了。兩人可以說是首次彼此坦白內心的想法，相信自己的人生將徹底獲得改變。最壞的狀況，他們可能再次遭到逮捕。但他們已想不出更好的方式來獲得自由與洗刷汙名。

魯茲貝赫打電話給阿卜塔希確認會議的時間與地點。阿卜塔希唐突而粗魯。然而是的，兩點在巴斯德街的總統辦公室召開會議。

歐米德、魯茲貝赫與索爾瑪茲在兩點進入會議室。夏赫拉姆無法及時從拉什特趕來。在他們面前坐著阿卜塔希、司法部長、國會管理委員會的一名成員、專家會議的一名年邁的阿亞圖拉，以及幾名法律專家。

當他們走進會議室時，司法部長感到困惑。莫塔札維打電話說這場會議已經取消，他對他們說道。魯茲貝赫解釋說，他們擺脫莫塔札維，自己前來參加這個會議。

「我們決定說出我們過去從未說過的事，」魯茲貝赫說道，「我們相信你們。」

「等一下，」司法部長說道，「如果你們認為你們即將要說的事可能造成負面的結果或讓你們惹上麻煩，你們要知道，我們無法保證你們的安全。」

索爾瑪茲按捺心中的憤怒。即使魯茲貝赫與歐米德冒著各種危險坐在他們前面，這些有權有勢的人——一個副總統，一個司法部長——居然說自己無能為力。他們缺乏這些年輕人的勇氣，而阿卜塔希居然敢說這些年輕人是懦夫。

「我們坐在三個政府部長前面，而他們卻說他們無法保證我們的安全，這實在讓我們感到遺憾，」魯茲貝赫回答道，「但這對我們來說並不重要。我們知道我們一走出這棟建築物，馬上會有麻煩上門。」

「好的，好的，」委員會主席說道，「我們會聆聽你們要說的事。」

「發生在我們身上的事，對我們來說並不重要，」魯茲貝赫又說，「唯一重要的是你們是總統的親信，只要總統能知道我們的經歷，這樣就夠了。」

魯茲貝赫首先說他的故事。索爾瑪茲描述魯茲貝赫監禁期間，她與莫塔札維會面的過程。他們播放了索爾瑪茲要魯茲貝赫錄的音，證明訊問者在魯茲貝赫獲釋後仍繼續騷擾與強迫他。

司法部長不耐地打斷魯茲貝赫。魯茲貝赫一直提到壓力，到底是什麼意思？

歐米德要求索爾瑪茲，現場唯一的女性，先離開房間。

「為什麼你要我們描述壓力是什麼？」歐米德憤怒地質問司法部長，「你一直是訊問者！多年來你一直在情報部門工作。你是司法部長！你一直是監獄體系的頭子。現在你說你不知道？你說謊！」

歐米德突然走到在椅子上睡著的教士身旁，大聲把他叫醒。他開始重演他遭受的訊問，詳細描述自己遭受的性虐待，毆打自己，把文件扔到委員會成員頭上。他問道：「為什麼因為你們這些訊問者是性變態，我們就要因此付出代價？就算他們跟伊拉克打過仗。為什麼我們該因此付出代價？」

兩個小時後，每個人都精疲力竭、心神不寧。當歐米德說話時，有些委員甚至哭了。阿卜塔希用手機捕捉了魯茲貝赫與歐米德紅著眼眶的照片。二十四小時內，阿卜塔希將在自己的部落格上發布關於這場會議的貼文，而且將接受伊朗學生通訊社的採訪，證實「悔罪的」部落客已經推翻他們的供詞。一夜之間，合作者變成了英雄，而最支持他們的就是穆罕默德·阿里·阿卜塔希。

但在這些事情發生之前，對於魯茲貝赫與歐米德參加委員會會議渾然不知的莫塔札維，在另一場訪談中宣稱，魯茲貝赫等人會站在他這一邊。這些「悔罪的」部落客將會更正大家對部落客案件的理解，這位檢察長信心滿滿地解釋。當魯茲貝赫看到這篇訪談時，臉部的肌肉抽了幾下。

一旦莫塔札維知道他們做了什麼事，也許真的會殺了他們。

魯茲貝赫、索爾瑪茲與歐米德那天下午出現在巴斯德街時，他們知道自己沒有安全的地方可去。就在那個星期，莫塔札維打電話給每個認識他們的人，留下指示要這三個年輕人自首。他把給魯茲貝赫的傳票交給為魯茲貝赫保釋的親戚。他也留下訊息給魯茲貝赫，提醒他在德黑蘭不會有人注意到多發生了兩起交通死亡事故。在拉什特的夏赫拉姆則收到警告，他的孩子的生命有危險。往後二十天的時間，魯茲貝赫、索爾瑪茲與歐米德無家可歸，他們白天在街頭流浪，晚上未事先告知就出現在朋友家中，他們在任何地方待的時間僅供他們睡覺。但這些部落客已不再分歧：他們都不悔罪，魯茲貝赫也不再被同儕拒於門外。

由於憲法觀察委員會的關係，哈塔米向司法總監阿亞圖拉沙赫魯迪提到部落客的案子。沙赫魯迪起初不認為莫塔札維會做出部落客指控的事。但哈塔米堅持必須調查此事。

沙赫魯迪派了代表祕密聽取這些部落客的報告。在夜色掩護下，這些部落客在離埃溫監獄不遠的辦公室與這名中間人會面。他們談了五個小時，拿出他們收集到的所有證據，包括他們偷偷從監獄帶出來的遮眼布。在聽了代表的報告之後，沙赫魯迪表示，他將在二〇〇四年十二月三十一日親自與這些部落客見面。

夏赫拉姆從拉什特過來。大家選他擔任報告的開場與結尾。他們被告知阿亞圖拉只給他們一小時的時間，因為之後還有一場高層會議要開。在司法部的房間裡，魯茲貝赫對沙赫魯迪表示，在此之前，他一直以為莫塔札維做為沙赫魯迪的下屬，他的行動肯定獲得司法總監的知情與認可。現在他才知道檢察長通常是獨立行事。但莫塔札維的行為反映了司法部惡劣的一面，沙赫魯迪不應該讓自己的名聲被他們的行為玷汙。魯茲貝赫跟沙赫魯迪談到死亡威脅，他說莫塔札維曾經告訴他：「我想做什麼就做什麼！這個國家有四分之一是我的。」

沙赫魯迪輕聲笑道：「幸好他有四分之一就滿足了。」

當歐米德詳細說到訊問時跟性有關的部分時，阿亞圖拉似乎確實感到不安，嘴裡有時低聲說著「真主至大」。性的供詞冒犯了身為虔誠者的他。即使部落客犯了這種罪，他們也不應該訊問細節，沙赫魯迪解釋說；訊問罪人罪行的細節，本身就是一種罪。他也對於夏赫拉姆的孩子遭到威脅感到震驚。「喔！」他叫道，「我的下屬真的做了這樣的事嗎？」沙赫魯迪取消稍後的會議，與部落客談了兩小時而非僅一小時。然後他起身去做禮拜。

夏赫拉姆在沙赫魯迪出去時攔住了他，他握著阿亞圖拉的手。

「這場會面會有什麼結果？」夏赫拉姆問道，「當我走出這扇門，很可能有另一輛黑色車窗的白色汽車等著我。我怎麼知道他們不會再度把我帶走？我怎麼知道他們不會讓我再寫一封信，說我剛剛告訴你的事是個謊言？」

沙赫魯迪接下來說了令人印象深刻的話。「如果有人從任何地方打電話給你並傳喚你而且說他們需要跟你討論一些事情，不用遵從他們或回應他們，」阿亞圖拉指示說，「只要告訴他們，你的案子正由某個令人尊敬的先生處理，他們必須遵循我的指示。」

「好好過你的日子，」司法總監對這名擔驚受怕的年輕記者說道，「不要擔心這些事。」

魯茲貝赫、索爾瑪茲與歐米德終於回到自己的家。第二天，司法部宣布，部落客案子不再由檢察長辦公室處理，改由三人委員會調查。最終，委員會洗清所有人的罪名，卻未免除被檢察長起訴的四人：魯茲貝赫、歐米德、夏赫拉姆與賈瓦德。他們必須在法院結束他們的案件。在案子懸而未決的漫長期間，沙赫魯迪指定處理這件案子的人賈馬爾・卡里米－拉德車禍身亡，案子又回到檢察長辦公室。

但對歐米德來說，情況還是樂觀的。部落客成功洗刷虛偽認罪的汙名，而且將汙名返還給莫塔札維。民眾得知真相後激起廣泛的憤怒。就他所知，這是伊朗歷史上首次有司法部最高長官被迫與被告見面，聆聽監獄體系中的各種虐待。

魯茲貝赫恢復了自由之身，至少暫時如此，但卻找不到工作。莫塔札維從中做梗。報社如果僱用魯茲貝赫或索爾瑪茲，哪怕只是擔任自由撰稿人，都會面臨停業的威脅。魯茲貝赫的最後一個機會，來自於一個他在入獄前完全想不到的來源。梅赫迪・卡魯比，這位曾經擔任國會議長的教士為他的溫和派改革運動設立報社。在被逮捕之前，魯茲貝赫曾批評卡魯比而且支持他在改革派派系內的對手。但索爾瑪茲告訴他，在他坐牢的時候，卡魯比曾給予協助與同情。現在，卡魯比即將發行的報紙《國家信任報》的編輯僱用魯茲貝赫到委員會中，協助構思報紙與建立編輯人員。《國家信任報》讓魯茲貝赫在這段緊張而艱難的時期找到了發揮精力的管道。

到了二〇〇五年六月，夏赫拉姆與歐米德都已悄無聲息地離開伊朗。歐米德告訴魯茲貝赫，他將到一座偏遠城市進行一項計畫。但事實上，三人中唯一擁有國際連結的歐米德則是經由伊斯坦堡一路前往美國。

夏赫拉姆只告訴魯茲貝赫他要離開。他沒有護照。他把自己的命交給了偷渡客，經由土耳其在伊朗邊境的一座骯髒而焦慮的難民城鎮前往加拿大；透過聯合國難民署，申請過程可能——實際上也是如此——長達數年。這是讓無法離開伊朗的人離開伊朗的方式。總有一天，他的三個孩子都將會說英語，也許甚至認為自己是加拿大人。但夏赫拉姆與碧塔卻是格格不入。

在多倫多郊區，夏赫拉姆仍舊寫詩，就像過去那樣。他也在自己的部落格上發文，為設在歐洲的波斯文網站寫文章，談在伊朗誰被逮捕與誰被殺害，談一名大學教授性侵一名學生，談在胡澤斯坦警察殺害十八名女性的時間。這種存在方式一點也不自然。有時，夏赫拉姆想像伊朗的水一直跟著他。當他在加拿大打開水龍頭將玻璃杯盛滿，從水龍頭出來的水卻是來自伊朗。他喝下這些水，又排出這些水。有時，夏赫拉姆想像自己是在火的加熱下不斷變大的氣球，他體內的暖空氣來自伊朗。他在涼爽的多倫多街頭上下飄盪，街上的人單純為了自己而工作而休息而生活，而他很快就會爆炸。

魯茲貝赫繼續在伊朗待了一年，直到二〇〇六年八月。他日後說，入獄前的他已經死了：一個新魯茲貝赫取代了他的位子。有時候，新魯茲貝赫依然讓索爾瑪茲操心。刑求者讓他內心的光明變得黯淡，將他的精神載運到更遠離外表的深處。但魯茲貝赫在牢裡也想了很多事。他了解伊朗的司法部就跟政府其他部門一樣複雜且派系林立，在那裡有良知的人與精神變態及充滿權力欲的人龍蛇雜處。情報體制也是一樣。魯茲貝赫依然相信，開啟伊朗未來的鑰匙是誠實清算自己的過去。他批評改革派人士，因為他們迴避這類討論。

到了總統第二個任期快結束的時候，魯茲貝赫對哈塔米已不抱任何幻想。他相信，當哈塔米要求阿亞圖拉沙赫魯迪調查部落客案子時，他之所以這麼做是因為旁邊的人強迫他這麼做。對比之下，沙赫魯迪是真的對他們的故事感到煩惱而著手進行糾正。但要說有什麼區別，那就是這個案子使改革的力量變得更強了。不是總統個人能伸張正義，而是體制本身，前提是體制內的人員能擁有開放的心靈。而這樣的發展——艱苦的、不可抵抗的、心理的與政治的——必須來自於社會。

如果魯茲貝赫能在自己選擇的領域工作，他很可能會繼續待在伊朗，即使知道自己仍將被判刑入獄。但拮据與壓迫逼得他與索爾瑪茲先是前往法國，然後轉往美國。他們離開德黑蘭之前最後見的人是他們的老朋友阿拔斯．埃米爾恩特札姆。

二〇〇九年二月，德黑蘭法院終於對部落客的一些指控判刑。夏赫拉姆判刑九個月與鞭刑二十下。歐米德判刑兩年九十一天與鞭刑十下。魯茲貝赫判刑兩年與鞭刑八十四下。幾年後，上訴法院放棄對他們的所有指控。然而為時已晚，早在他們被判刑之前，他們人已不在伊朗。

第十三章　蓋棺論定

藉由批評我們的理論，我們可以讓我們的理論代替我們死去。

——卡爾·波普爾，《框架的神話》

除去我們的觀念，我們將僅存血肉之軀，我們將與任何其他動物與植物無異。這麼說不對嗎？

——阿卜杜勒卡里姆·索魯什，二〇〇八年訪談

二〇〇四年十二月六日，總統穆罕默德·哈塔米與他的隨扈費力地穿過擁擠的德黑蘭大學科技學院大廳。學生們一直期盼總統在一年一度的學生日這天造訪，這是紀念一九五〇年代初巴勒維國王暴力鎮壓大學示威遊行的日子。有些學生高唱學生運動歌曲來迎接總統的隨行人員，有些學生則唱著國歌。但跟隨官方代表來到典禮大廳的電視台攝影機卻捕捉到不同的情緒。學生向攝

影鏡頭舉起手寫的標語牌：

「哈塔米！言論自由怎麼了？」

「伊朗國民厭惡專制主義！」

「八年了，學生們想得到回應。」

「我們將像蠟燭一樣矗立，不懼火焰。」

典禮大廳太小了。學生們把外頭的走廊擠得水洩不通，他們大吼大叫敲打著大廳的門，直到他們的手流血為止。總統的隨扈將學生們擊退。大廳裡，總統結束演說，學生領袖一個接一個地抨擊總統。哈塔米未能履行他承諾的改革。他允許當局關閉報社與暴力鎮壓學生抗爭。

「哈塔米先生！」另一名發言的學生叫嚷著，「我們是否有必要努力了八年，最後才知道我們問題的根源居然是我們的精神已經被專制主義擊潰？」一名年輕女性起身抗議許多學生從破曉就開始等待，卻無法進到這個房間；她又說，走廊的警衛「辱罵我，我這輩子永遠也不會忘記」。

哈塔米日後表示，這個羞辱的場景恰恰證明伊朗已經走出一九七九年伊斯蘭革命後的暴力鎮壓：集會的學生可以安心地當面批評總統，這種狀況在他之前的拉夫桑賈尼主政時期是不可想像的。但那天在德黑蘭大學發生的事，幾乎可以明顯看出，無論是好是壞，有些事確實沒有做到，而總統只能無助地站著，觀看這場混亂並與之爭論。

被揮舞的標語與指控的口號包圍——「哈塔米，你無視我們！」與「哈塔米，把我們的選票還來！哈塔米，叛徒，叛徒！」學生們高呼著——總統仍一如以往：做得太少，做得太晚。他冷靜地解釋禮堂太小。他告訴學生要「克制、聆聽與包容」。終於，當大廳內外的呼喊聲不絕於耳，完全掩蓋了其他所有的討論時，哈塔米找來安全人員。

「各位！」他無力地告誡，「麻煩快一點，不要再打學生了。」[1]

在演說中，哈塔米重提改革派的兩難，但他的聽眾早已認定改革不過是空話。哈塔米肯定改革伊斯蘭共和國是伊朗走向民主唯一真正的道路。政權必須保存。「為了民主、自由與不受外國控制，我把捍衛革命視為我個人的職責。」哈塔米說道。事實上，其他可行的方案並不存在。此外，他補充說：「長時間持續的暴政是我們長期的痛，而治癒這個痛苦的藥方就是人民統治。我們需要自由。我們沒有別的出路。」

總統哈塔米自己曾經說過，從他上任以來，每九天就遭遇一場危機。不僅民選機構——總統與國會——受到權力更大的教士機構的監督，還有深層的暴力網絡規避總統的掌握。到了二〇〇三年，幾乎沒有人會否認，在希望與高度抽象下誕生的改革運動已然擱淺，因為反對勢力遠比改革理論家預想的來得頑強且無情。

從哈格尼圈子的強硬派教士，到被整肅的情報部人員，到德黑蘭的檢察長辦公室，到真主黨支持者這類民間武裝性質的壓力團體，乃至於被派去殺害薩伊德·哈賈里安的神祕小隊，伊斯蘭共和國充斥著這種在社會上運作的類似黑手黨的網絡組織。許多改革派人士發現，監督這些力量的人獲得了高度支持而且相信從肉體上消滅他們的競爭者是符合正義的行為。這些人反對民主改革不是出於偶然，而是基於深刻而無可超越的原則。

當改革派取得總統職位時，他們一直有個共通的信念，認為保守派願意妥協而民選機構是可以取得的而且是可以促成改變的有效手段。改革派充滿自信地認為——或許就是在這裡犯了致命的錯誤——民眾壓倒性地支持他們。但改革派選擇要民眾只當個選民。一九九七年，幾乎所有的改革派人士都認為民眾缺乏組織、具有激進傾向而且容易憤怒。街頭抗爭只會引發安全體制的強烈反彈。伊朗曆四月十八日的事件加強了這層憂慮。因此改革派致力於開啟言論與結社自由的窗口，讓伊朗人開始成立市民機構。這麼做最終有助於宣洩沉默大多數人的企圖心，讓民眾的苦況可以被聽見。

但到了二〇〇三年，改革派這項戰術共識被粉碎了。保守派不願妥協。與改革派不同，保守派在意識形態上不存在協商的政治過程。民眾開始將他們的憤怒轉向改革派，改革派在面對強硬派的壓迫時往往表現得軟弱與妥協。哈塔米與他的盟友該怎麼做？

五名改革派傑出人士舉行一場專題討論。他們意見交換的文字紀錄讀起來像是存在主義劇作的最後一幕。五個人在迷宮中摸索著，最終卻在一間上鎖的房間找到彼此。每個人都提出了脫逃計畫，但這些計畫看起來崇高，實際上完全徒勞。就在他們說話的同時，牆變得愈來愈高，也密封得更嚴實，更加凸顯出他們計畫的無用。

這些思想家思考的問題是，哈塔米與他的盟友究竟該待在政府還是該離開政府——以及，無論是哪一種決定，其目的是什麼。總統的第二任期大概還剩兩年的時間，而總統的專業智庫，還陷於煎熬與麻痺、憤世嫉俗，以及不可能會改變的邏輯泥沼裡。

其中一名發言者——記者、活動分子與前人質挾持者阿拔斯·阿卜迪——表示，既然他們沒有實現目標的可能，那麼改革派就應該負起道德責任離開政府。其他四名思想家駁斥阿卜迪的說法。想像隨後必然會出現的鎮壓！到時候將沒有人可以保護人民，改革派取得的少數成果也將遭到推翻。

阿里雷札·阿拉維塔巴爾——改革派社會科學家，曾經是戰略研究中心文化單位的主管——認為改革派應該孤注一擲。改革派應該針對他們關注的所有基本議題舉行公民投票：去除憲法監護委員會在選舉中扮演的角色，赦免政治犯，授權國會，掌控司法部，出版自由，除了以色列外，與所有國家關係正常化。改革派必須做好準備，如果公民投票遭到禁止，就應該辭職與發起公民不服從運動。改革派真正的盟友在政治體制外，不在政治體制內：「民主的基礎是和平對話，」阿拉維塔巴爾說道，「但對話的對象不包括法西斯主義者。」

但這是戰爭，其他理論家表示反對。使用這項策略，改革派絕對無法取勝。這麼做只會疏遠對手，使社會兩極化，最終將產生一個強人來解決這場混亂。

前內政部副部長穆斯塔法·塔吉札德赫認為伊朗菁英傾向於將政治視為零和遊戲：有人贏就有人輸，輸家將完全遭到排除或遭遇更糟的狀況。改革是為了打破這個僵局——允許政治對手分享權力，迫使統治體系包容多樣性、批評與不同意見而不施加報復。塔吉札德赫認為，改革運動在追求目的的同時也重視手段：要實現合法、寬容與非暴力，就不能採取與這三者相反的手段。塔吉札德赫表示，問題在於伊朗強硬派並不接受這種交戰守則。強硬派只要能採取強制手段，就不會嘗試說服，強硬派也傾向於將批評者從公共領域中除去。

只要伊朗缺乏強大的市民社會或私部門，政府就成了伊朗唯一的政治行動領域，非政府部門要麼不起作用，要麼容易遭受暴力。塔吉札德赫認為，改革派撤退到政府以外的領域完全沒有好處。他表示：「除非我們的社會已經建立法治，除非我們的民間機構已經獲得授權，除非政府的權力已經受到限制，除非我們已經培養出有能力的公民，否則改革派仍必須掌控這個政府。」因此，塔吉札德赫建議哈塔米仍應繼續擔任總統。他對選民負有責任。改革派應該繼續努力實現目標。在此同時，改革派也該利用自己的民選職位來揭露與阻礙對手的暴力陰謀。

薩伊德・哈賈里安，將近三年前，一枚子彈打進他的顱底，他是社會科學家也是政治行動者，是分析家也是參與者。他在專題討論裡使用的語言虛無縹緲十分抽象，但他的野心卻是平凡而世俗，彷彿他是個從事理論的物理學家，卻在解釋如何修理汽車引擎。當哈賈里安協助推動的運動開始質疑自身存在的目的時，他表示，伊朗伊斯蘭共和國是馬克斯・韋伯所說的家產制國家，是一種訴諸傳統價值的專制政體，統治者掌握軍隊乃至於經濟做為遂行個人意志的工具。

哈賈里安承認，他的由下而上施加壓力，在頂層進行協商的戰術失敗了。他有些後悔：「我們應該創造希望與恐懼，我們應該同時爭鬥與妥協，我們應該與這些〔教士〕機構的領導者協商。而我們什麼也沒做。」但哈賈里安即使經歷了這一切而個人也遭受傷害，他仍拒絕相信協商是不可能的。「我很堅定地向你們保證，我們的對手當中沒有教條主義者，」哈賈里安說道，「如果我們對於他們的理性所做的假定是錯的，那麼就表示我們的伊朗曆三月二日運動建立在錯誤的理解上。」

哈塔米為伊朗帶來的事物，哈賈里安稱之為「二元主權」，意思是指在統治機制內部同時存在著兩種彼此競爭的政治力量。哈塔米已經取得這麼大的成果，與過去相比，整個體制已經變得較有活力且較能做出回應。問題出在體制的另一面——神權政治——控制了治安部隊。為了進行協商，改革派也需要權力。

改革派現在最佳的選擇是堅定自己的信念，逼迫保守派將改革派驅逐出去。改革派的榮譽與效能正處於危急存亡的關頭。哈賈里安表示，出走是一種開小差的行徑。「就民眾看來，這種行為顯示了無能、恐懼、臨陣脫逃、不穩定與放棄。」驅逐將使改革派取得上風：「驅逐將伴隨著監禁、篩選與軟禁，這將使改革派更為主動與有組織，反觀出走只會造成消極的不作為。」

哈賈里安認為，這個策略將暴露出強硬派的不寬容，從而使強硬派失去正當性：「國家在出走政策下還可以存續，但驅逐國家的反對派——舉例來說，透過政變——沒有任何國家可以生存。」[2]

總統哈塔米沒有辭職。他沒有舉行公投，沒有揭露強硬派的暴力網絡，也沒有逼迫保守派驅逐他。他做完第二個任期，遵守底線，到了卸任之時，支持者已大幅減少。

哈塔米肯定知道自己的支持度正在衰退。但由於新聞審查、政黨幾乎非法、民意調查因為監視與不信任而極不精確，因此對於統治者來說，伊朗民眾無足輕重。往後幾年，民眾對於哈塔米總統任期末尾的不滿將被歸因為經濟蕭條或政治壓抑，對改革感到不耐或反對改革，被西方孤立或受西方宰制，敵視西方或渴望西方。從二〇〇四年開始，選舉結果也隱藏了一些謎團，因為候選人的獲准參選愈來愈嚴格，而選民在政治選擇上則愈來愈自我。

改革派掌握的第六屆國會蹣跚地結束任期，這屆國會在憲法監護委員會任意使用否決權之下陷入癱瘓。二〇〇二年九月，哈塔米引進了兩項全面性的改革法案，將授予總統與民選國會更大的權力，同時縮減司法部與憲法監護委員會的權力。不意外地，憲法監護委員會否決了這兩項法案。持續的結構改革只能到此為止。

憲法監護委員會完成對國會的鬥爭。在第七屆國會選舉於二〇〇四年二月舉行之前，委員會否決了超過兩千名候選人的參選資格。在兩百九十個席次中，改革派人士——包括八十七名現任議員——實質上被禁止競選其中的兩百席。在此之前，憲法監護委員會從未如此黨同伐異地行使監督權。

國會改革派人士並未等待哈塔米告訴他們該怎麼做。在三個星期的靜坐抗議後，有一百二十五名議員辭職。他們在聲明中把伊朗的宗教政府比擬成鄰國阿富汗的塔利班政府。「我們無法繼續參與一個無法捍衛人民權利的國會。」他們表示。大約三十名省長與十二名內閣部長也遞交辭呈。內政部長宣布，他不會依照既定時程舉辦大選。就連謹言慎行的梅赫迪．卡魯比也警告憲法監護委員會：「我們看到有幾個老人想主導這個國家。」

但哈塔米無論怎麼勸說都不願表態。令許多顧問感到作嘔與困惑的是，哈塔米退回部長與省長的辭呈，而且堅持在排定的二〇〇四年二月二十日舉行大選。

批評者指責哈塔米為一場遭受操縱、實際上已經算是政變的選舉的正當性背書。改革派想像伊朗選民會待在家裡，但他們沒有。全國的投票率低於上次國會大選，但整體仍相當可觀，而且顯然高於改革派所想像的在他們未參與選舉下的可能投票率。在德黑蘭，雖然投票率很低，但以伊斯蘭伊朗建設者同盟自稱且強烈支持市長馬哈茂德．艾哈邁迪內賈德的派系席捲全部三十席。國會落入保守派之手，哈塔米成了跛腳鴨。

哈塔米擔任總統時，阿克巴爾．甘吉絕大部分時間都被關在牢裡。訊問者常常對他說，只要說一句話就能重獲自由：「我錯了。」甘吉下了決心，就算要關他五十年，他也不說這句話。他毫不間斷地忍受了六年，他日後回憶，他能做到這一點是因為他告訴自己，沒有人在乎這件事。他獨自一人，為自己的行為負責，為自己的罪名負責。他不止一次因為絕食抗議被送進醫院，其中一次維持超過八十天。他的身體因此大不如前。

「這個體制的目標就是要瓦解與摧毀我，」甘吉在〈給自由世界的信〉中寫道，這些信於二〇〇五年從埃溫監獄流出，「我的身體處於完全衰弱的邊緣，然而既然我相信自己的推測（我自己的意見），我就沒有理由否定其中的真實。」他批評波普爾，雖然沒有指名道姓：「所有的推測都要經過證偽之劍的測試，這句話其實沒什麼意義。致力於『批判理性』，與『在監獄的強迫下放棄自己的信念』，兩者不能相提並論。」[3]

甘吉首篇長度宛如一本書的〈共和國宣言〉於二〇〇二年從埃溫監獄偷渡出去。在宣言中，甘吉與改革派完全決裂，他主張世俗的自由共和國，在這個共和國中，宗教將不具有任何官方特權。含糊其詞的改革派策略無法建立這樣的國家——哈賈里安的「二元主權」也不可能。「宗教學者的政治管理」就是無法與共和國共存。

甘吉相信，伊朗政治思想的問題可以追溯到一九〇五年的立憲革命。這場運動迫使卡加王朝諸王在伊朗建立君主立憲國。然而這場運動其實應該廢除君主制才對。若是如此，伊朗人或許就不會誤以為可以從專制統治者身上獲得一小部分權力。二元主權、立憲主義——這些都是懈怠的託詞，渙散了伊朗共和派的精力，使其無法真正對專制統治產生威脅。

與哈賈里安一樣，甘吉也援引韋伯來對伊朗當前的政府形式進行分類。甘吉認為伊朗屬於素檀主義*，是家產制的一種，但素檀主義仰賴的不是傳統，而是專制統治者個人的裁量。這樣的政權是無法改革的。甘吉認為，改革派應該停止與伊斯蘭共和國合作，也不應該參與選舉，因為選舉只是伊斯蘭共和國的遮羞布。改革派應該杯葛選舉，退出政府，利用人民的力量，透過公民

*素檀為突厥領導人的意思，可直譯為君主。此處原文是 sultanism，可解釋為君主主導國家的「君主主義」。

不服從，反對不公正的法律與要求以公投決定伊朗的政府形式。甘吉要求與人民「肩並肩」來進行這場鬥爭。「如果公民不服從需要領袖與計畫，那麼我們就必須建立一個具有組織力的群體與領袖，」甘吉於二〇〇五年表示，「而不是以缺乏領袖為由而放棄這場爭取自由的鬥爭。」[4]甘吉指出，市民社會的建構，本身就是在一個法律上沒有言論自由與結社自由的國家裡進行公民不服從。當中不存在折衷的可能。

甘吉是以一個已經被關在牢裡，已經沒有什麼可損失的人的立場來寫作。甘吉寫道，即使民眾捍衛暴政或無視暴政，「熱愛自由的民主人士仍然有權（不，是有責任）獨自一人反對這樣的體制」。有人說，他是在譁眾取寵，他的作品是在進行危險的煽動。但他沒有看出細微差別的天賦，也沒有政治生存的本領，因此難以對他人構成影響。甘吉擁有的只有勇氣，而且是令人屏息的勇氣。

「我完全不相信宗教學者的政治管理的理論，我認為它是反民主的而且違背人權，」甘吉寫道，「我無法忍受主奴關係，最高領袖上升到神的位階，而民眾下降到奴隸的層次。我要代替哈梅內意先生向學生、記者、部落客……、連環謀殺案的受害者家人、札赫拉・卡澤米的家人……，這些年承受的一切道歉。」他又說，「我要代替哈梅內意先生向一九八八年夏天在全國各地遭到處決的犯人家人致上深刻的歉意。」休假期間，甘吉與部落客見面，他寫道：「逼迫犯人寫悔罪信，這是伊朗史達林主義者從史達林的訊問者那裡繼承來的方法。」[5]

甘吉寫作時往往引用許多說法：哈菲茲*、莫塔哈里與蘇格拉底，佛洛伊德、傅柯與阿多諾，托克維爾†、羅爾斯‡與洛克，理察．羅蒂#、米蘭．昆德拉、克洛德◎．勒佛，乃至於當代的歐洲學者，如義大利文學批評家弗蘭科．莫雷蒂與英國社會理論家大衛．比森。他逐漸遠離他的革命根源，他日後描述，這個革命根源發端於他兒時在德黑蘭南部貧民窟生活的階級仇恨土壤裡。二〇〇五年，甘吉認為保守派的社會正義說詞不過是用來掩蓋壓迫的外衣。一個人在主張社會正義的同時，怎麼可能也主張人類存在著不平等的階級，例如男人與女人、教士與俗人、穆斯林與非穆斯林？如果伊朗統治者只容許在財富分配上追求正義，那麼他們理應允許新聞自由來揭露伊朗阻礙經濟公平的貪汙腐敗。但他們沒有這麼做。

至於總統哈塔米，他一直是從事改革工作的錯誤人選。「他不具備改革精神。」甘吉日後回憶說。哈塔米不是很清楚市民社會是什麼，甚至也不知民主為何物。所以難怪他無法堅持。「我

---

* 哈菲茲（Hafez）十四世紀波斯著名詩人。

† 托克維爾（Tocqueville，一八〇五至一八五九），法國思想家、政治家。致力於探討西方社會中民主、平等與自由之間的關係，以《民主在美國》和《舊制度與大革命》等著作聞名於世。

‡ 羅爾斯（Rawls，一九二一至二〇〇二）美國政治哲學家，在其名著《正義論》中使用社會契約論的概念解決分配不公的問題，此理論被稱為公平即正義。

理察．羅蒂（Richard Rorty，一九三一至二〇〇七），美國重要哲學家，提出實用主義哲學，反對傳統哲學以真、善、美、理性作為萬事萬物本質的追求，改以思索某個文化中的人是如何生活與思考。

◎ 克洛德．勒佛（Claude Lefort，一九二四至二〇一〇），法國政治哲學家、社會運動家，對民主與極權政治的研究可與漢娜．鄂蘭比肩。

們需要像甘地、哈維爾、納爾遜・曼德拉這樣的人物，」甘吉堅持說，「如果你問我，我會說我們最需要的是甘地。」

明確反對憲政秩序的不是只有甘吉而已。學生運動的激進派也要求針對伊斯蘭共和國舉行公投，用來呼應一九七九年建立伊斯蘭共和國的那場公投。活動分子發起線上請願，而且以取得六百萬份連署書的特大號野心來命名。

薩伊德・哈賈里安形容這場公投運動純屬妄想。激進派憑什麼想像自己可以將公投強加在保守派身上？此外，激進派的策略建立在一個假定上，那就是「民眾」不僅想建立世俗的共和國，也願意為了建立世俗共和國而讓自己暴露在暴力之下。但伊朗社會是多樣的、分裂的與受過創傷的。如歐米德・梅瑪里安日後說的，領先民眾一步將成為領袖，領先民眾五步將孤獨一人。

歐米德反思說，甘吉講的事，每個人都知道；但不是每個人都認為直接把事情說清楚就能有幫助。哈塔米的含糊其詞可以當成軟弱，也可以認為是政治上的機敏。哈塔米統治著一個分裂而彼此不信任的國家，國家的長期穩定仰賴緩和緊張；此外，哈塔米的對手掌握所有的強制工具。像歐米德・梅瑪里安這樣的人，在改革時期建立脆弱的新機構，鼓勵伊朗民眾相互合作，他們覺得一旦激化政治氣氛與惹惱保守派人士，將使他們的努力付諸東流。數千個非政府組織在哈塔米第二個任期開始運作。這些組織的創立者的目標不在於贏得一場觀念的戰爭，而是說服所有黨派放下武器追求共同的建設性目標。

非政府組織網絡將像先前的改革派媒體那樣，被政權內部的政治戰爭所摧毀。二〇〇四年國會大選之後，強硬派報刊開始宣傳這些市民團體是外國陰謀改變政權的施力點。也就是在這個時候，《宇宙報》刊出社論〈蜘蛛的房屋〉，而其他與安全體制接近的媒體也開始暗示非政府組織與西方政府和基金會有關，認為他們想依照塞爾維亞模式來改變伊朗的政權。活動分子抗議說，他們已經努力拒絕外界的資助，也曾要求美國記者轉達，希望小布希政府公開表示停止支持伊朗的市民社會。但在伊朗政治體系內部，留下來的人完全沒有非政府組織網絡的支持者。改革派已經完全從國會與德黑蘭市議會消失，學生已經將他們的注意力放在改革以外的地方，媒體逐漸受到審查，國際壓力產生了反效果，哈塔米則慢慢淡出。

二〇〇五年大選前夕，改革派菁英依然高喊改革是「不可逆轉的」。畢竟，改革派的計畫不只是政治運動或政治提議；它也是思想的轉變、民眾的風潮與文化的分水嶺。這一切可以說是真的。但如同歐米德懊悔地指出的，許多改革的具體成果也確實遭到逆轉：制度建立又廢除，民選官員取得又失去，報紙刊載又受到審查。也許改革派理論家需要這種願景式的樂觀主義才能讓他們專注於遙遠的前景。也許，這是一種傲慢或逃避現實——拒絕反省自己為什麼全盤皆輸。

《地平線》持續發行，直到哈塔米第一個任期快結束為止。如穆斯塔法．洛赫瑟法特設想的，《地平線》一直是一個思想泉源，而不是政治喉舌。《地平線》的兩名創立者離開《地平線》後創立了一個受歡迎的改革派日報，他們把在《地平線》培養的感性帶到哈塔米短暫改變的媒體地貌上。索魯什的追隨者之一，一個名叫易卜拉欣・索爾塔尼的年輕人，他在拉夫桑賈尼主政時期加入《地平線》圈子，當時他是個對哲學懷抱熱情的醫學系學生，後來成為《地平線》的主編。

索爾塔尼的《地平線》持續將索魯什的文章與訪談放在頭版。其他的頁面則是伊朗學者翻譯與辯論的外國哲學家作品，針對自由主義與伊斯蘭教之間的互動進行討論，此外也討論拉丁美洲文學與詩。一如索魯什對科學的看法，或許《地平線》的編輯與撰稿人也這麼看待他們的報紙涉及的領域：哲學是狂野的，哲學沒有祖國。他們眼前的工作不是透過追索他們觀念的起源來主張國家的認同，而是打造一個符合他們心目中最重要的國家認同的自由國家理論。

二〇〇〇年秋天，索爾塔尼與同事收到司法部的信函，命令他們停止發行《地平線》。這道命令讓索爾塔尼措手不及。過去幾個月，沒有人阻礙刊物的發行；索爾塔尼才剛出刊十到十一月號的第五十四期，裡面有索魯什談科學與政治發展、約翰・基恩談媒體與民主的文章翻譯，以及其他談蘇格拉底與黑格爾的文章。而這一期卻成了改革運動旗艦刊物的最後一期。儘管《地平線》盡可能不捲入政治爭論，但最終還是走上與其他改革派報刊同樣的命運。

《地平線》的領導人物阿卜杜勒卡里姆・索魯什並未流亡，至少他是這麼說的；但他在伊朗不能發表文章也不能教書，無論到哪裡演講都受到干擾。大約從二〇〇〇年開始，索魯什連續換了幾所大學的辦公室，每個辦公室都空空如也，辦公室門上沒有名牌，書架上只有書檔沒有書，公事包裡也只有一個晚上的換洗衣物，讓他可以輕易打包走人。他曾分別在哈佛、耶魯、普林斯頓、哥倫比亞與喬治城大學擔任訪問教授；有時人在德國，過了一段時間，可能會在華府國會圖書館如迷宮般的走廊上看到他。這種四處游走的生活似乎很適合他。隨著年紀漸長，索魯什變得平靜、孤獨，而且也不那麼好鬥。

索魯什又重讀馬克思，在面對這個德國巨擘時他不再像年輕時那樣產生智性上的敵視。而在面對他曾以波普爾的說法加以嘲弄的馬克思主義時，這是他第一次對於馬克思主義的洞見、影響與解釋力感到由衷敬畏。「我想我對於馬克思主義的批評有些不公允。」索魯什坦承說。他現在了解，承認社會與經濟力量的重要性，不表示貶低了理性。更確切地說，這些力量的行為模式與佛洛伊德的潛意識行為模式一樣。「可以這麼說，你會因為周遭的某種社會與經濟因素引導你傾向於理性，某種利益會驅使著你，把某些話語放在你的舌頭上，把某些思想放在你的心靈裡。」索魯斯反思道。或許，他的心靈也存在著某種奇妙的生命旅程。

但索魯什仍認為，做為政治解放的處方，馬克思主義失敗了。一直受人渴求的民主社會主義不僅在伊朗未能實現，在其他任何地方也無法實現。索魯什猜想，伊朗許多改革派心裡一定對此感到沮喪。他們覺得社會主義深具吸引力，而且能與伊斯蘭教義相容。「但他們不知道如何讓社會主義與社會自由、民主等事物相容。」

索魯什批評哈塔米擔任總統的表現。二〇〇三年七月，他發表一封公開信，評論總統正站在交叉路口上。「他要麼與民眾站在同一陣線，要麼與保守派合作，但無論加入哪一邊，他都是輸家，」索魯什寫道，「他不可能加入人民，因為人民要求的不是如改革派所想的對現存的神權政治進行改革，而是朝著成熟的民主與世俗主義進行根本性的變革。他也無法加入保守派，因為他們認為哈塔米是一條用過的手帕。」

索魯什認為，哈塔米必須坦承，面對強硬派的民間武力團體，他無法真正治理這個國家。改革派必須揭露這些民間武力團體賴以運作的資金來源與指揮鏈，他們必須讓這些民間武力團體受到約束。至於學生，索魯什猜測學生們肯定士氣低落，因為他們從未被賦予應有的權利，而襲擊他們的人也未受到司法應有的制裁。這些怨言都是有憑有據。

索魯什堅信觀念具有道德與實踐的力量，他認為哈塔米在行動上的優柔寡斷源自於他在思想上的猶豫不決。他認為這位即將卸任的總統，「缺乏理論的願景，導致缺乏行動的勇氣」。結果，「他有時採取這種做法，有時又採取別的做法。他會提出某個觀念，其他人會追隨他，但之後他又會突然急踩剎車。他會收回成命，突然中止一切，讓所有人都感到驚訝」[6]。

索魯什擔心哈塔米的表現將給還有一線生機的思想計畫帶來不良的影響。「我們需要理論的辯論，正如我們需要制度的建立與政治行動一樣。」索魯什表示。透過辯論而產生的共識，將是出類拔萃的共識。改革派的企圖心是民主與政治世俗，這種世俗主義，索魯什將其定義為國家應對宗教保持中立，政治體系的正當性並非來自於神，而是仰賴制度本身的公義。

索魯什比他的改革運動追隨者更強調民主不只是自決或自由，而是一種權利。「所有重要的現代政治制度都建立在權利之上，」索魯什認為，「如果我們想達成政治的現代性，這是我們必須採取的路徑。如果我們看重權利概念的程度仍不及家庭與榮譽，那麼我們的現代體制將缺乏意義；它們將徒具空名。」[7]權利來自於強大的、保護的、獨立的司法制度。這是索魯什在英國留學時看到的。他現在認為，獨立的司法制度比市民社會更為重要；司法制度應該成為哈塔米首要且最不能妥協的目標。

索魯什的願景雖然大膽而不妥協，卻不像他的好朋友與追隨者甘吉那樣是個政治激進分子。他依然是那個下層中產階級男孩，當有人找他加入游擊隊戰士時，他會拒絕，而且表示社會也需要哲學家。他知道伊朗是個虔誠而保守的地方，但也覺得自己與這個地方構成一個整體。如果他能自由為伊朗選擇統治者，他會選擇虔誠的統治者，儘管他們統治的不一定是個神權國家。

與許多伊朗思想家一樣，索魯什也反覆思索伊朗面臨的一個經典的兩難處境——如此地經典，以至於成了一種陳腔濫調：伊朗是個永遠遭傳統與現代性撕裂的國家。索魯什認為，把傳統說成是一件可保存或可丟棄的事物是毫無意義的，因為傳統不是一件事物，而是上千件事物。把現代性當成一個可建構或可拒絕的狀態也同樣毫無意義：現代性同樣也是多樣的，或許更重要的是，現代性與其說是經由計畫或選擇產生，不如說是人類持續努力下意外產生的結果。

「我們既不現代，也不傳統，」索魯什表示，「我們既不在這裡，也不在那裡。我們只是一邊摸索一邊前進，彷彿身處於黑暗一般。有時我們可以看得很清楚，有時則什麼都看不見。」對索魯什來說，這種介於兩者之間的狀況並不需要哀嘆。相反地，它可以激發出動力。或許，在過去的某個時代，伊朗人曾經生活在一個哲學與倫理、科學、政治相容並存的世界裡。「如今我們並不處於那樣的均衡狀態。我們介於兩者之間——我們失去了過去的和諧，而未來的和諧亦尚未獲致。」

二〇〇五年五月，前總統阿里．阿克巴爾．哈什米．拉夫桑賈尼似乎即將取代哈塔米成為下任總統。多年來，改革派總是處處針對拉夫桑賈尼。改革派認為拉夫桑賈尼涉及連環謀殺案，造成經濟腐敗與不平等，而且其統治時期採取了比改革派主政時期更為高壓的手段。此外，改革派也畏懼拉夫桑賈尼的實用主義。與真正的保守派不同，拉夫桑賈尼知道如何打開壓力閥門——讓民眾獲得膚淺的自由，例如稍微放鬆服裝的規定——以及如何向外界展現出溫和的形象。但是，與真正的改革派不同，拉夫桑賈尼完全無意讓政權民主化。

拉夫桑賈尼的競選活動充斥著來路不明的資金，閃耀著華而不實、毫無根據的樂觀主義。拉夫桑賈尼陣營印製大量浮誇的貼紙與海報，總部擠滿穿著閃亮涼鞋與戴著窄小頭巾濃妝豔抹的女性，年輕人爭搶打工的機會，把競選廣告丟進正在等紅綠燈的車子車窗內，種種安排使拉夫桑賈尼陣營呈現出年輕朝氣的樣貌。競選海報也不同於以往：在他小小的眼睛下方，並沒有蓄留任何鬍鬚，這位臉龐圓胖的阿亞圖拉微笑著，但緊繃而陰鬱的笑容並未激起喜悅的情緒。

拉夫桑賈尼有著近乎神話的幕後影響力，他是個憤世嫉俗且不願表態的候選人。他的競選大會擠滿其他候選人的支持者，他們可能是受到節慶氣氛的吸引，也可能心裡想著，無論自己想做什麼，總是要交給最有力量的人，才更有可能實現。社會學家與新聞記者埃瑪德丁．巴吉解釋說：「民眾是這麼判斷的：哈塔米是好人，但軟弱。拉夫桑賈尼不是好人，但強大。」

改革派對於是否該推出候選人莫衷一是，更甭說決定候選人是誰。所以到最後他們推出了三個候選人：梅赫迪．卡魯比，這位民粹主義教士仍相信可以跟保守派協商，他的立場最接近中間派，他吸引的是曾經投票支持哈塔米的傳統中等收入選民；卡魯比的主要競選承諾是全國每人發放五十美元現金。穆斯塔法．莫因是無特定色彩的前教育部長，與學生立場接近，代表世俗的改革派政黨伊斯蘭伊朗參與陣線參選；莫因爭取改革運動中偏向現代、都市與知識分子的選民支持，而且採取塔吉札德赫在二〇〇三年專題討論時提出的策略，利用政府的地位，採取某種內部的行動主義。第三位候選人是穆赫辛．梅赫拉里札德赫，僅在北部省分知名，他的出現使改革派的選票更加分散。

對於拉夫桑賈尼的右翼來說，戰場也同樣擁擠：受歡迎的保守派候選人穆罕默德．巴格爾．加里巴夫是伊朗的警察首長，這位革命衛隊成員宣稱自己是現代保守派，知道年輕人關切什麼，也通曉現代科技；穿著紫色外套看起來像是惡棍的競選人員騎著摩托車在德黑蘭大街小巷為阿里．拉里賈尼競選，他是國家媒體與文化機構裡的強硬派人物；知名度不高的德黑蘭市長馬哈茂德．艾哈邁迪內賈德是大選中最大的黑馬，他緊追在其他兩名保守派候選人之後，而其他兩名保守派候選人又緊追在中間派前總統之後。沒有任何政治協會或報紙支持艾哈邁迪內賈德。

學生領袖甘吉與其他一些改革派人士要求杯葛這場總統大選。鑑於國會發生的事，已沒有理由讓一個決心驅逐忠誠反對派的政權取得民意的正當性。就連一些公開反對杯葛的改革派人士私底下也承認他們自己不會去投票。哈塔米任內的表現使他們不再樂觀，而且也暴露了政權內部的僵化。此外，沒有任何一名改革派候選人能激起他們的熱情。

最後，受杯葛與冷漠傷害最大的是莫因，因為他的選民最容易響應不合作的激進號召。出乎許多改革派人士的意料，索魯什支持卡魯比，儘管他與莫因有私交而且思想上也較為接近。索魯什認為，卡魯比與伊朗社會的特質較為相符，而且較能擔負起這個歷史時刻賦予他的角色。此外，索魯什也欣賞他觀察到的卡魯比的行事作風，特別是「他能提供思想家與學者相對自由的風氣」[8]。

拉夫桑賈尼在六月十七日的第一輪投票以百分之二十一的票數輕鬆取得領先。改革派在杯葛之下依然拿到約百分之三十五的票數。然而這些票數還要分配給三名候選人，這三人已經沒有勝選的可能。卡魯比拿到百分之十七點二，莫因百分之十三點八，梅赫拉里札德赫百分之四點四；光是梅赫拉里札德赫拿到的比例就足以讓卡魯比打進第二輪與拉夫桑賈尼一較高下。然而拉夫桑賈尼將在右翼遭遇意料之外的挑戰者。大選前夕，最高領袖從原本支持加里巴夫轉而支持艾哈邁迪內賈德，艾哈邁迪內賈德以百分之十九點四的票數稍微落後拉夫桑賈尼。在德黑蘭，改革派選民的杯葛最為明顯，艾哈邁迪內賈德甚至在第一輪領先拉夫桑賈尼約二十萬票，而改革派則是遠遠落後於他們兩人的全國總票數[9]。

梅赫迪・卡魯比高喊選舉舞弊。他曾公開宣稱，當他在十八日清晨五點睡覺時，他還排名第二，兩個小時後醒來，就掉到第三。事實上，事件的發展比卡魯比說的更加離奇。在某個時點，內政部與憲法監護委員會同時發布了部分計票資訊，兩者相差了六百萬票。內政部宣稱已計入一千五百萬票，卡魯比排名第二；但憲法監護委員會卻宣稱已計入二千一百萬票，艾哈邁迪內賈德排名第二。

卡魯比發表公開信表示艾哈邁迪內賈德的得票比例遭到灌水。刊載公開信的報紙被禁止流通。卡魯比辭去所有政治職位，包括最高領袖的顧問一職，而最高領袖指控他「毒害風氣」。更令人驚訝的是拉夫桑賈尼，這位穩居首位的候選人居然表示有人進行「一場有組織的選舉干預」，並且認為巴斯基與革命衛隊利用尚未註銷的六百萬份死者的出生證明硬是將艾哈邁迪內賈德拱上第二位。

因緣際會之下，艾哈邁迪內賈德成為拉夫桑賈尼巧妙的陪襯。拉夫桑賈尼這位年邁的阿亞圖拉是個近乎無懈可擊的政治局內人，他十分富有，除了擴大了經濟的不平等，也是著名的陰謀家與心口不一之人。至於說到政治局外人，則非艾哈邁迪內賈德莫屬。這位德黑蘭市長是個直言不諱的一般人，是下層中產階級農村移民之子，是經濟民粹主義者，會說出把國家的石油收入送到人民廚房餐桌上這樣天真而簡單的話。艾哈邁迪內賈德的社會保守主義緩和了傳統選民的焦慮，就連他不是教士這件事也能討好憂慮神權統治的民眾。這位市長的臉看起來其貌不揚且飽經滄桑，比例上也帶有某種喜感：滑稽的笑容，旁分的髮型像極了俯衝而下的翅膀，激動的時候，眉毛幾乎可以垂直揚起。不整齊的鬍子與長年穿著的風衣，使他成了都市菁英眼中的粗魯之人與鄉巴佬，然而這樣的印象卻掩飾不了他深邃眼神透露的精明聰慧。

與之前的哈塔米一樣，艾哈邁迪內賈德可以動用德黑蘭市府的財庫做為他的競選基金，同時也跟哈塔米一樣，他精心設計了一場競選活動，即使不是用在第一輪，那麼也必定會在第二輪發揮。第一輪到第二輪之間隔了一個星期，艾哈邁迪內賈德的廉價競選廣告在這段時間持續在電視台播放。影片中，艾哈邁迪內賈德開著他的一九七七年寶獅，然後畫面持續停留在他位於德黑蘭南部的小屋子裡，即使他當了市長，也依然住在這裡。廣告還以巴勒維國王時代奢華的市長宅邸照片做為對照。旁白告誡說，貪婪必須從政府官員中清除。「當有這麼多人一無所有的時候，他們為什麼還要這麼多？」搭配上一九六〇年西部片《豪勇七蛟龍》的主題曲，旁白提到了艾哈邁迪內賈德的童年。市長沒有錢，他必須自己想遊戲與製作玩具。「青年是什麼？」旁白問道，「青年是純潔、勇氣、犧牲與服務他人。」

艾哈邁迪內賈德的傳單列出他的對手可能認為他不應該擔任總統的五個理由：首先，他的衣服不像他的安全人員穿的那樣昂貴。其次，他從不用公務車來參加兒子朋友的生日。第三，他在市議會開會的時候，不是由他說兩個小時的話，而是他坐下來聽人家講七個小時的話。第四，與前任市長不同，他不抽菸斗或搭乘昂貴的防彈汽車。第五，與其將稅金交給忠誠者，他寧可分給年輕人協助他們成家。

改革派對於這種來自右翼的民粹主義攻擊毫無準備。有些改革派分子在半強迫之下轉而支持拉夫桑賈尼，要求支持者把票投給他。但這種支持只能說是心不甘情不願。第二輪投票前一晚，一張海報上寫著：「我們是莫因的支持者，因為我們不想落入巴斯基的手裡，所以請把票投給哈什米（拉夫桑賈尼）。」就連拉夫桑賈尼陣營也採取嘲諷的戰術。一些年輕競選人員高唱他們的候選人是「DJ阿里・阿克巴爾」來刺激艾哈邁迪內賈德陣營。

六月二十二日晚上，德黑蘭街頭充滿興奮的情緒，但整個氣氛卻逐漸從節慶轉變成緊張。各種競選工具，從海報與保險桿貼紙到CD，如雨點般從道路兩旁撒向行駛經過的車輛。在第一輪較少出現的年輕留鬍子男性，在這個時刻為艾哈邁迪內賈德陣營在城市裡占得大片區塊；他們看起來認真而嚴肅，特別是與拉夫桑賈尼陣營略帶嘲諷的作風相比格外明顯。十字路口站滿了革命衛隊與巴斯基的人。

艾哈邁迪內賈德陣營的年輕選民與志工，許多人在四年前曾投票給哈塔米。他們是來自下層中產階級與工人階級的年輕男女，有些人曾支持哈塔米的號召，尋求更多的政治自由。但他們覺得在改革派主政的八年期間，他們的生活並沒有好轉。他們想像艾哈邁迪內賈德這樣一個不裹頭巾的一般人更能了解他們的經濟問題。而就改革並未給予他們任何足以改善生活的自由來看，他們並不擔心艾哈邁迪內賈德會從他們身上奪走任何有價值的東西。

二〇〇五年六月二十四日，馬哈茂德・艾哈邁迪內賈德當選總統。八月，他任命的內閣清楚顯示他的意圖。他從極端強硬派的哈格尼圈子教士挑選部長人選，甘吉過去曾經提到，他認為哈格尼圈子與連環謀殺案有關。曾經審判德黑蘭市長卡爾巴斯希案子的法官戈拉姆－侯賽因・穆赫辛尼－埃傑伊被任命為情報部長。新任內政部長穆斯塔法・普爾－穆罕默迪曾經在一九八八年監獄屠殺時服務於三人委員會，負責簽發處決犯人的命令。另一方面，德黑蘭檢察長薩伊德．莫塔札維很快就以艾哈邁迪內賈德最親密的夥伴與政治盟友的身分出現。

選後，魯茲貝赫．米雷布拉希米如喪考妣地為這個令他失望且難以饒恕的親人整理個人遺物。就他看來，改革運動已經死了。有時他甚至覺得，改革運動早該死了。

對魯茲貝赫而言，哈塔米具體呈現了改革運動的承諾與失敗，因此，當他看到總統於七月三十日卸任時，心中也產生痛苦的矛盾情緒。他在部落格裡寫道：「我只為哈塔米先生感到悲傷，他曾經掌握的一切，絕大多數都將煙消雲散。」後來，魯茲貝赫質疑自己的悲傷。哈塔米舉行一場典禮慶祝自己回歸私人生活。在典禮上，他被問到阿克巴爾．甘吉。「甘吉自己的問題比較大。」哈塔米說，他把甘吉監禁的延長歸咎於他拒絕閉嘴。

魯茲貝赫寫道：「坦白說，不久之前，我想寫信給他，我是在他總統任期快結束的時候寫的，我感謝他而且讓他知道我有多麼讚賞他在總統任內持續做出的貢獻。這封信我準備了一段時間，但哈塔米對甘吉表達的立場使我打消了寄信的念頭。」

魯茲貝赫寫道，當他重讀這封信時，他感到沮喪。「然而，當我們喊叫的時候，我們到底得到什麼：『做點什麼！』我們得到的只有他的沉默……。無論如何，現在依然是如此，我們必須坐下來，帶著恐懼與永無止盡的希望，期盼未來的重聚。」

「慚愧的是，我必須對那些支持改革派，甚至在夢境裡也努力支持的人說，下一次大選，你們恐怕連海報都不能貼。」

第四部

反抗

第十四章　普通人

伊朗從未有過像馬哈茂德・艾哈邁迪內賈德這樣的政治人物[1]。伊朗過去遭受君主制與博學教士、貴族與學者的父權式管理，就連穆罕默德・穆沙迪克的統治也是貴族式的。無論他們談的是社會正義、國家尊嚴或市民社會，全是從菁英的角度出發。艾哈邁迪內賈德則非如此；他是個普通人，也是個煽動家。整個國家的反應如同喝了某種新的烈酒——有時歡欣鼓舞，有時心存懷疑，彷彿看到一個平時穩重的親人腳步不穩地離開餐桌。

艾哈邁迪內賈德巡視全國，兩年內造訪了約兩千座城鎮；幾乎可以說他是對著歡迎他的群眾撒錢。他當場承諾會以聯邦基金推動某座城鎮的寵物計畫或滿足最明顯的需求，並且贏得如雷的掌聲。他就像是遊戲節目主持人或信仰治療師。他創造奇蹟；他慷慨捐贈，為平民百姓賜福。他長久停駐一地，想感受民眾熱切的眼神。跟在身後的國家官員手忙腳亂，努力擠出預算與違反規定，才不至於讓他燃起的希望落空。

為了履行總統衝動做出的承諾，必須掠奪國家的石油穩定基金，這是哈塔米政府設立，用來在油價下跌時維持國家經濟的措施。有時，總統還會逕自下令銀行發行更多的通貨。艾哈邁迪內賈德既沒有願景也不回顧過去。石油價格高漲，因此（他如此相信）偏遠民眾都喜愛他。

有人認為艾哈邁迪內賈德與伊朗的偏遠地區有著關連性，尤其國際新聞媒體與德黑蘭上層階級有這種想法。然而艾哈邁迪內賈德完全是首都的產物。艾哈邁迪內賈德生於一九五六年，他是巴勒維國王時代遷入德黑蘭的數百萬農村移民之一。艾哈邁迪內賈德還在襁褓中，他的家人便從一個名叫阿拉丹的村子搬到德黑蘭。他的父親是個鐵匠，在經濟較多元的東部地方納爾馬克打造鐵門。令艾哈邁迪內賈德耿耿於懷的恐怕是他這個背景的男性常見的某項特徵：國內移民，這些伊朗人從未真的見識過村落生活，卻吸收了父母對城市的疏離感，但實際上城市卻是他們成長茁壯的地方。

艾哈邁迪內賈德個子矮小，身材瘦而結實，個性驕傲自信，他年輕時的照片幾乎每一張下巴都微微上揚，彷彿隨時準備好要閃躲拳頭。艾哈邁迪內賈德在念大學的時候知道了沙里亞蒂——他在離家很近的納爾馬克科學與工業大學攻讀工程，他日後將以自己對沙里亞蒂對社會正義的激進號召所做的詮釋投入政治事業。但與許多沙里亞蒂追隨者不同的是，艾哈邁迪內賈德轉向伊斯蘭右翼而非左翼。與索魯什一樣，他受到霍甲提耶赫這個右翼反巴哈伊教團體的吸引。艾哈邁迪內賈德若不是科學與工業大學的創辦人，那就是伊斯蘭社團的早期成員，這個團體也跟索魯什一樣，致力於以伊斯蘭教對抗馬克思主義。

革命後，艾哈邁迪內賈德積極參與文化大革命，他加入委員會整肅大學的教職人員以及學生團體。早在阿里・阿夫夏里之前，艾哈邁迪內賈德已經是鞏固統一辦公室全國學生會議的成員。

但當學生們攻占美國大使館時，艾哈邁迪內賈德卻退卻了。挾持人質的人來自伊斯蘭左翼，而艾哈邁迪內賈德來自右翼：根據一些說法，艾哈邁迪內賈德認為學生如果要占領美國大使館，那麼也應該占領蘇聯大使館。而根據另一些說法，他認為占領大使館將導致違法亂紀的狀態出現[2]。無論如何，對於一名深具野心的年輕革命分子來說，他喪失了占領大使館這個良機。人質挾持者一躍成為伊朗永久的政治階級，艾哈邁迪內賈德則必須花費很大的努力才能爬升到那個階級。

年輕的艾哈邁迪內賈德到西部發展。他的革命夥伴告訴他，伊朗西部邊疆地區省分有他可以擔任的政治職位，當時他才二十四歲，他要負責協助鎮壓庫德族叛亂與約束種族多元的邊疆地區服從愈來愈高壓的中央政府。一九九三年，他成為大小適中、種族多半是亞塞拜然族的阿爾達比勒省省長。他是個不得人心的省長——一個德黑蘭人，他的首要選擇應該是阿爾達比勒省以東的地區。艾哈邁迪內賈德利用職位之便與納提格-努里角逐總統，而納提格-努里是一九九七年總統大選時哈塔米的保守派對手，日後艾哈邁迪內賈德因為涉嫌挪用地方公款競選總統而遭到調查。哈塔米掌權之後，內政部副部長穆斯塔法．塔吉札德赫清理門戶，撤換所有舊省長，以改革派人士代替。艾哈邁迪內賈德永遠不會忘記塔吉札德赫做的這件事。

當艾哈邁迪內賈德回到德黑蘭時，他肯定覺得改革派奪走了一切。一九九九年，他競選市議員落選；二〇〇〇年，競選國會議員也落選。根據他的傳記作家的說法，艾哈邁迪內賈德在那段時間積極反對哈塔米，甚至成了真主黨支持者私下集會的固定講者[3]。但直到二〇〇三年保守黨派系伊斯蘭伊朗建設者同盟在城市選舉獲勝之後，艾哈邁迪內賈德才得以重振雄風。

與改革派一樣，建設者同盟也是革命之子。巴斯基、革命衛隊、強硬派神學院與其他革命機構已經有很長一段時間無事可做，足以讓他們產生一批對政治充滿渴望的新階級。這些年輕男女沉浸於早期革命時代的說詞，對於統治的複雜一無所知。他們說著過去的語言，對於尚未嘗試的事躍躍欲試。他們不僅反對改革派的融合主義與不虔誠，也反對右翼志得意滿的父權主義。他們擁護艾哈邁迪內賈德，使他成為這座被他稱為家鄉之充滿生氣、艱困且人滿為患的城市的市長。

大約有兩年的時間，德黑蘭市成為艾哈邁迪內賈德的心頭大患。無論意外與否，這座城市的基礎運作模式並未改變。先前，當卡爾巴斯希讓一切開始運作時——密度販售、過度建設、營建業與房地產炒作的賭局，所有的狀況似乎都表現出拉夫桑賈尼派系的心態：以效率與成長為名，從事不透明乃至於有些無情的作為。改革派雖然大談人民參與和政治發展，主政時也無法以更透明或更公平的做法來取代卡爾巴斯希的體制，改革派失敗了，充分反映出他們的無效率與高談闊論。現在輪到艾哈邁迪內賈德上任，一個帶有民粹主義傾向的強硬保守派，一個拒絕入住市長官邸而只讓自己住在卡爾巴斯希過去豪宅官邸的祕書房裡的普通人。但艾哈邁迪內賈德也延續德黑蘭的密度販售政策。

跟過去一樣，城市計畫者請求市長停止販售建築許可。德黑蘭人口即將超過九百萬，將對地震安全與飲水供給造成嚴重問題。艾哈邁迪內賈德拒絕。「這座城市之所以能夠活著是因為建設，」一名城市計畫者回憶艾哈邁迪內賈德對市議會這麼說，「你們能想像沒有建設的德黑蘭嗎？德黑蘭還會是一座活著的城市嗎？」只開了一場會議，艾哈邁迪內賈德便大筆一揮，把計畫者的報告揉成一團廢紙丟進垃圾桶，並且將德黑蘭的密度增加了百分之十，超過過去兩年計畫者審慎協商的標準。

艾哈邁迪內賈德接受的是交通工程師的訓練，我們可以說最終他在市長任內最持久的成就是鋪設方便車輛迴轉的避車道。儘管如此，他卻傾盡全力設法讓大家能牢記他的名字，例如他表現出對伊斯蘭教的虔誠、對兩伊戰爭殉難者的崇敬，以及重視他出身的傳統下層階級的價值。他對民眾表示，他要把兩伊戰爭死者的遺骸埋葬在德黑蘭的公共廣場。德黑蘭將成為兩伊戰爭殉難者的紀念碑。當德黑蘭市民群起反對，認為這個做法過於可怕而且只是一種操作手法時，艾哈邁迪內賈德便把墳墓遷到大學校園與公園。

艾哈邁迪內賈德對於卡爾巴斯希設立的文化中心的表演節目加以限制並且增加伊斯蘭的內容，他宣布他的首要目標是增加對鄰里宗教團體、清真寺與巴斯基的補助。他為貧困的鄰里重鋪街道，卻對富有的鄰里置之不理，他在城市管理與革命衛隊之間營造緊密的關係。但這些作為並未讓艾哈邁迪內賈德成為伊朗民眾眼中的英雄或惡棍，當然任何人也想像不到他日後會成為總統。日後只有一種特色可以用來形容這兩年的德黑蘭市政生活——無禮而輕慢地看待專家知識，但善於玩弄象徵政治。

總統艾哈邁迪內賈德痛恨經濟學家，他們小氣而令人掃興，總是找理由不讓民眾開心。「這些人會直接說出我們的決定提高了民眾的預期，然而這些決定不符合經濟學的科學，」艾哈邁迪內賈德抱怨說，「如果你們的經濟學無法協助滿足民眾正當的需求，那麼我們會痛恨你們的經濟學！」[4]

當這位伊朗的新總統承諾將石油收入帶到民眾的餐桌與改善伊朗下層階級的命運時，他並不打算透過經濟計畫或任何結構變革來改善伊朗的財富分配方式。更確切地說，他的想法是直接發錢。艾哈邁迪內賈德解散了「管理與計畫組織」，該組織是經濟學家在政府內部的據點，負責解決伊朗深層的問題。艾哈邁迪內賈德直接將數十億美元的石油收入注入到伊朗經濟中。他把這筆錢用來贈與農村、補助年輕新婚夫婦、倉促提高薪資與掠奪國家的儲蓄。在艾哈邁迪內賈德主政時代不存在經濟計畫，只有事情發生後的損害控制。

艾哈邁迪內賈德上任後大約過了一年，五十名經濟學教授聯名寫了一封公開信，希望他收回成命。他們認為艾哈邁迪內賈德的做法有揮霍石油盈餘與加速通貨膨脹的風險。「經濟學就跟其他學科一樣，」經濟學家寫道，語氣中帶著迂腐又帶著懇求，「是人類知識累積的結果，經濟學的科學成果可以用來促進人類社會的進步與繁榮。基於這一點，經濟學可以而且必須用來擬定政府的經濟政策。」[5]艾哈邁迪內賈德心情愉快地捨棄他們的建言。

短短一年間，通貨流動性提高將近四成。伊朗人使用發放的現金購買進口物品，此舉打擊了本地產業而且造成物價飛漲。艾哈邁迪內賈德當選後不到一年的時間，伊朗的通膨率已達到世界第四，僅次於辛巴威、烏茲別克與緬甸；到了二〇〇八年夏天，通膨率已經達到百分之二十八。

在此同時，艾哈邁迪內賈德大砍利率，這個舉動鼓勵借貸，驅使國家脆弱的銀行部門瀕臨毀滅，而且促使伊朗城市出現超現實的房地產泡沫。二〇〇七年，德黑蘭的房地產價格增加超過了兩倍，同樣的狀況在二〇〇八年再度出現。

分析家薩伊德．萊拉茲提到，租房子的伊朗人「晚上睡覺，隔天早上醒來，發現自己已經身處於貧窮線下」。二〇〇六年，將近七十萬名伊朗城市居民掉入貧窮線下。自拉夫桑賈尼改革以來，不平等的狀況首次惡化。但艾哈邁迪內賈德仍幻想自己深受民眾愛戴，只有改革派菁英視他為眼中釘。

艾哈邁迪內賈德制定外交政策的方式似乎就跟財政政策一樣：他大搞破壞且冷眼旁觀別人如何來收拾殘局、抱怨結果或推測他的動機並且將這些推測結合成政策。艾哈邁迪內賈德震撼了世界輿論，他否認猶太人大屠殺而且邀請其他否認猶太人大屠殺的人、反猶太主義者、白人至上主義者、新納粹主義者與其他邪惡的西方人前往德黑蘭參加讚揚他的觀點的會議。他寫了措詞傲慢、雜亂無章、彌賽亞式的信給世界各國領袖。他甚至邀請德國總理安格拉．梅克爾一同拋棄被不公平地強加在她的偉大國家之上的歷史罪惡感與屈辱的重擔，與伊朗一起共同結盟對抗二次大戰的戰勝國[6]。艾哈邁迪內賈德顯露出對外交或世界歷史的無知，而且把前幾任總統努力在各國為革命伊朗爭取到的空間（也許不被喜愛，但至少受到尊重的國家）一掃而空。

然而與經濟政策不同的是，外交政策長久以來一直不屬於總統的職權範圍。艾哈邁迪內賈德的挑釁，明目張膽的反猶太主義，以及煽動風格，固然惹出了許多事端，但阿亞圖拉哈梅內意仍牢牢控制著深層的治安國家，無論國內還是國際事務都是如此。如果艾哈邁迪內賈德的誇張言行是為了替伊朗提供時間與黑暗的掩護，使其能研究核技術，那麼這就不是派系政治造成的變動，而是前後一貫的外交政策體制下的理性決定，這個體制不僅清楚美國在伊朗的兩側疆界進行軍事部署，而且了解自己身為「邪惡軸心」的一員已成為美國試圖改變政權的目標。在國內也是一樣，司法部、情報體制與民兵都在最高領袖辦公室的命令之下，與哈塔米時代不同，他們已無須向總統負責。如果言論自由的空間受到限制，如果改革派政黨與媒體遭受壓力，這已經不只是總統單方面的作為。這些事情就這樣發生，而總統也批准這類措施，因此在艾哈邁迪內賈德第一個任期，治安機構與民選政府之間已沒有太大隔閡。

然而，如果哈梅內意期待艾哈邁迪內賈德會以身為他的副手的身分來行事，那麼他就嚴重誤判這個人的性格。這個來自納爾馬克既衝動又浮誇的矮小男人，不可能完全屈居人下。艾哈邁迪內賈德進行了革命以來最大規模的政府整頓，據說撤換了二萬名官員，包括所有的銀行經理與大約四十名外交官[7]。「他們非常傲慢，」總統的童年朋友納瑟·哈迪安談到艾哈邁迪內賈德與他的陣營時說道，「他們不想做出任何妥協。他與伊朗整個政治結構作對，不邀請任何人成為他的夥伴，包括保守派。你在內閣裡看不到保守派，你也看不到保守派擔任任何政治職位。」這麼做必將付出代價。保守派因此分裂成兩大陣營：一個是極端強硬派與民粹主義派，與總統有關；另一個是傳統保守派，較有經驗也較為審慎，最終忠於哈梅內意。

總統的宗教傾向相當古怪，他無意間提到他個人與馬赫迪的關係，馬赫迪是隱遁的第十二任伊瑪目與什葉派彌賽亞。艾哈邁迪內賈德提到自己在紐約向世界各國領袖演說時，看到自己被光芒環繞著，他還提到在自己的光環沐浴下，各國領袖甚至連眼睛都睜不開。艾哈邁迪內賈德宣稱美國已經派間諜到伊拉克與伊朗搜捕馬赫迪，因為他們知道馬赫迪的回歸已經迫近並且試圖阻止伊朗獲得恩典。傳統的伊朗教士認為這種言論具有冒犯性、自我中心而且觸及異端的底線。極端強硬派阿亞圖拉穆罕默德－塔基．梅斯巴赫－雅茲迪則鼓勵這種說法。

阿亞圖拉梅斯巴赫與總統已是舊識，十多年來他一直從旁助長總統的精神錯覺。這位專橫的教士帶有一種術士與迷信的氣質，他認為某些凡人可以開啟與馬赫迪直接溝通的管道，讓馬赫迪透過他們說話與行動。艾哈邁迪內賈德顯然就是這類幸運兒。二〇〇五年，梅斯巴赫與他的支持者為艾哈邁迪內賈德競選，而且歡呼他的當選是一種神蹟。對梅斯巴赫來說，這一切有如神助。光是上任第一年，艾哈邁迪內賈德就從聯邦預算撥出三百五十萬美元給梅斯巴赫設於庫姆的機構；到了二〇一一年，分配金額達到七百萬美元[8]。

懷疑者認為艾哈邁迪內賈德的神祕主義信仰就跟他發放現金一樣是一種政治工具——掠奪無知者與絕望者，養成被動與盲從的心態。身為總統，艾哈邁迪內賈德出資設立第十二伊瑪目的神龕，鼓勵容易受到影響的人前去見證第十二伊瑪目即將來臨的無所不在的異象，而且表示他的政策乃是崇高的隱藏世界創造的結果。伊朗自巴尼－薩德爾以來，首次出現的民選俗人總統反而比之前的幾任教士總統更敢於將自己神聖化。

梅斯巴赫的政治目標並非祕密，他試圖將改革派從權力中心清除出去與鞏固宗教的專制政權，他公開貶低人民主權、言論自由、婦女權利、權力分立與伊斯蘭改革。梅斯巴赫相信，民選機構應該完全依照最高領袖的指示行事[9]。因為真主透過最高領袖來統治伊朗，所以抱怨獨裁主義就是褻瀆神明。「我們等著看，這些宣稱自己是改革支持者的狐狸將待在地獄的什麼地方。」梅斯巴赫說道，那些參與式民主的支持者也是一樣[10]。「人民怎麼想並不重要。人民是無知的羊群。」[11]梅斯巴赫認為政府應該管制言論的內容，「就像政府應該管制造假或遭受汙染的食物流通」[12]，他要求以暴力去除反對他的說法的人[13]。艾哈邁迪內賈德也輕視一切在伊朗建立民主的努力，認為這些都是反革命[14]。艾哈邁迪內賈德就像梅斯巴赫手上的工具，一如梅斯巴赫像是他手上的工具。

梅斯巴赫在體制內有強大的支持者，包括主持憲法監護委員會的資深阿亞圖拉，但其他的傳統教士則反對他。傳統教士不僅根據教義反對隱遁的馬赫迪會干涉人世，更不相信馬赫迪會選擇凡人來進行干涉。此外，傳統教士也擔心艾哈邁迪內賈德與梅斯巴赫藉由操弄民眾的信仰來正當化總統的政策，如此將損及伊斯蘭[15]。

艾哈邁迪內賈德第一個總統任期有兩次期中選舉。第一次是在二〇〇六年十二月，實際上是一次二合一選舉。伊朗人在選出市議會的同一天，也將選出專家會議。專家會議是一個高階教士組織，負責在哈梅內意無法視事時選出下一任最高領袖。專家會議選舉往往十分平靜，每八年選舉一次，候選人是從在此之前已經擬好的資深阿亞圖拉名單中產生。把專家會議選舉與市議會選舉排在同一天，是為了驅使民眾投票。艾哈邁迪內賈德為進一步刺激選情，又提出自己的候選人名單。關於市議會，是與建設者同盟相關的陣線，性質神祕，稱為「服從的怡人香氣」（Pleasant Aroma of Service）。在專家會議部分，艾哈邁迪內賈德支持梅斯巴赫與搭配他的一名極端強硬派學者。

梅斯巴赫一直在等待這一刻。二〇〇六年秋，他的團體提出一波候選人名單，企圖以此來改變專家會議。憲法監護委員會認為他們提出的名單有一半以上不符資格，監護委員會不僅刷掉絕大多數的改革派名單，同時也將許多梅斯巴赫的學生拒於門外。即使如此，與梅斯巴赫合作的教士理論上仍有可能在八十六席專家會議中贏得四十席。

但選民不支持強硬派伊斯蘭學者，也不支持「服從的怡人香氣」。改革派贏得約四成的市議會席次，甚至在某些城市取得支配地位。在選舉中表現優異的保守派市議會候選人往往與艾哈邁迪內賈德無關。最戲劇性的是，在專家會議方面，拉夫桑賈尼的得票數令梅斯巴赫相形見絀，達到後者的兩倍。這是兩次期中選舉的第一場，從這裡可以隱約看出艾哈邁迪內賈德的公眾地位。

在總統艾哈邁迪內賈德主政期間，伊朗成了一個緊繃蜷縮的國家，既讓人感到壓迫，又讓人感到困惑。用來規範可接受的行為與討論的紅線從未清楚或前後一貫地劃定；現在，這些紅線卻像持續收緊的絞索勒住了在哈塔米時代儘管困難卻已經獲得擴大的公共領域。

結果，改革並非不可逆轉。政治上不受歡迎的大學教授可能遭到解聘，而大約有兩百名教授遭到這樣的命運。學生可能因為他們的行動主義而遭到懲罰，而他們也確實因為「標記」系統基於政治理由將他們標記出來而遭到開除。艾哈邁迪內賈德引進了「社會安全計畫」，派遣警車到城市廣場騷擾服裝不適切的婦女；他通過法律，損害婦女在婚姻中的地位，而且設立配額，限定女性在大學某些領域的入學人數。到了二〇〇八年，與拉夫桑賈尼以及卡魯比有關的報紙成了批判性報刊最後的堡壘。卡魯比的政治陣線與他的報社同名，稱為國家信任黨，由行事謹慎的教士組成，是唯一仍在政壇活躍的改革派政黨。

當改革派停下腳步，捫心自問要如何取得進入政壇的通行證時，他們必須向艾哈邁迪內賈德明確表達一件事。這句話曾經在別的地方說過，那就是：笨蛋，問題出在經濟。伊朗的經濟問題是結構性的，它們早在艾哈邁迪內賈德與改革派之前就已經出現。政府的收入有百分之六十五仰賴石油。一旦伊朗人了解他們的國家擁有豐富的資源，窮人就會開始以懷疑的眼光注視著富人。錢就擺在那裡，那是人民與生俱來的權利，為什麼有些伊朗人可以過著富足的生活，而有些伊朗人只能窮困潦倒？這種安排的不透明總能讓煽動家找到利用的機會。事實上，經濟不當管理的歷史與伊斯蘭共和國一樣長久，或許早在伊斯蘭共和國成立之前就已經存在。

石油使伊朗人仰賴國家，國家控制石油，而國家獨立於人民之外，人民幾乎不需要參與經濟來維持經濟的發展。中產階級以他們的可支配收入、在專業領域的專業知識如法律與醫學，以及進取的潛力，成為世界眾多經濟體的生產力的驅動者，但在伊朗，中產階級卻成了累贅。如果國家的收入仰賴可徵稅、有生產力的中產階級，國家很可能必須經營與這些公民的信賴關係與合作氣氛。但有了「石油租」（oil rents），政府便看不出有刺激生產力的必要或好處。

數字說明一切。在哈塔米主政時期，由於石油景氣的關係，貧困減少，不平等的狀況並未惡化，到了二〇〇五年，伊朗生活水準甚至達到一九七〇年代中期以來最好的時刻。但石油租傾向於在營建業這類部門創造無技術性的工作。在哈塔米的兩任總統期間，文盲的失業率從百分之十七下降到百分之八；擁有研究所學歷的人，失業率從百分之十五增加到百分之二十三。教育程度最高的女性，失業率達到驚人的百分之四十三。

伊斯蘭共和國創造的最大成果反而使自己淪為受害者。後革命時期的伊朗大力提升社會流動性，從農村現代化、降低農村出生率，到擴及全國的大學體系。成為中產階級的伊朗人達到歷史新高，然而成了中產階級之後，伊朗人卻發現自己失去目標[16]。專業領域必須接受政治正統的嚴格審查，私部門的工作數量也不多。艾哈邁迪內賈德就職的時候，伊朗大體上已經是一個中產階級國家，但要維持中產階級的生活方式，許多伊朗人必須仰賴不穩定而且最終來說是毫無生產力的收入來源：兼差、擔任仲介、變賣家產。伊朗中產階級怨聲載道，但連經濟學家也批評中產階級的抱怨是身在福中不知福或渲染誇大。一般認為受過教育的中產階級主要傾向於支持改革派，而改革派已經出局：艾哈邁迪內賈德因此認為忽視或敵視中產階級並不會產生政治或經濟成本。

無論如何，艾哈邁迪內賈德運氣很好。他主政的時期剛好遇上伊斯蘭革命以來石油價格最戲劇性攀升的時候。他把石油收入轉換成流動性的現金並且擴大放款。他成了一個庇護窮人而且讓容易受騙之人精神獲得提升的總統，但他無意解決伊朗廣大中產階級的長期不安，這些中產階級跟其他人一樣面臨著物價高漲與房地產泡沫。原本應該讓人覺得欣欣向榮的時期，卻像是陷入了經濟衰退。一旦遭遇了油價下跌——遲早會有這麼一天——伊朗甚至沒有可仰賴的積蓄。

艾哈邁迪內賈德在二〇〇五年選戰利用經濟的挫敗贏得大選，但到了二〇〇八年，同樣的問題卻成了他的大敵。超過半數的國會議員簽署一封公開信，指責艾哈邁迪內賈德的政策導致失業率上升與通貨膨脹。同年三月的國會大選，就連艾哈邁迪內賈德的政治盟友也對他的經濟計畫避之唯恐不及，紛紛公開批評他造成通膨。總統的保守派批評者以相當大的差距贏得國會選舉，而這些人紛紛要求總統低頭。

到了二〇〇八年國會大選時，曾在執政的改革派政黨中居於多數的伊斯蘭伊朗參與陣線似乎已成了遺跡。此時的參與陣線總部設在德黑蘭中部一棟破舊的淺色磚造聯排住宅裡，二樓辦公室專供坐著輪椅的願景家薩伊德·哈賈里安使用。在離「四月七日廣場」不遠的聯合基本教義派陣線閃亮的玻璃總部裡，票數在伯仲之間的候選人激烈爭辯著重要的經濟政策。與此同時，參與陣線的理論家則聚集起來進行著他們認為足以舉起整個地球的抽象討論。伊朗深陷在素檀主義體系裡，還是只處於素檀主義的處境中？官員的謊言是否讓民眾對於不誠實習以為常，從而削弱了國家的倫理？在伊斯蘭教裡，人權是否被奉為神聖？這些全是在哈賈里安遇刺週年紀念論壇上討論的主題，而論壇召開的時間剛好碰上國會大選。一名改革派哲學家在會上吟詠道，人必須能夠想像，但不能淪為幻想。

參與陣線在國會仍有幾個議員，絕大多數來自各省。改革派的少數派領袖努拉丁．皮爾莫阿岑是胸腔外科醫師，出身阿爾達比勒省的顯赫家族，當他聽說他的同事絕大多數——包括許多現任議員——在競選連任時遭憲法監護委員會判定資格不符時，他剛好在美國參加一場會議。皮爾莫阿岑接受美國之音採訪時抗議說，他認為這是一場不自由與不公平的選舉。不久他便發現到，自己成了情報部長在電視上威脅的對象。皮爾莫阿岑被放逐到波士頓，基本教義派要對付的改革派立法者又少了一位。

到了二〇〇八年秋，離總統大選只剩不到一年的時間，但改革派似乎已經精疲力竭。他們的選民是最不可能投票的一群人，因為他們獲准擁有的候選人少得可憐，而且有著令人沮喪的權力經驗。想在來年贏得總統大選，改革派需要兩個條件，然而要滿足這兩個條件簡直是天方夜譚：一個振奮人心的候選人與高投票率。

二〇〇八年接近年底的時候，出現了一篇以「伊瑪目命令執行總部八十八」自稱的組織簽署的宣言[17]。這個團體由全國各地八十八名年輕改革派活動分子組成，他們宣稱如果穆罕默德．哈塔米要參選總統，那麼他們會給予支持。這群年輕活動分子覺得，哈塔米是唯一能輕鬆擊敗現任總統的改革派人士。儘管哈塔米在擔任總統八年期間表現未盡如人意，但依然廣受愛戴與尊敬，在伊朗人剛忍受了四年艾哈邁迪內賈德的遊樂園遊戲後更是如此。

伊瑪目命令執行總部是認真的。他們未經過前總統的同意就開始在全國各地組織哈塔米的競選活動，並且在各省成立競選團隊，每個團隊都有八十八個成員。省的團隊往下組織城鎮的團隊，大城市如德黑蘭則在每個分區設立團隊。在改革派政治裡，從未發生過這樣的事。伊瑪目命令執行總部不是一場由候選人組織的選戰，哈塔米反而是選戰活動招募來的候選人。

一九九七年，哈塔米在不情願下成為候選人；據說，二〇〇一年時他更加不願意，而且是流著淚同意競選連任。二〇〇九年二月，他無疑是在懷抱著沉重心情下投入選戰。但國家的局勢是慘澹的，而選戰比他個人更為重要。這是他人生第三次走上選戰之路，年輕人曾經因為失望而厭惡他，但現在卻蜂擁前來支持他。雖然他有許多事情未能實現，但哈塔米依然在選民心中有著某種代表性——他或許象徵著他們的伊斯蘭共和國更好的天使；他代表著邀請的臉孔，而非排斥的臉孔。不過，哈塔米告訴他的追隨者，他很樂意讓賢，他想專注於說服前總理米爾．侯賽因．穆薩維代替他出馬競選總統。

米爾．侯賽因．穆薩維已是無足輕重的人物，他做了一件後革命時代重要當權者從未做過的事：他幾乎已經退出政壇。從何梅尼時代的權力頂端，當時穆薩維是伊朗的戰時總理與最高領袖寵愛的兒子；長達二十年的時間，他的夥伴與他的對手彼此爭奪他們努力實現的革命遺產；穆薩維則幾乎完全退隱到自己的私人生活中。他是建築學教授與畫家。他拒絕所有懇請他競選的要求，即使他在老一輩伊朗人心中代表著失落的革命力量與正直。

哈塔米的前副總統穆罕默德．阿里．阿卜塔希說道，身為當代政治人物，穆薩維「就像未剖開的瓜，大家不知道裡面有什麼」[18]。在這關鍵的二十年間，穆薩維的同事絕大多數戲劇性且出乎意料地從伊斯蘭左翼轉變成自由派的改革主義。然後他們撐過了哈塔米令人失望的八年總統任期，並且遭受各方的批評。在這個過程中，穆薩維從未公開支持他的前盟友。從他持續接觸的人來說，我們可以把他歸類為改革派；但從他過去具體的歷史表現來說，他依然是何梅尼的人馬。

二〇〇九年三月十日，穆薩維宣布參選。哈塔米如他原先承諾的退出選舉，並且要求支持者支持穆薩維。「我知道如果我參選的話可以拿到選票，」哈塔米說道，「但選舉不只是在星期五投票而已。我們也需要一個候選人，到了星期六的時候他的力量仍然強大到足以推動議程。米爾．侯賽因就是這樣的人物。」[19]

對許多年輕人來說，包括伊瑪目命令執行總部八十八，並不認為這是個理所當然的選項。他們不認識穆薩維，而穆薩維與革命年代的連繫在他們眼中並非值得稱道的優點。此外，他還是個含糊不清的候選人。他刻意與參與陣線的支持者保持距離，而且表示如果他是改革派人士，那麼他同樣也是「原則主義者」（principlist），這個詞正是保守派系對自身的描述。在接受《明鏡週刊》採訪時，穆薩維未能明確凸顯他的外交政策與對手有何不同，特別是關於核議題、以色列與對美關係，他甚至迴避關於猶太人大屠殺的問題；但他倒是明確表示他會嘗試廢除宗教警察[20]。

首先，穆薩維主要的競選口號是回歸理性與負責的經濟政策與計畫。在他擔任總理期間，伊朗遭受戰爭、禁運，石油收入也創下歷史最低，但當時並未出現匱乏或通膨失控。相較之下，艾哈邁迪內賈德則是揮霍而不專業。此外，穆薩維的意識形態背景是左翼的民粹主義者，而艾哈邁迪內賈德則是右翼的民粹主義者。與艾哈邁迪內賈德一樣，穆薩維也是個禁欲者，他質疑官員腐敗的同時，自己則維持著樸實的生活與謙卑的個性。

穆薩維並非選戰中唯一的改革派人士。梅赫迪・卡魯比持續參加選舉，但從未當選，他也登記參加這次選舉。卡魯比在二〇〇五年大選表現不錯，之後他對於權利與自由的發言也漸趨大膽。許多老一輩的改革派知識分子菁英支持卡魯比，不僅因為他的理論立場，也因為他持續要求人道對待政治犯家庭。伊瑪目命令執行總部考慮支持卡魯比，因為他明顯最符合年輕活動分子的需求。但最終執行總部還是決定把票投給最明顯也最有機會獲勝的候選人。

穆薩維隨即承接已經滲透到全國各地的選戰基層組織，而且取得對現狀不滿的年輕人的支持。伊瑪目命令執行總部在海報與其他選戰宣傳上印製了穆薩維的習慣動作，他把手擺在胸前，在伊斯蘭教中，這是向對話的那方表示謙恭的手勢。穆薩維的陣營選擇以綠色為代表，這是伊斯蘭的傳統象徵色彩。

這一切並不表示二〇〇九年選舉將會是一場令人興奮的選戰。從巴尼－薩德爾之後，伊斯蘭共和國的民選總統總是連任成功。艾哈邁迪內賈德充滿爭議，甚至在保守派內部也不受歡迎，從期中選舉已能看出端倪，但在保守派內部他並沒有真正的對手。穆薩維是改革派實際的候選人，但沒有人期望改革派會出來投票；於是穆薩維轉而爭取艾哈邁迪內賈德的選民支持，試圖讓他們產生對早期革命意識形態以及兩伊戰爭共同目的懷舊情緒。只要在二〇〇五、二〇〇六與二〇〇八年大選都不出來投票的改革派選民這次也不出來投票，那麼這場選舉將成為在艾哈邁迪內賈德主場的激烈戰鬥。

最高領袖阿里・哈梅內意認為每次選舉都是一次機會，可以向世界證明伊朗革命的堅定不移，以及向伊朗的敵人顯示伊斯蘭共和國的重要性與深受民眾愛戴。伊朗的高投票率是一項驕傲，這顯示選戰期間相對自由的氣氛，然而在官方主導下只有投票前兩個星期的時間是如此。鑑於前三次選舉的投票率慘不忍睹，伊斯蘭共和國急欲「炒熱場子」——在德黑蘭常常聽到的說法——創造興奮的情緒，刺激觀望的人出來投票。

於是，在二〇〇九年六月初，伊斯蘭共和國嘗試了新事物：總統電視辯論，這可以說是一種「美式」的做法。然而對美國觀眾來說，伊朗採取的風格卻讓他們感到陌生。伊朗政治人物不會流暢地針對焦點群體做出精彩的片段陳述，而是隨意漫談，打斷對方談話，在陳述前先做開場白，但在開場白之前又有一段開場白。他們不是對民眾說話，而是對對手說話，他們既沒有擬稿也沒有排練，儘管偶爾帶著矯揉造作的波斯上流社會舉止，但爭辯時仍充滿火爆。伊朗的觀眾深受吸引。

六月三日，穆薩維與艾哈邁迪內賈德擺好架式[21]。穆薩維即興演說，反擊偶爾出現的一連串攻擊，許多觀眾是第一次藉這個機會認識穆薩維。在電視攝影棚裡，兩人分坐在一張橢圓形大桌的兩邊，面對著彼此，桌子中央擺著白色的花卉。穆薩維是個優雅的人，一舉一動都很專業；他的身材苗條，白髮蒼蒼，戴著一副金絲框眼鏡，還留了修剪得整整齊齊的山羊鬍子；他的動作節制，目光冷淡。對面的艾哈邁迪內賈德看起來比平常更為短小精悍，穿著較為合身的灰色西裝外套；他也變得非比尋常的嚴肅，嘴抿成一條線，眉毛像括號一樣，膝蓋上擺了一疊文件，面前的桌子上也擺了一疊。

總統的語氣有時威嚇，有時自我憐憫，有時又阿諛奉承；他一開場就表示自己面對的不是一個對手，而是三個人的聯手：穆薩維、哈塔米與拉夫桑賈尼聯合起來以無情的陰謀對付孤軍奮戰的艾哈邁迪內賈德。民眾不應該被愚弄：艾哈邁迪內賈德對抗的不是穆薩維，而是整個舊體制，這個舊體制覺得他們的特權遭到艾哈邁迪內賈德無私服務民眾的威脅。這個國家所有的問題都成了艾哈邁迪內賈德的責任。「這些問題難道都是過去四年創造出來的？」總統苦澀地問道，「在此之前的二十四年呢？難道之前是天堂，是烏托邦，你們把它交給我，是我把它變成地獄，我難道沒有做過一點好事？」

總統抱怨穆薩維指責他的外交政策過於魯莽。但是，過去四年伊朗已經在核計畫上獲得重大進展，而且贏得第三世界國家的尊敬。「如果穆薩維先生認為我們應該試圖支持與取悅三到四個強權，那麼這麼做將有違已逝的伊瑪目的思想以及伊斯蘭革命的價值與我們的獨立地位。」

艾哈邁迪內賈德提出許多合理的論點，主要是關於穆薩維的紀錄，總統認為穆薩維在公民自由的表現上並沒有比他好多少：在穆薩維主政時期，只有一家報社敢批評總理提出的預算，而穆薩維卻斥責這間報社是革命之敵。相較之下，艾哈邁迪內賈德卻容忍較多的批評。穆薩維自己的政府曾經剝奪總統的權力而且以強制手段對付國會中的對手，在這種狀況下，他有什麼資格說艾哈邁迪內賈德獨裁？

但總統也顯露出情感上反覆無常與凶暴的一面。他拋出拉夫桑賈尼的兒子們犯罪的說法，而且陰沉地提到他們的父親：「我們相信他實際上是幕後主謀。我們知道誰負責運作誰的選戰委員會與進行什麼會議，以及誰在組織這些會議與選戰。」到了辯論快結束的時候，艾哈邁迪內賈德拿出一張穆薩維妻子的照片，她過去曾擔任大學校長。「我有一份關於某位女士的檔案，」總統嘲弄說，「你認識這位女士。在競選時她總是陪在你身旁，這已經違反所有的規定。」艾哈邁迪內賈德指控穆薩維的妻子假造學歷。「這是違法的。」艾哈邁迪內賈德表示。這個舉動不管在何處都會引起震撼，但在伊朗尤為無恥。攻擊一名受尊敬的文化人物以及一名虔誠者的妻子是極不尊敬的表現，高舉她的照片更是如此。

穆薩維並未因為對方的欺凌而退縮，也未佯裝自己與艾哈邁迪內賈德的共通點多於歧異點，對於艾哈邁迪內賈德笑裡藏刀地表示他是因為很喜歡穆薩維才想教導穆薩維的說法，穆薩維並不以同樣的方式回應。治理國家的方式有兩種，穆薩維表示。一個是以「冒險、不穩定、好出風頭、呼口號、想像、迷信、自私、自我中心為基礎，不實行法治，而且總是走極端」。如果這種做法聽起來不大妥當，穆薩維提供了「集體智慧」與「穩健」的道路。穆薩維解釋說，他之所以決定要參選總統，是因為國家已經偏離了航道，他認為整個局勢十分危險。

穆薩維表示，艾哈邁迪內賈德有一種傾向，當法律妨礙他時，他會嘲弄法律。他立下糟糕的前例，也為民眾做了惡劣的示範。對於自己不同意的國會立法，他採取視而不見的態度，而且只憑一時興起就廢除管理與計畫組織。無論走到哪裡，穆薩維都聽聞大學生遭到逮捕、羞辱與開除，出版商遭到查禁或因為作品審查而破產，藝術家乃至於教士遭到壓迫。艾哈邁迪內賈德將民眾區分成自己人與非自己人，毫無必要地迫使無數伊朗人——包括文化菁英——成為反政府分子。

穆薩維表示，艾哈邁迪內賈德古怪的外交政策已經傷害伊朗的尊嚴，而且使伊朗與其他國家陷入緊張。他的極端主義特別讓以色列獲益，以色列現在可以名正言順地表示遭受伊朗的威脅。這是一場「災難」，這位前總理說道。而身為候選人的穆薩維也公開嘲弄說，至於有人說他是三合一的候選人，「哈塔米先生不是什麼無名小卒，他當過八年總統；哈什米（拉夫桑賈尼）先生也是。你可以直接跟他們表示意見，……（國家廣播網絡）在你的控制之下；你可以邀請他們進行座談，共同討論。他們跟我有（什麼）關係？跟我一點關係也沒有。我要說的是，你的外交政策對國家與我們造成傷害，伊朗因為你的經濟與外交政策而陷入困境。」

也許因為身為傳言中的前總理而有著無可質疑的高度，也許因為他已經有二十年未曾出現在人們面前，也許因為他的性格，穆薩維的再次出現建立了一個拒絕受到威脅的形象。有傳言說穆薩維是在哈梅內意的命令下離開政壇，因為最高領袖對於他的固執感到忌憚。這位前總理在現場直播的表現加深了這層印象。伊朗人看著這場辯論會，許多人在那天晚上決定要去投票。

三十五歲的阿希耶赫．阿米尼剛好也是這場辯論會的觀眾，她不是改革派人士，她的內心並沒有什麼宏大的觀念或派系政治的想法，但在艾哈邁迪內賈德擔任總統期間，她傾盡全力與穆薩維描述的違法狀況對抗。如果強硬派統治的四年期間是伊朗活動主義的寒冬，那麼阿希耶赫就是其中極少數仍舊存活的耐寒常綠植物。

哈塔米主政時期，活動分子充滿願景，也深信各種理論。每個人的努力都成為像哈賈里安這類人士設計的大型掛毯上的一條線。此外，他們想像自己有著強大的靠山——他們都在總統的召喚下行動，成為時代的先驅。他們日後遭受牢獄之災完全出乎他們的意料，他們因此感覺自己遭到背叛與遺棄。阿希耶赫・阿米尼是個活動分子，但她投入的是不同時代的不同運動。

二〇〇九年春，阿希耶赫・阿米尼決定不投票。她覺得伊朗人也幾乎不會去投票。他們沒有理由相信這個政權，也不相信它有改革的可能。而改革派的候選人乍看之下也無法激勵人心。梅赫迪・卡魯比從未讓她感興趣。她不認為卡魯比有機會勝選，就算能勝選，她也懷疑卡魯比有意願或能力做出大幅改變。米爾・侯賽因・穆薩維二十年來一直保持沉默，這讓阿希耶赫感到困擾。穆薩維是政治人物，是前總理，這樣一個與體制如此接近的人物居然對一切默不作聲？這樣的人如果獲得權力，他能擁有什麼影響力？

阿希耶赫回伊朗北部老家時，意外發現家人與朋友都在熱烈討論這位前總理。穆薩維與哈梅內意過去的衝突使他在批評最高領袖的選民心中格外具吸引力，他總是與身為藝術家及知識分子的妻子札赫拉・拉赫納瓦爾德連袂參加競選活動，這點也讓人感到興奮。在此之前，伊朗政治人物從來不會跟妻子一同競選。穆薩維的做法清楚顯示他對妻子的尊重，由此也可以看出他對女性政治能力的肯定。儘管如此，阿希耶赫依然未被說服。

在德黑蘭，阿希耶赫與女權運動團體開會討論選舉策略。阿希耶赫認為，她們能做的最明確決定就是不要為任何候選人背書，但要清楚表明她們會把票投給支持女權的候選人。想得到婦女的票，就必須支持與婦女相關的議題。她們特別提出兩點：首先，她們希望伊朗批准《聯合國消除對婦女一切形式歧視公約》。其次，她們希望修改憲法的四個條文。她們要求候選人回應她們的需求，藉此將性別平等的議題推到總統大選的檯面上。

女權運動可以針對議題投票，但終將面臨一個曖昧的狀況：投票給支持女權議題但沒有勝選可能的候選人，是否有利於女權？阿希耶赫認為沒有。最終而言，政治是不可避免的。有些女權活動分子支持卡魯比，因為他對女權運動的需求給出最令人滿意的回應。其他人──包括阿希耶赫在內──最終投票給穆薩維，因為他是最有可能贏得總統大選而且最有能力反制強硬派的人。

對阿希耶赫來說，穆薩維與艾哈邁迪內賈德的電視辯論是轉捩點。她從未看過改革派人士能像穆薩維對艾哈邁迪內賈德那樣地對強硬派人士說話。哈塔米那些人總是恭敬、妥協與謹慎，但穆薩維毫不掩飾他的批評。他說話直接，毫不畏懼。他痛斥總統在經濟上的表現。他甚至說艾哈邁迪內賈德是瘋子。阿希耶赫因此確信，如果有人可以挺身而出反對哈梅內意，這個人就是穆薩維。

第十五章 阿希耶赫

夏娃不夠高
我要摘下所有的蘋果。

——阿希耶赫・阿米尼

離馬贊德蘭省夏赫薩瓦爾不遠的地方，阿勒布爾茲山脈在此逐漸隱沒到裏海海岸，阿希耶赫・阿米尼在此地一處種著奇異果與柑橘的果園裡長大，家裡的農場一路延伸成為庭園，直到河岸為止。阿希耶赫在四姊妹中排行老三。阿希耶赫小時候，當時尚未爆發革命與戰爭，家中還養著牲口，而且僱用了園丁與管家。革命後，夏赫薩瓦爾改名為通內卡邦，阿米尼家則成為中產階級。

阿米尼家源自於封建時代的舊鄉紳。阿希耶赫知道她的祖母是重要人物，因為每個人包括她的父親在內在她面前坐著都必須挺直身子。在伊朗北部，女性可以擁有社會權力、財產與捲起袖子褲管在田裡工作。但許多男人依然可以擁有好幾個妻子。因為如此，阿希耶赫的家族四處延伸。她的堂表親戚人數眾多，有時讓人覺得整個伊朗北部都住著她家的人。阿希耶赫的父親是個老師，小時候都是獨自一人，喜歡做禮拜，才九歲就學會了禮拜儀式。他教導女兒伊斯蘭，但只是點到為止，他的信仰是自願的，而不是為了強制或政治。

阿希耶赫五歲時，革命爆發。有些事她永遠記得。當她開始上學的時候，她不能穿白色鞋子，也不能穿短襪子，她就讀的學校需要通勤半個小時。她覺得規定穿戴的深色頭巾很醜，她哭了，但母親溫柔地解釋說，這是規定，每個人都要遵守。最重要的是，她記得阿姨的三個兒子：他們是革命分子，在巴勒維國王時代被關進牢裡；君主制被推翻前，他們獲得釋放，之後待在北部接近阿希耶赫家的地方，當地的親戚並未參與政治鬥爭，因此較為安全。阿希耶赫喜歡三兄弟中的老大；當他來阿米尼家拜訪時，位於夏赫薩瓦爾附近的農場老家人潮川流不息，大家都想向他打聽德黑蘭的消息。

阿希耶赫與她的姊妹為自己編織了一個自然與文學的繭。當她們不在戶外遊玩的時候，就跟著大姊一起，大姊喜愛閱讀、寫故事與畫畫。二姊阿夫蘇恩比阿希耶赫大兩歲，喜愛波斯古典詩；她記誦哈菲茲的詩文，而且在寫作上表現出明顯的才華。阿希耶赫也寫詩，但她不讓人知道這件事。她希望自己有一天能成為一名畫家，其次才是一名作家。她有著清晰的理解力與努力不懈的動力。

阿希耶赫年輕時的生活地貌充滿高低起伏，雖然危險卻極其美麗。位於農場的家，有果園與溪流，有哈菲茲的詩文集以及繪畫與書籍，有山脈與裏海，有家人的擁抱，阿希耶赫因此得以不受國家動盪的影響：戰爭、禁運、革命、政治暴力。這個國家已經陷入窮困，年輕人帶著殘缺的身體從前線返鄉；許多人甚至無法回來。在阿希耶赫的大家庭裡，有些人效忠新政權，有些人反對新政權。有年輕人被關在牢裡，有親戚相信是其他親戚殺死了自己的孩子。然後是從德黑蘭回來的三兄弟。

三兄弟的父親，也就是阿希耶赫的姨丈，是阿亞圖拉穆罕默德．穆罕默迪．吉拉尼，他是專家會議的成員，有一段時間還是憲法監護委員會的主席。他在監獄大屠殺時期是伊朗最高法院大法官。他對許多新政權的反對者簽署了處決命令，而他也是判處阿拔斯．埃米爾恩特札姆間諜罪無期徒刑的法官。吉拉尼認為笞刑有其必要，而且相信處決異議分子與腐敗分子可以為共和國清除毒素，否則將會汙染共和國的純淨。阿希耶赫父親的親戚覺得家族與吉拉尼的關係可以幫助惹上法律麻煩的年輕親戚。但吉拉尼毫不偏袒。即使一名十八歲的親戚因為包包裡帶著傳單而被十分鐘審判判處死刑，吉拉尼仍要阿希耶赫的父親不要對他提出任何要求。

法官的長子，也就是阿希耶赫小時候喜歡的那個表哥，在一九七八年的車禍中喪生；另外兩個兒子加入了聖戰者組織，他們這麼做部分是為了反叛父親。但吉拉尼是個正直到令人害怕的人物，他愛他的孩子，阿希耶赫很確定這一點。她相信吉拉尼不是殘酷的人。但吉拉尼堅持，法律之前，他不能用不同的標準看待自己的孩子。一九八〇年，據說他對自己剩下的兩個兒子簽署了處決命令。據說吉拉尼曾這麼說，如果這兩個孩子改過自新，如果他們忠於國家與伊斯蘭，那麼他可以保證他們的安全。但他們拒絕了。他們逃離父親的房子，藏匿在聖戰者組織的安全屋裡。

他們躲過了追捕與處決，但據稱其中一人在一場對安全屋的攻擊中死亡，另一人則在一九八一年一場差點引發內戰的街頭衝突中喪生。

這則故事在伊朗人盡皆知。阿亞圖拉穆罕默德．穆罕默迪．吉拉尼成了那個時代的代名詞，當時的伊斯蘭共和國是如此地僵化與嗜血，就連自己的子女也不放過。阿拔斯．埃米爾恩特札姆在保外就醫時曾到醫院探望這位阿亞圖拉，往後五年的時間，吉拉尼將一直維持昏迷狀態直到死去，而埃米爾恩特札姆則寬恕了吉拉尼並為他禱告。但在阿希耶赫家中，這段家族往事成了不能說的禁忌。阿希耶赫的阿姨，也就是三兄弟的母親，支持她的丈夫。死去的三兄弟隱沒在沉默的布簾之後，卻更加深了他們的身影，愈想將他們從記憶中抹去，他們的輪廓卻愈加清晰。三兄弟的六個姊妹雖然有深厚的手足之情，卻只能在沉默中悲傷。多年後，當阿希耶赫短暫從監獄獲釋時，這段沉默稍稍被劃破了幾秒。一名親戚說道，如果阿希耶赫關在埃溫監獄，也許她還能聞到三兄弟的味道。

雖然阿希耶赫與阿夫蘇恩周圍肆虐的政治戰爭撕裂了整個家族，但她們還是照常每星期四下午到夏赫薩瓦爾公立圖書館參加詩文聚會。阿希耶赫首次接觸文學生活，而她喜歡這種日子。但到了學校選科的時候，阿希耶赫選擇了數學與物理學。她擅長這兩個學科，它們可以幫她在物資匱乏的一九八〇年代找到每個人都嚮往的工作，例如工程師或醫師。四年後，她可以參加「大學入學考」（concours）。但在準備考試的某天晚上，她跟姊姊讀書讀得很晚，結果在家裡的火爐前面睡著。半夜，當她的姊姊為火爐加添柴火的時候，燃燒的木頭滾出火爐，落在熟睡的阿希耶赫身上。她養傷一個月，因此錯過考試。她必須再等一年才有機會參加。

阿希耶赫的父親決定，與其讓阿希耶赫一直待在家裡讀書，不如讓她離家獨立生活，這就好像十八歲的她依照原定計畫開始上大學一樣。未來一年她將住在馬什哈德，生活費由父母資助，有家教幫她準備「入學考試」，她要努力蓄積力量與資源讓自己成為一個獨立的成年人。有兩個朋友陪她一起去。三個年輕女孩住在一起，一同學習，這是阿希耶赫人生中最棒的一年。

馬什哈德的詩文圈有著傳奇色彩。阿里・沙里亞蒂曾在馬什哈德的詩文圈遇見年輕時的阿里・哈梅內意。現在，阿希耶赫・阿米尼加入這樣的圈子。這個圈子主要由老人組成，都是些七八十歲的古典詩人。阿希耶赫在裡面形塑出奇妙的反差。她只有十八歲，寫的是現代的自由詩，而且她的精力充沛。阿希耶赫吵著要朗讀自己的作品，老詩人盡可能不理會她。最後，當她終於有機會朗讀時，老詩人紛紛露出鄙夷的神色。他們根本瞧不上現代風格。其中一個詩人嘲弄說，這不是詩，而是散文。阿希耶赫負氣離開，決定再也不回這個圈子。

然而幾天後，一名老詩人找到她。他對於她受到的粗魯對待表示歉意。他解釋說，那個圈子無法提供年輕人任何東西，但她的作品非常好。老詩人提供指導、支持與批評給阿希耶赫。因此，儘管阿希耶赫仍花時間在數學上，但她在城裡接受的卻是詩人教育。阿希耶赫寫詩與閱讀哲學。她大量閱讀前革命時代伊斯蘭哲學家阿拉梅赫・塔巴塔巴伊的作品，而且藉由閱讀威爾・杜蘭特一九二六年的作品《哲學的故事》來學習西方哲學。

杜蘭特的影響力在他的故鄉美國已逐漸消褪，卻在遙遠的伊朗生根。他的作品符合二十世紀初期到中期一般美國人的品味，他的一系列歷史作品，其中有許多是與他的妻子阿里爾合寫，常居暢銷書榜首位，而且曾贏得普立茲獎。與波普爾一樣，杜蘭特原是社會主義者，後來轉變成自由主義者，他的世界觀與冷戰時期的美國國務院一致。這或許是他的作品受到富蘭克林圖書計畫青睞的原因，富蘭克林圖書計畫是美國圖書出版者委員會與美國圖書館協會於一九五二年在十七個開發中國家推動的非營利出版計畫，該計畫最初的補助就是來自國務院[1]。

富蘭克林圖書計畫是典型的美國輸出品——部分是公開的外交工作，部分是市場殖民，部分是基於高尚的動機，想提升與美國結盟的發展中國家的識字率與文化表達。每個國家的編輯由當地知識分子擔任，由他們選擇符合該國文學喜好的書籍出版——絕大多數翻譯自美國作品。在當時，富蘭克林圖書計畫最具企圖心的前哨站就是伊朗。富蘭克林圖書計畫在伊朗出版了約八百種書籍，其中大約五十種是以波斯文寫作。短篇小說作家薩瑪德·貝赫朗吉在一九六〇年代抱怨過的學校課本，就是富蘭克林圖書計畫的出版品：巴勒維國王時代，伊朗小學使用的課本是由富蘭克林圖書計畫從英文書翻譯過來的，裡面充滿與伊朗當地無關或不可理解的文化內容。

傳統上，伊朗的圖書出版商也自兼零售商：他們的店面都是販售自家商品的精品店。富蘭克林圖書計畫把全國圖書零售的做法引進到伊朗，大量生產廉價的平裝書，並且在各個地方販售這些書籍，如公車站旁邊的小攤子、雜貨店或任何會吸引行人駐足的地方。這些廉價、容易取得、絕大多數是翻譯的作品受到廣大伊朗人的喜愛。即使富蘭克林圖書計畫早在一九七七年就已終止，而伊斯蘭共和國早已將富蘭克林圖書計畫在伊朗各地的資產國有化，但還是有一些想像不到的美國作者與書籍仍留在伊朗的正典書籍裡。威爾．杜蘭特輕鬆易讀的作品是提供伊朗讀者簡易的西方哲學傳統介紹的作品之一。

對阿希耶赫來說，首先接觸的是杜蘭特，然後是塔巴塔巴伊，最後才是索魯什。在此同時，不令人意外地，阿希耶赫荒廢了數學。她的大學入學考試考砸了。數學沒有通過，她也未能進入菁英公立學校就讀。阿希耶赫心高氣傲，她不能忍受自己去念比她的姊姊們差的學校。她決定再重考一次，但這次她報考的是人文學科。

阿希耶赫必須靠自己完成四年學業。她回到夏赫薩瓦爾附近的農場，關在自己的房間裡苦讀，從早上直到半夜。最後，她的熱情與她的學習成功匯聚起來。她嘗試快速閱讀，直到自己能在短短四小時內消化一本書為止。她喜歡自己閱讀的東西。她的新聞學考試成績排名全國第十七名。不久，她前往以她最喜愛的哲學家阿拉梅赫．塔巴塔巴伊為名的大學就讀。這是伊朗數一數二的人文學科大學。阿希耶赫心想，哲學可以靠自己閱讀；但社會與政治記者是一門職業，她必須在學校裡學習。

當時，阿希耶赫不是個政治動物，而她也從未成為一個政治動物。但她發現政治總是如影隨形，就像她攀登陡峭的階梯時旁邊的欄杆一樣。成為一名記者，必須攀爬政治的結構，而且必須抓住政治以尋求支撐，即使不願意也不行，即使採訪的新聞本身與政治無關也一樣。一九九三年，當阿希耶赫搬到德黑蘭時，她即將從事的領域還沒有一個共同的專有名稱，那是國家結構中的一個空缺，她的工作的成敗，完全仰賴國家特權的運作。日後，阿希耶赫才了解這個空缺叫做市民社會，而它將自然而然成為阿希耶赫的家。對比之下，阿希耶赫覺得政治不過是對權力的追求，而對此她毫無興趣。

阿希耶赫成為阿拉梅赫．塔巴塔巴伊大學新聞系的大一新生之後，就跟幾個朋友去逛新聞博覽會，她決心說服編輯給她機會，讓她為真正的報紙寫稿。如果阿希耶赫是個政治動物，她首先一定會關心這是什麼樣的報社；但她完全沒想那麼多。於是她誤打誤撞地找上《宇宙報》，這是一家強硬派報社，實際上是安全部隊的打手。阿希耶赫當時完全不知道《宇宙報》曾經抨擊與威脅過許多她喜愛的作家。一名主持《宇宙報》副刊一年多的編輯給了阿希耶赫第一份工作。當他離開《宇宙報》前往中間派的政府報紙《伊朗報》時，他也把阿希耶赫找去寫稿。

跟強硬派報社相比，《伊朗報》的立場比較不那麼極端，而且規模很大。阿希耶赫覺得自己很幸運能在這裡工作。她很不喜歡服裝規定：在所有政府機構裡都必須穿戴最嚴格的頭巾，也就是穿上黑袍或寬鬆外套搭配包覆整個頭部稱為馬格納耶的頭巾。她也不欣賞新聞編輯部裡的性別區隔。但她還是感到高興，這份工作滿足了她的企圖心。她在報社裡表現傑出，不用徒勞地與這個世界對抗。她努力學習新聞工作，她尊敬自己的老師與上司；此外，她也對社會學產生興趣，特別是約翰．洛克與當代的市民社會理論。

某天，一名同事邀請阿希耶赫去採訪一名著名的作家：賈瓦德・莫賈比，他是詩人、諷刺作家與少數能撐過革命第一個十年的文學雜誌編輯。阿希耶赫想到能與這個人見面就興奮不已。但阿希耶赫不知道莫賈比與連環謀殺案被揭露之前的許多作家一樣正面臨死亡威脅，而且經常遭受調查與騷擾。莫賈比以及他那時髦而美麗的妻子的出現，深深吸引了阿希耶赫；當莫賈比得知阿希耶赫寫詩時，他還要求阿希耶赫朗誦幾首詩文，這更讓阿希耶赫感到受寵若驚。她答應了。莫賈比邀請這位年輕的陌生人參加他的作家圈子，妻子出於保護的念頭同時也擔心丈夫的生命安危，她開口問道：他確定可以信任阿希耶赫嗎？

這個圈子很小而且很吹毛求疵，莫賈比對阿希耶赫說道。她必須準時、嚴肅認真、守紀律而且夠堅強。是的，阿希耶赫說道，是的——她會做到任何要求。聚會不對外公開，莫賈比又說。她不能帶任何人來。這些作家不會對外發表聚會裡的東西，但在聚會的時候，他們可以自由發表任何作品。這個團體還需要一個詩人。阿希耶赫將是這個詩人。莫賈比將成為阿希耶赫最重要的導師，她將從這個人身上學到，身為作家，要如何做到自由。

當阿希耶赫的上司接手《青年伊朗》時——這是以青年為導向的《伊朗報》副刊——他讓阿希耶赫擔任這份刊物的文化編輯。這是個大膽的任命。在一個男性主導的工作場所裡，阿希耶赫是女性、單身而且非常年輕。現在，她要負責二十八頁的刊物內容。她的長官認為她做得到，阿希耶赫也認為自己做得到。但她覺得自己周遭的同事都等著看她失敗。她的下屬年紀比她大，而且厭惡向她報告。報紙的總編對她的做法挑三揀四。她埋首努力工作，經常每天工作十四小時；下班後還繼續把工作帶回家做。

有一天，一名年輕同事把她拉到一旁。

「我不知道怎麼跟你解釋，」他難過地說，「但請你辭掉這份工作。」

「為什麼？」阿希耶赫問道。

那個年輕人似乎努力要忍住淚水。他告訴阿希耶赫，每天，他們的同事都在說她壞話。「大家不喜歡年輕單身的女孩在這裡擔任編輯。」他對她說。

「也許真的是這樣，」阿希耶赫回答說，「但那是他們的問題，不是我的問題。」

一九九六年年底，阿希耶赫並未特別留意即將來臨的總統大選。她認為，拉夫桑賈尼卸任之後，納提格－努里將取代他的位子。她無法想像除了最高領袖，還有誰能下這個決定。但她與大學裡的改革派教授哈迪．哈尼基關係不錯，他總會告訴她一些大致的政治局勢。大選前某天，阿希耶赫發現教授心情不好。教授告訴她，米爾．侯賽因．穆薩維剛剛回絕了改革派希望他參選的請求。穆薩維寧可退出政壇當個藝術家。現在，改革派提不出候選人了。

阿希耶赫其實並不是很關心選舉的事，但為了安慰哈尼基，她突然想到一個相當可愛的教士，他是個圖書館員，她最近才為報社採訪過這個人。

「你有比穆薩維更好的人選，」她對哈尼基說道，「例如，你有哈塔米。」

哈尼基笑了。「阿希耶赫，」他說道，「你是個詩人。你應該專心寫詩才對。」他解釋說，如果阿希耶赫了解政治的話，她會發現哈塔米不適合競選總統。他是個文化人，幾年前就已經脫離政壇，因為他不喜歡跟人爭鬥。

「好吧，」阿希耶赫說道，「我只是覺得大家會喜歡這個人。」

幾個星期之後，在大學走廊上，哈尼基手裡拿著一份報紙衝到阿希耶赫面前。

「你怎麼知道？」他幾乎是大喊著說。

哈尼基後來成為總統哈塔米的文膽與顧問，在選戰期間，他希望阿希耶赫能幫他一個忙。哈塔米的新聞辦公室急需一名編輯。基於與哈尼基的關係，阿希耶赫自願在下班後，利用晚上的時間到哈塔米的競選陣營幫忙。

阿希耶赫一直無法確定，但她懷疑自己到哈塔米陣營幫忙一事決定了她在《伊朗報》的命運，因為《伊朗報》支持的是納提格－努里。哈塔米當選的一個月後，阿希耶赫與上司之間的關係愈來愈緊張，她覺得自己沒有別的辦法，只能選擇辭職。阿希耶赫總是開玩笑說，新總統感謝她無償付出的方式，就是送給她失業這個禮物。

哈尼基幫阿希耶赫在總統辦公室找到一份工作，但阿希耶赫只待了一天。她是個記者，而且希望繼續當記者。新聞工作正如火如荼地發展中，眼前出現了許多新的刊物，包括一份名叫《婦女報》的報紙。阿希耶赫認為以性別來區隔新聞沒什麼意義，她甚至反對這一點。但《宇宙報》的一個前同事也去了《婦女報》，他希望阿希耶赫能過去跟他一起工作。結果，阿希耶赫去了

《婦女報》，在這份報紙短暫的存續期間，她都在這裡工作；而她也在這裡遇見她的丈夫。

賈瓦德．蒙塔澤里是個攝影記者。他有一張寬闊的圓臉，一雙溫和的眼睛，長長的鬍子與一頭長髮融合成一體。他的長髮與長鬍，加上照相機，在德黑蘭街上顯得特別醒目。不到一個月，賈瓦德就離開《婦女報》到《三月報》工作，這是哈塔米之前的內政部長阿卜杜拉．努里經營的報紙，他在一九九八年被強硬派趕離部長職位。

一九九九年四月，阿希耶赫結婚那天，一個朋友打電話給正在美容沙龍的她，並且告訴她一個壞消息：《婦女報》被查禁了。她的工作沒了，但阿希耶赫幾乎一時反應不過來。賈瓦德仍有工作，她仍感到快樂。超過五百名賓客正等著她。

阿希耶赫不久就找到工作。她是個積極的記者，在前後兩家報社分別報導了庫德斯坦示威抗議與設拉子地震。工作給予她精力，讓她感受到清楚的目標。在她的周遭，伊朗的新聞媒體也在改變：更多年輕女性進入新聞界；改革派的報紙仍不自由，但比昔日的報紙大膽得多。伊朗曆四月十八日測試了獨立報導的底線與阿希耶赫超然的程度。

阿希耶赫正趕往開會的路上，計程車司機告訴她，因為德黑蘭大學暴動的關係，前方道路封閉。阿希耶赫取消會議並且打電話給賈瓦德，告訴他在德黑蘭大學門口碰頭。他們發現校門深鎖。從大門望進去，可以看到學生與教職員又恐慌又流淚地到處亂竄。一名新聞系學生偶爾會到阿希耶赫的報社開會，他認出了阿希耶赫。「我認識她，」他喊道，「讓她進來。」當時還是一大清早，他們是最早進入滿目瘡痍的校園的記者。

當天，賈瓦德拍到了深具代表性的照片。狹小的宿舍房間在手榴彈攻擊下化為灰燼，床墊被燒得精光，只剩下金屬床架，牆壁的油漆也完全剝落。在其他房間，電視機被砸毀，財物遭到洗劫，空調被扔到底下的街道；在遭到破壞的走廊上，一名學生展示背上一道道的紅色鞭痕。窗戶被砸碎，學生從這裡被扔出去。

學生告訴阿希耶赫，攻擊者說他們這麼做全是為了他們的伊瑪目。但攻擊者是利用學生睡覺的時候攻擊宿舍。阿希耶赫在這場衝突中並沒有特定立場：她是記者，必須報導事情的來龍去脈。但她無法完全抽離此事。往後一個星期，她與賈瓦德置身在學生當中，記錄這場雙方實力懸殊的戰鬥，並且報導被國家新聞媒體扭曲成無法辨識的故事。

暴動開始的幾天後，阿希耶赫與賈瓦德聽到槍聲。他們知道有學生遭到槍擊。在最近的醫院裡，他們假裝成家屬進去看他。這或許是賈瓦德拍攝過最怵目驚心的照片。根據官方的說法，沒有學生受傷。但在病房清澈的綠光下，學生插著管子，失去意識，腹部與胸部纏著繃帶。氧氣罩模糊了他的臉孔，下半身蓋著一條印有兒童卡通圖案的被單。

《三月報》的發行人阿卜杜拉．努里看了賈瓦德的照片，他鄭重提醒賈瓦德，公布這些照片，不僅他個人需要擔負風險，就連報社也會遭受波及。但這些照片實在太重要，不公布不行。賈瓦德堅持公布。《三月報》在封面顯著報導了這些照片，而且連續兩個內頁也刊登了照片。抗議的學生高舉《三月報》，就像舉著抗議的標語牌一樣。阿希耶赫了解，學生們幾乎沒得到回應。學生每天都跟阿希耶赫說，他們想跟總統哈塔米對話。雖然總統派了部長前來，但他本人卻從未現身。

星期三，強硬派發動反示威遊行。阿希耶赫與賈瓦德走到街上的電話亭，阿希耶赫要打電話給編輯。當她說話的時候，看到四五個穿白襯衫裹著阿拉伯頭巾的壯漢走了過來，準備帶走賈瓦德。阿希耶赫掛上電話。

「你們要帶他去哪裡？」她問道。

「那是他的太太，」其中一個人說道，「連她也一起逮捕。」

這些人並未將阿希耶赫與賈瓦德帶到監禁中心或警察局，反而將他們帶到法特米廣場上一個雙拼式房屋的服飾店裡。他們把阿希耶赫與賈瓦德帶到店鋪後頭，並且要求店鋪老闆離開。其中一人手上有槍。他用槍指著阿希耶赫並且對賈瓦德說：「你們為阿卜杜拉・努里工作嗎？」

「是的。」賈瓦德說道。

持槍的男人逼近阿希耶赫。他問賈瓦德：「你們相信阿卜杜拉・努里、貝赫札德・納巴維、穆斯塔法・塔吉札德赫與薩伊德・哈賈里安跟以色列合作嗎？」

「我不知道。」賈瓦德說道。

「你們怎麼可能不知道？」對方大聲斥責說，「你們跟他們一起工作，而他們為以色列工作，他們發動了這個星期的示威遊行。他們為了以色列殺死學生。」

「我怎麼會知道？」賈瓦德說道，「我只是個攝影師。」

「不，」那人說道，「你是個攝影編輯。」

這是真的。阿希耶赫被槍指著肚子，腦子飛快地思考著。

「讓我解釋一下，」阿希耶赫插嘴說，「這是我們的工作。我可以是老師，老師只負責教學生，老師無法決定教育制度。我可以是在銀行工作的人，但不是為銀行做決定的人。我們是記者，我們無法為整間報社做決定。你的問題是跟報社有關。」

那人思考了一下。她也許是對的，他坦承。但要這麼說的話，就跟為改革派報社工作一樣，她應該也可以為強硬派報社工作才對。她要不要換到另外一邊呢？

「我要考慮一下。」阿希耶赫說道。她試圖讓自己的說法聽起來自然。「這麼做我必須先辭掉現在的工作，我需要考慮。」

「那就好好考慮。」那人命令說。

之前阿希耶赫的袋子被其中一個人拿走，現在他將袋子裡的東西全抖落出來。阿希耶赫的胃開始翻攪。幾天前，一個朋友給他一張照片影本，上面顯示一名教士正在親吻國王穆罕默德・雷札・巴勒維的手，有人還開玩笑地在照片下方寫上司法部某個高階教士的名字。阿希耶赫把影本放在自己的袋子裡，現在這可能為她惹來無法形容的麻煩。

逮捕者找到一本筆記本，裡面有一些跟她獨立接案的文化電視節目上古時代計畫有關的筆記。這個電視網絡剛好屬於強硬派人士所有。

「這是什麼？」其中一名逮捕者問道。

阿希耶赫的心頭大石頓時落下。「那是電視節目要用的，」她說道，「幫你們強硬派製作的電視節目。」

這些筆記來得正是時候：充分證明她只是個接案的記者，對於自己的工作不抱特定立場，即使是政治性的報紙也一樣，她也會為強硬派電視台的歷史節目做筆記。

「回去告訴阿卜杜拉．努里，」其中一名穿白襯衫的男子在放了他們之前對賈瓦德說道，「我們會逮捕他與其他人，我們會將他們繩之以法。我們有很多他們與以色列串謀的證據。」

走出店鋪到了街上，阿希耶赫在她的袋子裡四處翻找。感謝老天，教士與巴勒維國王的照片剛好塞在那些人沒有檢查的拉鍊夾層裡。阿希耶赫突然一陣放鬆，整個人癱倒在人行道上。

第二天早上，第一通電話把睡夢中的阿希耶赫喚醒。

「昨天我要求你們不要為你們的報社工作，而來為我們工作。」電話那一頭傳來說話的聲音。阿希耶赫掛上電話。

但電話一直打來。「我們知道你們住在哪裡，我們知道你們的一切。好好想想你們要如何跟我們合作。」

賈瓦德回到工作崗位，但阿希耶赫感到擔憂，她不敢離開公寓。她寫了封長信給總統哈塔米，坦白說出她的想法。她表示，她本身不是改革的信仰者，但顯然總統是的。必須有人保護像她這樣的人才行，她與她的丈夫正陷入危險。安全部隊要她為他們工作，她不想這麼做。她能向誰求助？

阿希耶赫鼓起勇氣走出家門，她前往《三月報》時已經是傍晚的時候。賈瓦德在報社看到她，吃了一驚。

「我來找阿卜杜拉．努里。」她只是簡單跟賈瓦德說了一句。她在努里辦公室外等了幾個小時。最後，當努里讀到她的信時，阿希耶赫發現他眼眶泛淚。

「我會把信交給哈塔米總統。」他說道。

不僅如此，努里還在國家安全委員會宣讀了這封信。或許是因為如此，電話不再打來。也或許是因為騷擾者失去了興趣。無論原因為何，阿希耶赫終於鬆了一口氣。但賈瓦德卻失眠了，他經常因為夢裡遭人跟蹤而驚醒；他擔心的不只是示威抗議的照片，還有連環謀殺案受害者喪禮的照片。他懇求阿希耶赫考慮離開伊朗；但阿希耶赫無法想像在一個不是自己的家鄉、說的不是波斯語的國家生活是什麼樣子。

他們考慮搬到另一座城市。他們決定前往恰巴哈爾，伊朗最南端的城市，位於偏遠的錫斯坦和俾路支斯坦省。但在他們能夠離開之前，阿希耶赫在德黑蘭接到另一份工作邀約。這份邀約來自哈賈里安的報紙《今日晨報》，甘吉也為這份報紙寫稿。《今日晨報》是伊朗媒體界最熱門的報社。阿希耶赫接受了這份工作，恰巴哈爾的事就等下一次再考慮。

阿希耶赫得知自己懷孕之後，已停止工作六個月。她還沒做好準備，她的生活已經滿檔。當她不能到報社工作時，她畫畫、寫詩或彈奏彈撥爾（傳統的長頸魯特琴）。她從沒想過自己會成為母親，直到經過長時間的考慮以及與賈瓦德深談之後，她才決心正視懷孕這個事實。

阿希耶赫已經準備好面對人生的許多事，卻未對懷孕做好準備。一開始是不公平：賈瓦德的生活與工作還是跟以往一樣，阿希耶赫的身體卻變得笨重、情緒反覆無常、嗜睡、容易突然產生需求。她不想停下腳步，她要向自己與同事證明，她可以跟以前一樣努力工作，達成跟過去一樣的成果。某天，她在街頭待了十六個小時，報導警察圍捕遊民的新聞。大約一個星期之後，她的羊水破了。醫師命令她在懷孕的最後幾個月都要待在床上休息。

阿希耶赫必須待在家裡，她總覺得自己的身體不對勁。她的體內有一具引擎不斷空轉，因為她哪裡也不能去。阿希耶赫知道自己愛著未出生的女兒，她希望女兒一切安好。但阿希耶赫自己卻過得不好，她每天哭泣。她看著賈瓦德，彷彿兩人之間隔著無法連繫的距離。賈瓦德試著安慰她：孩子很好，沒有問題。她為什麼要哭呢？

女兒出生之後，阿希耶赫的生活並沒有改善。在懷孕的最後三個月，司法部勒令《今日晨報》與《三月報》停業。賈瓦德一開始在一家巴西雜誌社找到工作，之後則與阿卜杜拉・努里開啟下一段冒險，一家名叫《征服報》的新報社。但阿希耶赫被綁住了，她有個嬰兒，而且這個嬰兒連續七個月晚上都不睡覺。睡眠剝奪損害了阿希耶赫的心靈，讓她失去活力，她對過去做的事與見的人都失去興趣。她關心她的女兒，而且覺得自己接下來的人生已經結束。她不僅找不回過去，也找不回過去的自己。

艾娃一歲的時候，有一天，賈瓦德下班回家，他問太太說：「有茶嗎？」

「沒有。」阿希耶赫說道。

「有吃的嗎？」

「沒有。」阿希耶赫說道。

「你今天做了什麼？」

「沒做什麼，」阿希耶赫有氣無力地說，「我在照顧孩子。我有孩子。」

「我以為我娶了一個詩人與記者，」賈瓦德說道，「我不知道我娶了一個像你這樣的家庭主婦。」

那天，阿希耶赫最後一次為了自憐而流淚。第二天早上，她開始尋找保姆與工作。

不久，阿希耶赫又有了工作，而且是兩份工作。阿希耶赫在《伊朗報》共事過的一個編輯介紹她去《信任報》，她在那裡擔任社會編輯，負責特別報導與訪談。阿希耶赫通常早上八點半上班，到了下午四點就到幼兒園接艾娃。晚上，艾娃入睡之後，阿希耶赫便開始管理一個名叫「伊朗婦女」的網站。她仍然反對性別特定的新聞，但《婦女報》的一些朋友請她幫忙，所以她便協助管理網站。

阿希耶赫開始四處採訪，把艾娃交給她的姊姊或其他家人照顧。她覺得在脫離職場這麼久之後，現在的她終於恢復昔日的狀態。她到伊朗南部的巴姆報導當地的地震災情。然後，她聽說美國正計畫攻打伊拉克。二〇〇三年初，世界各地的記者開始聚集到伊拉克庫德斯坦，而且通常是經由伊朗前往；但就阿希耶赫所知，伊朗新聞媒體並未注意到這則消息。

阿希耶赫前往伊拉克。她在當地遇到了半島電視台工作人員、幾個德國記者以及傑出的伊朗攝影記者卡維赫．戈雷斯坦。戈雷斯坦留著顯眼的八字鬍，他豐富的職業生涯跨越了二十世紀。一九六〇年代，他為富蘭克林圖書計畫工作，拍攝伊朗學童使用富蘭克林圖書的照片。一九七〇年代，他拍攝的伊朗貧困照片惹惱了伊朗王后；一九八〇年代，他拍攝的革命審查制度紀錄片激怒了眾多穆拉＊。他讓伊朗人的喧囂生活化為無聲的經典黑白照片，他在德黑蘭大學教授攝影，賈瓦德曾經是他的學生。在阿希耶赫眼中，戈雷斯坦就跟自己的叔伯一樣慈祥。在伊拉克庫德斯坦城市艾比爾、蘇萊曼尼亞與哈拉布加，阿希耶赫晚上回到旅館之後，會跟戈雷斯坦與其他記者輕鬆談笑，聊著美國入侵的可能性。

在蘇萊曼尼亞，戈雷斯坦勸說阿希耶赫到伊朗與伊拉克交界的山區探險，有三個強硬派伊斯蘭民兵團體駐紮在那片山區。如果她能像他們的婦女那樣穿著完整的頭巾，把手與臉遮蓋起來，這樣就可以在不激怒對方的狀況下進行採訪。阿希耶赫深入調查了一下，她發現那片山區布滿了

＊穆拉：指受過伊斯蘭神學與伊斯蘭教法教育的人。在大多數的伊斯蘭世界，地區的伊斯蘭教士與清真寺領導者，都會被稱為穆拉。

兩伊戰爭時期留下來的大量地雷，只有極端主義者才知道如何安全地穿越。阿希耶赫沒有去，但戈雷斯坦去了。二〇〇三年四月二日，戈雷斯坦踩到地雷，當場被炸死。

阿希耶赫回到德黑蘭，發現自己又懷孕了。她第一次懷孕時遭遇很多困難，之後也讓她生活失去方向。現在，她才剛找回自己的步調。再者，她與賈瓦德的生活非常不穩定。他們經常得無預警地外出，每次外出都帶有風險，他們的員工流動率也很高。這是她本來的自我，她熟知的生活。她不想再生第二個孩子。

阿希耶赫的醫師拒絕幫她墮胎。她有兩個醫師朋友，其中一位是婦科醫師，但他們都回絕了。他們解釋說，不僅因為在伊朗墮胎是違法的，也因為他們不認同這種做法。其中一位醫師告訴阿希耶赫，她有兩個選擇：一個是找到願意進行地下墮胎手術的醫師，無論他多麼無恥與昂貴；另一個是吃藥讓自己出血而影響懷孕，此時急診室就必須進行子宮擴刮術。

阿希耶赫選擇第二種做法。她只能盲目進行。她從黑市買來的藥不是藥丸，而是注射劑。她不知道注射器裡裝了什麼。她僱了一個女人來幫她注射。這個女人一眼就看出這個注射劑是做什麼用的，她要求阿希耶赫先付她胎兒的迪亞，或稱血錢，讓自己免於賠償，以免阿希耶赫事後翻臉不認人。阿希耶赫付了。

阿希耶赫整晚疼痛無比，但沒有流血。她知道自己無法再懷著這個胎兒，胎兒已經受到損傷，沒救了。但是，如果她沒有流血的話，沒有醫院會清空她的子宮。於是她自己又打了第二劑。她再度感到疼痛。她的醫師朋友要她走路或奔跑促使子宮收縮。阿希耶赫做了，儘管疼痛，她還是持續地走路跑步。但就是沒流血，阿希耶赫只好去做地下手術，無論價錢多少。

墮胎醫師年紀很大，阿希耶赫覺得這個人有毒癮。他沒有病人，而且似乎只做墮胎手術。他的病房很髒。他對阿希耶赫說，她除了要給他昂貴的費用之外，還需要付錢僱用一名麻醉醫師與一名護理師。阿希耶赫同意了。到了手術當天，這些人出現了：麻醉醫師有一張明顯泛黃的臉，阿希耶赫覺得他喝醉了；護理師則踩著一雙很高的高跟鞋，臉上濃妝豔抹。在骯髒的病房裡，阿希耶赫把自己的命交給這些給人不祥預感的陌生人。賈瓦德雖然支持她的決定卻很擔心，他不斷問她，確定要這麼做嗎？阿希耶赫認為她沒有第二條路走。

接下來幾天，她持續流血，身體抖得很厲害。她無法尋求醫療或建議，除了賈瓦德，她不能跟任何人說自己做了什麼。她跟《信任報》說自己病了，要請假幾天。之後，她恢復了原有的生活，至少在一切都改變了以前。

二○○四年夏天，阿希耶赫的家鄉馬贊德蘭省的內卡鎮發生的事引起她的注意。她正在尋找伊朗媒體報導的與婦女相關的故事，準備將這些故事貼到婦女新聞網站上。她看到一名十六歲的女孩因為犯下「不貞潔的行為」而遭到處決；但根據不同的消息來源，這名女孩也有可能是二十一歲。到底哪一個才對？阿希耶赫感到困惑。為什麼報導的年齡不一致？為什麼年輕的女孩要遭受絞刑？她在網站的下一場會議上提出她的疑惑。他們應該派人到內卡鎮查明真相，阿希耶赫說道。但沒有人想去。阿希耶赫決定親自前往。

在內卡鎮街上，男人們告訴阿希耶赫，阿特法赫・薩哈阿雷赫不是個好女孩。她出賣身體，一個男人解釋說；像阿希耶赫這樣的女士不應該打聽這樣的事。阿希耶赫轉頭看著他。他的意思是說，為了尊重她的身體，所以就殺了這個女孩？此外，他是誰，他憑什麼告訴阿希耶赫該怎麼做？另一個男人對阿希耶赫說，阿特法赫有精神疾病。

最後，阿希耶赫發現一扇沒關上的小木門，門上掛著黑色旗幟與哀悼的牌子。這大概是阿特法赫的家。房子看起來只蓋了一半，一副破敗的景象。屋裡有個年輕人似乎昏倒在樓梯上，他的眼皮半掩著，眼睛上吊，口水流淌到下巴，成群的蒼蠅停在他的臉上。

「先生？先生？」阿希耶赫擔心地喊著，「你還好嗎？」

「你是誰？」有人從她的背後問道。阿希耶赫轉過身去，一名肌肉結實的年輕人帶著戒心看著她。

「我是記者。」她回道。

「你來得太晚了，」年輕人說道，原來他是阿特法赫的堂哥，「我們失去她了。」

往後幾天，阿希耶赫找到女孩的親戚，把她的故事拼湊出來。阿特法五歲時，她的母親跟別的男人跑了，最後死於一場車禍。阿特法赫的父親因為傷心而沉溺於毒品，疏於照顧自己的小孩。阿特法赫的一個兄弟溺死在河裡，另一個兄弟染上毒癮。阿特法赫在八歲時跟她的祖父母一起住，但他們年老體衰，沒有能力照顧她。

阿特法赫法九歲時被鄰居性侵，他付錢給阿特法赫做為封口費，然後不斷故技重施。他還帶其他男人來找她。她不斷被性侵，又不斷拿到封口費。這筆錢成了她的生活費。阿特法赫十三歲時，道德警察首次逮捕她。當地法官判處她鞭刑一百下，這是官方對婚外性行為的懲罰。根據伊朗刑法，一名女性被判處鞭刑一百下的上限是三次。第四次被逮捕時，就可以判處死刑。

阿希耶赫從未聽過這些法律。她生活的世界，這些法律從未適用過。每個人都有婚外性行為，整個社會都有罪，為什麼有人因此被絞死？特別是一個十六歲的女孩，她的童年未受到妥善照顧，她因此淪落，受到他人的暴力對待。這個女孩確定是十六歲：阿希耶赫找到她的出生證明。國際法禁止處決未滿十八歲的未成年人，但伊朗刑法卻規定女孩九歲而男孩十五歲有犯罪能力。而根據阿希耶赫的查證，阿特法赫只被逮捕兩次，還不到三次，結果居然被判處死刑。

內卡鎮的法官要阿特法赫死，阿希耶赫這麼認為。他親自將絞索套在孩子的脖子上，然後在市鎮廣場上用吊車將孩子吊死。這是伊朗典型的處決方法，比使用活門的絞刑台花費更長時間也較為痛苦。法官謊報阿特法赫的年齡以規避法律。這個法官性侵過阿特法赫嗎？有些報告提到，憤怒的阿特法赫在法庭上扯掉自己頭巾，法官決心懲罰她的頂撞行為。當中究竟發生了什麼事，阿希耶赫永遠得不到答案。但一定有什麼不對勁的地方，讓法官不想放過阿特法赫。

阿希耶赫曾經報導過地震、示威抗爭、戰爭的流言，但沒有任何一件事比阿特法赫更能緊緊抓住她。阿希耶赫可能會有一個跟阿特法赫一樣的妹妹、另外的自我（alter ego）或女兒嗎？或許絕無可能，阿希耶赫生活在擁有相對特權與安全、文學與企圖心的世界，儘管這個世界在一開始是與阿特法赫受苦與死去的地方如此接近。也許，阿特法赫就是所有這一切。她是不公不義下永遠無法安息的靈魂，一個阿希耶赫永遠無法糾正的冤屈，無論她這輩子再怎麼關注阿特法赫，甚至為她寫詩，費盡心力去做這孩子生前人們不會掛念著為她做的事。日後，阿希耶赫輕聲呼喚阿特法赫的名字，彷彿在叫喚一個親密的朋友。阿希耶赫會說，阿特法赫改變她的人生。

回到德黑蘭，阿希耶赫反覆翻閱她在內卡收集到的筆記與文件：與阿特法赫父親與姑姑們的訪談，甚至她短暫在校期間的成績單。但阿希耶赫什麼也寫不出來也睡不著。每當阿希耶赫試圖寫下故事時，她總是哭泣直到天明。最後，當她終於把報告整理好時，她的報社卻不打算刊載。

「為什麼不刊載？」阿希耶赫質問，「我有所有的檔案。」

「因為你對抗的是伊斯蘭教法（sharia law），」她的主編回答說，「你對抗的是司法部，而我們不能這麼做。」

阿希耶赫把報告寄給另一家報社，同樣遭到回絕。最後，《女性》雜誌，一份長期與《地平線》分享空間與交換觀念的女性出版品，同意在對阿希耶赫的報告進行編輯之後予以刊載。

採訪阿特法赫事件之後，阿希耶赫再也無法回到過去的生活。她發現自己一直想著有多少女孩被關在監獄裡，因為性罪名而等待處決那天的到來。她的朋友夏迪．薩德爾是人權律師。阿希耶赫帶阿特法赫的父親與哥哥到德黑蘭與夏迪見面。當然，他們可以指控內卡鎮的法官絞死一名青少女。但這名法官是教士，他的案子必須由特別教士法院審理。當夏迪把案子送到特別教士法院後，該院大法官極端強硬派戈拉姆－侯賽因．穆赫辛尼－埃傑伊卻下令這個案子已經結案定讞。

阿希耶赫的阿特法赫報告刊載沒幾天，她就聽說有一個女孩被判處死刑。事發地點在德黑蘭西南部的城市阿拉克，女孩十九歲，名字叫蕾拉，據說她的心智年齡只有八歲。蕾拉也因為不貞潔的罪名被判處死刑，她同樣是幼年遭到性侵的受害者。阿希耶赫在晚上九點得知這個案件，隔天早上四點，她就搭上開往阿拉克的巴士。這次她沒有太晚，蕾拉還活著，她被關在監獄裡。

蕾拉的母親首次讓她賣淫的時候，據說她才八歲，有些資料甚至說是五歲，她的對象是一個六十歲老頭。之後她的母親與哥哥讓她每天賣淫，並且靠她賣淫的錢養家。蕾拉首次生產是在九歲，之後又在十四歲生下雙胞胎。十歲時，在生下第一胎之後，蕾拉首次因賣淫而遭受一百下的鞭刑。蕾拉十九歲時被判處死刑，罪名之一是亂倫，因為她的哥哥們跟許多鎮民一樣都曾性侵過她，此時的蕾拉不會說話，生活無法自理，也無法像正常人那樣生活。

在法院大樓裡，判處蕾拉死刑的法官恭敬有禮，他讓所有人離開房間，好讓他能跟來自德黑蘭的記者談話。他告訴阿希耶赫，法律就是法律，他的工作就是適用法律。而法律對蕾拉這麼嚴厲是因為她的賣淫破害了家庭生活。法官向阿希耶赫解釋，如果社會是蘋果，蕾拉就是蟲子。

「你有小孩嗎？」阿希耶赫問道。

「有。」法官說道。

「男孩？女孩？」

「都有。」法官說道。

「我的女兒四歲，」阿希耶赫說道，「再過三四年，可能就會有人性侵她，你會因為她是社會的蟲子而判她有罪。這怎麼可能？你怎麼解釋這件事？」

「我是在蕾拉十九歲的時候判她有罪，不是八歲。」法官回道。

當然，阿希耶赫說道，但從八歲到十九歲，這個女孩一直遭到奴役；她不知道其他的生活是什麼樣子。

阿希耶赫從夏迪・薩德爾的事務所帶了委任協議書過來，她最想做的是到獄中探望蕾拉並且讓她簽下協議書，這樣蕾拉將會擁有一個律師與一個奮戰的機會。阿希耶赫對法官訪談了一個小時而且與他爭論。阿希耶赫要求法官讓他帶走蕾拉，讓蕾拉重新生活；然後法官再來判斷，蕾拉是否真的對社會沒有好處。

法官笑了。「去吧，」他終於說了，語氣中帶著輕蔑，「去看你想看的東西吧。」法官寫了一張便條給獄方，命令監獄人員讓阿希耶赫探視蕾拉。

阿希耶赫很興奮，她可以為蕾拉做任何她未能為阿特法赫做到的事。監獄人員接到法官的便條，但沒有仔細看上面寫什麼。他們以為阿希耶赫是蕾拉的律師，於是他們將被判死刑的女孩帶到阿希耶赫面前：一名高挑、美麗的年輕女性，帶著嬰孩般的表情，她無法說話或閱讀或寫字，她看著阿希耶赫，露出單純困惑的樣子。

阿希耶赫手臂環抱著蕾拉，輕輕地在她耳邊說話。

「我是你的姊妹，」阿希耶赫說道，「我想幫你。你的狀況不大好。你必須相信我。我向你保證，我會幫你。」

阿希耶赫拿出夏迪・薩德爾的委任書：「我只需要你在上面簽字。」

但蕾拉不會簽名。於是阿希耶赫將墨水塗在蕾拉的手指上，然後在簽名欄上蓋章。警衛暴跳如雷。阿希耶赫騙了他們，他們現在才發覺阿希耶赫不是蕾拉的律師；在阿希耶赫將蕾拉的手指按在委任書上之前，蕾拉還沒有律師。

「這個女孩已經判死刑了！」警衛一邊怒吼，一邊收走了委任書。「她很快就要處決，你不能這麼做。出去！」

阿希耶赫回到德黑蘭，她要夏迪到阿拉克去見她的新客戶。夏迪到了監獄，協助蕾拉在委任書上簽名。阿希耶赫在《婦女》雜誌上報導蕾拉的案子，她的文章引發了震撼。她的電子郵件信箱被支持者灌爆，每個人都在問，他們能為蕾拉做什麼。設法讓蕾拉重審與獲得釋放，阿希耶赫回道。監獄官員指控阿希耶赫，而阿希耶赫不知道把律師的委任書帶到監獄裡是違法的。然而由於是法官自己簽名允許阿希耶赫進入監獄，於是他下令放棄起訴。

蕾拉的故事不僅在伊朗國內人盡皆知，而且還流傳到了國外，一開始是國外的伊朗記者與部落客報導此事，之後便迅速傳遍了國際媒體與人權組織。挪威首相謝爾・馬格納・邦德維克得知蕾拉的案子之後，還寫信給總統哈塔米表達關切。終於，蕾拉獲得第二次審判的機會，這次是由一名較年輕、較具同理心的法官審理。

當法官仔細考慮的時候，阿希耶赫在法庭門外踱步。

「放輕鬆，」法官走出門外告訴阿希耶赫，「她會獲得自由。」

但阿希耶赫感到擔心，她對法官說，光是獲得自由對蕾拉來說還不夠。如果她的家人逼迫她重操舊業，阿希耶赫或任何人就完全幫不上忙了。

「我可以將她送到德黑蘭做為懲罰，」法官提議說，「但之後你要怎麼做？」

「你就這麼做吧。」阿希耶赫說道。而法官確實這麼判了。

阿希耶赫與夏迪找到一個為貧困年輕女性設立的組織來照顧蕾拉。她們募款來維持蕾拉的各種需要，包括保姆，因為她無法照顧自己，還有心理醫師來協助醫治她的長期創傷，以及私人家教教導她讀寫與通過相當於小學五年級的考試。阿希耶赫盡可能常帶蕾拉到自己家裡，這樣她才能跟艾娃一起玩，體驗一下家庭生活。蕾拉的心理醫師告訴阿希耶赫，讓蕾拉接觸賈瓦德非常重要，因為她缺乏正常的與男人交流的經驗。

「你就像母親一樣地照顧我，」蕾拉曾對阿希耶赫這麼說，「你應該幫我找個丈夫。」

阿希耶赫經常拍攝蕾拉的影片。當她拍得夠多了，她打算把這些影片剪輯起來，寄給第一次審理蕾拉案子的法官，並且問他，現在的蕾拉是否對社會有好處？

加茲溫有一名年輕女性，因為殺害一名她宣稱要性侵她的男性而面臨死刑。阿希耶赫同樣發現承審法官是個親切的男性，但這名年輕女性無法說服他相信她這麼做是出於自衛。依照伊朗法律，這種案子還有別的方式可以免除死刑：迪亞，也就是血錢，被告支付受害者家人賠償金。但加茲溫的這名女性付不出這筆錢。於是阿希耶赫在婦女新聞網站以及她先前成立的部落格上張貼募款告示。不到十五分鐘，阿希耶赫已經募到了足以換取加茲溫女孩性命的金額。她與兩個朋友租了車，帶了一盒糖果與一張支票，前往哈馬丹郊外山區的受害者家中。

阿希耶赫變了。她依然是那個幹勁十足的報紙編輯，每天要處理《信任報》十六頁的版面，而且還要當個詩人；但她現在也成了另一個人：她變得極為關注未成年死刑犯與犯下不貞潔罪的貧困年輕女性的故事，她們的生命還沒開始就變得廉價。在這個國家裡，所有發生的弔詭之處，在於無論是得體還是殘酷，都有賴於國家的良知判定。同事們指責她：她不能既是個記者又是個活動分子，而且這些是死刑案件，是已經成定局的事，不值得她花上記者時間去報導。阿希耶赫只知道自己有工作要做。如果身為記者的她都不知道這些法律與這些法律執行的狀況，那麼她要如何讓她的七千萬同胞更加了解這些事？

在哈塔米第一個總統任期剛開始的時候，阿希耶赫與她昔日的教授、當時的總統發言人哈迪・哈尼基爭辯關於市民社會的問題：哈尼基認為市民社會是一種可以由上而下設立的計畫；阿希耶赫反對，她認為從定義來說，市民社會應該來自於民眾，而非來自於政府。兩個人的爭辯越演越烈。阿希耶赫對哈尼基說，他現在不是以一個社會學教授的身分跟她說話，而是以他現在擔任的職位，也就是以政府的立場在跟她說話。哈尼基請她離開，並且斷絕兩人的關係。現在，幾年過去了，阿希耶赫在會議上見到哈尼基。哈尼基公開承認說，市民社會最好的地方，就是它來自像阿希耶赫這樣的人士。

但阿希耶赫不知道總統哈塔米與改革派人士對於她關注的議題抱持什麼立場。如果可以選擇的話，阿希耶赫寧可與改革派合作而非改革派的對手。但阿希耶赫既不信任政治人物，也不期望能信任政治人物。當人權律師希林．伊巴迪於二〇〇三年獲得諾貝爾和平獎時，總統哈塔米的評論貶低了伊巴迪的成就。哈塔米說，伊朗可以為諾貝爾的科學與文學獎項感到驕傲，但和平獎則不是那麼重要。阿希耶赫在專欄中做出回應，她認為伊巴迪獲得肯定這件事足以榮耀伊朗。

阿希耶赫從來沒把自己當成女性主義者，她認為自己從事的工作是在維護兒童權利。伊朗有將青少年處以死刑的惡劣傳統，先將青少年關在牢裡，等到他們成年後再處死他們。伊朗也是全世界死刑執行率最高的國家之一，僅次於中國。然而，隨著阿希耶赫對死刑案件的關注愈來愈廣為人知，女權活動分子也漸漸將阿希耶赫視為她們的陣營。她們找阿希耶赫前來聚會，共同商討希林．伊巴迪從斯德哥爾摩得獎返國後的慶祝事宜。

這場會議讓阿希耶赫印象深刻，參與者的背景極為廣泛——與會的女性有些是嚴肅的穆斯林與伊斯蘭主義者，有些則是世俗派人士，她們從事的工作也反映出非常廣泛的關切。當希林．伊巴迪的飛機降落時，機場湧現了大批人群。人群不僅是為了祝賀，也為了保護。在眾目睽睽下，沒有人能傷害希林．伊巴迪。為了這個活動而進行的各項組織工作，只是為下一步做準備。在此之前，伊朗的女權活動分子已經組成網絡。往後一年半，同樣的團體將每週或每兩週開一次會。透過開會，活動分子們達成共識，認為伊斯蘭女性面臨的最重大議題，乃是法律本身的歧視性質。

根據伊朗法律，女性在婚姻、離婚或繼承上沒有平等權利。男人可以娶好幾個妻子，而且可以有所謂的臨時婚姻，形同合法嫖妓。孩子的國籍承襲自父親，而非母親。女性的生命與肢體，價值（血錢）不如男性；在法庭上，女性的證言效力不如男性；名譽殺人，女性的性行為使家族蒙羞，男性親戚以此為由殺死該名女性，這種殺人行為在法律上不算殺人。然後，在刑法責任能力的年齡起算上，女性比男性早了六歲。

二〇〇五年夏天，哈塔米的總統任期已接近尾聲，先前開會討論如何表揚希林．伊巴迪的女權活動分子，此時組織了一場靜坐抗議。數百名抗議者聚集在德黑蘭大學前面，賈瓦德拍照，阿希耶赫寫作。這是伊朗二十年來首次出現女權示威抗議，上一次是為了抗議何梅尼強制女性穿戴頭巾，這一次是為了抗議法律的基礎不平等。

對於那些因為相信哈塔米的承諾而感到惱怒的人，阿希耶赫．阿米尼對於他們的感受並沒有強烈的體會。但相較於一九九七年，阿希耶赫覺得自己對於二〇〇五年總統大選的勝負更加關注。她並不期望奇蹟出現：民主、言論自由、解放的市民社會。她不認為在國內能有與強硬派一較高下的候選人，也不認為人權支持者能敵得過司法部。她只希望跟政府之間能有合作的空間，有脫落的線頭供她拉扯，在國家沉重的蓋子之下能有些許針孔供像她這樣的活動分子呼吸。她為女性、青少年與伊朗法律下生命的神聖性爭取權利，這是個漫長而緩慢的路途，無論誰當總統，這一路上都將遭受敵視。而基於這個理由，一旦總統也成為敵視她的人，整個世界必將更為不同。

沒有人想把票投給穆斯塔法．莫因，莫因是哈塔米的教育部長，也是改革派政黨伊斯蘭伊朗參與陣線的候選人。阿希耶赫的朋友與親戚對她說，如果連哈塔米都無法有所建樹，那麼對於更缺乏魅力的莫因他們還能期待什麼？如果連哈塔米都無法擊敗強硬派勢力，那麼莫因又怎麼可能敵得過？儘管如此，莫因做的事卻贏得阿希耶赫的尊敬：莫因讓競選團隊邀請女權活動分子、人權活動分子與記者前來與他進行討論。阿希耶赫同時具有這三種身分，因此受到邀請。阿希耶赫發現當活動分子發表他們的挫折與期望時，莫因都仔細聆聽著。

莫因開始高談性別平等，並且引用《古蘭經》來支持自己的觀點。但一個非常年輕的女權活動分子打斷了莫因。

「不要再提真主了，」她說道，「我要你回答我，你不是真主派給我們的使者。如果我們投票給你，你必須為我們做事。」

選後，阿希耶赫從莫因的朋友那裡得知，莫因認為這場會議是這場選戰中最棒的經驗。他對他的朋友說，從女權活動分子口中，「我聽到了這三十年來我從未聽到的聲音」。

會議之後，阿希耶赫深信莫因當選總統的話，必能提供她持續工作所需的空間，而且也會比她記憶中的拉夫桑賈尼政權捲土重來更能與她意氣相投。當頑固的改革派人士呼籲杯葛選舉時，對政治不感興趣的阿希耶赫·阿米尼反而懇求她的朋友與家人跟她一起投票給莫因。可是她無法說服賈瓦德或她的姊妹。當艾哈邁迪內賈德擠進第二輪時，她憤怒地指責她的親人。她堅持，他們以及其他杯葛第一輪選舉的人都要為眼前的可怕選擇負責。他們必須硬著頭皮投票給拉夫桑賈尼，因為另一個選擇更令人無法忍受。

艾哈邁迪內賈德就任總統時，一股寒意幾乎馬上降臨在剩餘的改革派報刊上。阿希耶赫回憶說，有些審查來自報刊內部，而且是可預期的。此時不是與檢察長辦公室作對的時候。阿希耶赫的編輯要她停止發表這麼多女性報導，《信任報》不是女性主義報紙。經過幾次爭論之後，阿希耶赫離開《信任報》，到歐米德曾經待過的負責推廣市民社會的非政府團體。她負責管理團體的網站，並且利用自己的時間研究死刑案例。現在她看起來完全像是個活動分子而非記者，而她的工作也更直接地落在新政府的視線範圍之內。

艾哈邁迪內賈德的情報部長是過去曾經擔任特別教士法院院長的戈拉姆－侯賽因．穆赫辛尼－埃傑伊，在他的直接命令下，審理阿特法赫．薩哈阿雷赫案子的法官免於遭到起訴。在獲得任命後不久，穆赫辛尼－埃傑伊宣布「市民社會」可說是敵人的戰略工具，這裡的敵人指的是美國。包括阿希耶赫在內的活動分子們現在知道安全部隊將以此為藉口來進行掃蕩。

穆赫辛尼－埃傑伊發表聲明後不久，希林．伊巴迪打電話給阿希耶赫。「我們彼此認識，但我們距離遙遠。」這位諾貝爾獎得主說道。伊朗的人權活動分子從現在起必須緊密結合起來。伊巴迪找來大約十名領袖組成團體，其中包括阿希耶赫。他們與他們的組織是哈塔米時代曾經獲得培養與放逐的重要市民社會場景的殘餘。現在，他們遭到孤立而且處境危險。他們必須捍衛彼此，來因應未來可能遭遇的逮捕。他們組織一個祕密網絡，定期見面，如果無法見面，便在線上會合。

對阿希耶赫來說，這個網絡可以帶給她力量與支持。儘管籠罩的陰霾逐漸擴大，阿希耶赫還是持續進行研究與擁護人權。她接受未成年人被判處死刑的案子；她無法判斷被告有罪還是無罪，她只相信一件事，那就是無論這些年輕人在十八歲前做了什麼，國家都不應該處死他們。如果伊朗的法律不認為他們是孩子，那麼至少國際法是這麼認定的。

住在拉什特的德拉拉．達拉比從四歲就開始畫畫，聰明的她深獲父親的喜愛。十七歲時，她與一個十九歲的男孩交往，這個男孩名叫埃米爾．侯賽因．索圖德赫。埃米爾．侯賽因想娶德拉拉，他急著籌錢來準備迎娶的事。根據德拉拉日後的說法，二〇〇三年某天夜裡，埃米爾．侯賽因引誘她到她父親的一個有錢的女性親戚家中。德拉拉表示，在親戚家中，她被埃米爾．侯賽因下了鎮靜劑，因此當埃米爾．侯賽因殺死親戚並且洗劫親戚家時，她無法反抗。埃米爾．侯賽因懇求說，如果他們被抓，就讓德拉拉出面頂罪，因為她只有十七歲，不會被判死刑。埃米爾．侯賽因已經十九歲，他必定要面臨死刑。

埃米爾．侯賽因的朋友偷偷把事情告訴德拉拉的父親。達拉比先生把德拉拉叫到面前，他想知道那個人說的是不是真的。德拉拉承認是真的。她的父親一氣之下，不想再聽任何解釋，直接報警把他的女兒與她的男朋友帶走。往後兩個星期，他完全沒有德拉拉的消息。然後他得知德拉拉已經坦承犯案。

德拉拉的父親到獄中看她，問她是否真的殺害親戚。

「你怎麼會這麼想？」德拉拉回答說，「我有能力殺人嗎？」

與埃米爾．侯賽因的預測相反，當二〇〇五年二月這個案子開始審理時，德拉拉在案發時的年齡並未讓她獲得寬大處裡。雖然她推翻自己先前的說法，卻還是被判處死刑。往後三年，她的律師不斷要求再審，而他也找來阿希耶赫到拉什特研究與公開這個案件。

每當德拉拉的父親向阿希耶赫提起女兒，都忍不住哭泣。如果他能聆聽德拉拉的說法，相信那是她男友犯下的罪行，並且從一開始就阻止她為她的男友頂罪就好了。阿希耶赫想看德拉拉的畫，原本預期只是一個有才華的青少女的作品，但她卻看到了傑出而驚悚的景象，其中有許多是德拉拉在獄中完成的作品，她用手指取代畫筆，絕大多數是以黑白兩色呈現，並且添上顯眼的紅色。畫中的人物骨瘦如柴或蒙上雙眼，遭到監禁或面對絞索；他們在黑暗中發出亮光，被阻隔在鐵絲網與欄杆之後，他們的臉上滿是摧殘的模樣。德拉拉描繪了死亡、監獄與她對不公義的印象，像她這樣的人，不管在世界什麼地方，都會被當成天才。

「我可以寫一篇關於你女兒的報導，」阿希耶赫對達拉比先生說，「但我更傾向於將你女兒的畫作展示給世人。這些畫比我的解釋更能說明一切。」

二〇〇六年五月，阿希耶赫接到一通令她困惑的電話。一個住在馬什哈德的老朋友讀到阿希耶赫關於青少年死刑犯的報導，這個朋友想知道，阿希耶赫是否也報導其他形式的司法處決案件，例如石刑。

石刑是一種古老的伊斯蘭刑罰，通常用在通姦者身上，人們會把已婚的婦女與她的愛人埋在坑裡，將他們的雙手反綁在身後，然後持續朝他們的頭部與身體丟擲石塊，直到他們死亡為止。

顯然伊朗刑法並未授權執行這種野蠻的刑罰。事實上，阿希耶赫曾經問過夏迪・薩德爾這類案件，因為夏迪曾經看過某些案子裡提到這種刑罰。夏迪向阿希耶赫保證，二〇〇二年，大法官阿亞圖拉沙赫魯迪已經下令中止石刑。夏迪說，也許有些犯人被判處石刑，但這種是虛有其表的威脅，不可能執行，實際上執行也是非法的。

阿希耶赫向在馬什哈德的朋友說明夏迪的解釋。那兩個人不可能被實施石刑。但朋友堅持阿希耶赫應該親自來馬什哈德看個究竟。

朋友與同事都警告阿希耶赫別管這件事。如果真的有石刑，一定是祕密執行，無論是誰下的命令，必然會想辦法隱瞞這件事。但阿希耶赫還是去了馬什哈德，而且找到了消息來源。那個人是阿希耶赫待在馬什哈德那一年認識的老朋友的鄰居。他為革命衛隊情報單位工作，而且目睹了一切。

阿希耶赫與一名同事邀請他上他們的車，讓他帶著他們前往執行石刑的地點。這名衛隊成員帶著革命衛隊情報單位的無線電，每當無線電發出細微的爆裂聲時，阿希耶赫就覺得自己的皮膚一陣刺痛。她不知道自己該不該相信這個人，但之後這個人說話了。這名衛隊成員對阿希耶赫說，他原本是一個非常嚴肅的穆斯林，但那天經歷了貝赫什特・雷札公墓的事情後，他已經不知道自己該相信什麼了。

被處刑的兩個人名叫馬布貝赫與阿拔斯。判刑的法官寫信給革命衛隊的情報單位、省政府、巴斯基與當地的巴士站，表示將在公墓進行一場伊斯蘭儀式，希望有人能自願參與儀式。許多人登記報名，有些人是革命衛隊成員與巴斯基，有些人是巴士司機。然而沒有人知道要進行什麼儀式。

阿拔斯與馬布貝赫被帶到現場，他們人還活著，身上卻穿著壽衣；他們被放進地面已經挖好的坑洞裡。但女人的坑洞不夠深，她的胸部必須完全被土蓋住才行。於是又把她拉上來，把洞挖深一點。

一名在馬什哈德擔任重要法官的高階教士向眾人吟詠詩句。他告訴大家，他們對這兩個人丟擲的每一塊石頭，都將用來建造他們在天堂的家園。他自己先丟了第一塊石頭。

阿拔斯默不作聲，也許他已經死了，也許他的靈魂已經離開他一息尚存的身體。但女人卻哀號著，她說：「請砍下我的頭，砍掉我的腳。但不要用石頭丟我。」

他們抵達公墓。阿希耶赫的同事蹣跚下了車，在一旁嘔吐。衛隊成員繼續說著故事。他告訴阿希耶赫，他不想參與這件事。法官叫喚他，要他丟石頭。他說他的工作是保護群眾，他不是自願者，他不會放棄他的職責。但他心裡想的其實是別的事情。這名法官，這名教士，嘴裡不斷說著真主與先知。但這名衛隊成員不知道該如何面對這樣的真主與這樣的先知。

「有石刑的影片。」衛隊成員對阿希耶赫說。

「在哪裡？」阿希耶赫問道，「無論如何我都要拿到影片。」

衛隊成員說：「我有一份拷貝。如果你能保證有國家願意提供我還有我的家人安全避難所，我就把影片給你。」

阿希耶赫無法做出這樣的保證，但她也對這名衛隊成員產生恐懼。現在他知道她是誰，也知道她知道這件事。她告訴他她會留意這件事，但她永遠不可能滿足他的要求。

阿希耶赫很清楚，石刑確實發生了，而且是祕密執行。阿希耶赫拿這件案子去找承審法官，法官拒絕接受訪問。阿希耶赫說，沒關係，但能不能告訴她，是不是他下的判決？

他是依據法律下的判決，法官回答說。法律不是他制定的，他必須執行法律。

阿希耶赫提醒法官，司法總監曾經下令停止執行石刑。法官露出輕蔑的表情。他解釋說，伊斯蘭教法是最高的律法，而非司法部。身為法官，他不對任何德黑蘭官員負責，而是對伊斯蘭教法本身負責。他會自己下決定，不受條約、立法或沙赫魯迪的政策影響。

阿希耶赫把這段陳述以及其中蘊含的對司法部職權的理解，帶回給她在伊斯蘭女權社群的朋友。她們先前決定把歧視性的法律做為抗爭的重點，但現在她們才理解先前未曾理解的事。她們可以將她們的要求告訴政府，甚至直接向司法總監申訴，或許可以得到聆聽與回應。但是，在伊朗體制下，法官都是由接受伊斯蘭法學訓練的教士出任。最強硬的法官認為他們是向比國會通過的立法位階還高的伊斯蘭教法負責。阿希耶赫不久將會知道，伊朗的憲法與刑法模稜兩可，居然同時支持上述觀點以及與其相反的觀點。

阿希耶赫的所有案子都與律師夏迪．薩德爾進行非正式的合作：阿希耶赫進行研究以及與被告接觸，夏迪提供法律建議與辯護。現在，阿希耶赫去找夏迪，告訴她自己在馬什哈德知道的一切。她深信石刑確實存在，但她沒有檔案證據。如果阿希耶赫公開報導這件事，司法部會說她說謊，屆時阿希耶赫既無法提出證據，也無法讓自己免於報復。那些該為此事負責的人將在她挖掘出更多證據之前設法讓她閉嘴。在哈塔米時代，要公開這類故事已經有風險；現在，在強硬派統治的壓迫越演越烈以及更加不透明的狀況下，做這種事簡直是有勇無謀。

同年稍早，阿希耶赫在拉合爾的會議上見到幾位巴基斯坦的女權活動分子。她曾與她們提到巴基斯坦的石刑問題，而當時她還不知道自己的國家也有石刑。在巴基斯坦，石刑不是司法懲罰，而是村民們自願進行的族間血仇（vendetta）。巴基斯坦女性主義者開始透過揭露與譴責來去除石刑。阿希耶赫提議，她與夏迪可以嘗試這種做法。她們不會具體談論個案，只會向民眾傳達石刑的不當；在此同時，阿希耶赫則繼續研究馬什哈德的案子，直到可以向大眾公布為止。

夏迪欣賞這個想法，她找了第三個夥伴加入，這個人是著名的女性主義前輩，擁有革命運動與伊斯蘭左翼的背景。她們三人與另外兩名女性共同發起「永遠停止石刑」（Stop Stoning Forever）運動，後者因為居住國外，所以可以傳播她們的發現與引起國際注意而不用擔心風險。

阿希耶赫回憶活動初期是她一生中最美好的時光之一。她原本獨自投入死刑案件，但現在卻逐漸產生影響，擁有了夥伴與更大的目標，在她的身邊也有了強大的團結力量。阿希耶赫與夥伴面對的每一件案子都跟過去接觸的案子一樣悲慘，但在下班後，她們會在暈眩的派對中唱歌跳舞，藉此紓解內心的焦慮與消耗剩餘的精力。有一次，她們當中的三人租了一輛巴士，帶著她們的孩子前往北部的克拉爾達什特，這是位於馬贊德蘭省的一處草木蔥鬱的谷地。她們整個週末都待在阿希耶赫朋友的度假屋裡，放鬆之餘也計畫著運動的未來。

當一群婦女在足球場外靜坐，抗議女性遭受的不平等待遇時，阿希耶赫與其中一名夥伴也參與其中。夥伴的腳因為警察的攻擊而嚴重受傷。二〇〇六年六月十二日，當其他團體在德黑蘭四月七日廣場發起女權示威抗議時，阿希耶赫也前往支援。婦女們面對封鎖線與警察，而警察以警棍、胡椒噴霧劑驅趕她們，並且用有色顏料標記她們，讓警察能夠逮捕脫逃的抗議者。當天有七十人被捕，阿希耶赫不在其中。七十人當中有十四人被以「破壞國家安全」或「危害公共秩序」的罪名判刑。

這段時期與阿希耶赫所知的其他時期一樣黑暗，但這段時期也是伊朗婦女運動團結的時期。這場運動就像在花崗岩山腰建立城市一樣，注定要經歷艱困。四月七日廣場抗爭之後，有些女權活動分子發起所謂的百萬連署運動。她們印製小冊子，上面詳列歧視女性的法律。活動分子私底下將小冊子發放給婦女，向她們解釋內容並且收集廢止這些法律的連署簽名。

阿希耶赫與她的夥伴採取不同的做法，她們的武器是透明化，因此她們的運動仰賴媒體。她們也肩負報導的重擔：她們需要確實的證據證明司法部並未遵從中止石刑的命令。

阿希耶赫讓參與運動但已經移居國外的夥伴採訪自己，在訪談中，阿希耶赫提到她曾聽說馬什哈德有一起石刑案件，而她正對此進行調查。這個訪談終於引起阿希耶赫希望得到的回應：受害者家人的朋友跟她們連繫，他要帶她們去見被石頭砸死的婦女的子女。

阿希耶赫回到馬什哈德尋求完整的故事與相關證據。根據家人的說法，馬布貝赫嫁給家暴的丈夫，他不僅把馬布貝赫打得頭破血流，還帶其他女人回家過夜。馬布貝赫完全不想嫁給這個男人，是她的父親堅持把她嫁過去的。她曾經四度嘗試與家暴的丈夫離婚，但父親告訴她，如果她這麼做，她將無家可歸，因為他不會支持馬布貝赫這麼做。阿拔斯愛著馬布貝赫，於是殺了她的丈夫。在刑求下，馬布貝赫被迫承認她與阿拔斯有性關係，因此犯下殺人罪。阿希耶赫無從確定這種說法是否真實，馬布貝赫的家人則是予以否認。但這顯然是對這兩人實施石刑的理由。

馬布貝赫的家人給了阿希耶赫兩份文件：一份是法院判決書，證實石刑確有其事；另一份是法醫報告，證實了死因。阿希耶赫於是在部落格上公布她所知的一切，這則故事沒有任何報社敢刊登。司法部長賈馬爾．卡里米－拉德召開記者會，他表示，這則石刑故事是謊言。國家媒體散布謠言，說永遠停止石刑運動拿了外國的錢，宣傳虛構的故事，散布西方對伊斯蘭律法的偏見。

技術上來說，石刑並不局限於女性議題上。至少就被指控與已婚婦女發生性行為的男性來說，被施以石刑的狀況也不少見。但最終來說，通姦還是屬於女性的議題。男性在法律上可以擁有四個妻子與多個情人；女性想要反對，也只擁有有限的救濟手段。女性提出離婚的權利與男性並不對等，就算真的離婚成功，她們也會自動喪失七歲以上子女的監護權。已婚婦女如果沒有丈夫允許，甚至不能外出工作。擁有情人的女性，將會與她們的情人以犯通姦罪為由而被處以石刑。阿希耶赫與永遠停止石刑運動的夥伴希望藉由揭露石刑依然存在，將一連串歧視性的家庭法公諸於世。

永遠停止石刑運動的創立者持續接受訪談。阿希耶赫在全國進行遊說，從北到南，從東到西，從城市到城市，從監獄到監獄。二〇〇六年一整個夏天，阿希耶赫只有兩個週末與家人共度。阿希耶赫與夥伴發現有十四個人被判處石刑，而且找到他們的家人與律師。夏迪建立一個網絡來協助沒有律師的石刑受害者，很快地，永遠停止石刑運動擁有一個龐大的顧問團。阿希耶赫負責外勤，夏迪負責法務，而第三個夥伴負責活動分子運動。她們無法在國內發表文章，於是就把案例的內容發送到國外，給像國際特赦組織這樣的團體，然後這些資訊就會像迴力鏢一樣送回到伊朗。

阿希耶赫忙著計畫德拉拉．達拉比二〇〇六年秋天的畫展。到目前為止，她已經到獄中見過德拉拉，也見過德拉拉的法官。不知何故，與之前阿特法赫的法官一樣，阿希耶赫覺得這名法官似乎決心處死這名孱弱的女孩。阿希耶赫希望自己能讓德拉拉成為一個藝術名人，藉此先發制人，影響法官的決定。

阿希耶赫為德拉拉找到了畫廊。這間畫廊屬於莉莉．戈雷斯坦所有，她是在庫德斯坦被地雷炸死的攝影師卡維赫．戈雷斯坦的姊姊。當阿希耶赫與賈瓦德把德拉拉的畫拿給莉莉．戈雷斯坦看時，她感到吃驚。她不在乎這些畫作的品質，因為她認為這個運動的宗旨很重要，因此她無償提供空間供畫作展出。但莉莉還是對阿希耶赫說，這些畫「令人驚豔」。光從畫作本身來看，德拉拉的作品值得舉辦展覽。

展出第一天出現了戈雷斯坦畫廊從未見過的盛況：五名大使到場，還有大批攝影師、記者與活動分子出現。此次的新聞報導遍及全球。德拉拉的照片，戴著藍色頭巾，目光低垂，指關節頂著嘴唇，露出沉思的模樣，出現在遠至義大利與布吉納法索的抗議者標語牌上。她展覽上的畫作也是一樣。

畫廊牆上貼著德拉拉的聲明：「在你面前的畫，不是無言的景象與色彩，它們是我們生活上如照片般的痛苦現實。每天，我眼前見到的臉孔，只有牆壁。三年來，我用顏色、形式與言語來捍衛自己。這些畫是對我從未犯過的罪行的誓言。在這些色彩帶我重回世間之前，我只能從牆的後頭向前來觀看我的畫作的人致意。」[2]

德拉拉繼續在牆的後頭待了兩年半。然後法官祕密行刑，沒有目擊者也沒有任何通知。二〇〇九年五月一日，德拉拉．達拉比在早上七點打電話回家，若有人聽見，她說的最後幾句話就是：

「喔，母親，」德拉拉說道，「我看到劊子手的絞索就在我的面前，他們要處死我了。請救救我。」[3]

司法部長賈馬爾．卡里米－拉德在每週記者會上幾乎都會提到阿希耶赫與她的同事，他威脅說，國內某些勢力膽敢威脅司法部，這個問題必須處理。阿希耶赫從其他人那裡得知，司法部長正伺機逮捕阿希耶赫，因為她的做法觸怒了他。如果有任何事或任何人可以讓阿希耶赫停手，那就是司法部長；但阿希耶赫還是繼續追查石刑案件。

在加茲溫省的城市塔克斯坦，賈法爾．基亞尼與他據傳的情人莫卡拉梅赫．易卜拉希米因為將近十年前犯下通姦罪而被判石刑，法院直到現在才要執行刑罰。永遠停止石刑運動開始行動，以各種方式將她們對這個案子所知的一切公諸於世。終於，阿希耶赫得知石刑遭到中止，這對運動來說是一場勝利。但幾天後，阿希耶赫聽到別的消息：基亞尼被祕密帶往城外的山區，在那裡被處以石刑。

阿希耶赫前往當地山區，一名村民為她指出血跡斑斑的石塊。她把這些石頭收集起來，帶回德黑蘭做為證物。她拍攝照片與影片，而且採訪了當地村民。然後她在城市加茲溫稍作停留，當地一名活動分子找她前來，阿希耶赫於是來此與他見面。這個活動分子有一份重要文件：有人偷偷從審理基亞尼案件的法官桌上拿了文件，並且將它掃描下來。掃描的內容存在光碟裡，他要求阿希耶赫閱讀這份文件，然後銷毀光碟。

這份文件是塔克斯坦法官給沙赫魯迪的信，信中明確反對中止石刑。法官宣稱，無論沙赫魯迪下什麼命令，他都不會停止執行石刑，因為伊斯蘭律法站在他這一邊。此外，法官引用了阿希耶赫從未看過的法律條文；條文授予法官裁量權，法官可以對違反貞潔的罪行處以石刑與一百下鞭刑。凡是認為這些懲罰具有合理性的法官，都可以獨立於體制之外實施刑罰。雖然憲法規定，法院必須根據國家法律進行判決；但憲法也規定，如果國家未提供相關法律，法官可以訴諸「伊斯蘭來源與可信的教令」。類似的矛盾也出現在刑法典上。塔克斯坦法官最後說道，阿亞圖拉沙赫魯迪也許是司法總監，但在賈法爾．基亞尼的案子上，他毫無置喙餘地。

阿希耶赫依照活動分子的囑咐銷毀光碟，但她把光碟的內容記在心裡。她現在了解，司法部內部正進行一場全面戰爭。有些法官只根據國家的刑法典判決，但另一些法官則超越刑法典之外，引用伊斯蘭教法來判決。愈來愈多的基本教義派法官不接受沙赫魯迪的權威。不幸的是，沙赫魯迪在公開場合保持沉默，只會讓他的敵人更加肆無忌憚。

阿希耶赫不願保持沉默，她在返回德黑蘭的計程車上接受德國之聲與英國廣播公司ＢＢＣ的訪談。她等待結果。但是，幾天後，二〇〇六年十二月二十七日，賈馬爾．卡里米－拉德在一場車禍中喪生。阿希耶赫有點難為情地承認，她當時確實有鬆了一口氣的感覺。

二〇〇七年春，阿希耶赫收到幾個活動分子同事的信。去年在四月七日廣場抗爭時被捕的五名女性，將在三月四日開庭審判。信上表示，女權活動分子社群必須表現對這些婦女的支持，她們將在法院前面進行沉默抗議。

這些沉默抗議群眾才剛在法院聚集，警察就開始抓人。警察粗魯地抓住阿希耶赫，連大衣都扯破了。被告與她們的律師，包括夏迪．薩德爾，一同走出法庭，也參與抗爭；她們也一起被抓。阿希耶赫與其他三十二名女性先被帶到沃札拉，這裡是道德警察平常使用的監禁中心。抓捕她們的警察也是女性，這些活動分子覺得有機可趁。

「我們在這裡是為了『你們』，」一名活動分子對女警說道，「為了你們的女兒，你們的姪女、外甥女。你們應該支持我們。」

這些警察與被拘留者突然開始討論起來。有些女警坦承，她們的確支持婦女運動，對於拘留她們也感到遺憾；有些女警則對著同情的女警大吼，要她們閉嘴。被拘留者被移往埃溫監獄，所有的討論到此結束。

阿希耶赫從眼罩底下可以看到，訊問者手中有厚厚一疊檔案。在檔案的最頂端，阿希耶赫覺得自己看到了從自己的部落格列印下來的資料。訊問者抱怨，某天她遭到監禁的事引來大量的新聞報導。她能說什麼？阿希耶赫不經意地想著，難道這表示她與她的同事很重要？但訊問者說話的語氣與內容讓阿希耶赫想到別的事。按理她現在不應該待在監獄裡。安全部隊原本是想持續監視她與其他女權活動分子，追蹤她們的網絡與活動，最後再一網打盡。但法院外頭的抗爭行為構成了挑釁，所以她現在才在獄中。

訊問者知道，活動分子計畫下個星期在國會前發動一場女權示威活動；他指示阿希耶赫應該取消這場活動。阿希耶赫說，她不可能在監獄裡取消活動。訊問者說，阿希耶赫遲早都會出獄。確實如此，阿希耶赫與其他絕大多數犯人都在被捕的五天後獲釋。只有兩個人還關在牢裡，她們是永遠停止石刑運動的兩個夥伴。

所有獲釋的婦女都收到相同的指示：取消示威抗議。但如果她們這麼做，很有可能有些人未能及時收到通知。到場的婦女將受到殘暴的鎮壓，組織者要為此負責。但是，如果她們不取消行動，阿希耶赫很確定她的朋友將會在獄中受苦。

阿希耶赫想了一個辦法：她們應該取消示威，但她們也應該在原定時間前往國會，告訴那些誤以為示威繼續進行的人趕快回家。她們會直接向安全部隊表示，她們來這裡是為了取消示威。但安全部隊依然用警棍毆打她們，阿希耶赫拍了一張活動分子的腳嚴重瘀青的照片。

剩下的兩名犯人於三月十五日獲釋，其中一名的保釋金是二十二萬美元，另一名是二十八萬美元。兩人各自經營的組織都被勒令停止，但不包括永遠停止石刑運動。

她們現在知道自己的工作已經受到嚴密監視，她們的生活也是。阿希耶赫知道自己的電話遭到監聽，她的行蹤也遭到監控。某天，一名陌生人順道拜訪阿希耶赫的一個鄰居；他說他是為了處理保險事宜而來研究車禍報告，他問鄰居大樓裡的所有家庭與他們的車子。之後他離開，但過了幾分鐘又按了鄰居門鈴。他透過對講機說道：「我忘了問你阿米尼太太的車子。她的車子是哪一輛？」

這個鄰居並未告訴他阿希耶赫姓什麼，而大樓裡的人也只知道她的夫姓，大家都叫她蒙塔澤里太太。

某天傍晚，阿希耶赫獨自在家。艾娃在朋友家，賈瓦德去工作。公寓很陰暗。突然間，阿希耶赫覺得自己喘不過氣來。她覺得很想哭，卻發不出聲音來。她以為自己快死了。她去沖澡，然後檢查電子郵件。她看到已經流亡的記者朋友留給她的問候短信。不知何故，她的情感決堤了。

她發出劇烈的嗚咽聲，而且持續很長一段時間，她的鄰居跑來查看發生了什麼事。阿希耶赫騙他們說，她有個親人去世了。

阿希耶赫的電子郵件信箱塞滿恐怖的故事，這些故事來自遙遠的城鎮，來自死囚的親人與律師，這些死囚已無計可施，而他們聽到阿希耶赫所做的一切。阿希耶赫得知塞姆南省有三個人即將遭到處決，她把這件案子交給另一個活動分子團體。但某天早上五點，阿希耶赫還是接到那些死囚律師的電話，他說這些人即將被絞死。就在這個時候，阿希耶赫的手突然麻掉了，她的手動不了。她看著自己的身體，彷彿自己已經靈魂出竅。不久，她整個人又恢復原狀。然後，阿希耶赫前往拉什特探望德拉拉的母親。回程的路上，夜裡，她的身體在顫抖，似乎是發燒引起的；這種狀況現在每個星期都會發生一次。她不知道自己為什麼會發燒，她覺得應該是病毒引起的。她吃了藥，但顫抖的現象沒有改善。

運動內部出現了麻煩。阿耶希赫的夥伴們飛到了比阿希耶赫還高的高度：她們的國際連結更多，有時也更投入於構建理論上，阿希耶赫認為這只會讓她們忽略本業。儘管業務量不斷增加，運動內部還是出現了分歧與不合。某天下午，阿希耶赫正在講電話，她與一名夥伴正在密切討論，但她卻倒下了；電話掉落。她並未昏睡，她可以聽到房間裡的聲音，但她動不了。大約一到兩個小時的時間，她一直躺在地上。

阿希耶赫開始覺得頭痛：無論吃什麼藥或接受什麼療法都無法緩解這種頭痛欲裂的感覺。阿希耶赫的夥伴沒有回覆她的電話或電子郵件；她們有很多工作要做，許多絕望的人正仰賴她們。

最後，阿希耶赫去看神經科醫師。醫師懷疑，阿希耶赫可能出現某種神經性休克。除了休息，沒有別的治療方法。每天每夜，她的身體都會顫抖，她不斷地發燒。然後有一天，她無法移動她的眼睛、肩膀、脖子。阿希耶赫去了醫院。

阿希耶赫花了一個星期的時間，從腦膜炎、愛滋病到瘧疾，做了各種檢查。阿希耶赫還做了核磁共振與腰椎穿刺。檢查結果完全正常，但她的頭痛以及現在連眼睛也開始的疼痛已變得難以忍受。她覺得自己的眼睛好像要從頭骨蹦出來。但醫院不能收治她，因為根據檢查結果，她很健康。急診科醫師說，也許她該去看眼科。她既憤怒又懷疑地離開醫院。第二天早上，阿希耶赫醒來時，發現自己完全看不見東西。

阿希耶赫的眼睛看起來就像兩顆紅色燈泡，彷彿她的眼瞼外翻腫大成葡萄的大小。她去看了非常有名的眼科教授，他也說沒有問題。阿希耶赫快被逼瘋了，她問道，她已經看不見了，為什麼眼科醫師還說她很正常？

「孩子，」教授說道，「我可以檢查你的眼睛，但出問題的不是你的眼睛。」

阿希耶赫去看了德黑蘭最頂尖的神經科醫師，他確認了第一個神經科醫師的說法：心理性的因素引發身體休克，因而導致神經系統的震盪。她的症狀極為罕見，一百萬人中會有一個例子像她那樣，在極度壓力下產生這樣的反應。然而，當醫師了解阿希耶赫的工作性質後，他相信他的診斷是正確的。醫師開了高劑量的可體松幫阿希耶赫消腫，這種藥物使阿希耶赫的記憶減退、心智遲鈍。有時當她走出家門，居然找不到回家的路。

阿希耶赫腦袋變得不清楚，失去活力，而且對於永遠停止石刑運動感到厭倦。她無法與夏迪溝通。但阿希耶赫連絡上運動在蒙特婁的連絡人，在國際組織的保護下，運動最近開始在當地運作。對方要阿希耶赫放輕鬆；沒有她的話，這個運動無法繼續下去。

然而事實上，整個情勢早已翻轉。阿希耶赫生病期間，她的同事解散了伊朗的永遠停止石刑運動，並將其併入以蒙特婁為據點的組織。就這樣，阿希耶赫建立的一切完全消失。她搞不清楚為什麼會這樣，也不知道是誰從中搞鬼。

阿希耶赫逐漸恢復健康，之後她受到情報部的傳喚。訊問者很清楚運動的事，情報部探員曾經闖入她的辦公室搜索檔案。訊問者詢問她的健康，特別是她的眼睛，彷彿想讓她知道，他對她的事無所不知。在阿希耶赫看來，就連她的身體也遭到惡意的檢視。但情報部最想知道的還是阿希耶赫協助組織的市民社會活動分子網絡。

阿希耶赫經歷了漫長而黑暗的幾個月。她失去了永遠停止石刑運動、工作、朋友，有一段時間甚至失去了自己的身體與心靈；最先恢復原狀的是最後兩者，她的眼睛消腫了。二〇〇九年三月，阿希耶赫的身體狀況已經可以讓她前往紐約，向聯合國的分支團體發表青少年死刑犯的演說。然而，當阿希耶赫想到死刑犯的家人將黯淡而脆弱的希望寄託在她的身上，而她不知道該怎麼向他們解釋運動已經瓦解時，阿希耶赫開始陷入沮喪。

阿希耶赫曾對訊問者唸了一首詩：「我對你說過無數次／『別帶著槍進入我的夢中』。」她還給一位在美國的外籍朋友寫了一封感人的信，信中談到人權工作者需要接受培訓、諮詢與休息時間，而她之前從未想過這些事。這位朋友將阿希耶赫的信翻譯後發布在英語網站 Iranian.com 上，她還附上阿希耶赫眼睛的照片，只見令人吃驚的紅色突起物塞在眼窩裡，但這與阿希耶赫的醫師當初看到的狀況相比已是小巫見大巫。

其他國家的人權工作者是否更有準備、訓練更充分？阿希耶赫不知道。但阿希耶赫無法想像有哪個地方會比伊朗的情況還要更混亂。她曾在信裡反省，認為自己過去與研究主題糾纏太深。德拉拉、阿特法赫以及其他人不斷出現在她的夢中。她與母親們一起坐在絞死她們兒子的絞刑架旁。她沒有模範、導師或手冊可以遵循，如果有的話，就能警告她保持距離或提醒她再這樣下去也許會崩潰。

「真相是，我們是在一座遙遠的島嶼上工作著，」阿希耶赫寫道，「我們隻身一人。當我用疼痛的雙眼盯著天花板兩個月後，我才了解這一點。」

第十六章　汙泥與塵垢的史詩

每個世代的命運必然掌握在自己手裡。

——阿亞圖拉魯霍拉・何梅尼
一九七九年二月二日[1]

二〇〇九年五月底，德黑蘭突然出現不可思議的政治夜生活。這些活動的顏色是綠色的，也就是總統候選人米爾・侯賽因・穆薩維的代表色，從哈塔米時代以來，改革派選民一直瀰漫著憤世嫉俗的心態，因此這種狀況的出現，頗令大家感到意外。起初，當穆薩維參選時，眾人並不認為這股所謂的「綠潮」（Green Wave）是由這位缺乏魅力且保守的候選人帶動的，也不認為是改革派知識分子過去提出的願景此時突然復興。毋寧說，這是一股反對艾哈邁迪內賈德的浪潮，點燃它的除了希望也包括憤怒。

穆薩維起初看起來不像是能承載這股憤怒情緒的人。在二〇〇五年受艾哈邁迪內賈德的禁欲主義與老派革命說詞吸引的民眾，知道穆薩維是貨真價實的人物——他是伊斯蘭左翼意識形態的代表，也是宗教禁欲主義者，但他不像艾哈邁迪內賈德那樣的折衷主義，也不像艾哈邁迪內賈德那樣喜愛表現。穆薩維開始吸收急速增長的支持基礎，是電視辯論會結束之後的事，從此他逐漸成為其他價值的代表，包括民權與自由以及最重要的法治。穆薩維的思想沒有哈塔米那樣先進，他絕口不提「政治發展」或「市民社會」。但穆薩維在選戰演說時卻能明確指責官方的謊言、欺詐與徇私舞弊，並且批評總統不尊重自己圈子以外的人的權利，他認為伊朗的殉難者犧牲生命並不是為了建立這種褊狹的政權。

日後，穆薩維提到「綠色」這件事時，他表示這是支持者做的選擇，他個人只是從善如流。「我跟隨你」這句話從此與這位前總理緊緊相連。幾乎每個人都忘了他說這句話時其實跟綠色運動沒什麼關係。當然，穆薩維也有可能將「我跟隨你」與綠色運動連結在一起。從穆薩維的個性，以及穆薩維在偶然間被徵召參選，之後能超越哈塔米開創出自己的道路來看，這確實是可能的。

午夜之前，阿希耶赫與賈瓦德來到德黑蘭街頭，並且一直待到破曉。穿著綠衣的群眾跳著舞，彼此手臂相扣，釋放出以往在街上難以見到的狂野喜悅。眾人相互吟詩，不斷奚落艾哈邁迪內賈德。巴斯基闖入綠色群眾當中，為艾哈邁迪內賈德辯護，群眾則與巴斯基辯論，雙方幾乎可以說維持著禮貌與和諧，充分展現出民主的氣氛。阿希耶赫對於眼前的現象有點擔心，她對賈瓦德說，這一切看起來很不正常。

六月八日，伊瑪目命令執行總部八十八組織的穆薩維支持者，計畫組成一條長八十八公里的人鏈，以全國各地城市做為環節。他們排成一列，每個人高舉長五十公分的綠色帶子做為象徵。在德黑蘭，人鏈沿著整條瓦利亞斯爾大街延伸，從北部的塔吉里什廣場到南部的鐵路廣場。在內政部旁的法特米廣場附近，許多人聚集起來，車子無法通行。當天，阿希耶赫帶著艾娃上街，阿希耶赫被眼前的景象所震撼。她沒想到有這麼多人出來支持穆薩維。

就連穆薩維的選戰志工也對自己協助促成的景象感到驚訝。一名年輕志工看到自己的母親凌晨一點在廣場中央，與年輕人一起高喊口號。她在一九七九年時是個左翼分子，協助何梅尼取得權力；現在，她告訴女兒，她為自己的子女帶來恐怖的麻煩，她想扭轉這一切。

五月底的某個晚上，一名地方記者發現，大批群眾聚集在德黑蘭北部的查姆蘭高速公路，車輛無法通行，民眾索性將車停在道路中間，下車與這些年輕人一起唱歌跳舞。這些都是支持穆薩維的群眾，他們身上的怒氣就跟所懷的希望一樣明顯。「一個星期，兩個星期，三個星期，艾哈邁迪都沒洗澡。」孩子們唱道。一個類似奇多的熱銷零食品牌，商標上有一隻猴子，一名婦人探出車窗一邊揮舞著零食袋子，一邊指著上面的猴子叫道：「不要投給他！」騎著摩托車的巴斯基只是平靜地微笑。

當哈塔米在自由足球場演說時，氣氛令人吃驚：場地人山人海，連走道與草地都擠滿了人，沒有地方可以坐下。幾天後，記者在同一個足球場參加支持艾哈邁迪內賈德的婦女集會，群眾顯然少了很多，而且年紀偏大，參加者只是盡到最基本的出席，大家看起來都有氣無力的樣子。記者計算了一下，有六十輛巴士從庫姆載運婦女前來，此外也有巴士從洛雷斯坦省載人過來。一名知名女性運動員看到記者朝她靠近，露出驚恐的樣子。她把大衣袖子拉起來，露出裡面的綠色襯衫。「我們的領隊說我們必須來這裡，」她說道，「我們沒有別的選擇。」

看到自己的母親在廣場上的那位選戰志工回憶她前往伊斯蘭夏赫爾與沙赫勒雷伊時，這兩個地方是已經併入德黑蘭的南部郊區，主要是保守派的據點，但她發現許多人支持穆薩維，她一度以為自己走錯了方向。在塔不里士，這裡的亞塞拜然族傳統上不信任中央政府也不願投票，但身為亞塞拜然族的穆薩維卻讓足球場爆滿，大家擠著要進去聽他演講。

南呼羅珊省的城鎮比爾詹德在二〇〇五年時是艾哈邁迪內賈德的據點。一名外國記者曾於二〇〇七年報導艾哈邁迪內賈德在各省巡迴考察時如同「搖滾巨星」般大受歡迎，他於二〇〇九年再次來到伊朗，卻發現這些城鎮瘋狂地支持穆薩維，數千名綠衣群眾吶喊著，競相伸手，想用他們的指尖觸摸候選人的白髮。二〇〇七年，有人說，居民被迫出門投票給艾哈邁迪內賈德。但這一次，「這些人是玩真的。因為我們希望自己的生活能充滿愛」[2]。

二〇〇九年六月，大家似乎都不工作了，時間也似乎靜止了。這場發生在天明前的節慶，充滿了令人陶醉的非現實氣氛。老一輩的觀察者把這幾個晚上發生的事比擬成一九七九年那段民眾狂歡的時光，年輕人則興奮地暗自預演他們一直嚮往的自由生活。但對阿希耶赫．阿米尼來說，在興奮的情緒中隱約帶著不祥的預兆。她猜想著，伊斯蘭共和國為什麼容許這一切？

伊斯蘭共和國感到憂慮。幾個月後，當革命衛隊指揮官穆罕默德・阿里・賈法里向教士與穿著制服的衛隊成員解釋夏日事件時（二〇一四年，賈法里進行說明的影片外流到海外的伊朗人媒體[3]），他表示不能讓改革派重新掌權。這是「紅線」，至於這條紅線是革命衛隊還是最高領袖決定的，賈法里並未明說。絕對要阻止穆薩維當選。當綠潮達到高點時，改革派人士公開呼籲革命衛隊與巴斯基不許干預選舉。這項呼籲的理由很清楚，賈法里說道：少了安全部隊的干預，這場選舉很可能進入最後決選的階段。革命衛隊不允許這種狀況發生，因為艾哈邁迪內賈德並非穩操勝算。究竟革命衛隊如何解決這場危機，以及在誰的指揮下進行，賈法里除了讚揚這次行動的成功，其他什麼也沒透露。

六月九日，離選舉還有三天，穆薩維與卡魯比陣營寫信給憲法監護委員會，警告可能有選舉舞弊正在進行。他們說，他們從內政部裡頭的消息來源得知，印製的選票數量遠超過可能的選民人數，生效章的製造數量也達到需要量的兩倍而且已經發放。候選人表示，這些選票與生效章很可能用在不正當用途上，特別是選票最早開完的較小選區。但他們的要求似乎被選前的騷動所淹沒。

六月十一日，大選的前一晚，阿希耶赫與朋友在瓦納克廣場附近發生小車禍。沒有人受傷，但她們必須在廣場後面的警察局等候。阿希耶赫在那裡看到了與前幾個晚上完全不同的景象。巴斯基沒有進入群眾中為艾哈邁迪內賈德辯護。他們坐在摩托車上，躲在廣場後頭。阿希耶赫看到其中一個人頭上還流著血。

「你怎麼了？」阿希耶赫用最輕柔、最母性的聲音問道。

「一些穆薩維支持者打我而且打破我的頭。」他對阿希耶赫說。

當然，阿希耶赫說，他們揍他絕不只是為了表達他們對穆薩維的支持。他跟對方起爭執嗎？

「結束了。」巴斯基回道。

「什麼結束了？」阿希耶赫問道。

巴斯基笑了。另一個聽他們說話的巴斯基也笑了。「一切都結束了，」他們對她說，「醫師，」他們都是這樣稱呼艾哈邁迪內賈德，「明天就到。」

這次輪到阿希耶赫笑了。「選舉是明天，」她不悅地說，「不是今天晚上。」

「不，」一名巴斯基意有所指地說，「選舉是今天晚上。」

選舉日當天，阿希耶赫禁不住感到開心與期待。她從未見過投票所是這個樣子。選民大排長龍，要排三個小時才投得到票，而從這些排隊民眾的情緒看來，他們都會投給穆薩維。

作票的傳言在群眾中傳布著，有些聽起來相當荒謬，例如有人說投票所的筆裝著字跡會消失的墨水。另一些傳言則較為可信，據說來自於內政部內部。但改革派人士向他們的支持者保證，安全部隊作票頂多只能影響二百萬到四百萬張選票。隨著德黑蘭的投票率飆高，四百萬張選票幾乎左右不了選情。選舉很可能進入決選階段，穆薩維的優勢只會更加明顯。

下午，一些投票所突然關閉。還有一些投票所選票用盡。從前一晚開始，全國的簡訊服務就陷入停頓，到了下午，許多改革派網站突然一片黑暗。阿希耶赫現在確定事情變得不對勁。到了傍晚，她接到一些不妙且令人困惑的報導。然後，投票才剛結束，就發生奇怪的事。

米爾・侯賽因・穆薩維召開記者會，他宣稱選務單位確實出現了不法舞弊。他根據自己目前取得較大比例的選票宣布自己當選，而且要求最高領袖介入。

這是個奇怪的舉措。穆薩維不可能已經知道選舉的結果，但從他的話語與神態來看，顯然他預期到什麼，於是決定先發制人。

投票才剛結束，內政部就根據部分回報的訊息宣布選舉結果：艾哈邁迪內賈德以明顯的差距勝選，內政部當時宣布的數據是艾哈邁迪內賈德獲得百分之六十九的選票，不過最後官方統計的數據是艾哈邁迪內賈德百分之六十三，穆薩維百分之三十四。

投票剛結束就宣布選舉結果，這樣的速度是史無前例的。要統計伊朗的手寫選票一般需要十二到四十八小時，而今年的投票率又遠高於以往，官方統計投票率達百分之八十五，或三千九百萬張選票。內政部表示，結果的計算是根據其中五百萬張選票推估出來的。即使如此，這樣的計票速度也超乎尋常，而光憑初步的計票結果就宣布最後的選舉結果，這在伊朗也是聞所未聞。首都遭到封城，通訊堵塞，革命衛隊與巴斯基被派往街頭，內政部防守嚴密，像座碉堡一樣。

艾妲・薩達特三十五歲，是來自加茲溫的女權活動分子。她是阿希耶赫的朋友，是工廠技師與地毯織工的女兒。艾妲從十八歲開始自食其力，有時一天要在加茲溫與德黑蘭之間來回通勤八小時，而且跟阿希耶赫一樣，她同時兼做好幾份工作。

雖然艾妲的學位是英文翻譯，但她在二十幾歲時就致力於解決加茲溫省村落的虐童問題。艾妲認為伊朗的問題不僅出在政治上，也與文化有關。她覺得民眾有必要學會不把暴力當成生活的常態。艾妲已經離婚，有一個小孩。在村落工作幾年後，她來到德黑蘭，參加了百萬連署運動，與人權團體一起捍衛囚犯的權利。

二〇〇九年，艾妲加入卡魯比陣營。艾妲覺得卡魯比有勇氣而且仁慈，對於她擁護的理念毫無保留地予以支持。卡魯比比穆薩維更為公開地支持女權、人權與政治自由。在艾哈邁迪內賈德擔任總統的這四年間，卡魯比四處巡視，他這麼做完全是基於自己的人道良知。

對艾妲來說，大選前兩個星期是全然不同的體驗。在艾哈邁迪內賈德主政的四年期間，她的組織每次開會都會有人遭到逮捕。現在，什麼事都沒發生，什麼事都不用擔心。只有在嘗到自由的滋味之後，艾妲才知道自己有多渴望自由。她這輩子從未這樣生活過。

六月十二日晚上，艾妲在卡魯比的競選總部。聚集在總部的學生、記者與活動分子對於回報的計票結果感到困惑，他們於是連絡各省的競選團隊，此時，辦公室主任要他們離開這棟建築物。從警方那裡傳來威脅，安全部隊劫掠了位於各個建築物的卡魯比辦公室，把他們無法帶走的東西一一破壞。

當艾妲離開大樓時，她看到警察在摩托車上綁上封鎖線，把整棟大樓圍了起來。安全部隊辱罵現場的競選工作人員而且吼叫著要他們離開，否則就會遭到逮捕。艾妲冒險走上街頭，就在兩晚之前，這裡還瀰漫著令人無法習慣的自由氣氛。現在，她看到只要年輕人帶著代表穆薩維或卡魯比陣營的綠色或白色標誌，巴斯基便上前予以毆打辱罵。

安全部隊在傍晚五點前攻入穆薩維其中一間競選辦公室，他的競選總部則在晚上八點左右遭到攻擊。在快天亮的時候，安全部隊以催淚瓦斯與警棍攻擊伊瑪目命令執行總部八十八的總部。活動分子紛紛衝下樓梯，掙扎著要逃出去，一名父親與他啼哭的孩子走散，有些志工受傷跛行。這是政變嗎？志工們彼此問道。為什麼要在半夜用催淚瓦斯攻擊競選辦公室？

清晨兩點，阿希耶赫·阿米尼接到一名知名記者的電話。

「今晚好好睡吧，」記者告訴阿希耶赫與賈瓦德，「因為已經結束了。他們通知所有報社，要求他們改變標題。艾哈邁迪內賈德將被宣布勝選。」

「我知道，」阿希耶赫聽到自己說道，「我昨晚就聽說這件事了。」

迅速開票，以及隨後的通訊中斷與威脅的氣氛，還有對民眾進行搜查、逮捕與攻擊，一個才剛以三分之二多數重新選出總統的共和國，完全無法給人一種自信而守法的印象。選票的數量同樣啟人疑竇。據稱穆薩維連在自己的家鄉也輸了。卡魯比在二〇〇五年時緊追第二名而排名第三，這次拿到的票數卻不到百分之一，比廢票的數量還少。少數族裔與農村選民的投票模式也出現劇烈變化[4]。許多選區出來的票數多於當地的合格選民，不過這種狀況在伊朗算是正常，因為民眾可以在自己當時的所在地投票。儘管如此，有些村落還是突然多出了數百張選票，這樣的增幅不可避免引起關注[5]。

穆薩維抱怨有許多他的選舉觀察員在執行工作時遭到攔阻。設拉子附近某個村落的研究員表示，選票還沒在觀察員面前進行計票，票箱就被封住而且迅速被搬出投票所[6]。亞塞拜然省也出現類似的指控[7]。內政部的僱員持續外流一些令人苦惱的傳言。六月十三日，某個僱員告訴《紐約時報》，內政部幾個星期以來一直準備清除一些潛在的懷疑者，然後換上來自全國各地的艾哈邁迪內賈德支持者。這名僱員向記者展示他的內政部證件，他解釋說：「這些人並未操縱選票。他們甚至連選票都不看。他們只是寫上名字然後在名字前面寫上票數。」

對於認為這個選舉結果有效的人來說，這一連串的疑點都可以而且將會予以反駁或解釋。為了解決這起可能演變成帶有惡意的全球爭議事件，國外的統計學家會探討選舉數字，不考慮選舉發生時的任何脈絡，而尋求反常事件或缺乏反常事件的數學證據[8]。但在六月十二日傍晚，對許多伊朗選民來說，這種對選舉結果的不信任正快速蔓延而且是發自內心地感到懷疑。艾哈邁迪內賈德的反對者相信，投票率就是致勝的關鍵，而他們已經贏得投票率，這表示他們不可能敗選。艾哈邁迪內賈德要拿到穆薩維兩倍的票數，他必須維持他在二〇〇五年拿到的選票，然而他在總統任內的表現過於極端且令人失望，他對保守派也失去吸引力，這可以從二〇〇六年與二〇〇八年的選舉結果看出。此外，艾哈邁迪內賈德不僅要維持二〇〇五年的選票，他還要再多得七百萬票才行。但在二〇〇五年選舉中沒有投他的人不大可能是強硬的保守派。當時強硬保守派幾乎把票都投給了艾哈邁迪內賈德，而且最高領袖也要求他們出來投票，說這是對真主與國家的責任。

本質上來說，艾哈邁迪內賈德已不可能從強硬保守派催出額外的七百萬票。

艾哈邁迪內賈德的支持者則認為，穆薩維陣營無法提出選舉舞弊的明確證據。他們說，改革派人士自以為是，完全看不出少數幾個來自德黑蘭北部常上鏡頭的年輕人不足以代表全國。承認自己是少數有這麼難嗎？為什麼不能接受投票率激增不是因為綠潮，而是因為對總統有信心？民意調查在伊朗一直沒什麼公信力，但它確實顯示選前艾哈邁迪內賈德居於領先地位（如果艾哈邁迪內賈德選前民調落後，那麼改革派人士對選舉結果不滿還有那麼點道理）。綠色人士往往有一種自戀心態，彼此吹捧，對於民眾對艾哈邁迪內賈德更具熱情完全視而不見。

穆薩維在聲明中表示，在漫長隊伍中排隊數小時投票的民眾知道自己投的是誰。與卡魯比以及艾哈邁迪內賈德在右翼唯一的挑戰者穆赫辛．雷札伊一起，穆薩維請求憲法監護委員會宣布這場選舉無效並且重新進行選舉。三名候選人都要求他們的支持者保持冷靜。

穆薩維宣示：「我個人強烈抗議諸多明顯的違法行為，我要提出警告，我絕不會屈服於這種危險的欺騙行為。一些官員做出的行為導致的結果將危害伊斯蘭共和國的支柱，而且將建立暴政。」[9]

穆薩維與卡魯比要求允許舉行示威抗議。內政部不同意，因為一旦許可，穆薩維與卡魯比將會以此為由接二連三地進行抗爭。但無論如何，抗爭還是發生了。選後第二天，六月十三日，德黑蘭街頭湧入約一萬名抗議群眾。黃昏時分，爆發衝突。年輕人焚燒各處的塑膠垃圾桶，或許是為了阻止巴斯基與鎮暴警察使用催淚瓦斯驅離廣場抗議者。革命廣場聚集大批群眾，有些人高喊：「打倒獨裁者！」另一些人則唱著審判日的歌曲。有些抗議者向巴斯基丟擲石塊，巴斯基則以警棍、橡膠軟管與纜線加以還擊。

前內政部副部長穆斯塔法．塔吉札德赫是穆薩維競選辦公室主任，他在前往伊斯蘭伊朗參與陣線總部開會時跟他的女婿講電話。塔吉札德赫說，他相信他在內政部的老部下說的是真的，選舉結果是造假。

塔吉札德赫的女婿要塔吉札德赫多加小心，但塔吉札德赫只是一笑置之。他說，沒有任何訊問者可以從他口中得到假口供，而他們也知道這一點：「不過你們來監獄看我時別忘了帶菸過來。」

塔吉札德赫在參與陣線總部開會時突然遭到搜捕，他與其他幾位重要改革派人物一起遭到逮捕並且被送往埃溫監獄。

馬哈茂德．艾哈邁迪內賈德從來不是心思細膩的人，即使他的力量強大，卻常常用力過猛。六月十四日，這位總統在瓦利亞斯爾廣場舉行勝利集會[10]。他告訴群眾，他的支持者不應該理會另一邊的惱火輸家。他們就像輸球的足球隊球迷：「那些人為了自己的球隊輸球而生氣，想找機會發洩自己的怒火。四千萬人參與伊朗這次選舉……，現在四五個躲在角落的汙泥與塵垢打算鬧事。但你們必須知道，伊朗人民的純粹之河不會允許這些人得意猖狂。」[11]

後來，就連保守派也覺得「汙泥與塵垢」這句話說得太過分，在保守派的壓力下，艾哈邁迪內賈德收回這句話，他宣稱他指的是那些暴動與縱火的人：他澄清說，那些人「什麼都不是，他們甚至不能算是伊朗人民」。

但是，無論艾哈邁迪內賈德實際的意思是什麼，他的話就像在易燃物上激起火花一樣。卡魯比的《國家信任報》刊登一張照片，抗議者高舉旗幟，上面以綠色顏料寫著「汙泥與塵垢的史詩」。這句話呼應了一九九七年哈塔米勝選時眾人說的那句話：「三月二日史詩」。另一個標語牌則寫著：「我們不是汙泥與塵垢，我們是伊朗人民。」狂野的流行歌手穆罕默德・雷札・夏賈里安要求政權掌控的廣播電台行行好，不要再播放他的歌，他說，因為「這是汙泥與塵垢的聲音，未來也是」。

勝利集會當晚，詭異地重現了不久之前某個夜晚的場景，全副武裝的安全部隊衝進德黑蘭大學宿舍。他們將催淚瓦斯罐緩緩滾入學生宿舍的房間裡，打破窗戶，毆打學生，用空氣槍射擊學生，而且逮捕了一百多名學生。安全部隊用警棍打死了五名學生，另外射殺了兩名學生。五名學生送醫急救，在醫院裡待了二十天以上。

安全部隊也闖入其他城市的大學宿舍：塔不里士、巴博勒、馬什哈德、札黑丹、伊斯法罕、設拉子。據傳設拉子有兩名學生被殺，設拉子大學校長辭職以示抗議。就連保守派的國會議長也感到憤怒，要求對此進行調查。另一名保守派國會議員指責艾哈邁迪內賈德之前的言論，他還表示，在半夜攻擊大學生的人才是汙泥與塵垢[12]。但調查也是不了了之，只是對試圖抹黑政權的不具名破壞者加以指責。

伊朗不是一個為了一點小事就會上街抗議的國家。抗爭的代價太高，而回報太少。即使在改革派掌權的時期，總統哈塔米周圍的改革派人士仍避免號召支持者上街。穆薩維也一樣，但畢竟時代不同了，於是在二〇〇九年六月十五日星期日，水壩潰決。更多的伊朗人走上街頭，數量遠超過一九七九年革命以來的任何時期，而他們採取的策略直接來自於女權活動分子的劇本。他們沉默地站在一起，許多人手裡拿著標語牌，上面寫著：「我的票在哪裡？」

當阿希耶赫準備出門時，賈瓦德告訴她不要抱太多期待。他還記得伊朗曆四月十八日的事，阿希耶赫也沒忘。民眾會走上街頭，這點確然無疑。但穆薩維與卡魯比則不會。這些政治人物將會做伊朗政治人物會做的事：他們會讓民眾獨自去面對殘暴的安全體制。

但穆薩維與卡魯比現身了，還有民眾，如果他們是孤單的，那麼他們也是一群人一起孤單。德黑蘭是一座遭到截斷與區隔的城市，這麼說一點也不誇張，而且這種現象正無聲無息地進行中，在安全的私人空間與充滿威脅的公共空間之間，矗立著一道高牆。但現在情況似乎反過來，德黑蘭居民肩並肩，越過占地五萬平方公尺的自由廣場與廣場外的街道。從德黑蘭大學附近書店林立的自由廣場，到擁有獨特拱形紀念碑與六角形花園的自由廣場，各個年齡與各個階層的伊朗民眾以及這些年來持續奮鬥的活動分子與改革派人士緊密擠在一起，幾乎讓阿希耶赫透不過氣來。德黑蘭的保守派市長估計群眾有三百萬人；阿希耶赫在大學認識的工程師認為有四百萬人。廣大的群眾不約而同保持著靜默，他們精神抖擻，毫不畏懼，令人感到不可思議。

群眾顯現的力量與團結是阿希耶赫從未見過的。即使幾年過後，每當阿希耶赫回想這一幕，都讓她忍不住溼了眼眶。當阿希耶赫經過謝里夫大學時，她看到一輛廂型車緩緩與群眾同行，卡魯比就站在車頂上。

「賈瓦德，」阿希耶赫回到家時說道，「你是個大輸家。因為我活到現在為止，還沒參與過像今天這麼重要的活動。」

安全部隊退卻了，也許是接到命令，也許是因為群眾的數量太多。但到了當天快結束的時候，槍聲劃破了示威群眾的沉默與安全部隊的自制。從錄影畫面可以看到，民兵在位於自由廣場附近的總部屋頂上朝著群眾開槍。在德黑蘭，至少有八人被殺。在這一天，一名年輕女性走上街頭，最後懷裡卻躺著一名陌生人的屍體，她的大衣浸滲著鮮血，在往後昏亂的夜裡，她總做著懷裡躺著那名死者的惡夢。

知名改革派人士一個接一個地消失。他們在自己的家中或辦公室遭到逮捕，然後被祕密送往埃溫監獄，絕大多數人有一個多月的時間斷了連繫。他們是改革派的中層領導，他們叫得出許多人的名字，他們擁有人脈網絡與政治願景，他們也擁有組織技巧。他們當中有許多人從革命時期就已經是全國知名人物，而且全在政府內部擔任過職務。

他們當中有內閣部長、副部長與國會議員，也有人質挾持者、市議員、前總統發言人、拉夫桑賈尼與哈塔米的夥伴，甚至有已經七十八歲的巴札爾甘時期的前外交部長。有些人，如穆斯塔法．塔吉札德赫與哈塔米的副總統穆罕默德．阿里．阿卜塔希，受到監視已將近十年的時間。然後還有薩伊德・哈賈里安，他仍然需要全天候的照護與許多的醫療。

即使在伊斯蘭共和國，這種做法也是前所未見的。主流政治派系整個領導階層全被當成罪犯加以搜捕。他們的家人對此所知甚少，也無法提供什麼訊息，但光是從中透露的一點內容就足以令人感到不安。哈賈里安的女兒表示，他的父親在烈日曝曬下遭受訊問，他們偶爾會將整桶冰水倒在他身上造成他休克。穆罕默德・阿里・阿卜塔希告訴妻子他被下藥：「最後幾天，他們讓我吞下一顆藥丸，我好像與這個世界的噪音與紛擾隔離了。」不久，一些被囚禁者，包括哈賈里安與阿卜塔希都發表聲明，描述他們在埃溫享受很好的待遇與生活品質。他們直到八月一日才公開露面，他們出現在電視上，狀況令人吃驚，他們發表被強迫的自白與接受虛假的公開審判。

外國記者被逐出伊朗。網路雖然沒有完全中斷，但傳輸速度極為緩慢。當簡訊服務仍然運作的時候，賈瓦德・蒙塔澤里收到指導部的簡訊。簡訊上寫著，他未獲得授權拍攝抗爭照片。類似的簡訊發給了所有的攝影記者。賈瓦德並未停止拍攝，也未停止將照片與影像傳送給國外的朋友，無論網路的速度有多慢或監控有多麼嚴重。阿希耶赫為一個名叫每日上線的網站報導街頭的情況，並且使用了五個假名。

儘管便衣民兵會毫無節制地毆打他們，但數千名抗議者仍持續每天上街。艾妲・薩達特一整天在街上走著，隨身帶著水瓶、香菸與打火機做為武裝，據說這些東西可以抵擋催淚瓦斯。艾妲總是在講電話，告訴記者她看到的東西，無論是在瓦利亞斯爾廣場，還是在四月七日廣場，只要在任何地方看到任何事物都會加以回報。艾妲經常被打，她的朋友因此開玩笑說不想跟她走在一起。有一次她咬了一個攻擊她的巴斯基。她不確定對方隔著制服是否感覺得到，但她這麼做總比白白挨打好。有時艾妲身上會被抹上綠色與黃色的顏料球，安全部隊可以藉此標記出活動分子並加以逮捕。

艾妲如果沒有在街頭出現，那麼就是在埃溫監獄前面。數千人被逮捕，而其中有許多人至今仍下落不明。艾妲與一些活動分子同事正在尋找失蹤者的家人，希望藉此建立起資訊網絡。艾妲也在搜尋埃溫監獄貼在外頭的清單，上面公布了最近被監禁的人的姓名。當清單公布時，即使監視攝影機對準了她，艾妲依然對著錄音機大聲唸出名單上的姓名。然後她回家，把這些姓名謄抄下來，將名單寄給人權組織。艾妲收集了大約兩千人的姓名，但這些名字頂多只占失蹤者的一半。

有些伊朗人會在夜裡爬上屋頂，然後大聲呼喊，從一個屋頂傳到另一個屋頂：真主至大！真主至大！一九七九年時，革命群眾也曾在午夜如此呼喊與回應。當時，這些呼喊代表著以真主之名抵抗雷札沙。現在，這些呼喊則象徵著抗議運動面對暴力依然不屈不撓，而且拒絕被貼上反宗教或反革命的標籤。民眾要求回到過去，他們指責伊斯蘭共和國已經腐敗沉淪。

曾經，在阿亞圖拉何梅尼時代，政府內部的派系鬥爭會訴諸最高領袖來仲裁爭端。何梅尼從不會站在明確的中立立場，而總是將掌權的派系篩選到只剩單一政黨裡的一小群人。在政府的核心圈中，何梅尼扮演著利益平衡者與和事佬的角色。如果何梅尼出現在二〇〇九年，他還是會以相同的方式行事。

哈梅內意不是何梅尼，他從一開始就是派系的一員。何梅尼仲裁爭端時，哈梅內意就是被仲裁的人，當時的爭端往往起於身為總統的哈梅內意與身為總理的穆薩維之間的不和。現在，身為最高領袖，哈梅內意毫不隱諱他的強硬派立場，他偏袒艾哈邁迪內賈德是眾所皆知的事，而他的憲法監護委員會由年邁的阿亞圖拉艾哈邁德．賈納提主導，賈納提也是強硬派，行事也跟哈梅內意一樣偏頗。

儘管如此，即使這是一種幻想，但最高領袖仍有要扮演的角色。唯有哈梅內意能以最高領袖的地位團結全國民眾、約束安全部隊的過當行徑以及撫慰綠色運動受傷的尊嚴。艾哈邁迪內賈德全心投入他選擇的嚴厲路線，但哈梅內意仍有能力鬆開艾哈邁迪內賈德設下的絞索。最高領袖即將在六月十九日主麻日於德黑蘭大學發表談話，全國民眾都緊張地等待著。

禮拜堂擠滿忠實的追隨者。艾哈邁迪內賈德參加了這場聚會，穆薩維與卡魯比則是缺席。哈梅內意講了一個小時。他一開始先讚揚伊朗人民不受外國陰謀抵制投票影響，踴躍參與這次選舉。伊朗人民再次向世界顯示，伊朗人民熱愛與信任伊斯蘭共和國。哈梅內意堅稱，四名候選人屬於伊斯蘭共和國體制，而且支持伊斯蘭共和國的正當性。哈梅內意熟知這四名候選人，雖然他支持艾哈邁迪內賈德，但他也向強硬派群眾表示，在這場選戰中，沒有真正的對立，選民是依據憲法做出自己的選擇。

哈梅內意終於提到艾哈邁迪內賈德與穆薩維的電視辯論會。即使哈梅內意明白表示在二〇〇五年大選中，他個人支持艾哈邁迪內賈德，因為艾哈邁迪內賈德對內政與外交的看法與他較為接近，但他仍斥責艾哈邁迪內賈德不應該指控拉夫桑賈尼與兒子犯下貪汙罪。對於穆薩維攻擊總統的誠信與性格，而且誇大了國家當前的困境，哈梅內意也表達深切的悲傷。

最高領袖堅稱，這場選舉結果具有正當性。「伊斯蘭共和國沒有背叛人民的選票。」也許有一百萬票或更少的票出現舞弊，但一千一百萬票造假絕無可能。懷疑選舉結果的人應該向憲法監護委員會申訴。街頭壓力只會造成反效果。訴諸街頭抗爭將成為暴政的開端。此外，最高領袖表示，抗爭為滲透的恐怖分子提供掩護。當這類恐怖分子在群眾中煽動暴力，而巴斯基做出適當反制時，出事了還能怪誰呢？

「看到這類事件，令人感到痛心，」最高領袖哀嘆說，「看到他們攻擊大學宿舍與傷害年輕學生，他們傷害的不是暴動的學生，而是虔誠的學生，而且是高喊口號支持最高領袖的學生。這種事讓人感到難過。」

哈梅內意發揮他的智慧與仁慈，他與人民的一體感，他對穆薩維與進行抗爭的穆薩維追隨者的痛苦有著深刻的理解，因此他避免惡言相向：

> 政治人物、政黨的領導者，以及政治潮流的帶領者，你們可以影響民眾，有些團體會聆聽你們的指示，你們必須留意自己的行為。你們必須留意自己說了什麼話。如果你們顯露出一丁點極端主義，人民將會有所反應，因而可能導致非常敏感而危險的狀況，其結

> 果甚至連你們也無法控制……。如果政治菁英忽視法律，或一時氣憤鋌而走險，那麼無論是不是出於本意，政治菁英都要對伴隨而來的流血、暴力與混亂負責。[13]

穆薩維與卡魯比向憲法監護委員會申訴，委員會承諾會隨機檢視幾個票箱，但穆薩維與卡魯比對於這個高層教士組織不抱期望，因為憲法監護委員會行事並不公正，而最高領袖也剛表達了自己的立場。不過穆薩維向來以頑固著稱，此刻的他也完全忠於人們對他的評價。他針對哈梅內意的演說提出一份聲明，裡面再次醒目地提到一九八〇年代是意識形態與希望的泉源[14]。

穆薩維表示，他參與選舉是為了向伊朗人民保證，革命並非徒勞無功，我們仍有可能在這個墮落的現代世界維持精神的高尚。「我來是為了告訴大家，規避法律將導致暴政；我來是為了提醒，發揮人性的慷慨不會動搖政權的基礎，反而能鞏固它；我來是為了宣示，民眾期望從他們的僕人得到真相與誠信，我們面臨的諸多麻煩就是源自於謊言。我來是為了表明，落後、貧困、腐敗與不公不義不是我們的命運。」

與哈梅內意一樣，穆薩維也讚揚民眾的參與投票，但穆薩維認為，民眾的踴躍投票是為了糾正政府的危機。哈梅內意試圖將政權的暴力歸咎於穆薩維，穆薩維也對此做出直接的回應：「如果民眾的善意與信任，不能換來對選票的保障，或民眾採取文明與和平的方式，卻無法捍衛自己的權利，那麼眼前將會出現危險的道路，要對這一切負責的是那些無法堅持和平行為的人。」

哈梅內意認為光看艾哈邁迪內賈德勝選的票數就足以證明選舉舞弊是不可能的，穆薩維則駁斥了哈梅內意的論點。穆薩維表示，最高領袖這麼說等於表示只要作票的數量夠大，就足以證明沒有作票。這種詭辯侮辱了共和國的國家基礎，也鼓勵了那些認為伊斯蘭教與共和主義不相容的人。何梅尼留給伊朗的是比這更好的遺產。

穆薩維告訴他的追隨者，他將永遠站在他們這邊。他鼓勵追隨者，不要讓任何人偷走他們手中的伊斯蘭共和國旗幟或他們的父輩奮鬥得來的革命遺產。穆薩維告訴他的追隨者：「要繼續依據憲法明定的自由來從事社會運動，並且跟過去一樣，堅持不使用暴力。」穆薩維也在革命的正統下劃定自己的領域，認為這個領域理應受到安全部隊的保護：

> 在這條道路上，巴斯基成員不是我們的敵人，巴斯基是我們的兄弟。在這條道路上，革命衛隊成員不是我們的敵人，革命衛隊是革命與政權的保護者。軍隊不是我們的敵人，軍隊捍衛我們的邊疆。神聖政權及其法律體系不是我們的敵人，這個體制保障了我們的獨立、自由與伊斯蘭共和國。我們反對的是偏差與欺騙，我們要進行改革，一場讓我們返歸伊斯蘭革命純淨原則的改革。

哈塔米曾經稱呼穆薩維是「星期六的風雲人物」，他指的是被選為總統之後的那個星期六。但沒有人想像得到，穆薩維竟成為每個星期六的風雲人物。伊斯蘭共和國建國以來，沒有政治人物像穆薩維那樣向群眾發表演說。哈梅內意演說後的星期六是六月二十日，這一天因為被稱為血腥星期六而被人永遠銘記。穆薩維並未依最高領袖的要求解散支持者，而他的支持者也沒有待在家裡。他們集體上街，據估計有數萬人，充分顯示他們的無所畏懼。安全部隊以刀子、剃刀與槍枝對付他們。超過二十人被擊斃，被毆打致死或重傷的人不計其數。

瓦利亞斯爾廣場與革命廣場之間成了煉獄，年輕人倒在地上，被巴斯基用棍棒敲打頭部，直到他們的腦袋流血為止。阿希耶赫與兩個朋友正朝著革命廣場走去，此時大批人潮突然朝她們的方向快速奔逃。阿希耶赫感覺自己被群眾帶著走，然後被兩名身穿黑色制服與佩戴大型警棍的高大男子從群眾中拖了出來。他們把阿希耶赫壓在牆上，毆打她的肩膀、背部與頭部。當她倒地不起時，攻擊她的人也消失在奔逃的群眾裡。阿希耶赫的朋友轉頭沿著與人潮相反的方向尋找阿希耶赫。但阿希耶赫無法奔跑，而此時的她們必須逃跑。阿希耶赫於是鬆開朋友的手，自己手腳並用匍匐著爬進最近的巷弄裡。

口號的呼喊聲與槍聲越來越近，濃煙也逐漸遮蔽了天空。阿希耶赫的雙眼感到灼熱，漸漸地無法呼吸。她在地上拖著身體前行，努力按下離她最近的門鈴。過了很長一段時間才有人來應門。一名男子打開門，示意她入內。在庭院裡，男子將阿希耶赫全身潑溼，希望能洗淨她身上的催淚瓦斯。雖然沒什麼用，但阿希耶赫對此感到慶幸，因為她在庭院睡著時因為控制不住尿意而失禁了，全身潑溼反而讓她免於困窘。那名男子隨後又讓幾名受傷的人入內。

巴斯基就在屋外的巷弄裡，他們大聲討論是否該搜查這個街區的所有住戶。在庭院裡，受傷的抗議民眾壓低聲音，擔心自己可能會拖累屋主。阿希耶赫認出其中有一個人是《信任報》的同事，一個父親與他年紀大約是在上大學的兒子，那兒子滿臉鮮血，肩膀骨折。父親熱情地對阿希耶赫說，他的兒子是個詩人，他讓他受傷的兒子朗誦自己作的詩給阿希耶赫聽，藉此排遣時間。阿希耶赫的頭仍感到暈眩，於是她拿出錄音機，把兒子朗誦的詩錄下來。阿希耶赫昏昏沉沉地想到，這裡是犯罪現場，也許有一天她會需要犯罪證據。

夜晚降臨，阿希耶赫動身回家。交通壅塞，一個陌生人讓她搭便車，剩下一半的路程，阿希耶赫改搭計程車。阿希耶赫從車窗望出去，目光所及之處，總會看到火光。阿希耶赫還聽到槍聲。

這是阿希耶赫人生第二度需要掛急診，但她不敢去。安全部隊在各家醫院守株待兔。阿希耶赫的一個朋友因為頭部外傷跑遍了各家醫院急診室，卻發現沒有安全的地方可去。最後，他在一間牙醫診所縫合傷口。阿希耶赫找到了願意到她家看診的醫師。醫師說，她運氣很好，棍子剛好打到她頭骨的堅硬部分。阿希耶赫只需要休息，她的腦震盪就會復原。但阿耶希赫的瘀青很嚴重。醫師為阿耶希赫的瘀青拍了照片，並且為她的脖子開了止痛藥。

二十六歲的內達·阿加-索爾坦是來自德黑蘭的中產階級女孩，她攻讀哲學、觀光與聲樂。事實上，她的名字有「聲音」的意思。但在她最後的影片中，內達卻沉默不語，正是這個影片使她成為國際象徵。在影片開始前，她已經說出她的最後一句話：「我覺得全身像火燒一樣！」

在血腥星期六那天，內達胸部中彈，她因為流血過多而死，她的眼睛似乎直直盯著在現場拍攝的來源不詳的攝影相機側邊的旁觀者。影片中，穿著灰色褲子、黑色大衣的內達雙手攤開躺在人行道上，男人們俯身狂亂地要止住她胸口冒出的鮮血。她凝視著，毫不眨眼地盯著，眼神充滿恐懼，但隨後目光逐漸變得空洞，鮮血如蜘蛛網般往外流淌，之後又從她的口鼻湧出。

內達不是那個星期的第一個死者，甚至也不是當天唯一的死者。但她卻是唯一在攝影機前面死亡的人，而這個影片將被全世界的人看到。內達美麗的臉孔被深色的鮮血面罩覆蓋，更令人感受到一種恐怖的意味——死亡戰勝了生命，然而這一刻來得太早，令人錯愕。伊朗國內有著根深柢固的殉難文化，內達成了承載數百萬人憤怒與悲傷的器皿。

這名年輕女性毫無武裝。她在錯誤的時刻下車，走上街道。兩名男子努力想挽救她，其中一人是醫師；在影片中，可以聽見他大喊著要其他人壓住內達的傷口。另一個聲音是內達的音樂老師，他當天陪伴著內達，他叫道：「內達，不要怕！內達，撐下去。」他們試圖讓她恢復呼吸，然後他們幾乎已經不抱任何希望地將她送上車開往醫院。

急救的醫師留在現場，他看到群眾圍住一名民兵，民兵叫道：「我不是故意的！」群眾扯掉這名巴斯基的襯衫，拿走他的武器與他的身分證。然後他們爭論該怎麼做。他們幾乎不可能將他交給警察，雖然有些人在氣憤下想立即施以報復，但他們最後決定不讓自己也變成殺人犯。於是他們放他走，但留下他的身分證。

目睹這一切的醫師後來逃到英國。他對英國廣播公司表示，子彈是從前方射進內達的身體，打斷了她的主動脈，或許還有肺臟。沒有貫穿的傷口。醫師說，內達的眼神充滿驚訝與明顯的困惑。內達無辜的樣子不斷縈繞在他的腦海裡，他連續三天晚上都無法入睡。他因為無法挽救內達的生命而感到內疚，而在內達死的時候，他從她的遺體旁起身，發現自己就站在內達中彈的位置，他開始對自己的性命感到擔憂。

影片中另一位目擊者，內達的音樂老師，對媒體提到自己對於這個快樂而充滿活力的年輕女性的死感到痛苦與悲傷。「這是對政府毫無幫助的罪行，」他說道，「這是反人類的罪行。」[15]然後，這名老師遭到囚禁，而且顯然被迫提出與醫師不同的證詞。他表示，內達不是從前面遭到射擊，而是從後面，而且現場並沒有民兵[16]。這位音樂老師在內達去世五週年時離開人世，據說是因為憂鬱與沮喪。

伊斯蘭共和國從各方面將內達的死怪罪給抗議者、聖戰者組織、英國廣播公司與試圖拯救內達的醫師。穆薩維表示反對。六月二十一日，穆薩維談起現在，甚至談到過去：「要是那些該為一九九九年四月十八日大學宿舍學生被殺事件負責的人能接受法律的制裁，我們今天就不會看到同樣的悲劇大規模地發生，也不會看到真相遭到無恥地扭曲。」[17]穆薩維主張，同樣的罪犯，要為操縱選舉負責，也要為殘暴地對待人民負責，現在，他們居然敢否認數百人曾經目擊乃至於記錄的事實。

穆薩維堅稱：「這棵維護伊朗人民權利的綠樹，是在不公義的狀況下由這個國家的青年的鮮血澆灌出來的，我會一直站在這棵樹的綠蔭之下，分秒都不離開。」[18]

當阿希耶赫看到內達死亡的影片時，她感到困惑，為什麼這名年輕女性的家人不出面。還有其他抗議民眾被殺嗎？伊朗是不是又回到了一九八八年，祕密地執行政治屠殺，消息封鎖，就連屍體也消失在萬人塚裡？

某天，一名女權活動分子打電話到阿希耶赫家。那名活動分子說，她需要一件新大衣，她問阿希耶赫願不願意陪她去買衣服。阿希耶赫一聽就明白這是暗號。好啊，阿希耶赫說，我也需要一件新大衣。

一群人總共六名活動分子聚集在一起，她們全聽說了恐怖而未經證實的事。有些抗議民眾遭到槍斃，還有一些人可能遭刑求致死。但沒有任何受害者的家人出面；也許他們仍在混亂中尋找他們的親人，希望能在監獄與醫院找到他們。這群女性認為已到了該重啟她們的網絡的時候。她們會尋找受害者並且向受害者的家人提供撫慰，同時鼓勵他們發聲。她們會依據傳統，在每個受害者死後的第四十天舉行追悼會。

她們獲得的第一個案例來自於她們自己的網絡內部。帕爾溫．法希米屬於一個名叫和平母親的團體，阿希耶赫也是這個團體的成員。法希米十九歲的兒子索赫拉布．阿拉比六月十五日在自由廣場的抗爭行動中失蹤，此後法希米便一直尋找自己的兒子，但一無所獲。當天，法希米與兒子一同前往自由廣場，卻被群眾衝散。同一天，手機通訊塞車。將近一個月的時間，法希米跑遍監獄與醫院，直到在一間警局裡，她獲准觀看身分不明的死者照片。索赫拉布是「照片第十二號」。草率的驗屍報告上寫著索赫拉布的死亡日期是六月十九日，但沒有註明死因，也沒有解釋從六月十五日到十九日索赫拉布人在哪裡。當家人找回遺體時，他們發現索赫拉布胸口中了一槍。

法希米召集婦女網絡的朋友到貝赫什特．札赫拉公墓參加她兒子的葬禮。阿希耶赫與艾妲．薩達特一同前往。她們一群人被巴斯基與革命衛隊圍住，但帕爾溫．法希米並未因此退縮。她一直維持著直言不諱的作風，悲傷與憤怒使她成為眾所皆知的人物，每個人都叫她「索赫拉布的母親」，她顯示出國家是如何對待自己的子民。

阿希耶赫在「每日上線」上發表關於索赫拉布的報導，不到一天的時間，消息已經傳遍各地。帕爾溫．法希米在墓園與家中分別舉行了追悼儀式。阿希耶赫報導的三天後，在追悼儀式上，一名陌生人來到法希米的住所。她是一名英挺的灰髮婦女，有著醒目的外表，從頭到腳都是黑色。她的名字叫哈賈爾．羅斯塔米。

「我是內達的母親。」她對聚集的追悼者說道，大家紛紛上前擁抱她哭泣。

羅斯塔米的女兒死後，一名年輕律師找到她，在律師的吩咐下，她一直保持沉默。律師向他們家人保證，只要保持低調，他就會幫助他們。當局甚至不讓羅斯塔米在家門外懸掛黑色旗幟。但現在羅斯塔米已經準備好要擺脫律師，對外發聲。

羅斯塔米告訴活動分子，不用為她的女兒舉辦四十日儀式，她會自己安排。但活動分子還是幫她宣傳。當追悼者齊聚在內達的墓地時，鎮暴警察用催淚瓦斯驅散他們並毆打他們，而且逮捕至少五十個人。卡魯比參加了追悼會，但穆薩維卻被禁止下車。

在德黑蘭南部，經過沙赫勒雷伊，剛好位於貝赫什特．札赫拉公墓外圍，有一座小城市，名叫卡赫里札克，二〇〇一年這裡設置了監禁中心，專門關押毒品犯、性侵犯與所謂的惡棍。卡赫里札克監禁中心有可以關押五十人的地下牢房與金屬貨櫃屋。夏天時暑熱難耐，牢房的空氣不流通，而且沒有廁所。這裡的設施到了二〇〇七年已不符合標準，但直到二〇〇九年夏天之前，這裡的犯人遭受的待遇與命運，除了伊朗幾個人權活動分子努力不懈地進行了解，幾乎未得到任何關注。

七月九日，適逢伊朗曆四月十八日事件十週年，在德黑蘭一間警局的庭院裡，薩伊德．莫塔札維的副手通知一百四十七名被監禁的抗議者，他們即將被巴士運往卡赫里札克。絕大多數被監禁者要不是已經在抗議時與民兵衝突受傷，就是在警局內遭受過毆打。有些人手臂與腿骨折，身上帶著血塊，或眼睛感染。這些人非但不會獲得任何醫療，相反地，一抵達卡赫里札克，他們就像擠沙丁魚似地被塞進瀰漫著嘔吐物與屎尿惡臭的鐵籠裡。這裡的警衛特別殘暴，有人提到他們將幾名囚犯打到昏迷，到了隔天早晨，他們已經殺死了四名囚犯[19]。同一段描述也提到，在這個鐵籠裡關的囚犯多達二百人，包括一百四十七名抗議民眾與窮凶極惡的一般囚犯。

七月的高溫炙烤著錫製的貨櫃屋，囚犯唯一分到的水聞起就像尿一樣。他們沒有食物，就連剩飯剩菜也沒得分。警衛用熔化的瀝青燙傷被監禁者的手腳，打斷他們的牙齒，佯稱即將要處決他們，反覆以暴力性侵與雞姦他們。有時，擁擠牢房裡會充斥著一旁發動機的有毒廢氣。抗議民眾被監禁的第二天，警衛又送來十幾個新犯人。他們來自一個名叫「籠子」的地方，專門用來關押罹患傳染病的犯人。「他們就像僵屍一樣，完全不成人形。」一名目擊者對《洛杉磯時報》說道[20]。

卡赫里札克的犯人在大熱天搭乘擠爆了的巴士被運往埃溫監獄。埃溫監獄長官其實很不願意收下這些犯人。他們必須記錄這些犯人的身體狀況，而這些犯人抵達時往往沒了腳趾甲與牙齒，直腸有廣泛的瘀傷，有些人在卡赫里札克才待了五天，身體狀況就變得十分危急。二十四歲的埃米爾・賈瓦迪法爾在巴士上死亡。還有兩個人，十八歲的穆罕默德・卡姆拉尼與二十五歲的穆赫辛・魯霍拉米尼被送往醫院。卡姆拉尼雖然已經昏迷，卻還是被銬在床上，而且未獲得適當的照顧，至於魯霍拉米尼送到醫院時已經回天乏術。這兩個年輕人都因為在卡赫里札克受的傷而死亡。受害者的家人被禁止為他們舉行適當的葬禮[21]。

當卡姆拉尼陷入昏迷時，另一個病人的訪客幫他換繃帶，她告訴記者，她永遠忘不了她看到的一切。這個年輕人的牙齒都不見了，只剩下上排還有兩顆牙齒，指甲也只剩下幾片。他的頭被打得凹陷，腎臟損壞，直腸的縫合痕跡顯示他受到性虐待[22]。魯霍拉米尼的父親被告知兒子死於腦膜炎，但當他領回遺體與醫療紀錄時，卻發現魯霍拉米尼並沒有腦膜炎。魯霍拉米尼因為遭到刑求而受傷，傷口未獲得治療而造成嚴重感染。他是因為身體承受劇烈壓力而且不斷遭受鈍器擊傷而導致心跳停止與肺臟出血致死。魯霍拉米尼的父親發現，他的嘴巴已經被「打得凹陷」，下巴也骨折了[23]。

夏日的某個深夜，艾姮・薩達特接到一名不認識的女性寄來的奇怪電子郵件。這名女性曾經與市府太平間的驗屍單位有過接觸，她與其他太平間工作人員看到了八名被監禁的抗議民眾遭到性侵與殺害的證據。他們不知道如何處理這項訊息，彼此認識的朋友說服他們去找艾妲，讓她安排他們與卡魯比見面。第二天，艾妲安排了會議。

卡魯比聆聽他們的報告，卻未顯露任何情感。他也許已經不是第一次聽到這些指控，而這些指控當然也不是唯一的案例。七月二十九日，在給拉夫桑賈尼的公開信中，卡魯比明確提到他曾與監禁中心內部的消息來源談過話。卡魯比寫道：「在國內有著敏感地位」的官員，有些甚至是兩伊戰爭的退伍軍人告訴他，一些被監禁的婦女遭到嚴重性侵，甚至造成子宮破裂。卡魯比又說：「被監禁的年輕男孩也遭到嚴重性侵……，這些年輕男孩被性侵之後，陷入憂鬱與嚴重的身心傷害。」卡魯比哀嘆說，這些報告實在太可怕，「即使其中只有一件是真的，那也是伊斯蘭共和國的悲劇，與許多獨裁政權相比，包括被罷黜的巴勒維國王在內，這些罪行有過之而無不及」[24]。

談論性侵是打破禁忌的行為，更不用說是伊斯蘭共和國虔誠的守護者施加的性侵。而要打破禁忌，最適合的人，或者說最令人震撼的人，莫過於教士本身。安全部隊已經準備好要對付卡魯比：在卡魯比接見目擊者的第二天，安全部隊掠奪了他的辦公室。而目擊者也做了準備：至少艾妲認識的其中一人辭去了工作，逃往外省。

卡魯比在公開信中要求國會調查卡赫里札克的性侵指控與虐待事件。卡魯比發現，他的要求在令人意外的地方找到幫手，因為卡赫里札克的虐待事件發生在錯誤的人身上。卡姆拉尼是艾哈邁迪內賈德某個親信的外甥。魯霍拉米尼的父親是保守派總統候選人與前革命衛隊指揮官穆赫辛．雷札伊的重要顧問。這兩個受害者是強硬派菁英的子弟，他們家人的怨言無法被當成煽動性言論而加以忽略。七月底，也就是卡魯比發表公開信的時候，哈梅內意親自下令暫時關閉卡赫里札克監禁中心。

強硬派法官戈拉姆－侯賽因．穆赫辛尼－埃傑伊最近才被任命為伊朗的檢察總長。他對性侵指控進行了司法調查，認為這完全是沒有根據的指控。德黑蘭警察首長承認卡赫里札克確有疏失，但並不嚴重。國會也馬上推翻性侵指控，很可能是受到壓力。但是，國會還是接受雷札伊的請求，對於卡赫里札克其他虐待事件進行調查。堅持進行調查的國會議員是基本教義派保守分子，而往後幾年，將由這些人扛起公民自由的大旗。

穆赫辛．魯霍拉米尼的醫療紀錄與死亡證明是由一名與死者年紀相仿的年輕醫師簽署的。這名醫師因為服兵役而被分派到卡赫里札克監禁中心。調查開始時，卡赫里札克的長官要求這名醫師把魯霍拉米尼的死因改成腦膜炎，但這名醫師沒有照做；相反地，他對委員會說：「魯霍拉米尼在遭受嚴重刑求之後才送到我這裡來。他的身體狀況很糟，我沒有充足的醫療用品，但我還是盡力救他。就在那個時候，我受到卡赫里札克長官的威脅，如果我說出死因與被監禁者受到的傷害，我也不用活了。」[25]

曾被關在卡赫里札克的囚犯對於這名醫師的說詞感到懷疑，他們對《洛杉磯時報》說，那名醫師也曾虐待他們，不僅拒絕醫治他們，還動手毆打他們[26]。無論如何，這名醫師在十一月神祕死亡。一開始，警方宣稱這名二十六歲的醫生死於心臟病，但當沒有醫學證據證明時，他們又改口說是中毒，最後說是自殺。隔年九月，另一名曾經在卡赫里札克檢查犯人的醫師也遭槍擊死亡。

國會將矛頭指向薩伊德．莫塔札維，而這已經不是第一次了。這位檢察長簽署命令將抗議民眾送往卡赫里札克，同時也是他下令將三個年輕人的死因定調為腦膜炎，另外據說他也下令偽造死因報告。之後，莫塔札維改口說，他們的死亡是牢房過度擁擠的結果，而他們來監獄之前就已經受傷了。但到了二〇一〇年，當針對卡赫里札克進行的調查在各方面都指向莫塔札維時，艾哈邁迪內賈德決定擺脫這個人，他免除莫塔札維檢察長的職務，改命他負責反走私的工作。

二〇一〇年一月，國會負責調查卡赫里札克的委員會公布最終報告。報告明確駁斥犯人罹患腦膜炎的說法，甚至認定莫塔札維說囚犯被帶往卡赫里札克是因為埃溫監獄已經滿了的說法完全是謊話。事實上，埃溫監獄還沒滿，真正滿了的是卡赫里札克。委員會成員嚴厲指責司法部所說的他們對監獄設施的狀況毫不知情。委員會成員表示，被監禁者死於「空間不足、醫療不足、營養不良、空調缺乏……，以及遭到毆打與忽視」[27]。

然而，委員會依然堅持，最終都是改革派的錯。如果穆薩維與卡魯比「未試圖破壞法律與煽動民眾情緒」，這些事都不會發生。這幾個總統候選人必須「負起責任，而司法系統不能放過這類犯罪行為」[28]。

我們可以這麼說，一九八八年，阿亞圖拉何梅尼的接班人要求捍衛囚犯的權利並且反對對數千人進行屠殺，然而卻遭到何梅尼的拒絕，從何梅尼拒絕的那一刻起，伊斯蘭共和國的路線已然確立下來。何梅尼重新指定的接班人阿里．哈梅內意顯然也對於以暴力對付政敵毫無愧疚之意。至於原本應該成為最高領袖的阿亞圖拉侯賽因．阿里．蒙塔澤里則被排除於他所創建的制度之外，蒙塔澤里終其一生都以自己的良知發聲。

二〇〇九年夏天，蒙塔澤里八十七歲。對於總統大選，他的評論是：「任何一個心智正常的人」都不會相信選票的統計是公平的。蒙塔澤里表示：「這既不是伊斯蘭，也不是共和國。」他提醒安全部隊，毆打手無寸鐵的抗議群眾，「就算是根據命令，也無法讓他們在面對真主時獲得開脫」[29]。對於卡赫里札克事件，蒙塔澤里告誡哈梅內意，光是關閉設施還不夠。建築物本身並未犯下任何罪行，但那些犯下罪行的人還會繼續刑求與殺人。

在二〇〇九年七月十一日的伊斯蘭教令中，阿亞圖拉蒙塔澤里對那些要求穆薩維提出選舉舞弊證據的人表示，他們自己才負有舉證責任。蒙塔澤里堅持，公僕有責任讓民眾相信他們是值得信任的，而且要在公正的法官面前進行說服。至於民眾，如果民眾認為政府是不正當的而且政府還「透過武力或欺騙」來維持自身的存在，那麼民眾就有積極的義務要求政府解散。如同何梅尼在一九七九年採取的做法，蒙塔澤里引用什葉派領袖伊瑪目阿里的話：「不要背棄『行義去惡』原則，否則的話，你們當中最大的惡人將支配你們，而你們的禱告將不會被聆聽。」長久以來，伊斯蘭道德警察一直堅稱，他們鞭打未適切穿著頭巾的婦女是在「行義去惡」。現在，蒙塔澤里重申這個原則，要求抵抗不義的國家。

蒙塔澤里寫道，一旦政權放棄追求正義，民眾就沒有必要保護這個政權。對伊斯蘭統治的真正攻擊，來自於政權內部：「這實在難以想像，不正義而且違反伊斯蘭的行為如何能確保與鞏固伊斯蘭政權？」蒙塔澤里提醒掌權的教士，先知穆罕默德不會賦予在獄中取得的口供「一丁點法律或宗教價值」，而身為人民的僕人，政治人物沒有權力限制言論與集會自由。蒙塔澤里說道：

一個奠基於手持棍棒、不正義、侵犯權利、奪取與偽造選票、謀殺、要求臣服、監禁、使用中世紀與史達林主義式的刑求、鎮壓、對報紙與通訊工具進行審查、以虛構的罪名關押思想家與社會菁英並且取得假口供，特別是透過脅迫取得，在宗教、理性與世界上睿智的觀察者面前都是有罪的與毫無價值的。[30]

大約五個月後，十二月十九日，阿亞圖拉蒙塔澤里在睡夢中去世。從德黑蘭到庫姆，從納賈夫阿巴德到贊詹，綠色運動紛紛悼念蒙塔澤里，他們甚至在清真寺內與巴斯基及鎮暴警察正面交鋒，這是自六月二十日以來最龐大也最暴力的衝突，同時也是雙方最後一次大規模的對立。大阿亞圖拉的追悼期間剛好碰上阿舒拉節＊，但伊斯蘭共和國的安全警察完全不管什葉派最

＊阿拉伯伊斯蘭曆的第一個月（穆哈蘭姆月）的第十天。伊斯蘭六十一年（西元六八〇年）穆哈蘭月十號，什葉派第三任伊瑪目胡笙，於卡爾巴拉抵抗順尼派伍麥亞帝國（第一個伊斯蘭帝國），最後戰死沙場。壯烈事蹟，為後代什葉派穆斯林歌頌。

神聖節日的反暴力禁令。民眾的錄影畫面顯示警察開著警車輾過抗議民眾，而目擊者則宣稱警察對著群眾開槍。憤怒的群眾攻擊安全警察與放火焚燒警察局。當天，有數百名抗議民眾，有些報導說甚至超過一千人被關進監獄，而醫院則通報有數十人頭部受傷與受到槍傷。阿里·哈比比·穆薩維是總統候選人穆薩維的姪子，也是擁有兩個子女的四十三歲父親，他並未參與抗議，卻在德黑蘭胸部中彈身亡。他是新聞報導中在阿舒拉節當天被殺的三十七人之一。由於嚴格新聞審查的關係，當天的死亡人數莫衷一是，而對於當天事件的報導，可靠性如何也值得存疑。在貼到YouTube的抗爭影片中，有個影片顯示大學生高呼：「蒙塔澤里，你終於自由了。」[31]

第十七章　知識分子骯髒戰爭的結束

任何龐大運動的順從者、追隨者、靈魂奴隸、應聲蟲，都無法滿足獨裁者，除非自由人與極少數的獨立人士也開始諂媚他與他的農奴，獨裁者才會感到滿意。為了讓自己的信條成為普世真理，獨裁者會讓國家將不一致列為犯罪。

——史蒂芬．褚威格，《異端的權利》

帕亞姆．法茲里內賈德，這個主動接近夏赫拉姆與魯茲貝赫的年輕人，看起來有自殺傾向且孤獨無助，實際上他這麼做都是為了誘騙夏赫拉姆與魯茲貝赫自投羅網。現在，法茲里內賈德已成為強硬派司法部充分承認的宣傳者；他除了為革命衛隊的法爾斯通訊社工作，也為隸屬於最高領袖的《宇宙報》寫稿。

二〇〇九年六月初，法茲里內賈德在《宇宙報》發表了爆炸性的五篇系列文章[1]。他的文章標題是〈穆罕默德．哈塔米的天鵝絨政變任務〉，文章聲稱揭露了精心策畫的國際陰謀，這個陰謀企圖以「市民社會」這個惡毒力量來推翻伊斯蘭共和國。法茲里內賈德認為，當前的不安乃是西方陰謀長期計畫下的結果。

法茲里內賈德用改革派的語言來攻擊改革派，他用幾顆事實的種子栽種出滿園的幻想果樹：學術交流成了與西方哲學家的祕密會議，而這些西方哲學家只是幌子，他們真實的身分是特務；市民社會的發展理論成了圍困與顛覆革命國家的陰謀。耐人尋味的是，法茲里內賈德從這個假定推演出，市民機構、獨立媒體與選民參與不可避免將授予世俗化力量，因此這些事物本質上具有顛覆性，必須予以禁止。根據這種觀點，威權主義乃是伊斯蘭政權的本質，而威權措施是唯一能保護伊斯蘭政權的手段。

法茲里內賈德認為「天鵝絨政變」陰謀的源頭是美國中情局與英國軍情六處，這兩個單位透過位於美國、英國與德國的智庫進行運作。早在一九八八年，這些外國情報單位已經與流亡海外的伊朗保皇黨與猶太復國主義者聯手，驅使《地平線》圈子與戰略研究中心在伊朗境內執行他們的命令。阿卜杜勒卡里姆·索魯什負責將世俗主義灌輸到思想領域，侯賽因·巴什里耶赫則以「政治發展」為掩護，有系統地闡述政治策略。他們招募了一批政治人員，包括薩伊德·哈賈里安、穆斯塔法·塔吉札德赫、穆罕默德·阿里·阿卜塔希、穆赫辛·卡迪瓦，當然，還有擔任行動先鋒的穆罕默德·哈塔米。

一旦這些陰謀者成功讓哈塔米上位，他們就開始推動城市與地方議會選舉，表面上是要建立「參與式民主」與「市民社會文化」，實際上卻是要沒收地方資源，「將世俗主義散布到社會與文化各個層次」。然後，在巴什里耶赫的堅持下，改革派主導的內政部撥款資助「市民機構」或非政府組織，這些組織將成為有能力推翻政權的顛覆性社會力量。

然而，不知何故，法茲里內賈德並未詳細說明二〇〇一年改革派計畫失敗的事。美國中情局在關切下派遣探員德國哲學家尤爾根·哈伯瑪斯到伊朗「評估美國『轉向民主』計畫的狀況」。事實上，哈伯瑪斯確實在二〇〇二年受到改革派人士的邀請前往伊朗[2]。他的演講吸引了大批群眾，而伊朗人也熱切地與他討論宗教在公共領域的地位。法茲里內賈德在文章裡描述哈伯瑪斯來伊朗是為了向卡迪瓦、哈賈里安與其他人傳達指令。哈伯瑪斯建議改革派人士建立民主機構，特別是在大學與政黨內部，而且要「做好進行公民鬥爭的準備」。當然，改革派人士依照哈伯瑪斯的吩咐進行。但是，改革派在二〇〇三年輸掉市議會選舉，接著又在二〇〇四年輸掉國會選舉，他們的「市民社會」計畫因此陷入混亂。

就在此時，西方派出第二位「安全與情報理論家」。法茲里內賈德寫道，已故的美國實用主義哲學家理察·羅蒂「被認為是美國最偉大的哲學家，但事實上，他是美國中情局思想領域祕密行動最老牌的領導人，曾經在一九五〇年代主持一個名叫『知識分子骯髒戰爭』的計畫」（事實上，一九五〇年代，羅蒂仍是耶魯大學的研究生，他的博士論文題目是《可能性的概念》）。法茲里內賈德聲稱，二〇〇四年六月，當羅蒂訪問德黑蘭時，他要改革派人士放棄地方層級的辯論與關切。改革派人士唯有「完全仰賴美國傳統與遵循實用主義哲學才能達成目標」。與哈伯瑪斯一樣，羅蒂建議改革派人士組織「民主機構」，在危機時刻可以發揮功效，建立美國式的民主。

但陰謀者當中最重要的人物到了二〇〇四年秋天才出現。根據法茲里內賈德的說法，澳洲政治理論家約翰·基恩是「英國軍情六處的大腦」與「主錀」。基恩是一九八八年出版的作品《民主與市民社會》的作者，他顯然是捷克斯洛伐克與波蘭共產主義崩潰的幕後推手。法茲里內賈德表示，西方政治哲學字典廢棄「市民社會」一詞已有一百三十年，但基恩的作品又讓這個詞彙重新回到西方政治哲學字典中，而且基恩重新想像這個詞彙，使其具有「好戰」的意涵。基恩也是美國中情局與英國軍情六處耗資九億美元的祕密計畫的探員，負責滲透與顛覆什葉派宗教機構與社群，企圖讓伊斯蘭教完全喪失政治地位。法茲里內賈德提到，這個計畫記錄在前美國中情局探員麥可·布蘭特的作品《一個分裂與毀滅神學的計畫》中。但這本書似乎只存在於一個名叫里亞卡特·拉札的人用烏爾都語寫的部落格文章裡，這位拉札宣稱布蘭特是「前美國中情局局長鮑勃·伍德華的左右手〔原文如此〕」。

基恩曾於二〇〇四年訪問德黑蘭。法茲里內賈德表示，當時，巴什里耶赫與索魯什才剛結束與前美國國務卿喬治·舒茲以及「五角大廈戰略學家」法蘭西斯·福山（當時約翰·霍普金斯大學的政治學家）的重要會議，福山告訴他們，伊朗人要扮演讓伊朗「波蘭化」的角色。基恩與哈賈里安見面，指示他進行「軟顛覆」並且告訴他最近期的「民主化模式」。基恩也建議改革派政府補助非政府組織、獨立媒體與市民機構，以此來挑戰政權，最終以天鵝絨政變來推翻政權。

法茲里內賈德把喬治·索羅斯與美國國會也牽扯到這個陰謀裡，但這裡頭的壞人不是只有美國人或英國人。根據法茲里內賈德的說法，一名有伊朗血統的荷蘭國會議員指示希林·伊巴迪將女權運動與民權策略掛勾。伊朗的女性主義者發起百萬連署運動正是源自於荷蘭人擬定的計畫，「這項運動公然在伊朗赤裸裸地推動與宣傳賣淫」（法茲里內賈德之後直接將百萬連署運動等同於「推廣賣淫運動」）。

法茲里內賈德告訴讀者，「針對第十屆總統大選進行的綠色政變計畫」有著多樣的層次與複雜性，其中的策略與情報他無法一一加以釐清。但到了最後階段，改革派動員了米爾・侯賽因・穆薩維（「沒有人知道他為什麼隱藏了這麼久」），穆薩維在與英國大使會面後敲定了「令人屏息的選戰活動」，並且宣布他將發起公民鬥爭。

在仔細分析公民鬥爭時，法茲里內賈德的語氣變得拐彎抹角而含糊。敗選的總統候選人計畫引發一場正當性的危機。有組織與受過訓練的市民社會間諜將走上街頭，「到處破壞、發起恐怖行動與引發危機」，而且刻意造成原本不會那麼嚴重的騷亂。法茲里內賈德認為，在伊朗，街頭並不存在社會群眾，上街的都是受過訓練的顛覆分子，他們企圖「癱瘓國家的神經系統」，導致政權的崩潰。

在法茲里內賈德的描述中，穆薩維推動了公民鬥爭，但背後的關鍵人物其實是哈塔米。法茲里內賈德提供了哈塔米訪問世界各國的行程，其中令人懷疑的是，在二〇〇九年選戰期間，這位前總統幾乎一直待在國外。或許最啟人疑竇的是，哈塔米訪問突尼西亞的時候，美國總統巴拉克・歐巴馬也抵達埃及，這兩個國家都位於北非。在二〇〇九年六月十四日的聲明中，哈塔米惡意地「使用示威抗議、公民抗爭這類詞彙達七次之多」。

法茲里內賈德的文章只是司法部對付改革派領袖的前菜。二〇〇九年八月一日，德黑蘭革命法院以電視播送審判實況，只見禮堂裡滿滿都是被告。好幾排前任高級官員穿著囚服，他們的臉色泛黃，眼窩凹陷，在他們旁邊站著穿制服的男子。一開始，眾人先聆聽檢察官長達二十五頁的起訴書，然後再聆聽被告自己陳述認罪內容。

穆罕默德．阿里．阿卜塔希外觀的退化或許是最引人注目的。昔日矮胖而面帶微笑的教士，現在卻被剝奪了教士身分，阿卜塔希的身軀瘦了一半，整張臉很憔悴，一副擔驚受怕的樣子，額頭上掛著斗大的汗珠，滿臉的疑惑。然而，真正讓審判過程進入高潮的是薩伊德．哈賈里安的認罪內容，讓人感到恐懼，又覺得荒謬。

哈賈里安病得很重，無法當眾宣讀，一名年輕的伊斯蘭伊朗參與陣線成員，同時也是犯人，負責為哈賈里安唸出強迫認罪的內容。認罪書一共六頁，全文由法爾斯通訊社對外發布[3]。在認罪書中，哈賈里安表明放棄馬克斯．韋伯的家產制理論，他現在知道這個理論無法適用在伊斯蘭共和國。哈賈里安表示，韋伯的理論是用來描述「民眾被當成臣民而且被剝奪一切公民權利」的國家。這位脊椎還卡著子彈的政治理論家在脅迫下承認伊朗顯然不屬於這種國家。

哈賈里安指出：伊斯蘭共和國是一種革命體制，韋伯並未討論到這種體制。伊朗政權舉行選舉，「其正當性的來源在於期望有一天失蹤的第十二伊瑪目能夠回歸」；韋伯並未解釋這類細節，這意味著他的架構對伊朗來說毫無意義。哈賈里安因為無知而一度「盲目地陷入這些誤導的理論的陷阱中」；現在他懂了，於是他道歉。

哈賈里安又說：他很後悔自己不加批判地散布這些西方社會學家的觀念，包括馬克斯·韋伯在內。第十屆總統大選之後，「我們現在知道，許多這些觀念引發的抗爭威脅到國家的團結」。哈伯瑪斯與美國社會學家塔爾科特·帕森斯的觀念要負最大的責任。哈賈里安充滿歉意地寫道：「人文學科的理論包含了意識形態武器，可以轉變成用來對抗國家官方意識形態的戰略與戰術。」

檢察長薩伊德·莫塔札維提出的指控，將危險的西方觀念與外國的陰謀連結在一起，這種手法就跟法茲里內賈德的文章一樣[4]。莫塔札維的副手宣讀起訴書，一開始是長篇引用他們宣稱已經捕獲的間諜的認罪書，然後所有的起訴內容完全圍繞在這名間諜的供詞上。

根據起訴書的說法，這名間諜向檢察機關詳細說明了法茲里內賈德曾經描述過的複雜陰謀結構。這些陰謀者包括開放社會研究所、洛克斐勒研究所、福特基金會、美國的德國馬歇爾基金會、自由之家、外交關係協會、德國外交關係協會與英格蘭的民主研究中心（由約翰·基恩主持）。荷蘭的人道主義發展合作研究所支持婦女運動，而哈佛大學的伯克曼網際網路與社會研究中心則支持伊朗的部落客。

不意外地，檢察機關把矛頭指向吉恩·夏普的作品，夏普是一位年邁的美國非暴力鬥爭理論家，在全世界「天鵝絨」革命的場景中，都可以看到他談論公民抵抗獨裁制度的小冊子的蹤影。根據起訴書的說法，這些革命也是美國特務的傑作。副檢察長陰沉地說，夏普手冊中提到的一百九十八個步驟，伊朗已經執行超過一百個。他們宣稱的間諜表示，套用在伊朗的模式來自喬治亞、波蘭、捷克、塞爾維亞、克羅埃西亞、烏克蘭與吉爾吉斯。然而克羅埃西亞並未發生這類革命，把克羅埃西亞涵蓋進來充分顯示這個消息來源或檢察長對於世界的走向一無所知。

這位宣稱的間諜提到，天鵝絨政變總是依照單一的計畫進行。大約在總統大選前兩年開始準備，外國陰謀者挑選他們要的候選人。然後，「他們會投資大量人力、物力在候選人身上，例如讓候選人的支持者透過類似金字塔結構的商業模式網絡來教育民眾（這種做法已經證明在選戰中可以有效地吸引支持者）」。如果他們支持的候選人輸了，他們會提出選舉舞弊的主張，要求在外國觀察者參與下重新舉辦大選。起訴書暗示，外國觀察者的介入是為了確保他們選擇的候選人能夠勝選。

起訴書指出，伊朗的通敵者網絡，包括了夏迪・薩德爾與希林・伊巴迪，以及以紐約為據點的人權研究者哈迪・加埃米，加埃米為「猶太復國主義組織」人權觀察工作，還有如今正在流亡的前學生活動分子阿里・阿夫夏里。當然，最重要的知識分子特務是阿卜杜勒卡里姆・索魯什，他的任務是瓦解伊朗對西化的抵抗，攻擊伊斯蘭共和國的神聖支柱，例如「宗教學者的政治管理」與政教合一。

副檢察長宣稱，索魯什與其他宗教知識分子「逐漸把目標對準革命的文化基礎並且開始摧毀這些基礎。他們的思想討論明顯訓練不足而且充滿思想上的專斷，而他們卻故意隱瞞這一點」。一旦建立起了思想基礎，這些陰謀者便開始成立非政府組織形式的機構。然後，他們會將這些機構串連成一個網絡。

改革派政黨扮演的角色尤為惡毒。伊斯蘭伊朗參與陣線的政綱居然大膽描述伊斯蘭共和國是專制與反民主，而且鼓吹改革派人士爭取進入每個民選機構，從國會、市議會到專家會議。起訴書引用了參與陣線政綱的一句話：「當整個政治體制面臨威脅的時候，民選的領導人有能力利用這種危機來鞏固民主體制，並且取得更多的協商權力。」然後政綱以一種可能出自修辭的語氣問道：「這句話聽起來跟叛國有什麼不同嗎？」檢察機關也引用不具名的消息來源，宣稱參與陣線在伊斯法罕與阿拉克的分支機構曾經對黨員進行意見調查，如果美國人入侵伊朗，他們是否願意把最高領袖交給美國人。

於是，一個憤世嫉俗與背信棄義的陰謀便圍繞著第十屆總統大選展開了。副檢察長大量引用聚集在法庭上的被告在獄中的自白，尤其是阿卜塔希與塔吉札德赫。副檢察長表示，這些陰謀者很清楚這次選舉並沒有出現舞弊，但他們早在選舉之前就已經計畫要讓民眾對選舉制度喪失信心。因此，改革派人士偽造了一封由內政部官員寫的信，想在選舉日前引起關注。副檢察長引用塔吉札德赫在獄中的口供，塔吉札德赫表示，在選舉日當晚，他的數字與官方的數字吻合：「我從未說過發生選舉舞弊。他們提出的指控跟我沒有關係，我並未涉入此事，然而既然我的黨發出這樣的聲明，那麼我也應該受罰。」

起訴書宣稱，選後的「非法集會」也是計畫的一部分，這些集會由這些被告組織，包括那些在抗爭之前就已經被逮捕的人在內。他們也預先計畫向外國媒體散布殘暴鎮壓手無寸鐵的抗議民眾的照片與影片。副檢察長表示：「這些照片與影片顯示出許多伊朗國內民眾的痛苦臉龐，讓觀看者以為煽動者就是這些上街抗議選舉的伊朗民眾。」

副檢察長宣稱，慶幸的是，伊朗安全部隊早一步破獲恐怖分子的陰謀，這些美國派來的人員計畫在投票所放置炸彈。然而混亂已經傳布出去。陰謀者自製手榴彈，並且穿上偷來的革命衛隊制服引爆手榴彈。著名的人權律師在辦公室裡偷偷存放武器與毒品。鞏固辦公室與其他學生叛亂分子攻擊自己的宿舍以引發民眾同情。副檢察長對於學生宿舍遇襲的受害者無恥地流下鱷魚的眼淚：「從報告以及被毆打與受傷躺在醫院的人數可以看出，這場破壞與暴動的計畫者與行動者為了實現目的，不惜犧牲這片土地上的無辜孩子。」

起訴書完全是依據這名宣稱的間諜的陳述撰寫的，然而這份陳述其實來自幾個運氣不佳的犯人自白。其中最主要的犯人是一個深具企圖心的年輕部落客，他曾經歷過一連串耐人尋味的轉變。侯賽因．德拉赫尚在艾哈邁迪內賈德第一次擔任總統時從伊朗移民加拿大，他熱心自我推銷，努力向美國媒體宣傳自己，而且經常宣稱自己是伊朗部落格文化的引進者。他在初期的部落格文章中自稱是無神論者，而且公開支持伊朗成立世俗政府。西方的朋友與同事記得他是一個極度追求美食與享受生活的人，對於名聲有著強烈的渴望。

德拉赫尚日後解釋，他在哈塔米主政時期支持改革主義，其實是一種青春期叛逆的表現。德拉赫尚出身富有的保守派家庭，與政權關係親近。他表示，他在移民加拿大之後，對西方資本主義的體驗以及對美國小布希新保守主義外交政策的反感促使他反對改革。德拉赫尚認為，伊朗的改革派對新保守派提供協助與施惠，這些人已經被啟蒙理性腐化了。德拉赫尚支持後殖民理論與愛德華・薩伊德、賈克・德希達以及茱蒂絲・巴特勒的作品。當德拉赫尚支持強硬派對伊斯蘭共和國的辯護並且開始撰文讚揚艾哈邁迪內賈德，呆板地模仿伊朗官方的說法與抨擊改革派分子以及人權分子時，他先前的朋友與同事都認為他別有用心。

德拉赫尚後來在公眾面前做了一件魯莽而思慮不周的事，他在二〇〇六年初以及二〇〇七年兩度前往以色列，此舉公然違反伊朗的禁令，儘管如此，此時仍無法看出德拉赫尚政治立場的變化。德拉赫尚說他進行的是獨立的外交任務。他希望影響以色列的輿論，使以色列民眾反對與伊朗開戰，同時也藉此影響美國的外交政策。他喜歡成為短暫的目光焦點，並且穿著印有「我♥伊朗」字樣的T恤在特拉維夫街頭擺出各種姿勢拍照。

二〇〇八年，德拉赫尚一回到伊朗就隨即遭到逮捕。訊問他的人就跟他之前的改革派朋友一樣，完全不相信他已經改變立場。訊問者認為德拉赫尚是受到摩薩德*或美國中情局的指示，企圖滲透伊朗政權。德拉赫尚日後表示，做為一名忠實的臣民，他返國時已準備好要接受法律的制裁，他預期自己違反旅行禁令應該會被判三年。然而，德拉赫尚最後被判處兩個死刑與將近二十年的刑期。他說，他就像一名遭己方空軍誤擊的士兵（二〇一四年年底，哈梅內意赦免了德拉赫尚）。

*以色列情報組織。

德拉赫尚日後堅稱，每當有人提到檢察機關是根據他的說詞來起訴改革派領袖時，他都會痛苦地覺得自己遭到利用。然而，他這麼說也可能是為了撇清責任。這些說詞出自德拉赫尚於二〇〇八年十二月被要求寫下的分析，他當時解釋了改革派的觀念與行動如何為帝國主義利益服務。他從未想過要勾勒一個由美國中情局主導的陰謀，也從未言之鑿鑿地表示自己目睹了一切。無論如何，在德拉赫尚寫下供詞時，伊朗總統大選還有六個月才舉行，穆薩維甚至還沒宣布參選。

帕亞姆．法茲里內賈德在《宇宙報》發表的文章純屬幻想，而且如約翰．基恩回應時指出的，這些文章提到的叛國陰謀有可能涉及誹謗。法茲里內賈德很可能是在牢裡獲取了強硬派的觀點，而這也為他的文章的惡毒更添幾分感染力。法茲里內賈德的主題激勵了檢察機關正式起訴改革派領導階層，顯示這些文章的敘事並非出於偶然或只是權宜之計。這些文章確實反映強硬派人士內心的預期，呈現出他們根深柢固的想法，因此不能說完全沒有合理的成分。

大家經常說，即使是偏執狂也有敵人，以伊朗伊斯蘭共和國來說確實是如此。或許伊朗安全體制希望面對的是一個簡單的敵人，例如像牽線木偶那樣被外國操控的伊朗國內異議派系與公民活動分子。當然，如果光靠舉辦專題討論與寄支票給改革派政治人物與市民社會團體就能推翻伊斯蘭共和國，那麼華府早就動手了。伊朗具有一種強烈不想受到外國干預的精神特質，而這種精神特質不只局限在保守派身上。當美國總統小布希打算撥款資助伊朗反對派人士時，伊朗反對派人士對此感到驚恐並予以拒絕。除了強迫認罪，幾乎沒有任何證據顯示伊斯蘭共和國會有人與外國勾結。

伊斯蘭共和國畏懼的事物，其實已經存在於共和國內部。伊朗改革運動的確借用了韋伯、哈伯瑪斯與羅蒂的觀念，但改革運動的意識形態卻是自己形成的，他們與真主黨支持者一樣是革命本身的產物。改革派理論家面對伊朗獨特政治制度造成的策略難題，必須公然與之進行爭論，在這方面，外國人無法為他們出謀畫策。西方沒有任何哲學家或情報頭子能像穆斯塔法．塔吉札德赫與薩伊德．哈賈里安那樣有能力走出這個迷宮，或願意投入心力解決這個難題。

塔吉札德赫與哈賈里安以及其他跟他們一樣的人，相信伊斯蘭共和國是動態的而且具有回應能力，能夠擺脫專制。但哈梅內意對於什麼是伊斯蘭共和國核心與什麼不是有不同的看法。

前後總共有五次公開審判，因此有五份起訴書。第二份起訴書比第一份起訴書更清楚揭櫫政權的自我定義[5]。起訴書提到，外國人有幾個惡毒的目標，例如「揭露違反人權的案件」，訓練記者「收集與分析資訊」，「創設網站，為舉行大選而進行訓練，呈現完整的二〇〇九年總統候選人資訊」。選後，美國間諜又提供軟體與伺服器讓伊朗民眾能夠規避政府的網路控制。起訴書顯然相信聆聽者會認為由政權來保護真正的國家利益是不證自明的事，這些保護措施包括審查報刊、控制網路、隱匿人權侵害的案件以及破壞選舉過程。

往後一年半的時間，米爾．侯賽因．穆薩維一直不甘於沉默。這位前總理定期向追隨者發表聲明，而他的主張也越來越鮮明而具說服力。穆薩維不是改革運動的一員，他不會使用社會學的詞彙，也沒有掌權的苦澀經驗。穆薩維的用語簡單並強調精神面，重視道德而帶有濃厚的懷舊情緒。他把阿亞圖拉何梅尼說成是已逝的父親，雖然何梅尼的身影逐漸隱沒在兒子身後，但他智慧的光芒卻更加凸顯。伊斯蘭共和國一切的善良與正義，包括穆薩維自身的良好特質，全源自於伊瑪目何梅尼，儘管相反的狀況也有可能是真的。革命最好的意圖已經走偏了，每個人都心知肚明。

對穆薩維來說，綠色運動的目標在於重新恢復失落的純潔。關於這一點，穆薩維無論在表達上還是情感上都呼應著沙里亞蒂。沙里亞蒂在一九七〇年代曾經告誡伊朗人要找回從未存在的過去，要「回歸」充滿渴望的自我。穆薩維在九月底表示，「我們需要伊斯蘭共和國，多一個字不行，少一個字也不行」，這也呼應了何梅尼革命時說的話[6]。穆薩維指出，即使選舉不如人意，何梅尼依然尊重選舉結果。當何梅尼得知他支持的候選人在伊斯法罕敗選時，他微笑說：「沒問題，就讓他們拿走伊斯法罕吧。」[7]穆薩維口中的何梅尼要求政治人物做到誠信，而且要尊敬民眾。當政府的三個分支單位被迫要揭露伊朗門事件時，穆薩維告誡它們：「絕對不要做無法向民眾解釋的事。」[8]這個國家的創建者受到兩次褻瀆，第一次是受到外國人誤解，第二次且嚴重程度不下於第一次則是強硬派恣意壓迫民眾，卻想像何梅尼會讚許他們的行徑。

穆薩維堅持，伊朗民眾想得到尊重，也值得受到尊重。他說：「一個偉大的國家不能容忍結果總是一成不變的墮落選舉。當一個國家變得偉大時，公僕就不能再告訴民眾該吃什麼、該去哪裡、該選舉誰、該信任誰或信任什麼。」伊朗民眾希望得到健全的經濟管理。他們不想要一個會攻擊要求薪資的勞工或攻擊要求權利的婦女的國家。穆薩維說道：「這裡的絕大多數民眾都『喜歡』彼此。他們不想被區分成真主黨與魔鬼黨，也不想被區別成一邊是人類，一邊是塵垢與牲畜。」[9]

穆薩維要求政權釋放政治犯、報刊解禁、允許成立政黨與示威遊行、修改選舉法以及讓總統有權有責。這些要求都寫入綠色運動的憲章中，而且也將綠色運動定義成民權運動。國外五名受敬重的改革派知識分子簽名支持穆薩維的主張，而且增加了額外的要求：大學、神學院與軍隊獨立於政治，各層級的法官與領導人民選產生。簽名的人包括阿克巴爾・甘吉與阿卜杜勒卡里姆・索魯什。

穆薩維對政權提出的是基本的要求，他對追隨者的要求也是普世的基準。在十月聲明中，穆薩維思索被壓迫者的尊嚴，這篇文章堪稱世界抵抗文學的經典[10]。穆薩維提醒他的追隨者，國家的形式結構只占現實的一小部分。伊朗人民的生活賦予這些結構意義與實質。象徵可以強加在人民身上，但意義是不可讓渡的。

穆薩維表示：「表層結構可以逮捕革命之子，把他們當成罪犯囚禁起來，讓他們穿上羞辱的衣物，但民眾可以看著這些景象並且感到自豪，而且從這些影像中創造出英雄。誰是這場對峙的贏家？……表層結構可以對這些家庭判刑使其陷入孤立，而民眾可以擁抱這些家庭。說真的，誰才是真正的贏家呢？」

藉由道德與思想正直的力量，伊朗民眾即使無法糾正國家政治生活的外在結構，至少可以糾正內在的實質。而他們確實做到這一點。穆薩維說：「過去幾個月，我們並未打破外在秩序，而是靠著改變意義而改變了社會。一旦我們可以在每個狀況下指出方向，就不需要打破秩序。」因此，穆薩維對未來寄予希望。他指出：「有這麼多國家的民眾未選擇行使這項權力，他們選擇把權力交給強有力的人。他們無法成為他們的社會的領導者，但我們會。」

二〇一一年二月，米爾・侯賽因・穆薩維與妻子札赫拉・拉赫納瓦爾德位於巴斯德街的家成了監獄，屋子的門窗被焊死，房屋周圍裝設了泛光燈、攝影機與監視器。根據二〇一三年路透社的一篇報導，當局拆除了屋內所有門把，這對夫妻因此喪失了隱私，他們還沒收了個人文件、藝術品、電話、收音機與電腦[11]。穆薩維與拉赫納瓦爾德只有在很罕見的狀況下才能閱讀報紙或使用書房。他們幾乎沒有新鮮空氣，拉赫納瓦爾德因此出現了呼吸問題，於是穆薩維用拳頭打破了一扇窗戶。

親近穆薩維家的人士告訴路透社，住進這對夫婦家中的警衛態度惡劣且粗暴。穆薩維的健康狀況不佳，他曾因為血液循環問題數次住進醫院。到了二〇一三年春天，穆薩維體重少了二十六磅，而拉赫納瓦爾德少了三十七磅。

梅赫迪・卡魯比的家沒有安全可言。在二〇一〇年的訪談中，他做了計算：「最近連續五天，每天都有人朝我家扔石頭與手榴彈。我們的鄰居嚇壞了，他們的財產遭到燒燬與破壞。」卡魯比思索，他預期這種狀況不會改善。「但我關心的是伊斯蘭，我擔心這些人以伊斯蘭為名攻擊與騷擾民眾，將在世人面前嚴重損害我們的宗教。」卡魯比不會停止捍衛伊朗政治犯。他堅持說：「我將表明，他們在運動剛開始的時候在監禁中心性侵犯人，而他們仍在監獄以殘暴的方式刑求異議人士。」[12]

二〇一一年，卡魯比也遭受軟禁，他被安置在情報部位於德黑蘭中區的安全屋裡。卡魯比同樣因為缺乏新鮮空氣而萎靡不振。這三名反對派領袖從未被指控任何罪名，更不用說被法院判刑。但有傳言說，除非他們公開悔過，否則他們不會獲得釋放。

穆薩維不再對外發表聲明。起初他做的是推薦書籍，而這些書傳達了訊息。第一本書是《綁架新聞》，加布列．賈西亞．馬奎斯在書中描述接二連三有名人遭哥倫比亞販毒集團綁架。這本書很快在伊朗販售一空，因為穆薩維的支持者想在這本書中探索相關的意義。第二本書內容晦澀卻很容易引起共鳴，史蒂芬．褚威格在書中描述一名十六世紀的神學家挑戰約翰．喀爾文；這本書的書名叫《異端的權利》。

褚威格是奧地利猶太人，希特勒掌權後不久，他於一九三四年逃離歐洲。褚威格在一九三六年出版《異端的權利》。六年後，他與妻子在巴西自殺，他在自殺的字條上寫著：「我自己的語言世界已經從我身邊消失，我的靈魂故鄉歐洲已經毀滅了自己。」[13]在褚威格的作品中，《異端的權利》少為人知，英譯本幾乎馬上就絕版了。作者大概怎麼都想不到這本書居然在伊朗找到了第二春，一九九七年，波斯文譯本在伊朗出版。

《異端的權利》把約翰．喀爾文描繪成一個殘酷的神權主義者，他在日內瓦施行沉悶無趣的禁欲主義，要求每個人都要像奴隸一般順從他的神學，而且以冷酷而自以為正義的狂熱進行個人仇殺。褚威格書中的主人翁是一名異議神學家與人文主義者名叫塞巴斯汀．卡斯特留，當喀爾文將一名異端連同其作品一起焚燒時，卡斯特留提出反對。卡斯特留堅持，國家無權主宰人的內在生活：「把一個人活活燒死，無法捍衛教義，只是殺死了一個人。」[14]寬容而非迫害，才是基督徒對於異議人士的適當回應。卡斯特留寫道：「當我思索異端究竟是什麼時，我唯一想到的，就是在與我們的觀點不同的人眼裡，我們都是異端。」[15]

面對大家對他的異端政策的批評，喀爾文的做法是，將陰謀者的罪名扣在對方頭上，然後刑求政治反對派領袖，直到他們承認陰謀推翻他為止。卡斯特留是知識分子而非政治人物，當喀爾文誹謗他時，他不做反駁。卡斯特留是自然死亡，如果他再活久一點，很可能被當成異端處以火刑。褚威格寫道：「專制君主永遠的悲劇是，他們總是害怕擁有獨立心智的人，即使這些人被解除武裝與被噤聲。事實上，被擊潰的對手就算什麼話也不說，光是拒絕成為暴君的逢迎者與奴僕這件事，就足以讓他的持續存在成為暴君憤怒的根源。」[16]

二〇〇九年八月，阿亞圖拉哈梅內意抨擊社會科學。在向大學的學生與教職員演說時，最高領袖表示這些研究領域造成了懷疑、不確定性與世俗主義：「許多人文學科根據的哲學基礎是唯物主義以及對真主與伊斯蘭教的不信仰。」[17]教導這些學科將導致信仰的喪失。思想正確的思想家應重新檢討國內的大學課程。

阿卜杜勒卡里姆．索魯什做出回應，他表示：「神權主義者希望人文學科以真主的意旨、精神與其他宗教內部教義的概念來解釋人類與社會，一旦人文學科無法符合神權主義者的期待，神權主義者與伊斯蘭學者（ulema）便嫌惡人文學科。」[18]這個問題早在文化大革命時就已經出現，而索魯什對此有著親身體驗。當時，對於人文學科的懷疑源自於意識形態的僵化、無知以及對於馬克思主義深受伊朗大學生歡迎的恐懼。如今，要求將人文學科與社會科學伊斯蘭化則具有較直接的政治意涵。索魯什猜測，對哈梅內意來說，世俗化的政治科學「距離世俗政治只有一步之遙」。如果有人質疑他，索魯什就會舉遭受公開審判的薩伊德·哈賈里安為例。

教士在一九八〇年代想讓學院知識伊斯蘭化的企圖最後以失敗告終。但索魯什建議，如果哈梅內意想再次成立伊斯蘭社會科學，那麼伊朗的知識分子不應該阻攔。相反地，他們應該鼓勵最高領袖派出最優秀的人進行這項計畫，讓這些人埋首於這些知識領域中，這樣他們也許就能「見識到從觀察、數學、批評、反省、直覺、運氣與機緣的子宮中痛苦孕生出知識的過程，這樣他們才不會冒進或只想不勞而獲」。然而，當他們完成工作，他們應該大膽地將他們的觀念與世俗理性產生的觀念做比較，以此來衡量他們的觀念是否成功，而這兩種知識形式也能「互相砥礪」。

對於這些「創建伊斯蘭社會科學」的朋友，索魯什只想提醒他們一句話。他們在進行計畫時將遭遇不可解決的循環論證，因為他們想從《古蘭經》提取出社會科學，所需要的工具本身就是世俗的。舉例來說，如果沒有歷史人類學與社會學，他們幾乎無法研究阿拉伯人的歷史與文化，而不了解阿拉伯人，他們就無法了解《古蘭經》。索魯什強調，世俗的人文科學絕非「徒勞而毫無生產力」，它們是「解開宗教知識必要的黃金鑰匙。」

大選以來，這已經不是索魯什給予哈梅內意的第一個建議，但卻是最客氣的建議。與許多流亡海外的知名伊朗人一樣，索魯什看到祖國發生的一連串事件，內心感到無能為力的悲痛與憤怒。索魯什連續寫了好幾封信給最高領袖，一封比一封詞藻華麗，指責他成了一名暴君，旁邊圍繞著逢迎拍馬之輩，而且殘暴地對待他的批評者。索魯什表示，宗教專制主義將在伊朗燃燒殆盡，等到專制制度崩潰時，他將是第一個歡呼的人。索魯什寫道：「喔，真主，請為我做見證：我這輩子都關心宗教與教導宗教，我離棄了這個崇拜暴政的體制。如果我一時不察出了錯誤，居然有那麼一天幫助了壓迫者，我祈求祢的原諒與赦免。」

索魯什哀嘆說，如果哈梅內意開放報禁與聆聽批評者的聲音，那麼很多事都可以避免。最高領袖聲稱要打擊經濟腐敗，如果能有記者加以揭露，經濟就不至於爛到骨子裡。哈梅內意如果不是被自己的傲慢沖昏了頭，那麼他還有可能做出清醒的決定。索魯什寫道，無論如何，「統治快樂、自由、有知識與聰明的人民是值得自豪的事，而不是統治一群乖乖聽話、極度悲傷的奴僕」。

索魯什遠在海外，但他的女兒基米亞與女婿哈梅德仍待在國內，他們既非公眾人物也非政治活動分子。安全體制的探員找上哈梅德，將他的衣服脫光然後關在冷藏室裡一整晚，他們威脅要殺了他而且逼迫他指責自己的妻子是個不檢點的女人然後與她離婚，他們還要哈梅德抨擊他的岳父是外國間諜。但哈梅德與妻子最後順利逃到了美國。

穆斯塔法．塔吉札德赫被判處六年有期徒刑，他在獄中寫了一些信件。其中一封從獄中偷渡出去，是給哈梅內意的公開信。其他的信絕大多數是給他的妻子。塔吉札德赫的妻子在自己的部落格發表文章，內容是關於她與塔吉札德赫之間的情感連繫，這種公然展示私人親密關係的做法，在伊斯蘭共和國保守的伊朗文化下是一種藐視權威的行為[19]。

塔吉札德赫的妻子在信中寫道：「當你告訴我，在關了一百七十天之後，你終於能看到天空與月亮，我焦慮的心情才得以解放。我實在太天真了。每天晚上我盯著我們城市上方灰藍色的天空，尋找你的眼睛，心裡想著在半小時的放風時間，你的眼罩會被取下來，你也能看著這片天空。」塔吉札德赫在回信的末尾寫著：「我很驕傲能有你這樣一個美好的妻子，能娶到你是我修來的福氣……，真希望在獄中可以讀到你所有的信，我可以開心地讀信，也可以跟獄中的朋友炫耀這就是我的法赫里（塔吉札德赫妻子的名字）！我親吻你美麗的臉龐，願你幸福健康。你的愛，你的穆斯塔法。」

起初，塔吉札德赫研究訊問他的人，心想，或許在長期的強制訊問後，雙方能有辯論的可能。然而他與逮捕他的人之間的差異實在太大，雙方完全沒有任何堅實的共同點可以供他施力。二〇一〇年，從埃溫監獄偷渡出去的信裡，塔吉札德列舉了他理想中的政治制度與訊問者理想中的政治制度之間的差異，從一開始就完全不一樣，塔吉札德赫想辯論，但訊問者只想強迫取供與用脅迫的方式讓犯人悔悟[20]。塔吉札德赫發現，訊問者把不同的意見視為陰謀。在他們眼中，他重視的每一個觀念都成了應該加以粉碎的威脅。因此塔吉札德赫認為，關在監獄裡的人，反而是最適合統治這個國家的人。

塔吉札德赫的信是具有歷史意義的文件，原因不在於他反思了當前的狀況，而在於他大膽描述過去遺留下來的影響。與穆薩維或其他知名的改革派人士不同，塔吉札德赫對於一九八〇年代並未懷抱浪漫的幻想。雖然塔吉札德赫認為革命十年留下了正面的遺產，但也承認革命十年是暴力與壓迫的根源。他指控強硬派是建立在革命的錯誤之上而非革命的成就之上。但改革派也必須回應自己在暴力制度化上面扮演的角色。塔吉札德赫哀嘆說，當司法部處決不計其數的政治反對人士時，他與其他伊斯蘭左翼分子卻以「默認」來回應革命法院的做法。塔吉札德赫寫道：「因此，我們必須認罪，但不是在公開審判上認罪，也不是由訊問者強迫我們承認自己犯下從未犯過的罪，而是在全國人民面前根據事實認罪。革命世代必須認罪，但不是承認自己為了擴大民主與維護人權而做的努力是有罪的」，而是為了自己過去犯的錯誤認罪。

現在，塔吉札德赫代表改革派懺悔，承認改革派未能捍衛最初遭受迫害的異議教士，以及改革派最初未能採取強硬的立場捍衛人權。塔吉札德赫寫道：如果「我們想要認錯並且要求原諒，而這是我們必須要做的，那麼我們必須要為巴札爾甘受到的不當對待道歉，我們也要向所有政治活動分子道歉，他們想要合法參與政治，但他們的權利卻因為各種藉口受到忽視。我們也必須向伊朗人民道歉，因為他們被迫過著某種生活方式，私人生活也受到干預」。

跟塔吉札德赫一樣發現自己在獄中受到訊問者暴力勸說的人，都有責任揭露與譴責刑求他們的人。儘管如此，塔吉札德赫表示，這些人必須先「獲得真正受壓迫的人的原諒，而且要承認如果我們在正確的時間履行了自己的道德與國民責任，我們就不會陷入強迫取供與悔罪的困境」。

在信中，塔吉札德赫說話的對象不是要求他悔罪的革命法院，而是伊朗的年輕世代，這些年輕世代一直在等待他這個世代的革命分子，儘管等到現在完全是徒勞，他們在等待塔吉札德赫這個世代的人為自己協助建立的體制負起責任。塔吉札德赫打破他那個世代的「默認」，為空泛的認罪象徵添入他經歷過的歷史意義。

二〇〇九年秋天，民眾利用官方集會做為掩護來進行抗爭。抗議民眾不可能獲得官方許可，因此當政府慶祝聖地日*或攻占美國大使館紀念日或學生日†時，一些最強硬的綠色分子便混入其中進行抗爭，但通常只會招來暴力對待。

「哀悼的母親」每個星期六都會在內達被殺的時間在鬱金香公園聚會，這是離內達槍擊地點最近的公園，聚會者身穿黑衣，手中拿著被殺的抗議民眾照片，對經過的行人講述死者的遭遇。警察非常粗暴地對待她們，就連參與的七十歲婦女也照樣毆打，這個團體因此吸引了比預期更多

---

* 聖地日（al-Quds Day）的 al-Quds 是阿拉伯文，意指耶路撒冷。一九七九年何梅尼將齋戒月的最後一個星期五，設定為聖地日，要對抗壓迫巴勒斯坦的以色列。

† 一九五三年十二月七日美國副總統尼克森（Richard Nixon）準備出訪伊朗時，不少大學生發起反對的示威活動，在與警方衝突之下造成諸多死傷。

的媒體注意。

某天，艾妲・薩達特被傳喚接受訊問，而且連續訊問了十四小時。她被禁止離開伊朗，被禁止離開德黑蘭，而且幾乎被禁止開車。艾妲被迫停止工作，而在此之前她已經不再返家：有一個月的時間，她一直待在朋友家裡。當天深夜，她從情報部步行回朋友的公寓。幾個手持警棍的男子突然跳出來將她的臉、手與腳打得鮮血直流，他們告訴她，下一次他們會殺了她。

艾妲可以想像自己會有什麼下場，在她之前的一些人，他們的家人必須四處籌錢保釋他們，甚至要拿出房地產證明。除非承受得住刑求，否則自己所知的網絡與祕密很有可能和盤托出。她是那種禁得起刑求的人嗎？絕大多數人都辦不到。

艾妲有個十一歲大的兒子，他現在已經懂得巧妙應付安全探員打來找她母親的電話。艾妲覺得自己所做的一切，以及這幾年在加茲溫做的努力，正逐漸遠離她：同時做好幾份工作，覺得每一天都十分漫長，深夜開著車行駛在危險的道路上，投入心力建設自己的國家。她曾為貧窮的農村家庭找來心理學家，希望打破虐待與暴力的循環。她曾設立免費的托兒所，讓雙親都需要工作的孩子能得到照顧。她曾經成功阻止一起名譽殺人事件。現在，在德黑蘭，她協助組織了哀悼的母親而且公布了選後的各種虐待事件。她是卡魯比與早期幾起性侵案件之間的連絡人。她是伊朗最祕密與最狂熱的人權組織人權記者委員會的成員，負責將政治犯在牢裡的資訊傳遞到外界。艾妲知道很多事，她想像一旦訊問者從她身上得知這些資訊可能造成的危害。

艾妲的護照已經過期。她被禁止出國，所以她不可能申請新的護照，但聽說有偷渡客可以非法帶人跨越土耳其邊界。十二月，土耳其與伊朗交界的山區非常寒冷。偷渡客告訴艾妲，成功的機會一半一半，她可能平安渡過，也可能被逮捕或凍死。

艾妲沒有時間猶豫或恐懼，她甚至沒有時間回家打包行李。她從朋友那裡盡可能帶走一些保暖的衣物，買了一張前往伊朗亞塞拜然最西北端的城鎮歐魯米耶的巴士車票，然後在加茲溫稍做停留，在晚間與她的父母告別。

「不要去。」艾妲的父親懇求她。他曾去過當地山區，他知道冬季時那裡有多麼寒冷。

「這是唯一的辦法，」艾妲對父親說，「我不能搭飛機，我不能搭巴士。我甚至不能合法離開，因為我沒有護照。這是唯一的辦法。」

艾妲是偷渡隊伍中唯一的女性。她把自己交在一群危險的男人手裡，在正常狀況下，她甚至不會跟這些人交談。其他難民也都是男人，他們主要是阿富汗人與巴基斯坦人。艾妲擔心自己的生命安全，也擔心受到攻擊。她用頭巾緊緊裹住全身，然後與其他人保持距離。艾妲唯一交談的是一名阿富汗男人與他年幼的兒子阿卜杜拉，阿卜杜拉讓艾妲想起自己的孩子。艾妲幫忙照顧阿卜杜拉，而那位父親則是向她哭訴自己去世的妻子，他的妻子死於一場自殺炸彈攻擊事件。這個男人的悲慘遭遇讓艾妲覺得自己的苦根本算不了什麼，自己一定撐得過去。

阿卜杜拉的父親協助留意艾妲的安全，但當他入睡後，原本也該跟一群男人擠在一間小房間睡覺的艾妲，竟害怕得無法閉上眼睛。這群衣衫襤褸的陌生人的每個動靜、每絲聽得見的氣息，都讓艾妲全身僵硬，最後她終於受不了，索性離開小房間。艾妲坐在房間外面，寒冷似乎讓她的血液都要凍結了。早上，艾姮與這群阿富汗與巴基斯坦男人必須像動物似地趕路，他們必須低著頭躲在灌木叢與山丘後面，而高海拔快讓艾姮喘不過氣來。

艾姮走不動了，她坐在地上不斷喘氣，一名偷渡客走過來站在她面前。

「因為你走不動了，所以你要讓其他人的性命遭受危險嗎？」偷渡客質問她，「你受不了？你沒辦法呼吸？我大可把你丟在這裡，讓野獸把你吃了。你到底要走還是要留下？現在就做決定。」

艾姮站不起來。一名阿富汗人走過來，拿起她的包包並且抓起她的手，協助她加入其他人的行列。大約半小時後，他們來到邊界附近。偷渡客已經買通一名邊境守衛。有兩批難民，艾姮是前面那批，男孩阿卜杜拉與他的父親是後面那批。在他們面前有一條河。艾姮不會游泳，她怕水，但她現在不能遲疑。他們將在冬夜裡渡河。當河水淹沒她時，感覺沒那麼糟糕。然而一旦她抵達對岸，離開水面接觸到寒冷的空氣，全身的皮膚就像被刀割一樣。

偷渡客犯了一個錯。他買通邊境守衛讓第一批難民越過邊界，但這筆錢卻不包括第二批。邊境守衛喝令第二批難民站住別動，然後開槍掃射。當艾姮看見阿卜杜拉倒下時，她離他只有很短的距離。她已經站在土耳其領土上，溼透的衣物將她凍僵了，她無法動彈，甚至叫不出聲音來，直到夜裡更晚的時刻，她才逐漸恢復，但什麼也不能做。

阿希耶赫・阿米尼認識的人一個接一個地消失。通常他們是在深夜遭到逮捕，然後被祕密送往監獄，至於要關押多久則無從得知。阿希耶赫曾經想像自己深夜時在九歲的艾娃驚恐注視下被逮捕，有時她覺得自己正等待著這一刻。阿希耶赫又回頭連絡夏迪・薩德爾，夏迪告訴她，要看出「每日上線」上哪個是阿希耶赫使用的假名並不難。凡是知道她寫作風格的人都可以認得出來，情報部裡一定有人的眼光跟夏迪一樣銳利。

當阿希耶赫看到電視上的公開審判與強迫認罪時，她哭了。她的朋友，記者與電影製作人馬茲亞・巴哈里變得很憔悴；他看起來像個崩潰的人，模樣完全變了。穆罕默德・阿里・阿卜塔希則是失魂落魄。如果這些人都會在獄中崩潰，那麼她會怎麼樣呢？

某個星期五一大早，阿希耶赫的家門鈴響了。那是賈瓦德熟識的人。她在瓦利亞斯爾廣場的一場小型抗議中被捕，兩天前才出獄。她說，在她的牢房裡關著三十六名婦女，有一半在審訊時都被問起阿希耶赫・阿米尼的事。那名女子堅持，阿希耶赫必須馬上離家。阿希耶赫知道自己或許應該離開這個國家。

總統大選之前，阿希耶赫曾經受邀參加瑞典的詩人節。現在，她回覆瑞典大使。阿希耶赫告訴大使，她會參加詩人節，但必須帶著女兒前往。在機場，阿希耶赫打電話給賈瓦德，並且讓手機維持通話狀態，好讓賈瓦德知道她是否遭到攔阻。但阿希耶赫順利通關了。

每當阿希耶赫從瑞典打電話給賈瓦德時，賈瓦德告訴她每天狀況都在惡化。阿希耶赫關注的一名被告貝赫努德・休賈伊耶，他十七歲時在一場鬥毆中殺了人，這名被告已經遭到處決。阿希耶赫與賈瓦德關在監獄裡的朋友都被體制所吞噬，現在已經沒有人能幫助他們。馬茲亞・巴哈里獲釋時，他發簡訊給阿希耶赫，上面寫著：別回來。阿希耶赫知道巴哈里在獄中被迫說了對她不利的事。

阿希耶赫的一切以及阿希耶赫所做的一切或多或少都與伊朗緊密連繫，包括伊朗的複雜、語言、恐怖與輝煌。阿希耶赫不是工程師，工程師無論到世界哪個地方，他的技術總是能帶著走。阿希耶赫身上背負著未完成的重任，她的國家需要她，但她卻無法在她的國家生活。有人告訴她，在埃溫監獄女性牢房的牆壁上，刻著她的詩句。

阿希耶赫很幸運，透過遭危作家計畫，她得以在挪威的特隆赫姆落腳，成為當地公立圖書館的駐館詩人。賈瓦德前往特隆赫姆與妻女團聚。阿希耶赫出版了兩部詩集，開始撰寫回憶錄，學習挪威語，而且用溫暖而略帶揶揄的角度看待她的新同胞。挪威的地貌——廣大的崎嶇地形、鮮明的藍天與綠地、嶙峋的海岸與平滑如鏡的峽灣，讓阿希耶赫與賈瓦德想起了故鄉馬贊德蘭。在特隆赫姆，夏日時夕陽永遠不西沉，冬日時旭日永遠不東升。這裡的光線帶有一種廣闊平坦的性質，而生活則帶有非現實的元素。機場高速公路從起伏的陸地與飽和的色彩構成的壯觀而未破壞的景象中穿過。在通往阿希耶赫公寓的道路旁，有一個微不足道的休閒景點：沙灘排球場。彷彿整個世界就是這樣一個地方，而阿希耶赫就是這樣一個生活在其中的人。至少現在的她是如此。

後記

我上一次造訪伊朗是在二〇一二年二月，那是伊朗的一段黑暗時期。綠色運動遭受鎮壓已將近三年，已經鞏固權力的強硬派為改革取了新的名字：fetneh，「煽動叛亂」。有些改革派人士仍在牢裡，未入獄的則隱退到私人生活中，至少暫時是如此，改革運動已經成為不具正當性的反對力量，甚至被歸類為不合法。年輕人曾經一度在改革運動中找到宣洩公民能量與抒發悲情的出口，現在卻必須面對令人極為不快的選擇：默許、漠不關心或公然做出國家無法容忍的反抗行為。

根據我過去的經驗，伊朗的專制體制就像一條蛇，蜷曲在你看不見的地方。你走在一條無聊但好走的小徑上，四周圍繞著美麗的風景，你很清楚如果自己走出小徑，很可能會驚擾到某種你看不見的事物，這些事物對你不懷好意，時時監視著你。二〇一二年，這種威脅已不再隱藏於暗處，即使是順從的官員也會揶揄與嘲諷這種四處可見的威脅。伊朗分析家把這種現象稱為國家的「安全化」。威脅的公開化也有好的一面，它終止了煤氣燈效應，劃定了新而清楚的界線。當然，這些界線依然無情而嚴厲，而且似乎更進一步限縮了菁英輿論這個唯一允許的辯論空間。

儘管如此，辯論依然存在。伊斯蘭共和國一個有趣的弔詭之處，在於伊斯蘭共和國的威權體制總能從內部持續不斷地形成對立。無論有多少人或多少團體被逐出權力核心之外，留在核心的人還是會繼續分裂與相互挑戰。在何梅尼建立伊斯蘭共和國的時候，挑戰已經成為這個國家的固有元素，伴隨著算計與妥協，挑戰成為這個國家名副其實的生命力量。當我在二〇一二年造訪伊朗時，我無法見到任何改革派人士；但從競選國會議員以及在報紙與網站發表批評文章的強硬派人士當中，我聽到了關於各種主題朝氣蓬勃的討論，從經濟到「宗教學者的政治管理」，但所有的討論都必須在意識形態相對正統的範圍內進行。

如果有人蹣跚地走在權力核心的邊緣，那麼這個人就是艾哈邁迪內賈德。與之前的哈塔米一樣，這位民粹主義總統在他第二個總統任期末尾也在為自己的政治生命放手一搏。心高氣傲的艾哈邁迪內賈德在內閣任命上挑戰哈梅內意的權威，而當他未能成功任命自己的人選時，又在公眾面前大發雷霆。《宇宙報》擂起了反對總統的戰鼓，把總統的派系貼上「逆流」的標籤，甚至暗示總統的參謀長是天鵝絨革命的特務。大家也許會說，艾哈邁迪內賈德遇到這樣的事完全是報應。此外，艾哈邁迪內賈德還遭到圍剿與孤立。保守派國會議員要求彈劾總統，傳喚總統到國會，以威脅的口氣質問他的經濟政策。我永遠忘不了我與總統的媒體顧問見面時他臉上的迷惘神情，當時他才剛被判刑入獄，罪名是侮辱最高領袖，然而事實上他一直都很尊崇最高領袖。艾哈邁迪內賈德另一名親密盟友惡名昭彰的檢察長薩伊德·莫塔札維因為卡赫里札克事件遭到起訴（最終，莫塔札維還是被宣判無罪——又一件只有在伊朗才會出現的案例，威權體制一方面自我監督，另一方面又自我赦免）。

在街上，民眾想談的是雞肉問題。通貨膨脹一直受到民眾的抱怨，但現在通膨愈發劇烈，而且最直接反映在糧食價格的高漲上。正常狀況下，在買不起羊肉的時候，雞肉還是民眾可以負擔的肉品。但現在連雞肉也變成奢侈品，這對於生活在資源豐富國家的伊朗人來說簡直是尊嚴掃地。伊朗警察首長要求電視聯播網不許播放雞的畫面以免引發社會不安，而這樣的要求反而在社群媒體引發一連串與雞肉相關的笑話與嘲諷。經濟運作不良的確造成嚴重問題。保守派建制要不是從各方面否認經濟出現問題，就是把所有的過錯都推給艾哈邁迪內賈德。在這個時期，眾人尚未開始談論貿易禁運帶來的可怕後果，而這場禁運即將扼殺伊朗的石油產業與金融部門。

二〇一二年，伊朗承受的壓力尤其龐大，伊朗核計畫導致的國際緊張達到幾乎無法忍受的高峰。最嚴峻的禁運也在此時登場，每個人內心都想著軍事對峙的可能。伊朗民眾頭上彷彿籠罩著厚重的烏雲，這片烏雲雖然從未發出轟隆的雷鳴，卻也從未散去。在伊朗政府統治下，伊朗民眾從未有過喘息的時刻，甚至連政治與言論空間僅存的一點空氣也被擠壓一空。通膨不斷盤旋而上，在物資匱乏的幾個月裡，貨幣的價值以令人暈眩的速度向下崩跌。情勢看起來似乎難以維持，更可怕的是，這個可能性似乎即將成真。

寫到這裡，如果我說在伊朗並不存在無聊的總統大選，讀者很可能會感到厭煩。但我認為這句話千真萬確。二〇一三年，最高領袖似乎親自選定了一個跟他一樣極度僵化的候選人。薩伊德．賈里里是伊朗外交決策機構長官，也是艾哈邁迪內賈德政府的前核計畫協商人員。一名歐洲外交官告訴我，他覺得賈里里這個人不過是官方的讀稿機。《宇宙報》稱讚賈里里是「超級真主黨人」，許多人認為這是對賈里里的背書。

我無法確定最高領袖是否真的全力支持賈里里。我感到納悶的是，哈梅內意是否很喜歡基於他自身的理由而隨時改變想法。哈梅內意既然已經決定性地擊敗國內的反對派人士，處於上風的他完全可以採取彈性策略。至少，他可以採取開放的立場。

在第一次總統大選辯論會上，哈梅內意的一名親信，本身不是具說服力的候選人，他攻擊賈里里的外交政策立場，認為賈里里在外交上拒絕讓步並未為伊朗取得任何成果，反而招致禁運。之後，原本不屬於公共辯論主題的外交政策便成了眾人攻擊的焦點。這種狀況使黑馬有了可趁之機。哈桑．羅哈尼是一名務實的外交政策老手，他與不受歡迎的拉夫桑賈尼關係親近，因此幾乎沒有人認為他有機會贏得選舉。

與其他候選人相比，羅哈尼更像是伊朗外交的門面。二〇〇三年，他曾同意凍結伊朗核計畫，當時他是伊朗哈塔米政府負責對外協商的人（之後艾哈邁迪內賈德可能得到最高領袖的支持，推翻這個協議）。羅哈尼不是改革派人士，他是長期維護安全體制的重要人物，一九九九年他對學生運動的敵視讓人留下深刻的印象，而且完全不支持改革派的思想計畫。但是，羅哈尼在伊朗最需要團結的時候出面呼籲團結。他要求擬定公民憲章，詳細規定民眾的權利，他甚至說，他會設法讓綠色運動領袖解除軟禁。

「先放下改革主義吧，」據說薩伊德．哈賈里安曾這麼規勸他的前伊斯蘭伊朗參與陣線同志，「我們是伊朗人也是穆斯林。讓我們參與這場選舉來減少民眾的苦難。」哈塔米與拉夫桑賈尼也支持羅哈尼。投票前三天，他們成功說服改革派唯一的參選人退選並且轉而支持羅哈尼。這匹黑馬終於勝出。

日後，我從接近伊朗政權的消息來源得知，哈梅內意投票給賈里里，但他指示安全體制，無論如何要接受選舉結果，因為他不想看到二〇〇九年的狀況重演。如果這件事是真的，那將是了不得的新聞，因為這等於是拐彎抹角承認二〇〇九年確實出現選舉干預。無論如何，羅哈尼第一輪就以百分之五十一的得票率贏得選舉。保守派的選票分散在幾名強硬派候選人身上，賈里里只排第三。這一次的選舉結果不是在投票結束後就立即在星期五晚上宣布，而是跟過去一樣，在星期六下午宣布。而這次選舉結果迎來的不是抗爭，而是慶祝。

羅哈尼重新燃起許多伊朗人的希望，但這些希望與哈塔米曾經燃起的希望並不相同。一名分析家告訴我，或許，改革派終於學乖了：他們過去用革命烏托邦主義換取自由派烏托邦主義，但他們現在了解現實政治就是妥協。又或者他們是在布置一個長期的策略，若非如此他們不可能在選舉中獲勝。羅哈尼政府明確表示，所有的內政議題必須等核問題解決之後才能進行，解決核問題就能夠解除禁運，同時也能讓總統獲得派系支持。

伊朗與六國的核協議不僅提供了讓伊朗核計畫接受實質國際監督的可能，最終也能終結伊朗的孤立，減緩伊朗與美國長達三十多年的緊張關係。對伊朗民眾來說，與世界連結而非與世界斷絕往來的伊朗，必然是一個更安全與更美好的地方。大體而言，伊朗市民社會與絕大多數伊朗民眾都支持這個結果。對於相信伊朗問題或美伊問題無法透過槍桿子解決的人來說（我也包括在內），也支持這個結果。流血與貧困無法讓伊朗強硬派陷入困境，只會破壞伊朗最具前景的資源，也就是人民的善意與公民能量。

從各方面來說，在羅哈尼主政下，公共辯論的光譜擴展了，溫和派與中間派報紙填充了這片新的空間。然而，這股微薄的力量無法對人權產生多大影響。伊斯蘭共和國處決犯人的最高紀錄是一年七百五十三人，將近一半與毒品犯罪有關，至少有十三名是少年犯[2]。根據二〇一四年的統計，伊朗監禁了三十名記者，僅次於中國[3]。米爾・侯賽因・穆薩維、札赫拉・拉赫納瓦爾德與梅赫迪・卡魯比仍遭受軟禁。二〇〇九年後，改革派兩大政黨伊斯蘭伊朗參與陣線與國家信任黨遭到查禁。六年後，當新的改革派政黨成立時，不到一個星期，就有一名成員遭到逮捕。二〇一五年二月，司法部宣布刊出前總統哈塔米的照片或甚至他的名字都屬於非法行為。

在重新恢復的樂觀主義與公民和平的時代裡，談論人權或民主改革成了不識時務的行為，更不用說是不禮貌的舉動。羅哈尼政府不僅投入大量心力在外交上，也致力於務實的中間路線。就某種程度來說，在經歷了二〇〇九年的動盪與之後數年的對立，產生的影響竟然與人們直覺的預期完全相反。對許多人來說，想繼續參與伊朗政治體系並且希望伊朗政治體系能夠產生建設性的改變——就最嚴格的意義來說，也就是繼續成為一名改革派分子——意味著與二〇〇九年的事件和解並且找到新的平衡點[4]。

然而，隨著二十世紀晚期的改革運動逐漸走入歷史，這段圍繞著伊朗革命的尊嚴與犧牲的歷史就這樣延伸到可見的視界之外。伊朗沒有被動的公民文化，儘管從過去到現在，伊朗統治者千方百計想創造出這樣的公民。從各方面來說，伊朗的公民一直有著永不止息的決心去挑戰不公義與努力掌握自己的命運。

我在本書講述的伊朗人故事，當中沒有任何一個人試圖推翻伊斯蘭共和國。相反地，他們用自己的夢想來充實伊斯蘭共和國。他們以為伊斯蘭共和國能接納他們的哲學挑戰與選舉參與，能容納他們致力組織的社群與他們堅持說出的內心想法。他們相信真理必須傳揚，死者值得哀悼。他們當中一些人相信伊朗若能正視自己的過去，終能擺脫魔鬼的掌握。他們幾乎所有的人最終都被迫離開伊朗，但伊朗還會有其他人，因為驅策伊朗人前進的動力是永不停息的。就像各種顏色的小魚，不斷猛衝前進，前進，再前進。

致謝

我特別感謝願意與我分享故事且願意提供細節出版的伊朗人，包括阿里・阿夫夏里、阿希耶赫・阿米尼、侯賽因・巴什里耶赫、阿克巴爾・甘吉、阿里雷札・哈吉吉、穆斯塔法・洛赫瑟法特、艾妲・薩達特與阿卜杜勒卡里姆・索魯什。歐米德・梅瑪里安、魯茲貝赫・米雷布拉希米、夏赫拉姆・拉菲札德赫與索爾瑪茲・夏里夫不知花了多少時間接受我的訪談，而後續一些辛苦的過程他們也總是願意撥空參與，我不知如何適當地說明他們對於我的安排的配合程度，有時一起，有時個別訪談，他們必須一而再、再而三地回顧他們生命中最痛苦的經驗，好讓我完成這份公共紀錄。我很感激他們的坦誠相告、他們的勇氣，以及更多的一切。

沒有《紐約客》，這本書就不會存在。二〇〇五年，《紐約客》給了一名毫無名氣決心前往伊朗的記者機會。我要感謝大衛・雷姆尼克（David Remnick）願意信任我，感謝我的朋友與編輯丹尼爾・札雷夫斯基（Daniel Zalewski）安排一切與協助我克服人性與報導的複雜。感謝同樣在《紐約客》的多蘿西・維肯登（Dorothy Wickenden）以及斯科特・馬可森（Scott Malcomson），二〇〇六年年底，馬可森派我到伊朗為《紐約時報雜誌》進行採訪。我的經紀人，安德魯・懷利經紀事務所（Andrew Wylie Agency）的莎拉・查爾芬特（Sarah Chalfant）於二〇〇七年協助我構思本書，此後便持續給我支持、建議與鼓勵。

我覺得自己十分幸運，能在河源（Riverhead）出版社出版這本書，我的編輯貝姬・薩勒頓（Becky Saletan）有著清晰的願景、文學敏感度、溫暖的友誼以及對歷史還有歷史觀念的熱情，這些都為這本書以及我個人帶來許多助益。多虧貝姬，這堆不斷蔓生而四處縈繞的稿子才得以成為一本書。感謝河源出版社（Riverhead）其他工作人員，特別是安娜・賈丁（Anna Jardine）、凱蒂・弗里曼（Katie Freeman）、金・馬丁（Jynne Martin）、凱特・斯塔克（Kate Stark）、凱倫・梅爾（Karen Mayer）、葛瑞絲・韓（Hea Eun Grace Han）與瑪麗莎拉・奎恩（Marysarah Quinn）。

在我進行研究期間，許多伊朗人與伊朗專家與我分享他們的時間與知識，提供建議、洞察、介紹、翻譯、分析以及他們的研究成果或經驗。我無法說出仍住在伊朗的朋友與消息來源的真實姓名，但我希望他們知道我指的是誰，以及我有多麼感謝他們。在這裡，我還要感謝瑪赫布貝赫・阿拔斯戈里札德赫（Mahboubeh Abbasgholizadeh）、莫爾提札・阿卜杜拉里安（Morteza Abdolalian）、埃爾凡德・亞伯拉罕米安（Ervand Abrahamian）、阿尼薩・阿夫夏爾（Anisa Afshar）、拉敏・阿赫瑪迪（Ramin Ahmadi）、瑪西赫・阿里內賈德（Masih Alinejad）、瑪里阿姆・阿姆澤加爾（Maryam Amuzegar）、巴赫曼・巴克提阿里（Bahman Baktiari）、埃米爾・巴爾瑪基（Amir Barmaki）、梅赫爾札德・波魯傑爾迪（Mehrzad Boroujerdi）、卡維赫・埃赫桑迪（Kaveh Ehsani）、哈雷赫・埃斯凡迪亞里（Haleh Esfandiari）、哈迪・加埃米（Hadi Ghaemi）、侯賽因・加茲安（Hossein Ghazian）、羅亞・哈卡基安（Roya Hakakian）、克凡・哈里斯（Kevan Harris）、瑪蘇德・胡曼（Masood Hooman）、穆赫辛・卡迪瓦、侯賽因・卡馬里、馬赫迪斯・基沙瓦爾茲（Mahdis Keshavarz）、尼卡・漢賈尼（Nika Khanjani）、阿札姆・哈塔姆（Azam Khatam）、阿拔斯・米拉尼（Abbas Milani）、瑪里阿姆・米爾札（Maryam Mirza）、夏亞・莫哈傑爾（Shaya Mohajer）、瑪努切賀爾・穆罕瑪迪（Manouchehr Mohammadi）、阿夫辛・莫拉維（Afshin Molavi）、賈瓦德・蒙塔澤里、納西德・莫札法里（Nahid Mozaffari）、努拉丁・皮爾莫阿岑（Nouradin Pirmoazen）、阿里・拉赫尼瑪（Ali Rahnema）、阿赫瑪德・薩德里（Ahmad Sadri）、馬赫茂德・薩德里（Mahmoud Sadri）、卡里姆・薩賈德普爾（Karim Sajadpour）、德賈瓦德・薩勒希－伊斯法罕（Djavad Salehi-Isfahani）、穆赫辛・薩澤伽拉、納西德・夏姆多斯特（Nahid Siamdoust）、伊凡・西格爾（Evan Siegel）、易卜拉欣・索爾塔尼、卡姆比茲・塔瓦納（Kambiz Tavana）、羅伯托・托斯卡諾（Roberto Toscano）、帕爾瓦內赫・瓦希德馬內什（Parvaneh Vahidmanesh）與麗拉・阿札姆・贊加內赫（Lila Azam Zanganeh）。

這項計畫獲得紐約公共圖書館（New York Public Library）多蘿西與劉易斯・B・庫爾曼學者與作家中心（Dorothy and Lewis B. Cullman Center for Scholars and Writers）的慷慨支持，睿智的珍・斯特勞斯（Jean Strouse）給予我許多協助。柏林美國學院（American Academy in Berlin）的

蓋瑞・史密斯（Gary Smith）在關鍵時刻熱心支持我的作品。普林斯頓高等研究院（Institute for Advanced Study）的瓊・斯科特（Joan Scott）給予我指引與挑戰。

此外也要感謝史蒂芬・海因茲（Stephen Heitz）與威廉・盧斯（William Luers）讓我參與他們的伊朗計畫深具啟發性的會議，感謝現在任職於史都華・克里切夫斯基著作出版經紀事務所（Stuart Krichevsky Literary Agency）的大衛・派特森（David Patterson），感謝《外交》（*Foreign Affairs*）雜誌的約翰・沃格特（John Vogt）。謝謝妳，卡蘿・傑克（Carol Jack）。非常感謝馬修・謝瑞爾（Matthew Sherrill）、戴拉・麥克尼可拉斯（Darragh McNicholas）與拉拉・札魯姆（Lara Zarum）幫我嚴格查核事實。

我要感謝所有的朋友，特別是願意聆聽我講述漫長的伊朗陰謀故事以及在我寫作遇到瓶頸時為我打氣的人：基拉・布魯納・唐（Kira Brunner Don）、索妮亞・卡提爾（Sonia Katyal）、尼可拉斯・克里希（Nicholas Kulish）、丹尼爾・柏格納（Daniel Bergner）、蓋瑞・巴斯（Garry Bass）、亞歷山大・斯塔（Alexander Star）、艾米・沃德曼（Amy Waldman）、蘇西・林斐德（Susie Linfield）、艾麗沙・夸特（Alissa Quart）、艾麗沙・勒文（Alissa Levin）、琳・格洛夫（Rinne Groff）。其中最感謝的是艾亞爾・普雷斯（Eyal Press），他把稿子從頭到尾看了一遍，提供了很有價值的支持與回饋。

我要向我的家人為我做的一切表達愛與感謝：瑪麗・席科爾（Marie Secor）、羅伯特・席科爾（Robert Secor）、安娜・席科爾（Anna Secor）、南西・派克（Nacy Packer）、安・派克

（Ann Packer）。感謝我的孩子查理與茱莉亞·派克（Charlie and Julia Packer）為我帶來快樂。

最後有兩個人是我最感謝的。穆罕默德·阿亞圖拉西·塔巴爾（Mohammad Ayatollahi Tabaar）一直慷慨分享他的知識與洞見。他賦予這部作品意義與目的，讓我在龐雜的資訊中不致迷失。我只希望完成的這部作品能不辜負他的幫助。

然後我要感謝我的丈夫喬治·派克（George Packer），他是我靈感的來源，我的磐石，我的愛。然而，在花費這麼多筆墨感謝許多幫助我的人之後，我發現我找不到任何字句足以充分表達我對他的感謝。

注釋

資料來源說明

除了極少數例外，基本上我不會對出自我的報導與訪談的資料加注資料來源，這些資料有些是我先前在《紐約客》、《紐約時報雜誌》（*New York Times Magazine*）與其他出版品發表文章的基礎。二〇〇四年到二〇一二年間，我到伊朗旅行了五次，在伊朗國內外訪談超過一百六十名伊朗人——知識分子、政治人物、新聞工作人員、活動分子、教士、經濟學家、商人與一般民眾。我也曾在二〇〇五年、二〇〇六年、二〇〇八年與二〇一二年直接觀察與選舉相關的集會、座談會、演說與投票所。

第一章　小黑魚

1 Samad Behrangi, *The Little Black Fish and Other Modern Persian Stories*, trans. Eric Hooglund and Mary Hooglund (Washington, DC: Three Continents Press, 1976), 1-19.

2 Brad Hanson, "The 'Westoxication' of Iran: Depictions and Reactions of Behrangi, Ale Ahmad, and Shariati," *International Journal of Middle East Studies* 15, no. 1 (Feb. 1983), 1-23.

3 同前，2。

4 Abbas Milani, *Eminent Persians: The Men and Women Who Made Modern Iran, 1941-1979* (Syracuse, NY: Syracuse

University Press and Persian Book World, 2008), vol. 2, 842.

5 Jalal Ale Ahmad, "Samad and the Folk Legend," in *Iranian Society: An Anthology of Writings*, ed. Michael Hillmann (Lexington, KY: Mazda, 1982), 141.

6 Ali Rahnema, *An Islamic Utopian: A Political Biography of Ali Shari'ati* (London and New York: I. B. Tauris, 2000), 192.

7 同前，177。

8 同前，38。

9 同前，292。

10 同前，107。

11 Ali Mirsepassi, *Intellectual Discourse and the Politics of Modernization: Negotiating Modernity in Iran* (Cambridge, England: Cambridge University Press, 2000), 118.

12 Ali Gheissari, *Iranian Intellectuals in the 20th Century* (Austin: University of Texas Press, 1998), 101.

13 Rahnema, *An Islamic Utopian*, 125.

14 Farzin Vahdat, *God and Juggernaut: Iran's Intellectual Encounter with Modernity* (Syracuse, NY: Syracuse University Press, 2002), 143-45.

15 Rahnema, *An Islamic Utopian*, 191.

16 Interview with Alireza Alavi Tabar in Ali Mirsepassi, *Democracy in Modern Iran: Islam, Culture, and Political Change* (New York: New York University Press, 2010), 128.

17 Rahnema, *An Islamic Utopian*, 236.

18 H. E. Chehabi, *Iranian Politics and Religious Modernism: The Liberation Movement of Iran Under the Shah and Khomeini* (London: I. B. Tauris, 1990), 205.

19 Rahnema, *An Islamic Utopian*, 133-34.

20 Ervand Abrahamian, *Tortured Confessions: Prisons and Public Recantations in Modern Iran* (Berkeley and Los Angeles: University of California Press, 1999), 105.

21 Rahnema, *An Islamic Utopian*, 315.

22 同前，356。

23 Abrahamian, *Tortured Confessions*, 116.

24 Reza Khojasteh-Rahimi, "We Should Pursue Shariati's Path but We Shouldn't Be Mere Followers: An Interview with Abdulkarim Soroush," June 19, 2008, http://www.drsoroush.com/ English/Interviews/E-INT-Shariati_June2008.html.

25 同前。

第二章　伊斯蘭共和國

1 Plato, *The Republic*, trans. Paul Shorey, in *Plato: The Collected Dialogues, Including the Letters*, eds. Edith Hamilton and Huntington Cairns (Princeton, NJ: Princeton University Press, 1989), 752.

2 Saeed Amir Arjomand, *After Khomeini: Iran Under His Successors* (New York: Oxford University Press, 2009), 20. 從一九四一年到一九四四年，《祕密的揭露》曾經數次出版。

3 Hamid Ansari, *The Narrative of Awakening: A Look at Imam Khomeini's Ideal, Scientific and Political Biography (from Birth to Ascension)*, trans. and ed. Seyed Manoochehr Moosavi (Qom, Iran: Institute for Compilation and Publication of the Works of Imam Khomeini, International Affairs Division, 1994), 55.

4 Ruhollah Khomeini, "A Warning to the Nation" (1941), in Ruhollah Khomeini, *Islam and Revolution I: Writings and Declarations of Imam Khomeini (1941-1980)*, trans. and ed. Hamid Algar (Berkeley, CA: Mizan Press, 1981), 181-82.

5 同前，171。

6 同前，37。

7 同前，63。

8 同前，214。

9 Mohammad Ayatollahi Tabaar, "From Womb to Tomb: Religion, the State and War in Iran," 本書作者取得的尚未出版的論文。

10 Khomeini, "A Warning to the Nation," 269.

11 同前。

12 同前，270。

13 Ervand Abrahamian, *Tortured Confessions: Prison and Public Recantation in Modern Iran* (Berkeley and Los Angeles: University of California Press, 1999), 124.

14 同前，169。

15 H. E. Chehabi, *Iranian Politics and Religious Modernism: The Liberation Movement of Iran Under the Shah and Khomeini* (London: I. B. Tauris, 1990), 64.

16 同前，258。

17 Khomeini, "A Warning to the Nation," 330-32.

18 Chehabi, *Iranian Politics and Religious Modernism,* 258-59.

19 Ervand Abrahamian, *The Iranian Mojahedin* (New Haven, CT: Yale University Press, 1989), 48.

20 Plato, *The Republic*, 752.

21 Asgar Schirazi, *The Constitution of Iran: Politics and the State in the Islamic Republic*, trans. John O'Kane (London: I. B. Tauris, 1998), 27.

22 同前，31-32。

23 Hossein Bashiriyeh, *The State and Revolution in Iran: 1962-1982* (New York: Palgrave Macmillan, 1984), 151.
24 Khomeini, "A Warning to the Nation," 342.
25 James G. Blight, Janet M. Lang, Hussain Banai, Malcolm Byrne, and John Tirman, *Becoming Enemies: U.S.-Iran Relations and the Iran-Iraq War, 1979-1988* (New York: Rowman & Littlefield, 2012), 299-300.
26 Chehabi, *Iranian Politics and Religious Modernism*, 273.
27 Abrahamian, *The Iranian Mojahedin*, 58.
28 Bashiriyeh, *The State and Revolution in Iran*, 156.
29 David Menashri, *Iran: A Decade of War and Revolution* (New York: Holmes & Meier, 1990), 133.
30 同前，134。
31 Abrahamian, *The Iranian Mojahedin*, 60.
32 Bashiriyeh, *The State and Revolution in Iran*, 158.
33 Blight et al., *Becoming Enemies*, 73.
34 Bashiriyeh, *The State and Revolution in Iran*, 161.
35 Abrahamian, *The Iranian Mojahedin*, 66.
36 Menashri, *Iran*, 171.
37 同前，176。
38 同前，181。
39 Bashiriyeh, *The State and Revolution in Iran*, 160-61.
40 Scheherezade Faramarzi, "Executions Continue as Opposition Mounts Underground Campaign," Associated Press, June 28, 1981.
41 Abrahamian, *The Iranian Mojahedin*, 68.

42 Reuters, "No Need for Defence Attorney, Iran Judge Tells Former Official," *Globe and Mail*, March 19, 1981.
43 "Still Feuding, Fighting, Fussing," *Newsweek*, U.S. ed., March 30, 1981, 44.
44 Reuters, "Former Iran Official Seeks Defence Right," *Globe and Mail*, April 28, 1981,
45 Menashri, *Iran*, 178.

第三章　持續沉思的時期

1 Farhang Rajaee, *Islamism and Modernism: The Changing Discourse in Iran* (Austin: University of Texas Press, 2007), 226.
2 Reza Khojasteh-Rahimi, "We Should Pursue Shariati's Path but We Shouldn't Be Mere Followers: An Interview with Abdulkarim Soroush," June 2008, http://www.drsoroush.com/English/Interviews/E-INT-Shariati_June2008.html.
3 Karl Popper, *The Open Society and Its Enemies, vol. 2, Hegel and Marx* (New York: Routledge, 2003), 216.
4 同前，139。
5 同前，178。
6 Behrooz Ghamari-Tabrizi, *Islam and Dissent in Postrevolutionary Iran: Abdolkarim Soroush, Religious Politics and Democratic Reform* (London: I. B. Tauris, 2008), 127.
7 同前，127。
8 同前，104。
9 同前，112。
10 同前，116。
11 同前，189。
12 "The Story of the Cultural Revolution: 'Right to the End They Didn't Know Where They Were Meant to Be Going,'"

interview with Abdolkarim Soroush, published in Lowh, Oct. 1, 1999, available at http:// www.drsoroush.com/English/Interviews/E-INT-19991000-The_Story_of_the_Cultural_Revolution.html.

13 Ghamari-Tabrizi, *Islam and Dissent in Postrevolutionary Iran*, 117.

14 Farzin Vahdat, *God and Juggernaut: Iran's Intellectual Encounter with Modernity* (Syracuse, NY: Syracuse University Press, 2002), 199.

15 同前，195。

16 達瓦里思想的解釋大部分參考 Vahdat, *God and Juggernaut*, chapter 5。

17 Ghamari-Tabrizi, *Islam and Dissent in Postrevolutionary Iran*, 191.

18 見 Mahmoud Sadri, "Fardid: Passionate and Genuine but Deeply Flawed Intellectual," http://nilgoon.org/archive/mahmoudsadri/pages/mahmoudsadri_002.html.

19 同前。

20 Maryam Kashani, "Never in Iran's History Has Philosophy Been So Political: An Interview with Abdulkarim Soroush," Jan. 30, 2006, http://drsoroush.com/en/neverin-irans-history-has-philosophy-beensopolitical/.

21 同前。

22 Ali Paya, "Karl Popper and the Iranian Intellectuals," *American Journal of Islamic Social Sciences* 20, no. 2 (Spring 2003), 61.

23 Ghamari-Tabrizi, *Islam and Dissent in Postrevolutionary Iran*, 191.

24 同前，190。

25 Paya, "Karl Popper and the Iranian Intellectuals," 61-63.

26 David Menashri, Iran: *A Decade of War and Revolution* (New York: Holmes & Meier, 1990), 218.

第四章　血的洗禮

1 *Iran Times*, Oct. 17, 2014, 2, 引自 Lawrence G. Potter, "New Casualty Figures for Iran-Iraq War," message posted Oct. 16, 2014, to Gulf 2000 electronic mailing list, archived at https://members.gulf2000.columbia.edu. 兩伊戰爭的傷亡數字一直有爭議，而且資料之間的落差甚大。也可見 http://kurzman.unc.edu/deathtollsof-the-iran-iraq-war/。

2 Djavad SalehiIsfahani, "Poverty, Inequality, and Populist Politics in Iran," *Journal of Economic Inequality* 7, no. 1 (March 2009), 5-24.

3 同前。

4 Bahman Baktiari, *Parliamentary Politics in Revolutionary Iran: The Institutionalization of Factional Politics* (Gainesville: University Press of Florida, 1996), 81.

5 這些質疑見波斯文網站：http://www.irajmesdaghi.com/page1.php?id=395。

6 United Press International, "Personality Spotlight: Mir Hossein Mousavi, Iranian Prime Minister," Oct. 29, 1981.

7 David Menashri, *Iran: A Decade of War and Revolution* (New York: Holmes & Meier, 1990), 306, 327, 356.

8 United Press International, "Iran Warns War Could Spread," Dec. 20, 1982.

9 Reuters, "Annihilate Israel: Iran," *Sydney Morning Herald*, Nov. 18, 1988.

10 "700 Protest Prison Death of Israeli Tourists' Killer," *Chicago Tribune*, Jan. 9, 1986, 5. The quote is from Tehran Radio.

11 Reuters, "Iran Marks Anniversary of Embassy Takeover," *Globe and Mail*, Nov. 5, 1983.

12 停火後公開的何梅尼信件簡要提到武裝部隊總司令提出的報告，見 http://www.aftabnews.ir/vdceeo8jho8zn.html。

13 Dilip Hiro, *The Longest War: The Iran-Iraq Military Conflict* (New York: Routledge, 1990), 243.

14 Robert Pear, "Khomeini Accepts 'Poison' of Ending War with Iraq; U.N. Sending Mission," New York Times, July 21,

1988.

15 Ervand Abrahamian, *Tortured Confessions: Prisons and Public Recantations in Modern Iran* (Berkeley and Los Angeles: University of California Press, 1999), 135, 169, 140.

16 Reza Afshari, *Human Rights in Iran: The Abuse of Cultural Relativism* (Philadelphia: University of Pennsylvania Press, 2001), 119-28.

17 Abrahamian, *Tortured Confessions*, 139.

18 同前，140。

19 Houshang Asadi, *Letters to My Torturer: Love, Revolution, and Imprisonment in Iran* (Oxford: Oneworld, 2010).

20 Abrahamian, *Tortured Confessions*, 169.

21 同前，154。

22 同前。

23 同前，168。

24 Afshari, *Human Rights in Iran*, 105.

25 Abrahamian, *Tortured Confessions*, 174-75.

26 Afshari, *Human Rights in Iran*, 105.

27 Iran Human Rights Documentation Center, "Deadly Fatwa: Iran's 1988 Prison Massacre," Aug. 2009, 16, http://www.iranhrdc.org/english/publications/reports/3158-deadlyfatwairans-1988-prison-massacre.html.

28 Abrahamian, *Tortured Confessions*, 129.

29 Iran Human Rights Documentation Center, "Deadly Fatwa," 9-10, 12-13.

30 同前，88（伊斯蘭教令與答問的全部譯文）。

31 Christina Lamb, "Khomeini Fatwa 'Led to Killing of 30,000 in Iran,'" *Daily Telegraph*, Feb. 4, 2001. 也可見 Iran

Human Rights Documentation Center, "Deadly Fatwa," 27.

32 Abrahamian, *Tortured Confessions*, 211.

33 同前，211-12。

34 Iran Human Rights Documentation Center, "Deadly Fatwa," 28.

35 同前，8，引用蒙塔澤里的回憶錄。

36 同前，52-53。

37 Abrahamian, *Tortured Confessions*, 219.

38 Amnesty International, "Iran: Violations of Human Rights 1987-1990" (1990), 11, https://www.amnesty.org/en/documents/MDE13/ 021/1990/en/.

39 Iran Human Rights Documentation Center, "Deadly Fatwa."

40 同前，Appendix 5, 96。

41 同前，Appendix 6, 100。

42 同前，Appendix 7, 104。

43 Baktiari, *Parliamentary Politics in Revolutionary Iran*, 172.

44 Abrahamian, *Tortured Confessions*, 220.

45 Karim Sadjadpour, *Reading Khamenei: The World View of Iran's Most Powerful Leader* (Washington, DC: Carnegie Endowment for International Peace, 2008), 6.

46 同前。

47 Menashri, *Iran*, 349.

48 Sadjadpour, *Reading Khamenei*, 7.

第五章 擴大與縮小

1 Hannah Arendt, *On Revolution* (New York: Penguin Books, 2006), 102.

2 Behrooz Ghamari-Tabrizi, *Islam and Dissent in Postrevolutionary Iran: Abdolkarim Soroush, Religious Politics and Democratic Reform* (London: I. B. Tauris, 2008), 194.

3 穆塔茲拉學派理論的歷史的簡要說明大部分參考 Richard C. Martin and Mark R. Woodward, with Dwi S. Atmaja, *Defenders of Reason in Islam: Mu'tazilism from Medieval School to Modern Symbol* (Oxford: Oneworld, 1997)。

4 Mohammad Ayatollahi Tabaar, "Who Wrote the Quran?," *New York Times Magazine*, Dec. 5, 2008.

5 "Mohammad's Word, Mohammad's Miracle: An Interview with Abdulkarim Soroush by Kargozaran Newspaper," Feb. 9, 2008, http://drsoroush.com/en/mohammads-word-mohammads-miracle/.

6 Ghamari-Tabrizi, *Islam and Dissent in Postrevolutionary Iran*, 217.

7 Ali Paya, "Karl Popper and the Iranian Intellectuals," *American Journal of Islamic Social Sciences* 20, no. 2 (Spring 2003), 68.

8 Ziba Mir-Hosseini, *Islam and Gender: The Religious Debate in Contemporary Iran* (Princeton, NJ: Princeton University Press, 1999), 217-46.

9 Ghamari-Tabrizi, *Islam and Dissent in Postrevolutionary Iran*, 217.

10 同前，218。

11 同前，219。

12 同前，220。

13 同前，222。

第六章　熱月

1 Crane Brinton, *The Anatomy of Revolution* (New York: Vintage, 1965), 250.
2 同前，47。
3 Mehdi Moslem, *Factional Politics in Post-Khomeini Iran* (Syracuse, NY: Syracuse University Press, 2002), 145.
4 同前，144。
5 同前，169。
6 Bahman Baktiari, *Parliamentary Politics in Revolutionary Iran: The Institutionalization of Factional Politics* (Gainesville: University Press of Florida, 1996), 212.
7 Thomas Hobbes, *Leviathan*, 20:18 (Oxford: Oxford University Press, 1996).
8 Ali Mirsepassi, *Democracy in Modern Iran: Islam, Culture, and Political Change* (New York: New York University Press, 2010), 140.

第七章　伊朗曆三月二日

1 Mohammad Khatami, *Islam, Liberty and Development*, trans. Hossein Kamaly (Binghamton, NY: Global Academic Publishing, 1998), 115.
2 同前，34。
3 同前，112。
4 同前，150。
5 David Menashri, *Post-Revolutionary Politics in Iran: Religion, Society and Power* (Portland, OR: Frank Cass, 2001), 84.
6 Genieve Abdo and Jonathan Lyons, *Answering Only to God: Faith and Freedom in Twenty-first-Century Iran* (New

York: Henry Holt, 2003), chap. 3.

7 同前，70-71。

8 同前，73。

9 同前，74。

10 Iran Data Portal, http://www.princeton.edu/irandataportal/elections/pres/1997.

11 蒙塔澤里演說摘要，見 Ziba Mir-Hosseini and Richard Tapper, *Islam and Democracy in Iran: Eshkevari and the Quest for Reform* (London and New York: I. B. Tauris, 2006), 103-108.

12 Mirjam Kunkler, "The Special Court of the Clergy and the Repression of Dissident Clergy in Iran," in Saeed Amir Arjomand and Nathan J. Brown, eds., *The Rule of Law, Islam, and Constitutional Politics in Egypt and Iran* (Albany: State University of New York Press, 2013), 57-100.

13 Mehdi Moslem, *Factional Politics in Post-Khomeini Iran* (Syracuse, NY: Syracuse University Press, 2002), 256.

第八章　連環謀殺案

1 Shirin Ebadi with Azadeh Moaveni, *Iran Awakening: A Memoir of Revolution and Hope* (New York: Random House, 2006), 137.

2 Hammed Shahidian, "Writing Out Terror," January 8, 1999.（作者死後）二〇〇五年十月八日在 Iranian.com, http://iranian.com/BTW/2005/October/Terror/index.html 公開了未出版的手稿。

3 Ziba Mir-Hosseini and Richard Tapper, *Islam and Democracy in Iran: Eshkevari and the Quest for Reform* (London and New York: I. B. Tauris, 2006), 69.

4 同前，67。

5 Reza Afshari, *Human Rights in Iran: The Abuse of Cultural Relativism* (Philadelphia: University of Pennsylvania Press,

2001). 特別是第十三章，"The Right to Freedom of Opinion, Expression, and Press," 185-216。

6 Mehrangiz Kar, *Crossing the Red Line: The Struggle for Human Rights in Iran* (Costa Mesa, CA: Blind Owl Press/Mazda, 2007), 125-29.

7 Hammed Shahidian, trans., "We Are the Writers!," Iranian Studies 30, nos. 3-4 (1997), 291-93.

8 "Rafsanjani to Succeed Khamenei?," Iran brief, Info-Prod Research (Middle East), no. 64 (Oct. 4, 1999).

9 Afshari, *Human Rights in Iran*, 206.

10 Mir-Hosseini and Tapper, *Islam and Democracy in Iran*, 71.

11 Ebadi with Moaveni, *Iran Awakening*, 139.

12 Akbar Ganji, "Assassination's Directors," in *Writers Under Siege: Voices of Freedom from Around the World*, eds. Lucy Popescu and Carole Seymour-Jones (New York: New York University Press, 2007), 152-53.

13 Akbar Ganji, "The Questions Raised by a Suicide," in *Writers Under Siege*, 153-55.

第九章　伊朗曆四月十八日

1 David Menashri, *Post-Revolutionary Politics in Iran: Religion, Society and Power* (Portland, OR; Frank Cass, 2001), 136.

2 A. W. Samii, "The Contemporary Iranian News Media: 1998-1999," *Middle East Review of International Affairs (MERIA) Journal* 3, no. 4 (Dec. 1999), available online on Rubin Center for Research in International Affairs website, http://www.gloria-center.org/1999/12/samii-19991201/.

3 FDI: Foundation for Democracy in Iran, "Hard-liners Close Salam Newspaper," News Flash, July 8, 1999, http://www.iran.org/news/bbc990708.htm.

4 Abbas Samii, "The Internal Struggle over Iran's Future," *Crises in the Contemporary Persian Gulf*, ed. Barry Rubin

(New York: Frank Cass, 2002), 277-313.

5 "Iran's Tiananmen Square, or 1979 Revisited?," *Mideast Mirror*, 13, no. 131 (June 12, 1999).

6 Geneive Abdo, "Khatami Abandons Student Protesters: Iran's Pro-Democracy Activists Left Stunned, Confused As President Sides with Hard-liners," *Globe and Mail* (Canada), July 15, 1999.

7 Elaine Sciolino, *Persian Mirrors: The Elusive Face of Iran* (New York: Free Press, 2005), 242.

8 "Islamic Republic of Iran: Iran: Akbar Mohammadi's Death in Custody Signals Need for Justice Reform," Amnesty International, August 9, 2006, http://www.amnesty.or.jp/en/news/2006/0809_551.html.

9 Menashri, *Post-Revolutionary Politics in Iran*, 147.

10 Tarek AlIssawi, "After Protests, Khatami Pledges to Continue Reform Program," Associated Press, July 28, 1999.

11 "Iran Riots a 'Declaration of War' Against Me: Khatami," Agence France-Presse, July 28, 1999.

12 同前。

13 Geneive Abdo and Jonathan Lyons, *Answering Only to God: Faith and Freedom in Twenty-first Century Iran* (New York: Henry Holt, 2003), 219.

14 Iran Human Rights Documentation Center, "Witness Statement: Ali Afshari," 2008, 14, http://www.iranhrdc.org/english/publications/witness-testimony/3175-witness-statement-ali-afshari.html.

第十章　總體計畫

1 Jeffrey M. Hardwick, *Mall Maker: Victor Gruen, Architect of an American Dream* (Philadelphia: University of Pennsylvania Press, 2010), 151.

2 同前，188。

3 同前，215。

4 Ali Madanipour, *Tehran: The Making of a Metropolis* (New York: John Wiley & Sons, 1998), 103.

5 Asef Bayat, *Street Politics: Poor People's Movements in Iran* (New York: Columbia University Press, 1997), 25.

6 Tehran Municipality, "Tehran, Social Situation," http://en.tehran.ir/Default.aspx?tabid=99.

7 Bayat, Street Politics, 29.

8 Wouter Vanstiphout, "The Saddest City in the World: Tehran and the Legacy of an American Dream of Modern Town Planning," in *The New Town*, a research and exhibition project by Crimson Architectural Historians, Rotterdam, March 2, 2006, http://www.thenewtown.nl/article.php?id_article=71.

9 同前。

10 一九七七年，只有百分之十六的農村家庭擁有電力；到了一九八四年，有百分之五十七擁有電力。現在，農村家庭也能購買冰箱（農村家庭從相同時期的百分之七增加到百分之三十五）與電視機。

11 Djavad Salehi-Isfahani, "The Revolution and the Rural Poor," *Radical History Review*, no. 105 (Fall 2009), 139-44.

12 Bayat, *Street Politics*, 86.

13 Fariba Adelkah, *Being Modern in Iran* (New York: Columbia University Press, 2000), 22.

14 Kaveh Ehsani, "The Politics of Property in the Islamic Republic of Iran," in Said Amir Arjomand and Nathan J. Brown, eds., *The Rule of Law, Islam, and Constitutional Politics in Egypt and Iran* (Albany: State University of New York Press, 2013), 162.

15 Asef Bayat, *Making Islam Democratic: Social Movements and the Post-Islamist Turn* (Stanford, CA: Stanford University Press, 2007), 56.

16 同前，58。

17 Kaveh Ehsani and Sai'id Hajjarian, " 'Existing Political Vessels Cannot Contain the Reform Movement': A Conversation with Sai'id Hajjarian," *Pushing the Limits, Iran's Islamic Revolution at Twenty, special issue of Middle*

East Report, no. 212 (Autumn 1999), 42.

18 審判資訊出自 “Tehran Mayor Denies Stealing ‘a Single Rial’ As Trial Resumes,” Agence France-Press, June 11, 1998。

19 Afshin Valinejad, “Tehran Mayor Accuses Authorities of Torture,” Associated Press, July 5, 1998.

20 John Daniszewski, “Shooting Leaves Iranian Reformist Seriously Hurt,” *Los Angeles Times*, March 13, 2000, A1.

21 Susan Sachs, “2 Trials Focus Attention on Iranian Justice,” *New York Times*, May 3, 2000, A12; BBC Summary of World Broadcasts, May 5, 2000, English text of report from Vision of the Islamic Republic of Iran, Network 4, May 3, 2000.

22 Scott Peterson, “Are Hardliners Taking Aim at Reformists?,” *Christian Science Monitor*, March 13, 2000, 7.

23 BBC Monitoring Middle East, “Iran: Two Tehran Municipality Deputies Resign,” text of report from *Kayhan* website (in Persian), Jan. 17, 2002.

24 Hoseyn Shariatmadari, “Note of the Day” column on *Kayhan* website (in Persian), Jan. 9, 2003, 2. Translated for BBC Summary of World Broadcasts, Jan. 10, 2003.

25 Mohammad Mohajeri, “This Council Was Disbanded Four Years Ago” on *Kayhan* website (in Persian), Jan. 15, 2003, 2. Translated for BBC Summary of World Broadcasts, Jan. 16, 2003.

26 數字出自內政部發言人 Jahanbakhsh Khanjani in Ali Akbar Dareini, “Local Election Turnout in Tehran 10 percent, Conservatives in Lead,” Associated Press Worldstream, March 1, 2003。

27 “Khatami Worried About Low Turnout at Iranian Municipal Elections,” Deutsche PresseAgentur, March 3, 2003.

28 Reuters, “Conservatives Crush Reformers in Iran; 14 of 15 Seats on Tehran Council Go to Hardliners,” *Chicago Tribune*, March 3, 2003, 3

第十一章　奇蹟室

1 Iran Human Rights Documentation Center, "Impunity in Iran: The Death of Photojournalist Zahra Kazemi," Nov. 2006, http://www.iranhrdc.org/english/publications/reports/3148-impunityin-iran-the-deathof-photojournalist-zahra-kazemi.html.

2 同前，Appendix 4, 1-3。

3 同前，Appendix 6, "Khoshvaght Letter," 1-4。

4 同前，Appendix 4, 1。

5 同前，Appendix 7, "Abdol Karim Lahiji's Statement on the Special Presidential Commission Report," 1-2。

6 同前，Appendix 2, "Report of the Parliamentary Article 90 Commission," 4。

7 同前，Appendix 2, 4-6。

8 同前，Appendix 2 and Appendix 8, "Mohsen Armin Letter: Mortazavi Must Stand Trial."。

9 Mehdi Moslem, *Factional Politics in Post-Khomeini Iran* (Syracuse, NY: Syracuse University Press, 2002), 263.

10 Muhammad Sahimi, "Patriotists and Reformists: Behzad Nabavi and Mostafa Tajzadeh," Tehran Bureau, Frontline, PBS.org, Aug. 11, 2009, http://www.pbs.org/wgbh/pages/frontline/tehranbureau/2009/08/patriots-andreformists-behzad-nabaviand-mostafatajzadeh.html.

第十三章　蓋棺論定

1 "Iranian President Heckled During Speech to Students," BBC Monitoring International Reports, Dec. 8, 2004. 哈塔米附英文字幕的演說，見 https://www.youtube.com/watch?v=qrZw-yGlyTk。

2 Saeed Hajjarian, Abbas Abdi, Mostafa Tajzadeh, Hamidreza Jalaeipour, and Alireza Alavitabar,*Reformation vs. Reformation: A Critical Dialogue* (Tehran: Tarhe No, 2006). Selected translations by Massood Hooman, commissioned

by the author.

3 譯文見 http://www.europarl.europa.eu/meetdocs/2004_2009/documents/dv/ganjiletter100705_/ganjiletter100705_en.pdf。

4 freeganji.blogspot.com, accessed July 17, 2005.

5 同前。

6 Dariush Sajjadi, transcript of interview with Abdolkarim Soroush, broadcast on Homa TV, March 9, 2006, file:///Users/macbook/Desktop/Book/Interview%20notes/Intellectuals/Soroush/Dr.%20Soroush.webarchive.

7 Ali Asghar Seyyedabadi, "The Muddled Dream of Returning to Tradition: An Interview with Abdulkarim Soroush," Nov. 19, 2006, http://drsoroush.com/en/the-muddled-dreamofreturningtotradition/.

8 Sajjadi, transcript of interview with Abdolkarim Soroush.

9 選舉統計資料見 http://www.princeton.edu/irandataportal/elections/pres/2005/。

第十四章　普通人

1 Biographical details on Ahmadinejad are from Kasra Naji, *Ahmadinejad: The Secret History of Iran's Radical Leader* (Berkeley and Los Angeles: University of California Press, 2008).

2 同前，也可見 Alireza Haghighi and Victoria Tahmasebi, "The 'Velvet Revolution' of Iranian Puritan Hardliners," *International Journal*, Autumn 2006, 961。

3 Naji, *Ahmadinejad*, 46.

4 同前，234。

5 同前，233。

6 同前，181。

7 Haghighi and Tahmasebi, "The 'Velvet Revolution' of Iranian Puritan Hardliners," 970, n. 13.

8 Ali Rahnema, *Superstition as Ideology in Iranian Politics: From Majlesi to Ahmadinejad* (New York: Cambridge University Press, 2011), 59.

9 Jahangir Amuzegar, "Iran's Theocracy Under Siege," *Middle East Policy* 1, no. 10 (March 21, 2003), 135.

10 John Ward Anderson, "Iran's Conservatives Face a Growing Split; Extremist Clerics Blamed for Rise in Secularism," *Washington Post*, June 2, 2001.

11 Afshin Molavi, *The Soul of Iran: A Nation's Struggle for Freedom* (New York: W. W. Norton, 2005), 105.

12 John Ward Anderson, "Islamic Democracy's Power Politics; As Iran's Election Nears, Key Issue Is Accountability—to the Public, or to God?" *Washington Post*, May 25, 2001.

13 "Rafsanjani to Succeed Khamene'i?," Iran brief, Info-Prod Research (Middle East), no. 64 (Oct. 4, 1999).

14 Naji, *Ahmadinejad*, 70.

15 For Mesbah-Yazdi and Ahmadinejad (excluding Mesbah-Yazdi's quotations on politics), see Rahnema, *Superstition as Ideology in Iranian Politics*, 54-99.

16 關於伊斯蘭共和國時期中產階級的擴張，見 Kevan Harris, "A Martyrs' Welfare State and Its Contradictions: Regime Resilience and Limits Through the Lens of Social Policy in Iran," in *Middle East Authoritarianisms: Governance, Contestation, and Regime Resilience in Syria and Iran*, eds. Steven Heydemann and Reinoud Leenders (Stanford, CA: Stanford University Press, 2013). 也可見 Kevan Harris, "The Brokered Exuberance of the Middle Class: An Ethnographic Analysis of Iran's 2009 Green Movement," *Mobilization: An International Journal* 17, no. 4, (2012), 435-55。

17 見 Arash Ghafouri, "Setad 88—Iran's Greatest Campaign in Support of Mirhossein Mousavi," in *Election Fallout: Iran's Exiled Journalists on Their Struggle for Democratic Change*, ed. Marcus Michaelson, trans. Evan J. Siegel (Berlin: Verlag Hans Schiler, 2011), 50-61, http://library.fes.de/pdf-files/iez/08560.pdf。

18 同前。

19 Muhammad Sahimi, "The Political Evolution of Mousavi," Tehran Bureau, Frontline, PBS.org, Feb. 16, 2010, http://www.pbs.org/wgbh/pages/frontline/tehranbureau/2010/02/the-politicalevolutionofmousavi.html.

20 http://www.spiegel.de/international/world/iranian-elections-the-answertoahmadinejada622225.html.

21 雙方辯論的謄本見 http://www.irantracker.org/analysis/mousavi-ahmadinejadjune3presidential-debate-transcript，英文字幕的影片見 https://www.youtube.com/watch?v=9DNmR15Lui8。

第十五章　阿希耶赫

1 Datus C. Smith, Jr., "Franklin Book Program," *Encyclopædia Iranica*, vol. 10, fasc. 2, 187-90 (Dec. 15, 2002; last updated Jan. 31, 2012). Accessed online at http://www.iranicaonline.org/articles/franklin-book-program. 也可見 Louise S. Robbins, "Publishing American Values: The Franklin Book Programs as Cold War Cultural Diplomacy, *Library Trends* 55, no. 3 (Winter 2007), 638-50。

2 引自 Robert Tait, "Dead Woman Painting," *Guardian*, Oct. 25, 2006, http://www.theguardian.com/world/2006/oct/25/worlddispatch.arts。

3 Claire Soares, "Delara Darabi, 'Oh Mother, I Can See the Noose,'" *Independent*, May 4, 2009, http://www.independent.co.uk/news/world/middle-east/delaradarabiohmotheri-cansee-the-noose-1678543.html.

第十六章　汙泥與塵垢的史詩

1 Ruhollah Khomeini, "Address at Bihishti Zahra," in Ruhollah Khomeini, *Islam and Revolution I: Writings and Declarations of Imam Khomeini (1941-1980)*, trans. and ed. Hamid Algar (Berkeley, CA: Mizan Press, 1981), 255.

2 Scott Peterson, *Let the Swords Encircle Me: Iran—A Journey Behind the Headlines* (New York: Simon & Schuster, 2010), 476.

3 http://www.almonitor.com/pulse/originals/2014/06/leaked-video-accuses-2009-election-fraud.html#‧‧影片（波斯語）https://www.facebook.com/photo.php?v=870388962988721&set=vb.153044948056463&type=2&theater.

4 Ali Ansari, ed., "Preliminary Analysis of the Voting Figures in Iran's 2009 Election," Chatham House and Institute of Iranian Studies, University of St. Andrews, June 21, 2009, 11.

5 Iran Human Rights Documentation Center, "Violent Aftermath: The 2009 Election and Suppression of Dissent in Iran," Feb. 2010, 10, http://www.iranhrdc.org/english/publications/reports/3161violentaftermath-the2009electionandsuppressionofdissentiniran.html.

6 Eric Hooglund, "Iran's Rural Vote and Election Fraud," Tehran Bureau, *Frontline*, PBS.org, June 17, 2009, posted June 21, 2010, http://www.pbs.org/wgbh/pages/frontline/tehranbureau/2010/06/irans-rural-voteand-election-fraud.html.

7 Iran Human Rights Documentation Center, "Violent Aftermath," 10.

8 見 Thomas Lotze, http://thomaslotze.com/iran/。

9 Reuters, "Angry Mousavi Says Iran Vote Result a Fix," June 13, 2009, http://mobile.reuters.com/article/idUSTRE55C1K020090613.

10 CNN, "Ahmadinejad Says Remarks Taken out of Context," June 18, 2009, http://www.cnn.com/2009/WORLD/meast/06/18/iran.ahmadinejad.comments/index.html?iref=24hours.

11 Robert Tait, "The Dust Revolution—How Mahmoud Ahmadinejad's Jibe Backfired," *Guardian*, June 18, 2009, http://www.theguardian.com/world/2009/jun/18/iranelection-protests-mahmoudahmadinejad.

12 同前。

13 Juan Cole, "Supreme Leader Khameini's Friday Address on the Presidential Election," *Informed Comment*, June 19,

2009, http://www.juancole.com/2009/06/supremeleaderkhameneis-friday-address.html.

14 穆薩維的演講譯文見 http://iranfacts.blogspot.com/2009/06/mytranslationofmousavis-latest.html。

15 Borzou Daragahi, "From the Archives: Family, Friends Mourn 'Neda,' Iranian Woman Who Died on Video," *Los Angeles Times*, June 23, 2009, www.latimes.com/world/lafg-iran-neda23-2009jun23-story.html#page=1.

16 "Key Witness Disputes Hejazi Account of Neda Death," Press TV, July 29, 2009, http://edition.presstv.ir/detail/101954.html.

17 Mir Hossein Mousavi, "Public Response to the Election Fraud and Protests," June 21, 2009, http://www.princeton.edu/irandataportal/elections/pres/2009/candidates/mousavi/21june2009/.

18 同前。

19 http://loln.wordpress.com/2009/07/28/first-hand-testimonialsofa21year-oldiranianprotester-who-was-arrestedon18-tir-protestsintehranandtakento-kahrizak-camp/.

20 Borzou Daragahi and Ramin Mostagim, "Imprisoned Iranian Protesters Share a Bond Forged in Hell," *Los Angeles Times*, Feb. 14, 2010, http://articles.latimes.com/2010/feb/14/world/lafgiran-prison14-2010feb14.

21 Iran Human Rights Documentation Center, "Violent Aftermath," section 3.1, Kahrizak Detention Center.

22 Borzou Daragahi, "Iran Roiled by Prison Abuse Claims," *Los Angeles Times*, Aug. 12, 2009, http://articles.latimes.com/2009/aug/12/world/fg-iran-abuse12.

23 同前。

24 引用卡魯比信件的故事見 http://www.rferl.org/content/Two_Months_Later_Truth_About_Irans_Postelection_Crackdown_Still_Unknown/1796492.html；http://www.nytimes.com/2009/08/13/world/middleeast/13iran.html?_r=0。這封信的完整譯文見 http://khordaad88.com/?p=75，引用部分相同，只有用字上有些許不同。

25 Physicians for Human Rights, "Rights Groups Call for Independent Autopsy of Iranian Doctor Who Treated Tortured

Prisoners," November 25, 2009, http://physiciansforhumanrights.org/blog/iranian-doctor-autopsy.html.

26 Ramin Mostaghim and Borzou Daragahi, "Was Kahrizak Prison Doctor a Victim or Villain?," *Los Angeles Times*, Feb. 14, 2010, http://articles.latimes.com/2010/feb/14/world/la-fgw-iran-prison-doctor142010feb14.

27 Iran Human Rights Documentation Center, "Violent Aftermath," citing Complete Text of the Special Report of the Majlis, January 10, 2009.

28 Iran Human Rights Documentation Center, "Violent Aftermath," 54.

29 Warren P. Strobel and Jonathan S. Landay, "Iran's Senior Ayatollah Slams Election, Confirming Split," *McClatchyDC*, June 16, 2009, http://www.mcclatchydc.com/news/nationworld/world/article24542242.html.

30 Ahmad Sadri and Mahmoud Sadri, "Delegitimizing the Islamic Republic of Iran with a *Fatwa*: The Significance of Ayatollah Montazeri's Post-Election Legal Ruling of July 2009," in Nader Hashemi and Danny Postel, eds., *The People Reloaded: The Green Movement and the Struggle for Iran's Future* (Brooklyn, NY: Melville House, 2011), 165.

31 Richard Spencer, "Grand Ayatollah Montazeri Death Sparks Protests," *Telegraph*, Dec. 20, 2009, http://www.telegraph.co.uk/news/worldnews/middleeast/iran/6851224/Grand-AyatollahMontazerideath-sparksprotests.html.

第十七章　知識分子骯髒戰爭的結束

1 Payam Fazlinejad, "Mohammad Khatami's Mission for a Velvet Coup d'État." 英文譯文見 docstoc.com。

2 Christiane Hoffmann, "The Unrest Is Growing: Habermas in Iran; Interview with Jürgen Habermas on His Visit to Iran," *Frankfurter Allgemeine Zeitung*, June 18, 2002, 英文譯文見 www.pubtheo.com/page.asp?pid=1073。

3 引文出自 Charles Kurzman, "Reading Weber in Tehran," *Chronicle of Higher Education*, Nov. 1, 2009, http://chronicle.com/article/SocialScienceonTrialin/48949/.

4 由 Evan Siegel 英譯的全文見 www.qlineorientalist.com/IranRises/theindictment/#Indictmentt6。

5 起訴書英譯見 http://www.iranhrdc.org/english/human-rights-documents/indictments/3342-second-indictment.html。

6 Mir Hossein Mousavi, "Violence Is Not the Solution," Sept. 28, 2009, http://www.princeton.edu/irandataportal/elections/pres/2009/candidates/mousavi/28september2009/.

7 "Mousavi's Meeting with Reformist Parliament Opposition Delegates," http://www.parlemannews.ir/?n=9919; "Reformist Delegates of the Opposition in Parliament Meet Mousavi," http://khordaad88.com/?p=1519.

8 出自穆薩維臉書，"Mir Hossein Mousavi in His First Video Interview After the Election: Explaining the National Unity Plan," Oct. 19, 2009, http://www.facebook.com/note.php?note_id=160862192605&ref=mf。

9 Mir Hossein Mousavi, "Interview with Kaleme: The Green Movement Is Standing Firm on Its Rightful Demands," Feb. 27, 2010, http://www.princeton.edu/irandataportal/elections/pres/2009/candidates/mousavi/27-february-2010/.

10 Mir Hossein Mousavi, "The Significance of the 13th of Aban," Oct. 31, 2009, http://www.princeton.edu/irandataportal/elections/pres/2009/candidates/mousavi/31-october-2009/.

11 Yeganeh Torbati, "Insight: Ahead of Vote, 'Kidnapped' Iran Reformists Imprisoned at Home," June 11, 2013, http://www.reuters.com/article/2013/06/11/us-iranelection-oppositioninsightidUSBRE95A0OH20130611.

12 Laura Secor, "Iran's Green Movement: An Interview with Mehdi Karroubi," in Nader Hashemi and Danny Postel, eds., *The People Reloaded: The Green Movement and the Struggle for Iran's Future* (Brooklyn, NY: Melville House, 2011), 408-14.

13 關於褚威格的傳記，見 Leo Spitzer, *Lives in Between: Assimilation and Marginality in Austria, Brazil, West Africa, 1780-1945*(Cambridge, England: Cambridge University Press, 1989). 也可見 Care, "The Escape Artist: The Life and Death of Stefan Zweig," *The New Yorker*, Aug. 27, 2012.

14 Stefan Zweig, *The Right to Heresy: Castellio Against Calvin*, trans. Eden and Cedar Paul (London: Cassell, 1936), 216.

15 同前，188。

16 同前，228。

17 Michael Slackman, "Purge of Iranian Universities Is Feared," *New York Times*, Sept. 1, 2009, http://www.nytimes.com/2009/09/02/world/middleeast/02iran.html.

18 這裡引用的所有索魯什的文字全出自：Abdolkarim Soroush, "A Word of Advice to the Advocates of Islamic Human Sciences," Oct. 9, 2010, http://drsoroush.com/en/awordofadvicetothe-advocatesof-islamic-human-sciences/.

19 Nazila Fathi, "To Reza in Jail: Love and Unity," *New York Times*, Week in Review, May 15, 2010, http://www.nytimes.com/2010/05/16/weekinreview/16fathi.html.

20 塔吉札德赫信件的引文出自 Muhammad Sahimi, "Tajzadeh: Reformists Should Ask Nation for Forgiveness," Tehran Bureau, *Frontline*, PBS.org, June 15, 2010, http://www.pbs.org/wgbh/pages/frontline/tehranbureau/2010/06/tajzadehreformists-shouldask-thenation-forforgiveness.html。

後記

1 Arash Karami, "Former Tehran Mayor Reveals Why Reformist Decided to Support Rouhani," *Al-Monitor*, April 8, 2014, http://www.al-monitor.com/pulse/originals/2014/04/former-tehran-mayor-explains-reformists-support-rouhani.html#ixzz3k2ryhelx.

2 "Report of the Special Rapporteur on the Situation of Human Rights in the Islamic Republic of Iran, Ahmed Shaheed," March 12, 2015, http://shaheedoniran.org/wpcontent/uploads/2015/03/HRC-2015.pdf, 6.

3 Committee to Protect Journalists, "2014 Prison Census: 221 Journalists Jailed Worldwide," Dec. 1, 2014, https://www.cpj.org/imprisoned/2014.php.

4 一般來說，我對伊朗的民意調查抱持著懷疑的態度。伊朗人在跟親人講電話時很謹慎，更不用說是跟陌生人交談了，因為伊朗人有充分的理由擔心自己的政治言論會招來報復。所以，當民調機構打電話詢問你對二〇〇九年事件的看法時，如果你的意見與官方不同，也許你會拒絕受訪，也許你會說假話，也許你會大膽地說真話。我們不知道民眾為什麼採取某種回答方式，但我們知道民眾衡量的不是自己的真實感受。因此，我在轉達這些數字時，其實對這些數字存有很大的懷疑：二〇一五年的民意調查顯示，百分之五十九的受訪者說他們現在相信二〇〇九年的總統大選沒有造假，百分之四十的受訪者說抗議民眾沒有權利抗議，另外也有百分四十的受訪者支持警方進行反制。儘管如此，在被問到抗議者是誰時，百分之四十一的受訪者說抗議群眾是一般平民，百分之二十一的受訪者說他們是學生或年輕人。儘管國家宣傳機器不斷報導，卻只有百分之九的受訪者說抗議者是有錢人。人數最少的一群人，只有百分之六，相信政府的說法，認為示威抗爭是外國人搞出來的陰謀。見 iPOS (Information and Public Opinion Solutions) Poll, “Iranians’ Views on the Green Movement Legacy,” June 22, 2015, https://www.ipos.me/en/; IranWire, “View from Iran, The Green Movement,” June 23, 2015, http://en.iranwire.com/features/6576/.

參考書目

本書參考了大量具挑戰性且吸引人的與伊朗相關的學術作品。我在這裡列出對我理解伊朗與伊朗政治極有幫助的書籍與期刊論文。許多作者也慷慨回答我在電話裡提出的與他們研究領域相關的問題。大量的當時報紙文章與網站則未列在這裡，而是放在注釋裡，此外還包括了康乃狄克州（Connecticut）紐哈芬（New Haven）的伊朗人權文獻中心（Iran Human Rights Documentation Center）、普林斯頓大學伊朗資料開放平台（Iran Data Portal）與哥倫比亞大學的《伊朗百科全書》（*Encyclopaedia Iranica*）編纂的珍貴資料。

Abdo, Geneive, and Jonathan Lyons. *Answering Only to God: Faith and Freedom in Twenty-first-Century Iran.* New York: Henry Holt, 2003.

Abrahamian, Ervand. *The Iranian Mojahedin.* New Haven, CT: Yale University Press, 1989.

—. *Khomeinism: Essays on the Islamic Republic.* Berkeley and Los Angeles: University of California Press, 1993.

—. *Tortured Confessions: Prisons and Public Recantations in Modern Iran.* Berkeley and Los Angeles: University of California Press, 1999.

Adelkah, Fariba. *Being Modern in Iran.* New York: Columbia University Press, 2000.

Afshari, Reza. *Human Rights in Iran: The Abuse of Cultural Relativism.* Philadelphia: University of Pennsylvania Press, 2001.

Al-e Ahmad, Jalal. *Occidentosis: A Plague from the West.* Translated by R. Campbell and edited by Hamid Algar. Berkeley, CA: Mizan Press, 1984.

—. "Samad and the Folk Legend." In *Iranian Society: An Anthology of Writings*, ed. Michael Hillmann. Lexington, KY: Mazda, 1982.

Ansari, Hamid. *The Narrative of Awakening: A Look at Imam Khomeini's Ideal Scientific and Political Biography (from Birth to Ascension).* Translated and edited by Seyed Manoochehr Moosavi. Qom, Iran: Institute for Compilation and Publication of the Works of Imam Khomeini, International Affairs Division, 1994.

Arendt, Hannah. *On Revolution.* New York: Penguin Books, 2006.

Arjomand, Saeed Amir. *After Khomeini: Iran Under His Successors.* New York: Oxford University Press, 2009.

Asadi, Houshang. *Letters to My Torturer: Love, Revolution, and Imprisonment in Iran.* Oxford: Oneworld, 2010.

Axworthy, Michael. *Revolutionary Iran: A History of the Islamic Republic.* New York: Oxford University Press, 2013.

Bahari, Maziar, with Aimee Malloy. *Then They Came for Me: A Family's Story of Love, Captivity, and Survival.* New York: Random House, 2011.

Baktiari, Bahman. *Parliamentary Politics in Revolutionary Iran: The Institutionalization of Factional Politics.* Gainesville: University Press of Florida, 1996.

Bashiriyeh, Hossein. *The State and Revolution in Iran: 1962–1982.* New York: Palgrave Macmillan, 1984.

Bayat, Asef. *Making Islam Democratic: Social Movements and the Post-Islamist Turn.* Stanford, CA: Stanford University Press, 2007.

—. *Street Politics: Poor People's Movements in Iran.* New York: Columbia University Press, 1997.

Behrangi, Samad. "The Little Black Fish," in *The Little Black Fish and Other Modern Persian Stories.* Translated by Eric Hooglund and Mary Hooglund. Washington, DC: Three Continents Press, 1976.

Blight, James G., Janet M. Lang, Hussain Banai, Malcolm Byrne, and John Tirman. *Becoming Enemies: U.S.-Iran Relations and the Iran-Iraq War, 1979–1988.* New York: Rowman & Littlefield, 2012.

Boroujerdi, Mehrzad. *Iranian Intellectuals and the West: The Tormented Triumph of Nativism.* Syracuse, NY: Syracuse University Press, 1996.

Brinton, Crane. *The Anatomy of Revolution.* New York: Vintage, 1965.

Brumberg, Daniel. *Reinventing Khomeini: The Struggle for Reform in Iran.* Chicago: University of Chicago Press, 2001.

Buchan, James. *Days of God: The Revolution in Iran and Its Consequences.* New York: Simon & Schuster, 2013.

Chehabi, H. E. *Iranian Politics and Religious Modernism: The Liberation Movement of Iran Under the Shah and Khomeini.* London: I. B. Tauris, 1990.

Dabashi, Hamid. *Theology of Discontent: The Ideological Foundation of the Islamic Revolution in Iran.* New Brunswick, NJ: Transaction, 2008.

—, and Peter Chelkowski. *Staging a Revolution: The Art of Persuasion in the Islamic Republic of Iran.* New York: New York University Press, 1999.

Ebadi, Shirin, with Azadeh Moaveni. *Iran Awakening: A Memoir of Revolution and Hope.* New York: Random House, 2006.

Ehsani, Kaveh. "The Politics of Property in the Islamic Republic of Iran." In *The Rule of Law, Islam, and Constitutional Politics in Egypt and Iran*, ed. Said Amir Arjomand and Nathan J. Brown, 153–79. Albany: State University of New York Press, 2013.

Ganji, Akbar. *The Road to Democracy in Iran.* Cambridge, MA: MIT Press, 2008.

—. "Who Is Ali Khamenei? The Worldview of Iran's Supreme Leader." *Foreign Affairs* 92, no. 5 (Sept./ Oct. 2013), 24–48.

Ghamari-Tabrizi, Behrooz. *Islam and Dissent in Postrevolutionary Iran: Abdolkarim Soroush, Religious Politics and Democratic Reform.* London: I. B. Tauris, 2008.

Gheissari, Ali. *Iranian Intellectuals in the 20th Century.* Austin: University of Texas Press, 1998.

—, and Vali Nasr. *Democracy in Iran: History and the Quest for Liberty.* New York: Oxford University Press, 2006.

Hakakian, Roya. *Assassins of the Turquoise Palace.* New York: Grove Press, 2011.

Hanson, Brad. "The 'Westoxication' of Iran: Depictions and Reactions of Behrangi, Al-e Ahmad, and Shariati." *International Journal of Middle East Studies* 15, no. 1 (Feb. 1983), 1–23.

Hardwick, Jeffrey M. *Mall Maker: Victor Gruen, Architect of an American Dream.* Philadelphia: University of Pennsylvania Press, 2010.

Harris, Kevan, "The Brokered Exuberance of the Middle Class: An Ethnographic Analysis of Iran's 2009 Green Movement." *Mobilization: An International Journal* 17, no. 4 (2012), 435–55.

—. "A Martyrs' Welfare State and Its Contradictions: Regime Resilience and Limits Through the Lens of Social Policy in Iran." In *Middle East Authoritarianisms: Governance, Contestation, and Regime Resilience in Syria and Iran*, ed. Steven Heydemann and Reinoud Leenders, 61–80. Stanford, CA: Stanford University Press, 2013.

Hashemi, Nader, and Danny Postel, eds. *The People Reloaded: The Green Movement and the Struggle for Iran's Future.* Brooklyn, NY: Melville House, 2011.

Hedayat, Sadegh. *The Blind Owl.* Translated by D. P. Costello. New York: Grove Press, 1994.

Hobbes, Thomas. *Leviathan*. Oxford: Oxford University Press, 1996.

Jahanbakhsh, Forough. *Islam, Democracy and Religious Modernism in Iran, 1953–2000.* Leiden, Netherlands: Brill, 2001.

Kadivar, Mohammad Ali. "Alliances and Perception Profiles in the Iranian Reform Movement, 1997 to 2005." *American Sociological Review*, published online Oct. 2013. http://asr.sagepub.com/content/early/2013/10/30/0003122413508285.

Kar, Mehrangiz. *Crossing the Red Line: The Struggle for Human Rights in Iran.* Costa Mesa, CA: Blind Owl Press/Mazda, 2007.

Keddie, Nikki R. *Modern Iran: Roots and Results of Revolution.* New Haven, CT: Yale University Press, 2003.

Keshavarzian, Arang. *Bazaar and State in Iran: The Politics of the Tehran Marketplace.* New York: Cambridge University Press, 2007.

Khatami, Mohammad. *Hope and Challenge: The Iranian President Speaks.* Translated by Alidad Mafinezam. Binghamton, NY: Institute of Global Cultural Studies, Binghamton University, 1997.

—. *Islam, Liberty and Development.* Translated by Hossein Kamaly. Binghamton, NY: Global Academic Publishing, 1998.

Khomeini, Ruhollah. *Islam and Revolution I: Writings and Declarations of Imam Khomeini (1941–1980)*. Translated and edited by Hamid Algar. Berkeley, CA: Mizan Press, 1981.

Kunkler, Mirjam. "The Special Court of the Clergy and the Repression of Dissident Clergy in Iran." In *The Rule of Law, Islam, and Constitutional Politics in Egypt and Iran*, ed. Said Amir Arjomand and Nathan J. Brown, 57–100. Albany: State University of New York Press, 2013.

Madanipour, Ali. *Tehran: The Making of a Metropolis.* New York: John Wiley & Sons, 1998.

Martin, Richard C., and Mark R. Woodward, with Dwi S. Atmaja. *Defenders of Reason in Islam: Mu'tazilism from Medieval School to Modern Symbol.* Oxford: Oneworld, 1997.

Menashri, David. *Iran: A Decade of War and Revolution.* New York: Holmes & Meier, 1990.

—. *Post-Revolutionary Politics in Iran: Religion, Society and Power.* Portland, OR; Frank Cass, 2001.

Michaelson, Marcus, ed. *Election Fallout: Iran's Exiled Journalists on Their Struggle for Democratic Change.* Translated by Evan J. Siegel. Berlin: Hans Schiler, 2011. http://library.fes.de/pdf-files/iez/08560.pdf.

Milani, Abbas. *Eminent Persians: The Men and Women Who Made Modern Iran, 1941–1979.* 2 vols. Syracuse, NY: Syracuse University Press and Persian Book World, 2008.

—. *The Shah.* New York: Palgrave Macmillan, 2011.

Mirgholami, Morteza, and Sidh Sintusingha. "From Traditional Mahallehs to Modern Neighborhoods: The Case of Narmak, Tehran." *Comparative Studies of South Asia, Africa and the Middle East* 32, no. 1 (2012), 214–37.

Mir-Hosseini, Ziba. *Islam and Gender: The Religious Debate in Contemporary Iran.* Princeton, NJ: Princeton University Press, 1999.

—, and Richard Tapper. *Islam and Democracy in Iran: Eshkevari and the Quest for Reform.* London and New York: I. B. Tauris, 2006.

Mirsepassi, Ali. *Democracy in Modern Iran: Islam, Culture, and Political Change.* New York: New York University Press, 2010.

—. *Intellectual Discourse and the Politics of Modernization: Negotiating Modernity in Iran.* Cambridge, England: Cambridge University Press, 2000.

Molavi, Afshin. *The Soul of Iran: A Nation's Struggle for Freedom.* New York: W. W. Norton, 2005.

Moqadam, Afsaneh. *Death to the Dictator! A Young Man Casts a Vote in Iran's 2009 Election and Pays a Devastating Price.* New York: Sarah Crichton Books/Farrar, Straus and Giroux, 2010.

Moslem, Mehdi. *Factional Politics in Post-Khomeini Iran.* Syracuse, NY: Syracuse University Press, 2002.

Mottahedeh, Roy. *The Mantle of the Prophet: Religion and Politics in Iran.* Oxford: Oneworld, 2000.

Mozaffari, Nahid, and Ahmad Karimi Hakkak, eds. *Strange Times, My Dear: The PEN Anthology of Contemporary Iranian Literature.* New York: Arcade, 2005.

Nabavi, Negin, ed. *Intellectual Trends in Twentieth-Century Iran: A Critical Survey.* Gainesville: University Press of Florida, 2003.

Naji, Kasra. *Ahmadinejad: The Secret History of Iran's Radical Leader.* Berkeley and Los Angeles: University of California Press, 2008.

Nohmani, Farhad, and Sohrab Behdad. *Class and Labor in Iran: Did the Revolution Matter?* Syracuse, NY: Syracuse University Press, 2006.

Paya, Ali. "Karl Popper and the Iranian Intellectuals." *American Journal of Islamic Social Sciences* 20, no. 2 (Spring 2003), 50–79.

Peterson, Scott. *Let the Swords Encircle Me: Iran—A Journey Behind the Headlines.* New York: Simon & Schuster, 2010.

Plato. *The Republic*. In *Plato: The Collected Dialogues, Including the Letters*, ed. Edith Hamilton and Huntington Cairns, trans. Paul Shorey. Princeton, NJ: Princeton University Press, 1989.

Popescu, Lucy, and Carole Seymour-Jones, eds. *Writers Under Siege: Voices of Freedom from Around the World.* New York: New York University Press, 2007.

Popper, Karl. *The Open Society and Its Enemies*, vol. 2: *Hegel and Marx.* New York: Routledge, 2003.

—. *Unended Quest: An Intellectual Autobiography.* Chicago and LaSalle, IL: Open Court, 1990.

Rahnema, Ali. *An Islamic Utopian: A Political Biography of Ali Shari'ati*. London and New York: I. B. Tauris, 2000.

—. *Superstition as Ideology in Iranian Politics: From Majlesi to Ahmadinejad.* New York: Cambridge University Press, 2011.

Rajaee, Farhang. *Islamism and Modernism: The Changing Discourse in Iran.* Austin: University of Texas Press, 2007.

Rejali, Darius. *Torture and Modernity: Self, Society, and State in Modern Iran.* Boulder, CO: Westview Press, 1994.

Saberi, Roxana. *Between Two Worlds: My Life and Captivity in Iran.* New York: HarperCollins, 2010.

Sadjadpour, Karim. *Reading Khamenei: The World View of Iran's Most Powerful Leader.* Washington, DC: Carnegie Endowment for International Peace, 2008.

Salehi-Isfahani, Djavad. "Poverty, Inequality, and Populist Politics in Iran." *Journal of Economic Inequality* 7, no. 1 (March 2009), 5–24.

—. "The Revolution and the Rural Poor." *Radical History Review*, no. 105 (Fall 2009), 139–44.

Schirazi, Asgar. *The Constitution of Iran: Politics and the State in the Islamic Republic.* Translated by John O'Kane. London: I. B. Tauris, 1998.

Sciolino, Elaine. *Persian Mirrors: The Elusive Face of Iran.* New York: Free Press, 2005.

Soroush, Abdolkarim. *Reason, Freedom, and Democracy in Islam: Essential Writings of Abdolkarim Soroush.* Translated by Mahmoud Sadri and Ahmad Sadri. New York: Oxford University Press, 2002.

Tabaar, Mohammad Ayatollahi. "From Womb to Tomb: Religion, the State and War in Iran." Unpublished thesis shared by author.

Tajbakhsh, Kian. "Political Decentralization and the Creation of Local Government in Iran: Consolidation or Transformation of the Theocratic State?" *Social Research* 67, no. 2 (Summer 2000: Iran Since the Revolution), 377–404.

Vahdat, Farzin. *God and Juggernaut: Iran's Intellectual Encounter with Modernity.* Syracuse, NY: Syracuse University Press, 2002.

Vanstiphout, Wouter. "The Saddest City in the World: Tehran and the Legacy of an American Dream of Modern Town

Planning." In *The New Town*, research and exhibition project by Crimson Architectural Historians, Rotterdam, March 2, 2006. http://www.thenewtown.nl/article.php?id_article=71.

Wright, Robin. *The Last Great Revolution: Turmoil and Transformation in Iran.* New York: Alfred A. Knopf, 2000.

Zweig, Stefan. *The Right to Heresy: Castellio Against Calvin.* Translated by Eden and Cedar Paul. London: Cassell, 1936.

索引

人名

三至五畫

大衛・比森 David Beetham 385
小布希 George W. Bush 158, 286, 387, 520, 522
內達・阿加－索爾坦 Neda Agha-Soltan 498
尤爾根・哈伯瑪斯 Jürgen Habermas 513
巴拉克・歐巴馬 Barack Obama 515
巴林頓・摩爾 Barrington Moore 186
巴爾札克 Balzac 232
巴赫拉姆 Bahram 68, 209, 215, 356
戈拉姆侯賽因・卡爾巴斯希 Gholamhossein Karbaschi 202, 268, 324
戈拉姆－侯賽因・穆赫辛尼－埃傑伊 Gholam-Hossein Mohseni-Ejei 397, 448, 457, 506
加布列・賈西亞・馬奎斯 Gabriel García Márquez 83, 527
卡爾・波普爾 Karl Popper 98, 374
卡維赫・戈雷斯坦 Kaveh Golestan 443, 466
古班納利・多里－納賈法巴迪 Ghorbanali Dorri-Najafabadi 224
史蒂芬・褚威格 Stefan Zweig 511, 527
尼可斯・普朗札斯 Nicos Poulantzas 180
尼采 Nietzsche 214
布吉納法索 Burkina Faso 467
弗蘭科・莫雷蒂 Franco Moretti 385
札赫拉・卡澤米 Zahra Kazemi 284, 286-290, 304, 307, 327, 341, 384
札赫拉・拉赫納瓦爾德 Zahra Rahnavard 125-126, 422, 526, 544
甘地 Gandhi 386
皮魯茲・達瓦尼 Pirouz Davani 214

六畫

伊尼亞齊歐・西洛內 Ignazio Silone 66
伊瑪目侯賽因 Imam Hossein 102
伊瑪目哈桑 Imam Hassan 102
休謨 Hume 100

列奧・施特勞斯 Leo Strauss 158
列寧 Lenin 40
吉巴 Ziba 284
吉恩・夏普 Gene Sharp 517
安東尼奧・葛蘭西 Antonio Gramsci 180
安格拉・梅克爾 Angela Merkel 406
托克維爾 Tocqueville 150, 385
米爾・侯賽因・穆薩維 Mir Hossein Mousavi 123-124, 127, 415, 422, 433, 476, 482, 515, 523, 526, 544
米蘭・昆德拉 Milan Kundera 385
艾妲・薩達特 Aida Saadat 482, 491, 502, 504, 534, 546
艾哈邁德・米爾・阿拉埃伊 Ahmad Mir Alaei 222
艾哈邁德・法迪德 Ahmad Fardid 114, 119, 151
艾哈邁德・梅夫塔希 Ahmad Meftahi 58
艾哈邁德・塔法佐利 Ahmad Tafazzoli 222
艾娃 Ava 442, 452, 471, 478, 537

七畫

佛洛伊德 Freud 103, 384, 389
克洛德・勒佛 Claude Lefort 385
克萊恩・布林頓 Crane Brinton 168, 180
克爾曼 Kerman 222
努拉丁・皮爾莫阿岑 Nouradin Pirmoazen 414, 548
希林・伊巴迪 Shirin Ebadi 318, 331, 335, 357, 454-455, 457, 514, 518
希特勒 Hitler 527
杜斯妥也夫斯基 Dostoyevsky 40, 232
沃特・范斯提堡特 Wouter Vanstiphout 265
狄托元帥 Marshal Tito 127
狄更斯 Dickens 232
貝赫札德・納巴維 Behzad Nabavi 335, 340, 344-345, 437
貝赫努德・休賈伊耶 Behnoud Shojaie 537
里亞卡特・拉札 Liaquat Raza 514

八畫

亞里斯多德 Aristotle 45, 64, 97, 103
尚－保羅・沙特 Jean-Paul Sartre 44
尚－雅克・盧梭 Jean-Jacques Rousseau 179
帕亞姆・法茲里內賈德 Payam Fazlinejad 309, 313-314, 335, 352, 363, 365, 511, 522
帕爾瓦內 Parvaneh 214, 548

帕爾溫・法希米 Parvin Fahimi 501-502
拉卡托什・伊姆雷 Imre Lakatos 100
拉明・賈漢貝格魯 Ramin Jahanbegloo 160
拉賈布・阿里・馬茲魯伊 Rajab Ali Mazrui 361-362
拉蘇爾 Rasool 294, 296, 331
易卜拉欣・札爾札德赫 Ebrahim Zalzadeh 222
易卜拉欣・亞茲迪 Ebrahim Yazdi 53
易卜拉欣・阿斯加札德赫 Ebrahim Asgharzadeh 277, 298, 344
易卜拉欣・納巴維 Ebrahim Nabavi 360
易卜拉欣・索爾塔尼 Ebrahim Soltani 388, 548
法拉吉・薩庫希 Faraj Sarkouhi 223
法赫里 Fakhri 531
法蘭西斯・福山 Francis Fukuyama 514
法蘭克・洛伊・萊特 Frank Lloyd Wright 261
法蘭茲・法農 Frantz Fanon 44
芭芭拉・史翠珊 Barbra Streisand 60
阿卜杜拉・努里 Abdollah Nouri 435- 437, 439-441
阿卜杜勒卡里姆・索魯什 Abdolkarim Soroush 51, 53, 91, 95, 109, 119, 150, 233, 235, 291, 374, 388, 512, 518, 525, 528, 546
阿卜杜勒阿齊茲・法爾曼法馬揚 Abdolaziz Farmanfarmaian 262
阿夫蘇恩 Afsoon 425, 427
阿多諾 Adorno 384-385
阿克巴爾・甘吉 Akbar Ganji 146, 151, 197, 215, 225, 250-251, 278, 291, 303, 343, 382, 398, 525, 546
阿克巴爾・穆罕默迪 Akbar Mohammadi 246
阿希耶赫・阿米尼 Asieh Amini 421-422, 424, 428, 455-456, 479, 484, 536-537, 546
阿里 Ali 204, 508
阿里・巴巴恰希 Ali Babachahi 213
阿里・米爾塞帕西 Ali Mirsepassi 45
阿里・沙里亞蒂 Ali Shariati 39, 428
阿里・拉里賈尼 Ali Larijani 393
阿里・法拉希安 Ali Fallahian 225
阿里・阿夫夏里 Ali Afshari 231-239, 242-243, 245, 251-252, 253, 257, 259, 302, 307, 335, 340, 347, 352, 401, 518, 546
阿里・阿克巴爾－努里 Ali Akbar Nategh-Nouri 191, 200, 202, 238, 402, 433-434
阿里・阿克巴爾・哈什米・拉夫桑賈尼 Ali Akbar Hashemi Rafsanjani 48, 70, 124, 392

阿里・哈比比・穆薩維　Ali Habibi Mousavi　510
阿里・哈梅內意　Ali Khamenei　43, 47, 70, 79, 89, 123-124, 150, 158, 418, 428, 508
阿里雷札・阿拉維塔巴爾　Alireza Alavitabar　378
阿里雷札・哈吉吉　Alireza Haghighi　55, 80, 546
阿里爾　Ariel　429
阿亞圖拉艾哈邁德・賈納提　Ayatollah Ahmad Jannati　493
阿亞圖拉侯賽因・阿里・蒙塔澤里　Ayatollah Hossein Ali Montazeri　74, 203, 508
阿亞圖拉哈什米・達斯特蓋布　Ayatollah Hashemi Dastgheib　57
阿亞圖拉馬哈茂德・哈什米・沙赫魯迪　Ayatollah Mahmoud Hashemi Shahroudi　348
阿亞圖拉摩爾塔札・莫塔哈里　Ayatollah Morteza Motahhari　47
阿亞圖拉魯霍拉・何梅尼　Ayatollah Ruhollah Khomeini　36, 46, 58, 60, 193, 476
阿亞圖拉穆罕默德・貝赫希提　Ayatollah Mohammad Beheshti　70
阿亞圖拉穆罕默德－塔基・梅斯巴赫－雅茲迪　Ayatollah Mohammad-Taghi Mesbah-Yazdi　110, 162, 220-221, 227, 408
阿拉梅赫・塔巴塔巴伊　Allameh Tabatabai　428, 430-431
阿拔斯　Abbas H.　85, 127, 131, 299, 312, 373, 378, 426-427, 460-461, 465, 547-548
阿拔斯・阿卜迪　Abbas Abdi　378
阿拔斯・埃米爾恩特札姆　Abbas Amirentezam　85, 127, 131, 299, 312, 373, 426-427
阿特法赫・薩哈阿雷赫　Atefah Sahaaleh　446, 457
阿博爾哈桑・巴尼－薩德爾　Abolhassan Bani-Sadr　76-80, 85, 94, 107, 122, 125-126, 135, 169, 211, 408
阿爾貝・卡繆　Albert Camus　38
阿薩多拉・拉傑瓦爾迪　Asadollah Lajevardi　131, 300

九畫

侯尚・戈爾希里　Houshang Golshiri　318
侯尚・阿薩迪　Houshang Asadi　124
侯賽因・巴什里耶赫　Hossein Bashiriyeh　176, 223, 297, 512, 546
侯賽因・巴拉贊德赫　Hossein Barazandeh　222
侯賽因・卡馬里　Hossein Kamaly　159, 548

侯賽因・沙里亞特馬達里　Hossein Shariat-madari　334, 364
侯賽因・德拉赫尚　Hossein Derakhshan　520
保羅・費耶阿本德　Paul Feyerabend　100
哈什米　Hashemi　48, 57, 70, 124, 223, 348, 392, 396-397, 421
哈吉・阿里　Haj Ali　326
哈吉・阿姆賈德　Hajj Amjad　138
哈米德・哈吉札德赫　Hamid Hajizadeh　222
哈伯瑪斯　Habermas　150, 187, 513, 517, 523
哈迪・加埃米　Hadi Ghaemi　518, 548
哈迪・哈尼基　Hadi Khaniki　433, 453
哈桑　Hassan　76, 88-90, 94, 102, 189, 245, 542
哈桑・羅哈尼　Hassan Rouhani　189, 245, 542
哈梅德　Hamed　530
哈菲茲　Hafez　176-178, 209, 384-385, 425
哈賈爾・羅斯塔米　Hajar Rostami　502
哈維爾　Havel　386
威拉德・范奧曼・奎因　Willard Van Orman Quine　153
威爾・杜蘭特　Will Durant　428, 430
柏拉圖　Plato　46, 55, 64, 73, 103, 117, 184
珍・雅各　Jane Jacobs　261-262
珍妮佛・羅培茲　Jennifer Lopez　339
約翰・史坦貝克　John Steinbeck　124
約翰・帕斯莫爾　John Passmore　98
約翰・洛克　John Locke　178-179, 431
約翰・韋恩　John Wayne　60
約翰・基恩　John Keane　388, 514, 517, 522
約翰・喀爾文　John Calvin　527
英格瑪・柏格曼　Ingmar Bergman　38
韋伯　Weber　150, 379, 383, 516-517, 523

十畫

唐諾・吉里斯　Donald Gillies　101
埃札特・易卜拉欣・內賈德　Ezzat Ibrahim Nejad　242
埃米爾・侯賽因・索圖德赫　Amir Hossein Sotoudeh　458
埃米爾・賈瓦迪法爾　Amir Javadifar　504
埃爾凡德・亞伯拉罕米安　Ervand Abrahamian　139, 547
埃瑪德丁・巴吉　Emadeddin Baghi　345, 361, 392
夏迪・薩德爾　Shadi Sadr　448, 450-451, 460, 462, 469, 518, 537

夏勒庫　Shalekoo　294
夏赫拉・謝爾卡特　Shahla Sherkat　160
夏赫拉姆・拉菲札德赫　Shahram Rafizadeh　209, 218, 228, 305, 316, 335, 546
夏赫拉姆・阿札姆醫生　Dr. Shahram Azam　288
庫姆　Qom　38, 90, 110, 124, 156, 163, 184, 189, 193, 203, 206, 240, 268, 299, 408, 479, 509
格魯喬・馬克思　Groucho Marx　76
海因茨・波斯特　Heinz Post　100
涂爾幹　Durkheim　150
特拉維夫　Tel Aviv　521
納吉　Naghi　231-232
納瑟・哈迪安　Nasser Hadian　407
納賈夫　Najaf　38, 46, 64, 509
納爾遜・曼德拉　Nelson Mandela　87, 300, 386
索爾瑪茲・夏里夫　Solmaz Sharif　28, 310, 546
索赫拉布・阿拉比　Sohrab Arabi　501
茱蒂絲・巴特勒　Judith Butler　521
馬丁・海德格　Martin Heidegger　115
馬布貝赫　Mahboubeh M.　460-461, 465
馬克西米連・羅伯斯比　Maximilien Robespierre　167
馬克思　Marx　45, 48, 51-52, 67-68, 76, 91, 93, 96, 99, 102-107, 125, 133, 150, 160, 179-182, 185-186, 210, 212, 389, 401, 529
馬努切爾　Manouchehr Mohammadi　246-249
馬哈茂德・艾哈邁迪內賈德　Mahmoud Ahmadinejad　283, 382, 393, 397, 400, 487
馬哈茂德・杜拉塔巴迪　Mahmoud Dowlatabadi　217
馬茲亞・巴哈里　Maziar Bahari　537
馬基維利　Machiavelli　294
馬肅德・戈瑞伊希　Massoud Ghoreishi　326
馬肅德・拉賈維　Massoud Rajavi　67, 135
馬赫迪　Mahdi　408-409, 548

十一至十二畫

基米亞　Kimia　530
基沙瓦茲　Keshavarz　332-334, 337-340, 347-348, 352-354, 356-357, 359, 363-365
康德　Kant　100, 120
梅赫里　Mehri　58-59
梅赫迪・巴札爾甘　Mehdi Bazargan　65, 71, 89, 217, 232, 236

梅赫迪・卡魯比 Mehdi Karroubi 252, 303, 330, 344, 371, 382, 393-394, 417, 422, 526, 544
梅赫達德・阿里哈尼 Mehrdad Alikhani 223
理察・羅蒂 Richard Rorty 385, 513
笛卡兒 Descartes 294
莉莉・戈雷斯坦 Lili Golestan 466
莫卡拉梅赫・易卜拉希米 Mokarrameh Ebrahimi 468
莫拉納 Mowlana 209
通內卡邦 Tonekabon 424
麥可・布蘭特 Michael Brant 514
傅柯 Foucault 158, 186-187, 384
喬治・索羅斯 George Soros 514
喬治・舒茲 George Shultz 514
湯瑪斯・孔恩 Thomas Kuhn 160
湯瑪斯・霍布斯 Thomas Hobbes 178
菲爾多西 Ferdowsi 177
黑格爾 Hegel 102-105, 117, 179, 388

十三至十四畫

塔爾科特・帕森斯 Talcott Parsons 517
塞巴斯汀・卡斯特留 Sebastian Castellio 528
奧里亞娜・法拉奇 Oriana Fallaci 73
愛因斯坦 Einstein 103, 107
愛德華・薩伊德 Edward Said 521
聖奧古斯丁 Saint Augustine 107
賈瓦德・戈拉姆－塔米米 Javad Gholam-Tamimi 334, 346, 362-363
賈瓦德・莫賈比 Javad Mojabi 432
賈瓦德・蒙塔澤里 Javad Montazeri 435, 491, 548
賈克・德希達 Jacques Derrida 521
賈拉勒・丁・法爾西 Jalal ad-Din Farsi 109
賈拉勒・阿雷・艾哈邁德 Jalal Al-e Ahmad 37, 39, 47, 114, 147
賈法爾・基亞尼 Jafar Kiani 468-469
賈馬爾・卡里米－拉德 Jamal Karimi-Rad 371, 465, 467, 469
達里烏什・佛魯哈爾 Dariush Forouhar 214
達爾文 Darwin 44
雷札・札瓦雷 Reza Zavarei 200
雷札・達瓦里・阿爾達卡尼 Reza Davari Ardakani 114, 119
漢娜・鄂蘭 Hannah Arendt 148, 168, 385

瑪吉德・謝里夫 Majid Sharif 214, 223
碧塔 Bita 212, 228, 317, 319, 372
維克多・雨果 Victor Hugo 124
維克多・格魯恩 Victor Gruen 260, 267
維根斯坦 Wittgenstein 107
赫達亞特 Hedayat 177, 232

十五至十六畫

德希達 Derrida 214, 521
德拉拉・達拉比 Delara Darabi 458, 466-467
歐仁・尤內斯庫 Eugene Ionesco 38
歐米德・梅瑪里安 Omid Memarian 322, 334-336, 386, 546
歐瑪爾・海亞姆 Omar Khayyám 178
魯米 Rumi 97, 100, 156, 164, 176, 535
魯茲貝赫・米雷布拉希米 Roozbeh Mirebrahimi 28, 229, 290, 302, 335, 355-356, 398, 546
魯霍拉・侯賽因尼安 Ruhollah Hosseinian 228, 316
穆罕默德・巴格爾・加里巴夫 Mohammad Bagher Ghalibaf 393
穆罕默德・比傑赫 Mohammad Bijeh 346
穆罕默德・卡姆拉尼 Mohammad Kamrani 504
穆罕默德・帕爾尼安 Mohammad Parnian 210
穆罕默德・阿里・阿卜塔希 Mohammad Ali Abtahi 335, 344, 358, 365, 368, 415, 490-491, 512, 516, 537
穆罕默德・阿里・賈法里 Mohammad Ali Jafari 480
穆罕默德・阿拉巴赫希 Mohammad Allahbakhshi 138
穆罕默德・侯賽因・霍什瓦格特 Mohammad Hossein Khoshvaght 287
穆罕默德・哈塔米 Mohammad Khatami 26, 94, 114, 120-121, 149, 172, 191, 193-194, 272, 374, 414, 511-512
穆罕默德・莫赫塔里 Mohammad Mokhtari 208, 213, 215-217, 219-220, 223, 305, 318
穆罕默德・賈法爾・普揚德赫 Mohammad Jafar Pouyandeh 215, 219, 223
穆罕默德・雷札・巴勒維 Shah Mohammad Reza Pahlavi 37, 41, 75, 262, 267, 438
穆罕默德・雷札・哈基米 Mohammad Reza Hakimi 90
穆罕默德・雷札・哈塔米 Mohammad Reza Khatami 202
穆罕默德・雷札・夏賈里安 Mohammad Reza Shajarian 488

穆罕默德・雷沙赫里　Mohammad Reyshahri　142, 200
穆罕默德・穆沙迪克　Mohammad Mossadegh　41, 400
穆罕默德・穆罕默迪・吉拉尼　Mohammad Mohammadi Gilani　85, 426-427
穆罕默德・穆智台希德・沙貝斯塔里　Mohammad Mojtahed Shabestari　53, 295
穆罕默德・穆薩維・霍伊尼哈　Mohammad Mousavi Khoeiniha　182
穆拉・薩德拉　Mulla Sadra　45, 97, 107, 155
穆斯塔法・洛赫瑟法特　Mostafa Rokhsefat　88, 95, 106, 113, 121, 147, 151, 196, 387, 546
穆斯塔法・莫因　Mostafa Moin　393, 455
穆斯塔法・普爾－穆罕默迪　Mostafa Pour-mohammadi　397
穆斯塔法・塔吉札德赫　Mostafa Tajzadeh　304, 335, 340, 344-345, 378, 402, 437, 487, 490, 512, 523, 531
穆赫辛・卡迪瓦　Mohsen Kadivar　164, 184, 303, 512, 548
穆赫辛・米爾達馬迪　Mohsen Mirdamadi　335
穆赫辛・梅赫拉里札德　Mohsen Mehralizadeh　393
穆赫辛・雷札伊　Mohsen Rezaie　149, 330, 486, 505-506
穆赫辛・魯霍拉米尼　Mohsen Ruholamini　504, 506
穆赫辛・薩澤伽拉　Mohsen Sazegara　197, 548
霍賈托爾－埃斯蘭　hojjat ol-eslam　143, 193
鮑勃・伍德華　Bob Woodwards　514

十七畫以上

蕾拉　Leyla　449-452
謝爾・馬格納・邦德維克　Kjell Magne Bondevik　451
賽義德・庫特布　Sayyid Qutb　124
薩伊德・阿斯加爾　Saeed Asgar　278
薩伊德・哈賈里安　Saeed Hajjarian　183, 197, 225, 239, 273, 277-279, 291, 303, 305, 308, 376, 379, 386, 413, 437, 491, 512, 516, 523, 529, 542
薩伊德・埃米爾西茲　Saeed Amirkhizi　138
薩伊德・埃瑪米　Saeed Emami　224, 226-228, 241, 340
薩伊德・莫塔札維　Saeed Mortazavi　285, 299, 307, 320-321, 398, 503, 507, 517, 540
薩伊德・萊拉茲　Saeed Laylaz　406
薩伊德・賈里里　Saeed Jalili　541
薩迪　Saadi　53, 95, 111, 124-125, 177-178, 209, 232, 299
薩迪格・戈特布札德赫　Sadegh Ghotbzadeh　53

薩迪格・哈勒哈里　Sadegh Khalkhali　299
薩迪格・赫達亞特　Sadegh Hedayat　177
薩迪格・齊巴卡拉姆　Sadegh Zibakalam　111
薩達姆・海珊　Saddam Hussein　77, 83, 122, 136, 172
薩爾曼・魯西迪　Salman Rushdie　129
薩瑪德・貝赫朗吉　Samad Behrangi　34, 37, 56, 147, 210, 429
羅伯・摩斯　Robert Moses　268
羅爾斯　Rawls　385
麗塔　Rita　293-294
蘇格拉底　Socrates　384, 388
蘇萊曼・哈特　Suleiman Khater　126
蘿賓・萊特　Robin Wright　26

文獻

一至六畫

《一個分裂與毀滅神學的計畫》　*A Plan to Divide and Desolate the Theology*　514
《三月報》　*Khordad*　435-436, 440-441
《女性》　*Zanan*　160, 448
《小黑魚》　*The Little Black Fish*　34-35, 56, 83, 147, 210
《什麼是科學？什麼是哲學？》　*What Is Science? What Is Philosophy?*　106
《今日晨報》　*Sobh-e Emrouz*　225-226, 440-441
《今日報》　*Emrooz*　306-307
《天平報》　*Mizan*　86-87
《世界報文化副刊》　*Kayhan-e Farhangi*　94-95, 114
〈世界人權宣言〉　"Universal Declaration of Human Rights"　65, 115, 215
《可能性的概念》　*The Concept of Potentiality*　513
《末日的徵兆》　*Premonitions from the End of Times*　118
《民主與市民社會》　*Democracy and Civil Society*　514
《伊朗的國家與革命》　*The State and Revolution in Iran*　181
《伊朗革命兩步驟》　*Iran's Revolution in Two Steps*　232
《伊斯蘭政府》　*Islamic Government*　64
〈共和國宣言〉　"Republican Manifesto"　383
《共和國報》　*Jomhuriat*　312, 345
《地平線》　*Kiyan*　121, 151-152, 159-162, 184-185, 188, 194, 196-199, 201-202, 217-218, 221, 233, 236, 295, 298, 387-388, 448, 512
《存有與時間》　*Being and Time*　117

《宇宙永不止息》 *The Restless Nature of the Universe* 107
《宇宙報》 *Kayhan* 51, 94, 121, 281, 334, 359-360, 364, 387, 431, 434, 511, 522, 540, 542
《百年哲學》 *A Hundred Years of Philosophy* 98
《西方毒害》 *Westoxication* 37-38, 39, 114

七至十畫

《何謂啟蒙？》 *What Is Enlightenment?* 120
《你好》 *Salam* 190, 241, 244
《每個人的民主課程》 *Lessons on Democracy for Everyone* 186
《來自另一半》 *From the Other Half* 208
〈奇蹟室〉 "The Miracle Room" 307
《宗教知識的限縮與拓展》 *The Contraction and Expansion of Religious Knowledge* 152, 159, 162
《征服報》 *Fath* 441
《明鏡週刊》 *Der Spiegel* 416
《盲眼的貓頭鷹》 *The Blind Owl* 177
《青年伊朗》 *Iran-e Javan* 432
《信任報》 *Etemad* 229, 290-292, 297, 300-302, 305-306, 309-310, 312-313, 327, 329-330, 357, 442, 445, 453, 457, 497
《哈薩納克，你在哪裡？》 *Where Are You, Hasanak?* 210
《政治社會學》 *Political Sociology* 186
《洛杉磯時報》 *Los Angeles Times* 503, 506
《革命的剖析》 *The Anatomy of Revolution* 168
《哲學的故事》 *The Story of Philosophy* 428
〈悔罪的與不悔罪的部落客〉 "Repentant and Unrepentant Bloggers" 358
《悔罪者訊息》 *Repenters' Message* 133
《框架的神話》 *The Myth of the Framework* 374
《紐約客》 *New Yorker* 26-28, 546, 551
《紐約時報雜誌》 *New York Times Magazine* 546, 551
《鬼魂的地牢》 *The Dungeon of Ghosts* 226

十一至十三畫

《國家信任報》 *Etemad Melli* 371, 488
《基度山恩仇記》 *The Count of Monte Cristo* 56
《婦女報》 *Zan* 434-435, 442
《理想國》 *Republic* 46, 55, 64

《異端的權利》 *The Right to Heresy* 511, 527
《通用語》 *Lingua Franca* 26
《揭露祕密》 *Revelation of Secrets* 62
〈敢於求知〉 "Dare to Know" 120
《朝改革開槍》 *Shooting at Reform* 305
〈給自由世界的信〉 "Letters to the Free World" 382
《週末》 *Adineh* 160, 213, 218, 223
《開放社會及其敵人》 *The Open Society and Its Enemies* 103, 106
《新天堂樂園》 *Cinema Paradiso* 57
《新茉莉花報》 *Yas-e No* 291
《綁架新聞》 *News of a Kidnapping* 527
《萬夫莫敵》 *Spartacus* 60
〈詩人的份額：孤獨、愛與死亡〉 "The Share of Poets: Solitude, Love and Death" 229
《資本論》 *Capital* 105
《雷恩的女兒》 *Ryan's Daughter* 60

十四畫以上

《對話》 *Goftogu* 160, 162
〈蜘蛛的房屋〉 "The Spider's House" 334-335, 340, 344, 347, 364, 387
《豪勇七蛟龍》 *The Magnificent Seven* 396
《賓漢》 *Ben-Hur* 60
〈嘲弄死神〉 "Play with Death" 227
《論革命》 *On Revolution* 148, 168
《歷史哲學》 *Philosophy of History* 106
《獨裁與民主的社會起源》 *Social Origins of Dictatorship and Democracy* 186-187
〈穆罕默德・哈塔米的天鵝絨政變任務〉 "Mohammad Khatami's Mission for a Velvet Coup d' État" 511
《聯合國消除對婦女一切形式歧視公約》 *United Nations Convention on the Elimination of All Forms of Discrimination Against Women* 423
《麵包與葡萄酒》 *Bread and Wine* 66
《辯證法的衝突》 *Dialectic Conflict* 91, 106
《權力遊戲：魯霍拉・侯賽因尼安》 *Power Play: Ruhollah Hosseinian* 228

單位、組織、派系

二至六畫

人道主義發展合作研究所 Hivos 517

人權記者委員會　Committee of Human Rights Reporters 534
人權觀察　Human Rights Watch　358, 518
巴斯基　Basij　82, 122, 129, 170, 174, 206, 212, 234, 236, 278, 283, 323, 337, 395-397, 403-404, 460-461, 477-478, 480-482, 484, 487, 492, 494, 496-497, 499, 502, 509
文化大革命委員會　Cultural Revolution Institute　109-111, 113, 120
半島電視台　Al Jazeera　443
外交關係協會　Council on Foreign Relations　517
市民社會的另類思想家　Alternative Thinkers of Civil Society　324-325
布爾什維克　Bolsheviks　170, 187
未來（民調機構）　Ayandeh　190
民主研究中心　Centre for the Study of Democracy　517
伊朗人民聖戰者組織　Mojahedin-e Khalq　50, 67, 78, 142, 238
伊朗人民黨　Tudeh Party　42, 107-108, 124, 340
伊朗民族解放軍　National Liberation Army of Iran　135-136
伊朗伊斯蘭共和國廣播電視台　IRIB　363
伊朗自由運動　Freedom Movement of Iran　65
伊朗作家協會　Iranian Writers Association　217, 219, 305
伊朗勞動通訊社　ILNA　329, 354, 358, 363
伊朗學生通訊社　ISNA　354, 358, 363, 368
伊斯蘭伊朗建設者同盟　Etelaf-e Abadgaran-e Iran-e Eslami　283, 382, 402
伊斯蘭伊朗參與陣線　Mosharekat-e Iran-e Islami　274, 393, 413, 455, 487, 516, 519, 542, 544
伊斯蘭共和黨　Islamic Republican Party　70, 73-74, 76-77, 80, 94, 108-109, 123, 146, 149, 181, 188
伊斯蘭思想與藝術中心　Howzeh-ye Andisheh va Honar-e Islami　92, 147
伊斯蘭學生協會　Islamic Students Associations　174, 181, 233-238, 247
伊斯蘭聯合黨　Motalefeh　199
伊瑪目命令執行總部八十八　Setad 88　414, 416, 478, 484
伍德羅・威爾遜中心　Woodrow Wilson Center　336
全國協調委員會　national coordinating board　233-234
自由之家　Freedom House　517
自我責難派　self-blamers　40

七至十畫

伯克曼網際網路與社會研究中心　Berkman Center for Internet & Society　517
利益權衡委員會　Expediency Council　252
亞非學院　School of Oriental and African Studies　181
兒童與青少年智性發展機構　Institute for the Intellectual Development of Children and Young Adults　147
和平母親　Mothers for Peace　501
法爾斯通訊社　Fars News　355, 358, 363, 511, 516
法爾達電台　Radio Farda　292, 307, 329
波蘭團結工聯　Polish Solidarity　252
阿什阿里學派　Asharites　157
阿拉維高中　Alavi High School　95-96
建設公僕黨　Kargozaran, Executives of Construction Party　190-192, 202
指導部　Ershad　149-150, 172, 174, 186, 188, 191, 193-194, 241, 284, 286-288, 304, 319, 491
洛克斐勒研究所　Rockefeller Institute　517
科學院　Academy of Sciences　158
約翰・霍普金斯大學　Johns Hopkins　514
美國之音　Voice of America　414
美國的德國馬歇爾基金會　German Marshall Fund of the United States　517
美國圖書出版者委員會　American Book Publishers Council　429
美國圖書館協會　American Library Association　429
革命會議　Revolutionary Council　70, 72-73, 76, 91
革命衛隊　Revolutionary Guard Corps　15, 70, 73, 79-80, 82, 92, 125, 129, 132, 147-149, 181, 183, 206, 211-212, 225, 242, 245, 251-254, 257, 278-279, 308, 310, 318, 330, 355, 393, 395, 397, 403-404, 460-461, 480, 482, 496, 502, 505, 511, 520
宰德派　Zaydis　157
庫德民主黨　Kurdish Democratic Party　249
悔罪者團體　Repenters' Society　133
特別教士法院　Special Court of Clergy　205-206, 240-241, 303, 448, 457
真主黨　Hezbollah　70-71, 78, 81-82, 94, 108, 124, 131, 136, 163-164, 170, 226, 234-238, 240-241, 243, 310, 376, 402, 523, 525, 542
真主黨支持者　Ansar-e Hezbollah　163-164, 226, 234, 236-238, 240-241, 243, 310, 376, 402, 523

追隨伊瑪目路線的學生 Students Following the Imam's Line 75

十一畫以上

國家安全委員會 National Security Council 189, 251, 307, 440
國家情報與安全組織 Sazman-e Ettela'at va Amniyat-e Keshvar, SAVAK 49-51
國際特赦組織 Amnesty International 249, 466
國際貨幣基金 International Monetary Fund 171
新計畫出版社 Tarh-e No 215, 305
喬治華盛頓大學 George Washington University 259
復興黨 Baathist 83
最高國家安全委員會 Supreme National Security Council 307
開放社會研究所 Open Society Institute 517
雅各賓 Jacobin 167-168, 170
塔列朗 Talleyrand 168
塔利班 Taliban 381
路透社 Reuters 526
福特基金會 Ford Foundation 517
管理與計畫組織 Management and Planning Organization 405, 421
德國之聲 Deutsche Welle 469
德國外交關係協會 German Council on Foreign Relations 517
摩薩德 Mossad 521
鞏固統一辦公室 Daftar-e Tahkim-e Vahdat 234, 401
鞏固辦公室 Daftar Takhim 234, 236, 238, 240, 242-244, 252-253, 255, 259, 520
憲法監護委員會 Guardian Council 74, 173, 200, 204-205, 220, 239, 252, 304, 378, 381-382, 394-395, 409-410, 414, 426, 480, 486, 493-495
憲法觀察委員會 Constitutional Watch Committee 365, 369
戰略研究中心 Center for Strategic Research 182-190, 194, 197, 201-202, 217, 223, 225, 236, 378, 512
穆斯林兄弟會 Muslim Brotherhood 124
穆塔茲拉學派 Mutazilites 155-157, 254, 561
霍甲提耶赫 Hojjatieh 401
聯合國安理會 United Nations Security Council 14, 129
聯合國開發計畫署 United Nations Development Programme 324-325

聯合國難民署 United Nations High Commissioner for Refugees 372
聯合基本教義派陣線 United Fundamentalist Front 413

地點、地名、國家

三至五畫

土庫曼 Turkmen 40, 284
土曼 toman 349-351
內卡 Neka 424, 445-448
切爾西學院 Chelsea College 100
天堂花園 Eram Garden 58-59
巴士底監獄 Bastille 49
巴姆 Bam 443
巴博勒 Babol 488
巴斯德街 Pasteur Street 366, 369, 526
巴赫曼文化中心 Bahman Cultural Center 271
戈姆洛克 Gomrok 319
戈哈達什特監獄 Gohardasht Prison 138
日內瓦 Geneva 527
比爾詹德 Birjand 479
加茲溫 Qazvin 231-232, 242, 258, 452-453, 468, 482-483, 534-535
卡拉季 Karaj 138, 267, 322
卡斯爾 Qasr 49
卡普里電影院 Capri Cinema 60
卡爾巴拉 Karbala 102, 509
卡維爾沙漠 Kavir Desert 263
卡赫里札克 Kahrizak 503-508, 540
古爾甘 Gurgan 252
四月七日廣場 Haft-e Tir Square 413, 464, 469, 491
布希赫爾 Bushehr 97
弗雷斯諾 Fresno 262
札黑丹 Zahedan 488
瓦利亞斯爾大街 Valiasr 263, 478
瓦納克廣場 Vanak Square 480

六至八畫

伊代納 Edina 260-261
伊拉克庫德斯坦 Iraqi Kurdistan 443
伊朗庫德斯坦 Iranian Kurdistan 296
伊斯法罕 Isfahan 139, 163, 193, 222, 268, 488, 519, 524, 548

伊斯蘭自由大學 Islamic Azad University 297
伊斯蘭夏赫爾 Islamshahr 238, 479
吉蘭 Gilan 209, 212, 292-293
多倫多 Toronto 372
托希德監獄 Towhid Prison 237
自由足球場 Azadi soccer stadium 478
自由廣場 Azadi Square 353-354, 489-490, 501
艾比爾 Erbil 443
西奈 Sinai 126
克拉爾達什特 Kelardasht 464
利物浦大學 University of Liverpool 178
希亞赫卡爾 Siahkal 49
杜拜 Dubai 259
沃札拉 Vozara 469
沃斯堡 Fort Worth 262
沙希德・貝赫希提大學 Shahid Beheshti University 191
沙赫勒雷伊 Shahr-e Rey 157, 177, 278, 479, 502
貝赫什特・札赫拉公墓 Behesht-e Zahra 122, 502
貝赫什特・雷札公墓 Behesht-e Reza 460
辛巴威 Zimbabwe 405
亞美尼亞 Armenia 222
亞茲德省 Yazd 193
呼羅珊廣場 Maydan-e Khorasan 88
奇特加爾公園 Chitgar Park 311
拉什特 Rasht 212-213, 228-229, 293-297, 313, 327, 331, 354, 357, 360, 364, 366, 369, 458-459, 472
拉合爾 Lahore 463
拉斯維加斯 Las Vegas 249
拉維贊 Lavizan 322, 357
明尼蘇達州 Minnesota 260
法特米廣場 Fatemi Square 239, 310, 437, 478
波士頓 Boston 414
阿巴丹 Abadan 81-83
阿拉丹 Aradan 401
阿拉伯河 Shatt al-Arab 77, 82
阿拉克 Arak 449, 451, 519
阿拉斯河 Aras River 34, 37
阿勒布爾茲山脈 Alborz Mountains 263, 293, 424
阿莫爾 Amol 246
阿爾達比勒省 Ardabil 283, 402, 414
阿爾達坎 Ardakan 193
青年廣場 Javanan Square 316

九至十一畫

侯賽因宗教會所　Hosseiniyeh Ershad　47-50, 58, 67, 88, 97, 126, 178, 206, 221, 317
南安普敦　Southampton　52
南谷　Southdale　260-261
南呼羅珊　South Khorasan　479
南斯拉夫　Yugoslavia　26, 127
哈拉布加　Halabja　443
哈馬丹　Hamadan　176, 250, 453
恰巴哈爾　Chabahar　440
查姆蘭高速公路　Chamran Expressway　478
洛杉磯　Los Angeles　264, 503, 506
洛雷斯坦省　Lorestan　479
科學與工業大學　Elm va Sanat　401
約旦大道　Jordan Boulevard　216
胡澤斯坦　Khuzestan　184, 372
革命廣場　Enghelab Square　366, 487, 497
倫敦大學　University of London　100, 181
埃米爾卡比爾大學　Amirkabir University　233, 236-238, 253, 302
埃斯坎達里　Eskandari　305, 313-314, 357
埃塞克斯大學　University of Essex　178
埃溫監獄　Evin Prison　49, 85, 87, 112, 130-132, 134, 138, 238, 249, 253, 255, 259, 284, 286, 289-290, 300, 346-347, 352-353, 355-356, 363-364, 369, 382-383, 427, 470, 487, 490, 492, 504, 507, 531, 538
夏夫特　Shaft　209, 211, 213
夏赫里亞爾　Shahriar　215
夏赫薩瓦爾　Shahsavar　424-425, 427, 430
烏茲別克　Uzbekistan　284, 405
特隆赫姆　Trondheim　538
納茲阿巴德　Naziabad　271
納賈夫阿巴德　Najafabad　509
納爾馬克　Narmak　401, 407
馬什哈德　Mashhad　39-40, 43, 47, 89, 124, 222, 326, 428, 459-461, 463-465, 488
馬爾珍街　Marjan Street　183
馬贊德蘭省　Mazandaran　246, 424, 445, 464
國家公園　Mellat Park　230
梅赫拉阿巴德機場　Mehrabad Airport　69, 91, 311, 329, 341
莫塔哈里街　Motahari Street　321, 329

設拉子 Shiraz 55-60, 65-67, 81-83, 95, 284, 435, 485, 488
都柏林 Dublin 259
麥加 Mecca 128, 214, 242
麥基爾大學 McGill University 197

十二畫以上

斯德哥爾摩 Stockholm 454
雅加達 Jakarta 265, 272
塔不里士 Tabriz 479, 488
塔吉里什廣場 Tajrish Square 478
塔克斯坦 Takestan 468-469
塞姆南省 Semnan 472
奧斯威辛 Auschwitz 257
新清真寺 Masjed-e No 56, 59
達拉克赫 Darakeh 353
達爾班德 Darband 310, 335
雷伊 Rey 157, 177, 216, 263, 278, 479, 502
雷伊水泥工廠 Rey Cement Factory 216
雷斯頓 Reston 259
漢堡 Hamburg 53, 193
維吉尼亞州 Virginia 259
蒙特婁 Montreal 197, 474
德州電力公司 Texas Electric Company 262
德黑蘭 Tehran 5, 11, 25-26, 28, 37, 47-49, 51, 58, 60, 66, 72, 75, 79-80, 84, 88-90, 92-93, 95, 97, 107, 119-120, 122, 125-126, 128, 130-131, 136, 138-139, 141, 143-144, 147, 150, 152, 157, 164-165, 182-183, 185, 198, 202, 213-216, 218, 222, 229-231, 233, 236, 238-239, 241, 244-245, 247, 250, 261-274, 276-285, 291-293, 296-297, 301, 303-305, 310-311, 317, 319, 322-324, 327, 336-337, 346, 354, 357, 360, 364, 366, 369, 373-376, 382, 385, 387, 393-398, 401-404, 406, 413, 415, 418, 423, 425-426, 431, 435, 440, 443-444, 448-449, 451-452, 455, 462, 464, 468-469, 473, 476-479, 481-483, 486, 488-490, 493, 498, 502-503, 506, 509-510, 513-514, 516, 527, 534
德黑蘭理工大學 Tehran Polytechnic 233
歐魯米耶 Orumiyeh 535
緬甸 Burma 405
黎巴嫩 Lebanon 17, 71, 128, 134
諾夫勒堡 Neauphle-le-Château 65
錫斯坦和俾路支斯坦省 Sistan-Baluchestan 440

霍拉姆沙赫爾　Khorramshahr　82-83, 122, 149, 184
霍拉姆阿巴德　Khorramabad　164
謝里夫大學　Sharif University　490
薩里　Surrey　159
羅徹斯特　Rochester　262
贊詹　Zanjan　509
蘇萊曼尼亞　Sulaimaniya　443
鐵路廣場　Rah Ahan Square　478
鬱金香公園　Laleh Park　533

其他

什葉派　Shiite　3, 38-39, 43-45, 61, 64, 67, 87, 93, 97, 102, 157, 184, 189, 203-205, 249, 294, 303, 323, 408, 508-509, 514
巴哈伊信徒　Bahais　62
毛澤東主義者　Maoists　67
以色列航空　El Al　131
卡加王朝　Qajar　7, 383
史達林主義者　Stalinists　67, 384
伊朗門事件　Iran-Contra affair　128, 524
伊朗婦女　Women in Iran　442, 464
托洛斯基主義者　Trotskyists　67
每日上線　Roozonline　491, 502, 537
亞塞拜然族　Azeri　402, 479
佩坎　Paykan　321
奇多　Cheetos　478
社會安全計畫　Program for Social Safety　411
阿舒拉節　Ashura　509-510
哈希　hash　310-311
指導式民主　directed democracy　46, 64
迪亞　diyeh　444, 452, 548
烏爾都語　Urdu　514
起亞普萊特　Kia Pride　310
馬格納耶　maghnae　431
馬爾賈・塔克里德　marja al-taqlid　62
專家會議　Assembly of Experts　73-74, 367, 409-410, 426, 519
雪鐵龍　Citroën　58-59
富蘭克林圖書計畫　Franklin Book Programs　429-430, 443
普立茲獎　Pulitzer Prize　429
黑色報告卡　Black Report Cards　132
塔沃布　tavob　133-134, 309, 358

聖地日 al-Quds Day 533
綠色運動 Green Movement 28, 477, 493, 509, 524-525, 539, 542
綠潮 Green Wave 476, 480, 486
彈撥爾 tanbur 441
德黑蘭總體計畫 Comprehensive Plan for Tehran 262-263, 265, 277
穆哈蘭姆月 Muharram 294, 509
齋戒月 Ramadan 138, 533
禮拜 namaz 50, 53, 59, 119, 128, 134, 138, 156, 202, 244, 294, 332-333, 370, 425, 493
寶獅 Peugeot 216, 396

伊朗的靈魂：
革命、反美、神權政府，1979 年後伊朗知識分子的掙扎與奮鬥

作　　者　勞拉・席科爾（Laura Secor）
譯　　者　黃煜文
選 書 人　張瑞芳
審　　定　陳立樵
責任主編　張瑞芳
編輯協力　李鳳珠
專業校對　童霈文
版面構成　張靜怡
封面設計　児日設計
行銷統籌　張瑞芳
行銷專員　段人涵
出版協力　劉衿妤
總 編 輯　謝宜英
出 版 者　貓頭鷹出版

發 行 人　凃玉雲
發　　行　英屬蓋曼群島商家庭傳媒股份有限公司城邦分公司
104 台北市中山區民生東路二段 141 號 11 樓
劃撥帳號：19863813；戶名：書虫股份有限公司
城邦讀書花園：www.cite.com.tw　購書服務信箱：service@readingclub.com.tw
購書服務專線：02-2500-7718~9（週一至週五 09:30-12:30；13:30-18:00）
24 小時傳真專線：02-2500-1990~1
香港發行所　城邦（香港）出版集團／電話：852-2877-8606 ／傳真：852-2578-9337
馬新發行所　城邦（馬新）出版集團／電話：603-9056-3833 ／傳真：603-9057-6622
印 製 廠　中原造像股份有限公司
初　　版　2022 年 10 月
定　　價　新台幣 810 元／港幣 270 元（紙本書）
新台幣 567 元（電子書）
I S B N　978-986-262-574-3（紙本平裝）／ 978-986-262-577-4（電子書 EPUB）

讀者意見信箱　owl@cph.com.tw
投稿信箱　owl.book@gmail.com
貓頭鷹臉書　facebook.com/owlpublishing

【大量採購，請洽專線】(02) 2500-1919

城邦讀書花園
www.cite.com.tw

國家圖書館出版品預行編目資料

伊朗的靈魂：革命、反美、神權政府，1979 年後伊朗知識分子的掙扎與奮鬥／勞拉・席科爾（Laura Secor）著；黃煜文譯. -- 初版. -- 臺北市：貓頭鷹出版：英屬蓋曼群島商家庭傳媒股份有限公司城邦分公司發行, 2022.10
面；　公分.
譯自：Children of paradise : the struggle for the soul of Iran
ISBN 978-986-262-574-3（平裝）

1. CST：伊朗史

736.128　　111013388

本書採用品質穩定的紙張與無毒環保油墨印刷，以利讀者閱讀與典藏。